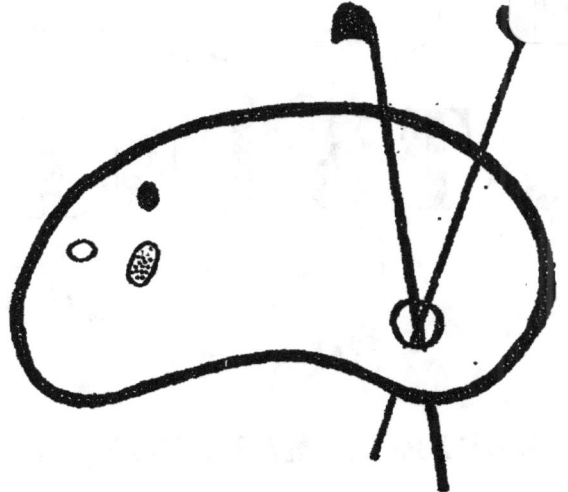

**DEBUT D'UNE SERIE DE DOCUMENTS
EN COULEUR**

# H. TAINE

PAR

## AMÉDÉE DE MARGERIE

DOYEN DE LA FACULTÉ CATHOLIQUE DES LETTRES DE LILLE
ANCIEN PROFESSEUR DE PHILOSOPHIE
A LA FACULTÉ DES LETTRES DE NANCY

PARIS
LIBRAIRIE CH. POUSSIELGUE
RUE CASSETTE, 15

1894

## OUVRAGES DE Mgr BAUNARD
### RECTEUR DES FACULTÉS CATHOLIQUES DE LILLE

**DIEU DANS L'ÉCOLE.**
  Tome I. *Le Collège Saint-Joseph de Lille.* (1881-1888). Discours, notices et souvenirs. In-8° écu.................. 5 »
  Tome II. *Le Collège chrétien.* Instructions dominicales. Les autorités de l'École. La journée de l'École. L'École et la Famille. 2ᵉ édition. In-8° écu.................. 5 »
  Tome III. *Le Collège chrétien.* Instructions dominicales. L'Âme de l'École. L'œuvre de l'École. La sortie de l'École. In-8° écu.. 5 »
**ESPÉRANCE.** Un réveil de l'idée religieuse en France. 2ᵉ édition. In-18 jésus.................. 2 50
**LE LIVRE DE LA PREMIÈRE COMMUNION ET DE LA PERSÉVÉRANCE.** Édition de luxe, plié en portefeuille ou broché. Grand in-16 carré...... 8 »
  Le même ouvrage, édition ordinaire. Grand in-32 carré......... 3 »
**LE DOUTE ET SES VICTIMES DANS LE SIÈCLE PRÉSENT.** 8ᵉ édition augmentée. In-18 jésus.................. 3 75
**LA FOI ET SES VICTOIRES.** — Conférences sur les plus illustres convertis de ce siècle.
  Tome I. In-8°. 4ᵉ édition.... 6 » | Tome II. In-8°............ 6 »
  — In-18 jésus. 6ᵉ édit. 3 75 | — In-18 jésus. 4ᵉ édit. 3 75
**LE VICOMTE ARMAND DE MELUN.** In-8° écu. 4 » — *Franco*...... 4 75
  Le même ouvrage avec portrait........ 4 50 — *Franco*...... 5 25
**HISTOIRE DU CARDINAL PIE.** 5ᵉ édit. 2 vol. in-8°, avec 2 portraits. 15 »
**PANÉGYRIQUE DE SAINTE THÉRÈSE.** In-8°.................. » 75
**LE GÉNÉRAL DE SONIS,** d'après ses papiers et sa correspondance. 40ᵉ édition. In-8° écu, avec portrait........ 4 » — *Franco*........ 4 80

## OUVRAGES DE Mgr D'HULST
### RECTEUR DE L'INSTITUT CATHOLIQUE DE PARIS

**CONFÉRENCES DE NOTRE-DAME ET RETRAITE DE LA SEMAINE SAINTE.** In-8° écu avec notes.
  Carême de 1891. — *Le Fondement de la moralité*.......... 5 »
  Carême de 1892. — *Les Devoirs envers Dieu*.............. 5 »
  Carême de 1893. — *Les Devoirs envers Dieu.* (Suite)....... 5 »
**MÉLANGES ORATOIRES.** Tome I. Panégyriques et Oraisons funèbres, Discours et allocutions de circonstance. — Tome II. Discours sur l'Éducation. Homélies et discours de rentrée. 2 volumes in-8° écu............ 8 »
**MÉLANGES PHILOSOPHIQUES.** Recueil d'essais consacrés à la défense du spiritualisme par le retour à la tradition des Écoles chrétiennes. In-8° écu.................. 5 »
**M. RENAN.** 4ᵉ édition. Brochure in-8° raisin............ 1 »
**LA QUESTION BIBLIQUE.** Brochure in-8° raisin.............. 1 »

**DISCOURS DU COMTE ALBERT DE MUN,** député du Morbihan, accompagnés de notices, par Ch. Geoffroy de Grandmaison.
  Questions sociales. In-8°.................. 7 50
  — — In-18 jésus.................. 4 »
  Discours politiques. 2 volumes in-8°.................. 15 »
  — — 2 volumes in-18 jésus.................. 8 »
**LE CHRISTIANISME ET LES TEMPS PRÉSENTS,** par Mgr Bougaud, évêque de Laval.
  5 volumes in-8°.................. 37 50
  5 volumes in-18 jésus.................. 20 »
**ŒUVRES COMPLÈTES DU R. P. HENRI DOMINIQUE LACORDAIRE,** des FF. Prêcheurs. Nouvelle édition, complète et définitive, comprenant tout ce que le Père Lacordaire a publié de son vivant. 9 volumes in-8°. 50 »
  Les mêmes. 9 volumes in-18 jésus.................. 30 »

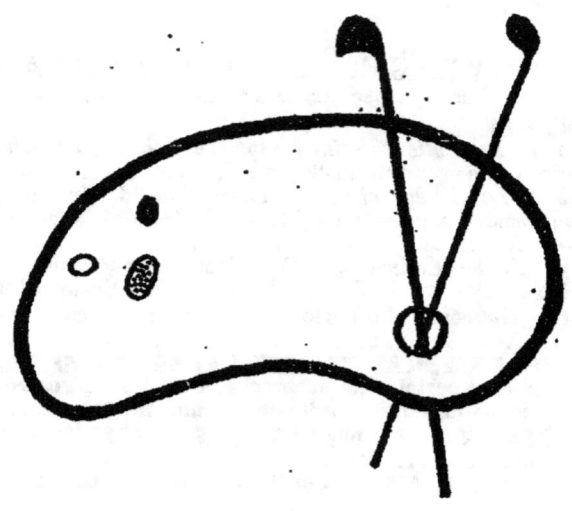

FIN D'UNE SERIE DE DOCUMENTS
EN COULEUR

# H. TAINE

**PROPRIÉTÉ DE :**

# H. TAINE

PAR

## AMÉDÉE DE MARGERIE

DOYEN DE LA FACULTÉ CATHOLIQUE DES LETTRES DE LILLE
ANCIEN PROFESSEUR DE PHILOSOPHIE
A LA FACULTÉ DES LETTRES DE NANCY

PARIS
LIBRAIRIE CH. POUSSIELGUE
RUE CASSETTE, 15
—
1894
Droits de traduction et de reproduction réservés.

# PRÉFACE

Ce livre n'est aucunement une biographie. Je n'ai jamais eu l'honneur de rencontrer M. Taine; et je laisse à ceux qui furent ses amis le soin de peindre l'homme. Je n'ai voulu m'occuper que du penseur.

J'ai suivi celui-ci avec beaucoup d'attention dès le début de sa carrière d'écrivain. Plus d'une fois dans le cours de mon enseignement public, soit à Nancy, soit à Lille, j'ai été amené à discuter ses doctrines et à maintenir contre elles un certain nombre d'affirmations que je considère comme fondamentales pour la science aussi bien que pour la vie. En reprenant aujourd'hui, dans un exposé et une critique d'ensemble, toute la philosophie de M. Taine avec ses applications à la littérature, à l'art et à l'histoire, je résume plus de trente années de méditations et d'études incessamment revisées.

J'ai considéré comme mes premiers devoirs la parfaite sincérité dans l'exposé, la parfaite liberté dans la critique. Comme je n'ai point marchandé les hommages aux rares qualités du psychologue, aux dons merveilleux de l'écrivain et de l'artiste, je me suis cru en droit d'apprécier scientifiquement le système de M. Taine avec autant d'indépendance que j'aurais fait celui de Hobbes ou de Condillac, et de démontrer qu'en soi il est faux et destructif de toute science. Cette tâche accomplie, je n'ai point cru excéder les franchises de la critique loyale en démontrant qu'il est de plus, et contre la volonté de l'auteur, funeste et destructif de toute moralité. Et j'ai cherché par quels vices de méthode, par quels partis pris inconscients, par quelles illusions positivistes M. Taine a été conduit à une philosophie qui est la négation de la philosophie depuis son sommet spéculatif jusqu'à son application pratique, depuis la métaphysique jusqu'à la morale.

Mais la philosophie ne m'a fait oublier ni l'art ni l'histoire.

Dans le domaine de l'art, j'ai rencontré et signalé chez M. Taine, à côté des vues systématiques que le philosophe imposait au critique, des théories qui, par leur haute valeur esthétique, des tableaux et des jugements qui, par leur exquise délicatesse morale, brisent le moule étroit de sa doctrine générale, trahissent une influence meilleure, et ouvraient à sa pensée des chemins vers une philosophie moins négative.

Dans le domaine de l'histoire, où cependant M. Taine a été dominé jusqu'au bout par l'idée déterministe, exclusive de toute responsabilité, j'ai pu voir et j'ai fait voir combien l'étude attentive et loyale des faits avait modifié ses premiers jugements, et quels nobles hommages elle l'avait amené à rendre aux idées et aux croyances qu'il avait jadis poursuivies de ses dédains.

Ces belles pages, dont on trouvera plusieurs citations à la fin de ce livre, m'avaient causé quelque chose de plus qu'une juste admiration. Pourquoi dissimulerai-je que je les avais saluées comme un symptôme et comme l'espérance encore lointaine d'une évolution plus complète ? Il me paraissait impossible que la négation fût, en philosophie, le dernier mot d'un esprit si pénétrant, alors qu'il avouait ne voir de salut pour la société contemporaine que dans le retour au christianisme. Et tout en reconnaissant que la pente était rude et longue à remonter, cette « ascension dialectique » vers le sommet à la fois intellectuel et moral où le vrai et le bien se rejoignent ne me semblait pas impossible, à condition que le temps et les circonstances favorables ne fissent point défaut.

Il en devait être autrement; et le mouvement commencé a été arrêté à ses premiers pas. J'en ai ressenti une tristesse profonde; et il me sera permis d'en déposer ici l'expression comme sur une tombe.

Lille, 11 Décembre 1893.

# PREMIÈRE PARTIE

## PHILOSOPHIE

# PREMIÈRE PARTIE

# PHILOSOPHIE

## CHAPITRE I

### LES DÉBUTS PHILOSOPHIQUES DE M. TAINE

M. Taine fit bruyamment son entrée en scène dans le monde philosophique par un petit volume intitulé *les Philosophes français au XIX*ᵉ *siècle*.

Il avait déjà attiré l'attention du public lettré par un *Essai sur La Fontaine* qui était sa thèse de doctorat ès-lettres, et par un *Essai sur Tite-Live*, couronné en 1855 par l'Académie française qui avait mis ce sujet au concours. Le philosophe se laissait deviner dans ces deux ouvrages, dont chacun était inspiré par deux doctrines auxquelles l'auteur devait rester fidèle jusqu'à la fin de sa vie, la doctrine *des milieux* et la doctrine *de la faculté maîtresse*. M. Taine étudiait le fabuliste français et l'historien latin moins en artiste et en critique qu'en philosophe; il présentait l'un et l'autre comme un *cas notable*, illustrant et vérifiant une thèse ou hypothèse psychologique.

Cette fois il abordait la philosophie en elle-même et pour elle-même : d'abord en trois cents pages, par la critique des philosophes français de la première moitié de notre siècle : Laromiguière, Royer-Collard, Maine de Biran, V. Cousin, Jouffroy ; puis en cinquante pages, par l'exposé de sa propre méthode, par l'énoncé des problèmes que la philosophie peut résoudre ou qu'elle doit supprimer, par une vue d'ensemble sur la science de la nature et la science de l'esprit.

Scientifiquement, les trois cents pages étaient une préface, une introduction et une préparation à la doctrine des cinquante pages. De fait, l'introduction était presque tout le livre et fit le succès du livre. Le cadre et le moment étaient habilement choisis ; l'exécution était brillante, pittoresque, éloquente, familière, agressive et parfois impertinente à dessein. Le fond comme la forme s'inspirait d'un esprit nouveau qui commençait à souffler parmi les philosophes ; et le livre fut ce qu'il voulait être, le manifeste d'une insurrection contre une philosophie qui, après vingt ans de luttes et vingt autres années de domination officielle, donnait, depuis quelque temps déjà, des signes d'épuisement et de décadence.

Il y avait là un épisode important, intéressant, nettement circonscrit dans une période d'un demi-siècle, un développement philosophique qu'on pouvait suivre de sa naissance à son terme avec l'intérêt qui s'attache aux événements contemporains, aux choses vues et aux personnes coudoyées, et aussi avec le commencement d'impartialité qu'obtiennent les choses achevées et les personnes disparues ou disparaissantes.

# I

On sait que cette philosophie fut tout d'abord une réaction contre la psychologie sensualiste, la métaphysique matérialiste et athée, la morale utilitaire du dix-huitième siècle. Sans doute elle n'eut pas l'honneur de l'initiative ;

au sortir de la crise révolutionnaire la réaction était partout, dans l'air et dans la conscience publique; elle avait son expression diversement puissante dans le *Génie du Christianisme*, dans les Conférences de l'abbé de Frayssinous, dans les écrits de Bonald et de Joseph de Maistre. Mais la philosophie nouvelle eut, surtout par l'enseignement public, sa part dans le combat et dans la victoire. Et il est remarquable que, sur ce terrain officiel, les premiers coups furent portés par un disciple de Condillac.

Discrètement, avec toutes les formes du respect et presque de la fidélité, avec l'intention annoncée de perfectionner la doctrine du maître et non de la renverser, Laromiguière détruisit, on peut le dire, le système de Condillac qui n'est un système que par l'unité et l'universalité de son principe fondamental : à savoir que la sensation, avec ses transformations diverses, est l'unique origine de toutes nos idées et de toutes nos facultés, — d'où il suit logiquement que, la sensation étant passive, il n'y a en nous aucune activité propre; que, la sensation étant fatale, il n'y a en nous aucune liberté; que, la sensation étant physique dans sa cause et son objet, il n'y a en nous aucune idée de substance spirituelle; que, la sensation ayant pour objet le contingent, il n'y a en nous aucune idée du nécessaire et par conséquent aucune idée de Dieu; enfin que, la sensation étant purement personnelle, et les impulsions qui en résultent étant purement relatives au bien-être du moi sensible, l'intérêt égoïste est l'unique principe de nos déterminations.

Laromiguière accorde à Condillac que toutes nos idées viennent de la faculté de sentir. Mais sous cette concession verbale il met une révolution dans les choses. D'une part il enseigne que le sentiment ne devient idée qu'à condition d'être élaboré par l'activité propre de l'esprit; et il pose ainsi comme primitive, comme irréductible, comme maîtresse de soi, cette activité interne qui, suivant Condillac, n'était qu'une transformation du sentir passif. D'autre part, à côté de cette source d'idées qui est le *sentiment-sensation*, il en admet trois autres également primitives : le sentiment de l'action de nos facultés, le sentiment des rapports, le sentiment moral ; et par là redeviennent possibles premièrement la psychologie, secondement la science en général et, en particulier, la métaphysique, troisièmement la morale, toutes trois logiquement supprimées par le système de Condillac.

Ce fut ainsi que la philosophie française redevint spiritualiste. Dans toute la période qu'embrasse le livre de M. Taine elle a gardé ce caractère. C'est son meilleur.

Elle en eut un autre, non pas dès le début et avec ses premiers représentants, mais un peu plus tard avec V. Cousin. Elle devint et demeura *rationaliste*, au sens que ce mot a reçu dans la controverse entre les chrétiens et les libres-penseurs.

Elle reconnaissait que la philosophie et la religion, s'occupant toutes deux de Dieu, de l'âme et de la destinée, ont d'inévitables points de contact ; qu'il est pratiquement impossible à la première d'*ignorer* la seconde ; qu'en conséquence chaque philosophe doit prévoir le cas d'un conflit possible entre ses propres idées philosophiques et l'enseignement religieux et être résolu d'avance soit à soumettre sa raison à la foi, soit à subordonner la foi à sa raison. Et elle enseignait que le philosophe n'a point, en ce cas, de soumission à faire, que sa raison est souveraine, de droit et en dernier ressort. Mais comme une telle attitude en présence d'une religion véritablement révélée et divine équivaudrait à placer la raison imparfaite et faillible d'un homme au-dessus de la raison parfaite et infaillible de Dieu, comme elle serait, en conséquence, la déraison même, il fallait, pour la justifier, déclarer *a priori* qu'il n'y a pas, et qu'il ne peut y avoir de religion véritablement révélée et divine. Cette négation, qui est l'essence même du rationalisme, ne se rencontre ni chez Laromiguière qui n'a point abordé la question, ni chez Royer-Collard personnellement chrétien, ni chez Maine de Biran que nous voyons s'élever par ascensions successives du sensualisme au spiritualisme et du spiritualisme au christianisme. Elle se trouve chez V. Cousin, non pas accidentellement, mais comme un principe, aussi persistant quand il est enveloppé des plus abondantes formules de vénération pour le christianisme que quand il est énoncé avec la hardiesse la plus tranchante et la plus hautaine. Jusqu'à la fin, V. Cousin n'a voulu voir dans la religion qu'un produit de l'esprit humain, au même titre que l'art et la philosophie, produit socialement supérieur à tous les autres parce qu'il s'adresse à tous et non pas seulement à une élite, mais produit humain et qui, à ce titre, est justiciable de la raison, dont il est l'ouvrage. Dès lors point de distinction, sinon apparente et symbolique, entre l'ordre naturel et l'ordre surnaturel; point de place pour le miracle, ni pour la prière, ni pour la grâce, ni pour la rédemption. La prudence et peut-être l'honnêteté pourront, sur tous ces points, conseiller au professeur de ne point étaler le conflit devant de jeunes esprits qu'on ne lui a pas confiés pour leur faire perdre la foi; mais le conflit existe; parfois il éclate; il se devine tôt ou tard, même quand il est voilé.

Tel fut bien l'esprit de V. Cousin; tel l'esprit de ses disciples immédiats, Damiron, Garnier, Saisset, pour ne parler que des morts; tel l'esprit de la philosophie universitaire qui devint une école sous sa direction à la fois flottante et impérieuse; tel aussi l'esprit de Jouffroy qui mérite cependant d'être nommé à part, parce que la courbe qui avait éloigné du christianisme cette âme haute et troublée commençait à devenir rentrante lorsque la mort vint prématurément et brusquement en interrompre l'évolution.

Enfin, sans parler ni de la théorie de l'éclectisme que V. Cousin imagina pour donner un cadre à l'histoire de la philosophie, ni de la phase hégélienne pendant laquelle il construisait avec tant d'aisance une philosophie de l'histoire et expliquait si cavalièrement la création et le mystère de la Trinité par des formules panthéistiques (Dieu sait si elles le gênèrent plus tard!) il faut bien mettre à son compte et à celui de toute son école une certaine manière plus littéraire et oratoire que scientifique de traiter les questions de philosophie; un dédain immérité pour les sources accessoires d'information que la physiologie, l'aliénisme, l'étude de l'homme aux divers degrés de la civilisation peuvent apporter à la psychologie; une tendance à considérer l'*introspection*, qui reste son procédé fondamental, comme étant son procédé unique, d'où résulta, pour les maîtres formés à cette école, une incompétence scientifique qui les préparait mal à repousser les retours offensifs des doctrines matérialistes, momentanément expulsées de la philosophie officielle, mais toujours vivantes et menaçantes chez bon nombre de savants.

Ainsi s'expliquent la médiocre influence d'une école que nous avons connue souveraine, la courte durée de son règne, sa faible résistance aux attaques des philosophies négatives, le peu de trace qu'elle a laissé malgré le talent de ses représentants et l'activité de sa production, le peu de retentissement qu'elle a eu au-delà de la frontière française. Elle n'avait, au fond, de quoi satisfaire personne, et elle essayait vainement de trouver une « assiette ferme » dans la situation à mi-côte qu'elle avait prise sur une pente qu'il faut gravir jusqu'au sommet ou descendre jusqu'au fond.

Elle offrait donc une ample matière à une critique à la fois large et précise qui ne serait ni un pamphlet, ni un panégyrique. Et comme on ne critique les idées d'autrui qu'avec les siennes, le livre de M. Taine devait contenir, du moins en germe, la philosophie de son auteur.

## II

Il la contient en effet. Mais l'auteur, qui voulait être lu par le grand public et non pas seulement par les gens du métier, avait compris qu'une série de discussions doctrinales, toutes sèches et scientifiques, ne franchirait guère le seuil des écoles et n'atteindrait pas son but insurrectionnel.

Il lui plut donc d'agrémenter diversement chacune d'elles, et son plan fut celui-ci :

Analyser et peindre la nature d'esprit, la qualité maîtresse, le style et la manière de chacun de ses cinq philosophes;

Réduire à une ou deux idées principales la doctrine de chacun d'eux et sa propre critique;

Donner pour prologue, ou pour épilogue, ou pour épisode, à chacune de ses cinq critiques une scène, ou une historiette, ou un portrait humoristique qui, par sa verve et son coloris, attirât et retînt le lecteur; et *faire passer* ainsi la discussion philosophique, austère et froide, entre une étude littéraire accessible à tous et un hors-d'œuvre de haut goût, attrayant pour tous. C'est le procédé bien connu dont la formule se lit dans la *Jérusalem délivrée* [1]. Il réussit toujours, pour peu qu'il soit habilement employé. Il l'était très habilement.

Pour lui donc Laromiguière ce fut la méthode d'analogie héritée de Condillac; Royer-Collard ce fut l'autorité du sens commun et l'objectivité de la perception extérieure; Maine de Biran ce fut l'idée de force libre; V. Cousin ce fut l'idée de l'infini et la théorie de la raison; Jouffroy ce fut l'idée du moi et la doctrine de la finalité. Voilà pour « le pur philosophique. »

Et quant aux cadres attrayants, les voici :

Pour Laromiguière, c'est l'ahurissement d'un sensualiste fort honnête homme à qui un fervent disciple de la philosophie nouvelle impute à brûle-pourpoint le scepticisme, l'athéisme, le matérialisme et tous les *ismes* mal famés du dictionnaire. Il y a là, dans la pensée de M. Taine, une petite protestation qu'il faut noter au

---

1.
> Cosi all' egro fanciul porgiamo aspersi
> Di soave liquor gli orli del vaso.
> Succhi amari ingannato intanto ei beve.

Je n'ajoute pas avec le poète

> E dall' inganno suo vita riceve;

car je pense que c'est plutôt le contraire.

passage contre le procédé parfaitement légitime et loyal qui consiste non à prêter aux gens des doctrines qu'ils repoussent et qui peut-être leur font horreur, mais à déduire d'une doctrine les conséquences dont elle est le principe et à dire ensuite aux gens : si vous acceptez le principe, vous ne vous dérobez aux conséquences que par une inconséquence. Toute la question est de savoir si la déduction a été bonne.

Pour Royer-Collard, c'est l'histoire de la fondation de la philosophie française par la grâce d'un volume dépareillé de Reid qu'il acheta trente sous sur les quais. L'anecdote est vraie, sauf le dépareillement qui est inexact, et les trente sous dont nous ne savons rien. Mais M. de Barante, qui la raconte, nous dit que « Royer-« Collard avait lu et par conséquent médité Bacon, « Descartes et Leibnitz. » M. Taine arrangeait son récit de façon à faire croire qu'avant l'heureuse rencontre du quai, Royer-Collard ne savait de philosophie que ce que Condillac avait pu lui en apprendre ; l'effet de l'anecdote y gagnait, mais aux dépens de la vérité.

Pour V. Cousin, c'est M<sup>me</sup> de Longueville et la passion d'outre-tombe que la jeune princesse du dix-septième siècle inspire au philosophe vieillissant du dix-neuvième. M. Taine n'était pas le premier à s'en égayer, selon le droit de tout lecteur et de tout critique. Cinq ans avant lui Sainte-Beuve, dans un article célèbre « sur la retraite de MM. Cousin et Villemain [1], » s'en était donné à cœur joie sur ce thème. Le tableau de la rivalité entre le professeur de Sorbonne et le duc de La Rochefoucauld n'avait pas médiocrement diverti les lecteurs ; et l'irrespectueux critique terminait quatre grandes pages consacrées à cet amour par ce dernier trait qui atteignait du même coup le philosophe : « On gravera un jour au-« dessous du buste de M. Cousin, comme si l'on tradui-« sait une épigramme de l'Anthologie : *Il voulut fonder* « *une grande école de philosophie, et il aima M<sup>me</sup> de*

---

[1]. *Causeries du lundi*, 24 mai 1852.

« *Longueville.* » Le sujet était donc un peu défraîchi, et nous ne voyons pas que les malices de M. Taine l'aient beaucoup rajeuni.

Pour V. Cousin encore et pour Jouffroy, c'est la métamorphose du premier en un contemporain et disciple de Bossuet, prédicateur renommé et qui eût été évêque s'il n'eût préféré jouir à Paris des triomphes de son éloquence, — du second en un protestant anglais, élevé à l'Université de Cambridge, qui, plus libre dans un symbole plus élastique, évita les conflits entre la science et la foi, philosopha en observateur solitaire, et finalement suivit Locke et devança Condillac. L'idée est ingénieuse, mais trop longuement suivie ; et elle a je ne sais quel air de *charge* qui appartient à une littérature un peu inférieure.

Pour Maine de Biran, c'est la peinture plaisante de l'effet que son style hérissé, touffu et parfois vague produit sur un lecteur accoutumé à l'élégante clarté de Condillac et de Laromiguière. Le reproche n'est mérité qu'à demi ; mais la scène est charmante de verve brusque et brillante ; M. Taine n'a rien écrit de mieux réussi, et elle mérite d'être citée toute entière [1].

« — Prenez et lisez. Voici la pierre angulaire du
« temple, le premier maître du spiritualisme, le révélateur
« de la force libre, le plus grand métaphysicien de notre
« temps [2]. »

« Il tourna et retourna les quatre volumes, les ouvrit,
« les flaira, fronça les sourcils, gronda un peu, me prit
« par la main, me mit à la porte et ferma le verrou.
« Après quoi il s'installa dans un grand fauteuil, s'ac-
« couda sur la table, apprêta des plumes, remplit l'encrier,
« fit tous ses préparatifs, exactement comme un brave
« cheval qui va traîner une poutre de trois mille livres,
« et tend d'avance son harnais et ses jarrets.

---

[1]. *Les Philosophes français*, p. 47-56.

[2]. V. Cousin, premier et très incomplet éditeur des œuvres de Maine de Biran, le nommait, en effet, le *plus grand métaphysicien que la France ait eu depuis Malebranche*. Il est vrai qu'elle n'en avait pas eu beaucoup.

« Deux heures après, je le retrouvai rouge, les veines « du front gonflées, entouré de plumes rongées, de pages « raturées, les volumes de M. de Biran honteusement « jetés par terre, et furieux.

« — Ah ! c'est vous ! le beau livre ! et clair surtout ! « Vous n'avez pas de honte ? Oh ! l'horrible galimatias, « le fouillis d'abstractions, l'épineux fourré de chardons « métaphysiques ! Vous y pâturez, n'est-ce pas ? Et l'on « rit des Allemands ! Je voudrais être à Berlin, et subir « le récit des évolutions de la substance. Ils sont lucides, « légers, agréables en comparaison. Ni faits précis, ni « exemples distincts, jamais d'exordes nets, des courses à « droite et à gauche à travers des citations inutiles et des « questions accessoires, de grands mots qui cassent la « tête : Qu'est-ce que *l'immédiation, les modes mixtes* « *de l'existence sensitive, l'absolu de la substance?* Le « joli style ! Vous l'entendez, vous ? Cet homme est « imprégné de scolastique, il sue le barbarisme, il en met « jusque dans ses titres. Regardez : comme celui-ci est « clair ! comme on entre vite dans le dessein de l'auteur ! « quelles expressions simples et engageantes ! *Réponse* « *aux arguments contre l'aperception immédiate d'une* « *liaison causale entre le vouloir primitif et la motion,* « *et contre la dérivation d'un principe universel et* « *nécessaire de cette source.* Pendez-vous, Duns Scot. « Albert le Grand, pauvres docteurs du moyen-âge ! Voici, « au XIXe siècle, un abstracteur de quintessence qui vous « rappelle et vous dépasse tous.

« — Vous exagérez.

« — Laissez-moi dire ; j'en ai plein le cœur. Vous « subirez M. de Biran. A votre tour, je veux le lâcher sur « vous. »

Suivent, comme pièces à l'appui, trois longues phrases de Maine de Biran qui, en effet, ne sont point « lucides, « légères et agréables. » Après quoi le dialogue reprend.

« — Je crois, avec tout le public, qu'il a pensé.

« — Croyez, et grand bien vous fasse ! Est-ce que « vous ne voyez pas comment sa gloire s'est forgée ? Son

« mauvais style l'a érigé grand homme, il a réussi par ses
« défauts. S'il n'eût point été obscur, on ne l'eût pas cru
« profond. C'est pour cela que M. Cousin l'a promu au
« grade de *premier métaphysicien du temps*. Autour du
« berceau du spiritualisme il fallait des nuages. Personne
« n'en a plus fourni que M. de Biran. Je vois d'ici la
« scène. Les gens frappaient à la porte de M. Cousin :
« « Daignez, monsieur, nous expliquer ce que c'est que
« l'âme ; pourquoi vous la nommez une force libre ; com-
« ment une force qui est une qualité peut être le *moi* qui
« est un être. » Et M. Cousin répondait : « Passez, mes-
« sieurs, dans l'arrière-cave, c'est le domicile de M. de
« Biran, un bien grand philosophe ; il vous donnera tous les
« éclaircissements nécessaires. Suivez ce couloir sombre ;
« au bout vous trouverez l'escalier. » Beaucoup de gens
« s'en allaient, croyant sur parole. D'autres, arrivés au
« bord, n'osaient descendre ; le trou leur semblait trop
« noir ; mieux valait accepter la doctrine que tenter l'aven-
« ture. Les obstinés descendaient, se meurtrissaient les
« membres, donnant du nez contre les murs, et tâtonnant
« sur la terre humide ; le premier soin de M. de Biran
« avait été de boucher toutes les fentes et tous les sou-
« piraux. Ils regardaient avec attention, et continuaient à
« voir les plus parfaites ténèbres. Au retour, quand on les
« priait de raconter leur voyage, ils n'osaient, par amour-
« propre, avouer qu'ils s'étaient salis et froissés en pure
« perte et confesser qu'ils étaient descendus dans une
« basse fosse bien bouchée pour y mieux distinguer les
« objets. « Oh ! M. de Biran est un grand maître ; allez
« le trouver, il éclaircira tous vos doutes. » On n'y allait
« pas. Je suis sûr que de tous ceux qui le citent, il n'y en
« a pas cent qui l'aient lu, et que des cent qui l'ont lu, il
« n'y en a pas dix qui l'aient pesé.

« — Là, vous voilà calme ; vous avez jeté votre colère.
« M. de Biran fait cette impression agréable sur tous ceux
« qui le lisent. Permettez-moi maintenant de prendre une
« plume et d'écrire la traduction des phrases que vous
« m'avez citées ; elles ont un sens. Le style de M. de

« Biran n'est pas le galimatias double ; ce n'est que le
« galimatias simple. Les lecteurs n'entendent pas l'auteur,
« mais l'auteur s'entend. C'est un grand mérite ; tous les
« philosophes ne l'ont pas. Il y a une clé à ses énigmes. »

Et il donne la clé par écrit. L'autre, sincère quoique rageur, demande à réfléchir.

« Il prit le livre, relut le passage, vérifia mot à mot la
« traduction. Un instant après, il fourra les quatre volumes
« dans ses poches, boutonna son paletot et s'en alla
« courant. Pendant dix jours, on ne le vit plus. Son
« portier, par ordre, annonçait qu'il était en voyage.

« Au bout de ce temps, il revint, toujours muni des
« quatre volumes, cette fois brandissant un cahier. « Voilà
« l'homme ! je l'ai traduit. Mais c'est un terrible homme.
« Quelle besogne ! il y a telle phrase qui m'a coûté deux
« heures. Vous n'aviez pas tort. Il a pensé. C'est un
« esprit vigoureux, très vigoureux puisqu'avec ce style il
« n'est pas devenu imbécile. J'estime un homme qui,
« ayant un boulet aux jambes, se met à marcher. Il a
« creusé profondément, il a saisi dans un recoin obscur
« une idée singulière, il l'a pressée dans ses mains
« tenaces, il l'a gardée sous sa prise toute glissante qu'elle
« fût, il en a exprimé tout le suc, et, avec cette liqueur
« étrange, il est venu tout dissoudre, psychologie, logique,
« métaphysique, pour tout recomposer par de nouvelles
« règles et sur un nouveau plan. Ainsi faisait Fichte.
« M. de Biran est un Fichte français, plus mesuré et plus
« faible, moins visionnaire et moins inventeur [1]. »

---

1. Nous rencontrerons, dans la suite de cette étude, la question spéciale sur laquelle M. Taine a concentré sa critique de Maine de Biran. Et nous n'avons pas besoin de faire remarquer l'exagération des reproches qu'il adresse à son style. Les échantillons qu'il en présente ne sont pas choisis au hasard comme il semble le dire, et ne donnent pas une idée fidèle de sa manière habituelle. Son style, généralement abstrait et sans éclat, est presque toujours suffisamment clair pour tout lecteur qui se donne la peine d'être attentif.

Mais une remarque plus importante, pour quiconque s'intéresse à l'histoire des idées et à l'histoire des âmes, est celle-ci : le livre de M. Taine ne nous donne pas Maine de Biran tout entier ; il se tait sur

Grâce à ces cadres et à ces épisodes, il n'y a guère que cent cinquante pages de philosophie dans les trois cents premières du livre.

Elles suffisent à M. Taine pour mettre en regard des solutions affirmatives qu'il expose et repousse ses propres solutions négatives. Elles suffisent au lecteur pour construire, dans ses grandes lignes, la philosophie de l'auteur.

la dernière évolution de sa pensée. On nous permettra de remplir en quelques mots cette lacune.

Maine de Biran se fit d'abord connaître par un mémoire *sur l'Habitude* que l'Institut couronna en 1802. A cette époque, il en était encore et depuis longtemps à la philosophie de Condillac. Il voyait dans la sensation l'origine de toutes les idées. Et il considérait l'idée de cause comme « un effet de l'imagination, qui ne renferme aucune autre relation que celle de succession habituelle. »

Toutefois son Mémoire contenait une distinction fondamentale que la philosophie de Condillac exclut et qui faisait pressentir la direction future des idées de l'auteur. Il constatait que la répétition fréquente de certaines modifications a pour effet de les émousser, tandis que la répétition de certaines autres a pour effet de leur donner une facilité de reproduction, une netteté et une précision croissantes. Il reconnaissait que les premières sont des impressions, les secondes des actes; et la distinction des habitudes en passives et actives devenait la division même de son travail.

Depuis longtemps d'ailleurs, et probablement de tout temps, son sensualisme psychologique était sinon combattu, du moins tempéré par la croyance, — déjà rencontrée chez Condillac lui-même, — à la spiritualité de l'âme, et plus encore par un sentiment moral très élevé qui lui inspirait une vive répulsion pour les doctrines pratiques de Hobbes et d'Helvétius.

Son attention, une fois appelée sur le coté actif de la nature humaine, ne s'en détacha plus. Son esprit s'y installa comme dans son domaine propre et en fit l'objet central, presque unique, de ses recherches. C'est là qu'il découvre et creuse le fait psychologique de la relation entre le vouloir de l'âme et la résistance organique, *l'effort*, fait capital dans lequel le moi se saisit non plus comme capacité sensible, mais comme force réelle, consciente, libre, maîtresse d'elle-même, *sui conscia, sui compos*, atteignant du même coup et dans un même acte indivisible le subjectif comme cause, l'objectif comme résistance, et échappant ainsi au phénoménisme de Hume en même temps qu'à l'idéalisme de Berkeley. S'enfermant dans cette idée profonde, mais étroite quand elle devient exclusive, il refuse d'attribuer au moi et transporte à un principe de la vie organique tous les faits sensibles, introduisant par là une confusion inextricable

Mais nous devons ajourner l'examen de la plupart d'entre ces solutions qui n'auront leur formule définitive et leur entier développement que dans le grand ouvrage intitulé : *De l'Intelligence*. Nous nous bornerons donc aux thèses qui apparaissent déjà ici dans tout leur relief, nous réservant d'y revenir si elles se représentent sous un nouvel aspect. Elles nous éclaireront assez sur l'idée que M. Taine se fait de la philosophie, de son esprit et de sa méthode.

dans les domaines de la psychologie et de la physiologie ; et d'autre part il ne paraît pas soupçonner l'insuffisance de son principe tout subjectif et contingent pour expliquer les idées absolues et les vérités nécessaires de la métaphysique et de la morale.

Cette seconde phase dura dix ans. En 1812, Maine de Biran, appelé à Paris comme membre du Corps législatif, entra en relation avec des hommes distingués qui s'occupaient de questions philosophiques ; son horizon s'élargit à leur contact, et il arriva à reconnaître que si l'expérience intérieure, la conscience du moi-cause, explique bien des choses dont la philosophie de la sensation ne rend pas compte, elle n'explique point ce qui est au-dessus de l'homme comme de la nature, ce qui est indépendant du temps et de l'espace, l'absolu et le nécessaire. Son premier progrès avait été *ab inferioribus ad interiora*; son second fut *ab interioribus ad superiora*.

Arrivé là, joignant désormais à la certitude du moi autonome celle des vérités supérieures qui éclairent son intelligence et commandent son activité, il se pouvait qu'il s'arrêtât. Mais dans cet achèvement tout philosophique il gardait le sentiment de l'incomplet. Cette lumière naturelle suffit-elle pour la vérité, cette force du moi conscient pour la vertu et le bonheur? la pure raison fait-elle sortir l'homme de la solitude pour le faire entrer en un commerce vivant avec Dieu? la pure volonté trouve-t-elle en soi un point d'appui assez ferme? Ces questions s'agitaient dans son âme longtemps avant de se faire une place dans son système. Elles se la firent pendant les trois dernières années de sa vie et le conduisirent au christianisme.

M. Taine n'avait pas à tenir compte, dans la première édition de son livre, de cette évolution finale qui ne fut révélée qu'à la même époque par la publication du Journal intime et des Œuvres inédites. On doit regretter qu'il n'en ait pas fait mention dans les éditions suivantes.

## III

I. Suivant M. Taine on n'est philosophe qu'à condition de se dégager de toute préoccupation d'ordre moral et pratique. Objecter à un philosophe que sa doctrine contient des conséquences immorales et anti-sociales, qu'elle conduit logiquement à la négation de la responsabilité et du devoir, c'est ne rien lui objecter, car ces conséquences ne le regardent point. Réciproquement, et pour la même raison, faire valoir en faveur d'une doctrine philosophique la satisfaction qu'elle donne aux besoins élevés de l'âme humaine, ce n'est point apporter en faveur de sa vérité une présomption quelconque. Enfin et par conséquent, aborder les recherches philosophiques avec un esprit attaché à des convictions morales, c'est se condamner à faire de mauvaise philosophie et à résoudre les questions non par des démonstrations, mais par des préjugés.

« Je fais deux parts de moi-même, l'homme ordinaire
« qui mange, qui boit, qui fait ses affaires, qui évite d'être
« nuisible et qui tâche d'être utile. Je laisse cet homme à
« la porte; qu'il ait des opinions, une conduite, des cha-
« peaux et des gants comme le public. L'autre homme,
« à qui je permets l'accès de la philosophie, ne sait pas
« que ce public existe. Qu'on puisse tirer de la vérité des
« effets utiles, il ne l'a jamais soupçonné. A vrai dire,
« ce n'est pas un homme; c'est un instrument doué de la
« faculté de voir, d'analyser et de raisonner. Quand
« j'entre dans la philosophie, je suis cet homme...
« — Mais, lui dit M. Royer-Collard, vous établissez la
« Révolution dans l'esprit des Français. — Je n'en sais
« rien; est-ce qu'il y a des Français? Là-dessus, il conti-
« nue, notant, décomposant, comparant, tirant les consé-
« quences pendues au bout de ses syllogismes, curieux
« de savoir ce que du fond du puits il ramène à la
« lumière, mais indifférent sur la prise.

« — Philosophe immoral! dites-vous. — Eh bien! je
« prends vos maximes. Je donne la pratique pour règle à
« la spéculation. Je m'applique à réformer les désordres, à
« prévenir les dangers, à diminuer le mal, à augmenter
« la vertu. Je choisis les croyances d'après leur utilité;
« je suis homme de gouvernement; je forme des théories
« pour les mœurs; j'appelle intempérance et témérité tout
« ce qui ébranle les doctrines spiritualistes. Mais je serai
« conséquent; j'irai jusqu'au bout de ma tâche; ce que je
« fais en philosophie, je le ferai dans toutes les sciences.
« Si la philosophie ne doit pas être philosophique, mais
« morale, la science ne doit pas être scientifique, mais
« morale [1]. »

Et là-dessus, il court chez les savants, chez Flourens, chez Élie de Beaumont, chez Coste, et leur commande de renoncer, l'un à ses dissections cérébrales qui favorisent le matérialisme, l'autre à sa géologie qui fait perdre à l'homme son titre de roi de la création, l'autre à son embryogénie qui « sent le panthéisme [2]. » Cela les fait sourire; ils reprennent tranquillement leur besogne. Et, tranquillement aussi, le philosophe reprend l'analyse avec une sereine indifférence aux conséquences pratiques de la spéculation.

Rien de plus commode assurément qu'une telle attitude. Elle débarrasse les philosophes tantôt d'un scrupule intérieur qui les arrêtait au bord d'une doctrine dont ils voyaient clairement les suites, tantôt d'un respect humain qui les forçait à se dérober devant toute protestation un peu vive de la conscience publique, et à se mettre en frais de sophismes pour prouver qu'une théorie malfaisante n'était point malfaisante. Ainsi faisait, dans le *de Finibus* de Cicéron, l'épicurien Torquatus. « La doctrine d'Épi-
« cure, » disait-il, « passe pour être la philosophie des
« voluptueux, des débauchés et des lâches. Je vais vous
« montrer qu'elle est, au plus haut degré, grave, conti-

---

1. *Les Philosophes français*, p. 34-36.
2. *Ib.*, p. 38.

« nente et sévère. » Il était bien bon de se donner tant de peine, puisque le philosophe ne doit ni savoir si ses doctrines ont des conséquences, ni s'inquiéter des qualifications morales que ces conséquences, s'il y en a, peuvent recevoir.

Mais il y a dans cette attitude une double erreur, historique et psychologique, sur l'objet de la philosophie et sur la nature des besoins qu'elle cherche à satisfaire.

Considérez l'un après l'autre tous les grands systèmes qui se sont succédé depuis le jour ou la philosophie trouva sa voie avec Socrate. En tous, la préoccupation spéculative et la préoccupation morale sont inséparables l'une de l'autre; il n'en est pas un qui ne prétende tout à la fois donner une lumière à l'esprit et tracer une voie à l'activité, pas un qui ne relie par un lien intentionnel sa morale comme conséquence à sa métaphysique comme principe, pas un qui n'appuie celle-là sur celle-ci, pas un qui ne considère ses doctrines comme conduisant à des préceptes bienfaisants pour l'homme et pour la société.

D'où vient cette unanimité, d'autant plus frappante que les systèmes sont plus divers et plus opposés, cet accord où se révèle, suivant le mot d'Herbert Spencer, une « âme de vérité (*a soul of truth*) » qui leur est commune à tous ? De ce que la philosophie, qu'elle soit spéculative ou pratique, a toujours les mêmes objets et répond, seule entre toutes les sciences, au même besoin d'atteindre l'*ultime*, de connaître tantôt la raison dernière des choses, tantôt la fin dernière de l'activité humaine.

Besoin métaphysique, besoin moral, ni l'un ni l'autre ne peut être satisfait par les sciences particulières qui n'atteignent que des causes et des fins secondes, des causes qui sont encore effets, et dont il faut chercher la cause, des fins qui sont encore moyens et dont il faut chercher la fin. On peut soutenir que cette cause et cette fin ultimes n'existent pas; on peut soutenir qu'elles sont inconnaissables; on ne peut désintéresser l'esprit humain de leur recherche, et on ne peut faire que cette recherche ne soit pas la philosophie elle-même.

Et ces deux recherches sont inséparables l'une de l'autre parce que l'objet de la première coïncide avec l'objet de la seconde.

Comme science spéculative de la cause ultime, la philosophie a pour objet suprême Dieu. Car Dieu, s'il existe et s'il est connaissable, est bien, à titre d'auteur de tout ce qui n'est pas lui, la raison dernière de toute la création. Mais comme Dieu ne nous est point accessible par intuition, comme nous ne pouvons arriver à le connaître qu'en remontant de ses œuvres à lui, l'étude des créatures est le chemin nécessaire de la connaissance du Créateur. En ce sens, toutes les sciences du créé ou de la nature sont des *itineraria mentis in Deum*, et livrent leurs données particulières à la philosophie. Mais celle-ci seule a le droit de les réunir, de dégager ce qu'elles ont de commun et d'universel, d'étudier, suivant la formule d'Aristote, *l'être en tant qu'être* (entendez l'être créé en tant qu'être créé), et de remonter ainsi de la nature à l'auteur de la nature. Mais l'ascension scientifique des effets à la cause est d'autant plus rapide et plus sûre que l'effet pris pour point de départ est plus parfait et, comme tel, reflète plus fidèlement sa cause. Or entre les créatures qui nous sont connaissables par la lumière naturelle la plus parfaite, celle qui domine et résume la création, c'est l'homme. Et si l'homme occupe cette situation supérieure, c'est principalement en tant qu'intelligent et libre, en tant qu'il y a en lui un principe non seulement de vie, mais de pensée et d'amour. La philosophie, science spéculative, a donc pour objets : comme terme la connaissance de Dieu, comme moyen la connaissance de la nature et très principalement de l'homme. Et dans cette dualité elle est une. Car premièrement ces deux objets se joignent dans l'unité du rapport causal qui les unit. Et secondement, la connaissance de l'homme y étant moyen et chemin pour la connaissance de Dieu, qui est fin, la première se ramène ainsi à l'unité de la seconde.

La philosophie, science pratique, a manifestement les mêmes objets. Quand elle cherche la réponse à la question « qui suis-je ? » elle a pour objet l'homme. Quand elle cherche la réponse aux questions « d'où viens-je ? où vais-je ? » elle a pour objet, s'il existe et s'il est connaissable, Dieu qui est le principe et la fin de l'homme. Et dans cette dualité elle est une. Car l'objet qu'elle veut connaître, afin de régler l'action d'après cette connaissance, — en d'autres termes, la fin, — c'est Dieu, et le reste est moyen par rapport à cette fin.

Ce n'est donc pas assez de dire qu'il est impossible de désintéresser l'homme de sa destinée et de rayer de la liste de ses recherches cette question suprême qui contient tous les problèmes pratiques de l'ordre moral et social. Ce n'est pas assez de dire que cette question appartient à la philosophie et à la philosophie seule, au même titre que la question métaphysique. Il faut dire encore que les deux sont indissociables, qu'il n'y a pas de métaphysique qui n'aboutisse à une conception et à une direction de la vie humaine, pas de conception et de direction de la vie humaine qui ne soit déduite d'une métaphysique. Cela est tellement vrai que si vous niez la métaphysique, du même coup et logiquement vous niez la possibilité d'une direction de la vie humaine, c'est-à-dire d'une loi morale, et que, si vous affirmez cette possibilité et donnez cette direction en dépit de la logique, vous le faites toujours au nom d'une métaphysique inconsciente qui vous conduit malgré vos négations.

Et maintenant nous demandons en quoi la préoccupation des conséquences pratiques de la spéculation porte atteinte aux droits de la science. Est-ce que les solutions justes, et démontrées telles, des problèmes pratiques ne sont pas des vérités ? Est-ce que ces vérités liées entre elles n'appartiennent pas à la science ? Est-ce qu'elles cessent de lui appartenir parce qu'elles mettent de l'ordre et de la beauté dans la vie individuelle et dans la vie sociale ? Est-ce que, si elles sont démonstrativement établies suivant la méthode qui leur est propre, elles ne constituent pas pour l'esprit humain, au même titre que les vérités physiques ou mathématiques, un *acquis* définitif qui a le droit de se faire respecter? Enfin, est-ce qu'on ne cède pas un peu trop à la tentation de travestir les doctrines qu'on attaque, lorsqu'on dit que leurs défenseurs s'inquiètent peu de savoir si elles sont vraies et les soutiennent uniquement comme utiles?

M. Taine y a visiblement cédé. Il prête à la philosophie spiritualiste un discours dont voici les traits principaux [1]:

« Commençons par la question de la certitude. Elle est
« résolue d'avance. Le septicisme absolu, le septicisme
« modéré, tout septicisme est immoral. Si on doute sur
« un point, on peut douter sur tous les autres ; et rien de
« plus dangereux pour la pratique. Nous rejetterons donc
« tous les systèmes qui nient ou affaiblissent la certitude.
« Il s'agit maintenant de trouver des arguments. Kant a
« fait contre la certitude un argument que M. Jouffroy
« déclarait invincible. Nous le réfuterons par une équi-
« voque. Quant aux recherches utiles qui pourraient
« agrandir cette question de logique, nous nous en dispen-
« serons.

« Arrivons à l'homme. Notre psychologie va se réduire
« à deux théories : nous croyons à la liberté parce que, si
« on la supprime, on supprime le mérite et le démérite,
« ce qui est immoral ; nous croyons à la raison parce
« qu'elle relève l'homme en lui attribuant une faculté dis-
« tincte, capable d'atteindre Dieu, et parce que, si on nie
« la raison, on compromet les preuves de l'existence de
« Dieu, ce qui est immoral. Ces deux noms que nous
« avons choisis sont beaux et populaires. Ils mettront le
« public de notre côté et nous fourniront des mouvements
« d'indignation généreuse. Quant aux mille questions que
« suggèrent la physiologie et l'étude des langues, nous ne
« nous en embarrasserons pas. Nous laisserons là, de
« parti pris, tout ce qui est scientifique, et nous dévelop-
« perons, de parti pris, tout ce qui est oratoire.

« Montons jusqu'à Dieu. Il ne s'agit pas pour nous d'ê-

---

1. *Les Philosophes français*, p. 140-144.

« tudier sa nature ou de démontrer son existence comme
« un physicien étudie la nature et démontre l'existence de
« l'éther; il s'agit de trouver en lui un gardien de la morale.

« Pour que Dieu distribue des peines et des récom-
« penses, il faut que l'âme survive à la mort; nous dirons
« donc que l'âme est immortelle. Nous prendrons pour
« arguments ceux des philosophes qui nous ont précédés [1].
« Nous éviterons soigneusement d'en ajouter un seul [2];
« et nous ne daignerons pas examiner les difficultés que
« présente la survivance *forcée* [3] de l'âme des bêtes, ni
« surtout les objections *terribles* [4] que les expériences de la
« physiologie ont précisées et accumulées depuis trente ans.

« Cette morale, qui vient de produire toute notre philo-
« sophie, nous allons la fonder sur la distinction populaire
« du juste et de l'injuste. Nous nous garderons bien de
« l'établir à la façon des psychologues (?) en exposant le
« mécanisme forcé de nos sentiments, ou à la façon des
« métaphysiciens en découvrant la définition du Bien. Nous
« l'exposerons en orateur, en citant le sens commun et en
« racontant ce qui *se passe dans le cœur d'un honnête
« homme* [5].

1. Pourquoi pas, s'ils sont bons?
2. Pourquoi en ajouter, si ceux qui ont déjà été donnés suffisent et sont décisifs? Qu'ils soient vieux ou neufs, cela ne fait rien à l'affaire; l'important est qu'ils soient bons, que si quelqu'un d'eux n'est pas décisif, il soit abandonné et remplacé par un meilleur si on en trouve, enfin que les objections nouvelles ou renouvelées aient une bonne réponse.
3. Ce qui est forcé c'est sa *non-survivance*. Comme elle est contingente elle peut périr. Et comme elle n'a d'autre raison d'être que de faire vivre le corps de l'animal, elle *doit* périr puisque la vie de l'animal a un terme.
4. Le mot *terrible* est purement oratoire. Aucune des expériences de la physiologie ne porte la plus lointaine atteinte à la spiritualité de l'âme et à la possibilité de sa survivance. On peut accepter *in globo* toutes celles que les matérialistes présentent comme objections, et se contenter de répondre : *Et après?* (V. ma *Philosophie contemporaine*, p. 210-221).
5. Ce qui se passe dans le cœur d'un honnête homme n'appartient donc pas à la psychologie?

Visiblement ce portrait vise, à travers V. Cousin et son école, toute la philosophie spiritualiste. Et nous avons le droit de dire qu'il la dénature entièrement et de la façon la moins excusable. Parce qu'elle n'est pas indifférente à la moralité, il la représente comme indifférente à la vérité. Parce qu'elle fait volontiers ressortir l'harmonie de ses doctrines avec les besoins supérieurs de l'âme humaine, il veut qu'elle dédaigne de les appuyer sur des preuves et de répondre aux objections qui prétendent les détruire. Ce serait le plus sot des calculs; car il n'y a pas d'apparence que l'esprit humain restât longtemps fidèle à des doctrines qu'on lui présenterait au nom de la raison et que cependant on ne pourrait ni démontrer ni défendre par des raisons.

Nous ne procédons point ainsi. Avant tout, nous étudions les questions en elles-mêmes et pour elles-mêmes, afin d'en trouver la solution scientifique, comme le mathématicien étudie les problèmes en vue de les résoudre. Et nous présentons, en donnant les raisons à l'appui, les solutions que nous avons trouvées.

Nous affirmons la certitude parce qu'elle nous est donnée comme fait, d'abord comme fait subjectif dans le *cogito* qui résume l'affirmation inconditionnelle contenue dans chaque état de conscience; puis comme fait impliquant de telle sorte l'objectif que l'un et l'autre, l'objectif et le subjectif, sont inévitablement acceptés ou rejetés ensemble. Nous l'affirmons parce que toutes les objections de détail accumulées contre elles dans le cours des siècles par les scepticismes partiels s'évanouissent devant une analyse exacte qui ne permet pas de confondre la vraie certitude de la vérité avec la pseudo-certitude de l'erreur. Nous l'affirmons parce que le scepticisme absolu peut être mis dans l'alternative ou de se désavouer, ou de ne pouvoir plus même s'énoncer ni se penser, et que, des deux façons, il n'est plus un adversaire dont il y ait à tenir compte.

Nous affirmons la liberté parce que nous la constatons directement en nous-même comme un fait de conscience plus éclatant que tous les autres, comme un fait qu'on ne peut nier sans nier du même coup tout un groupe d'autres faits intérieurs qui sont parmi les plus importants de la nature humaine. Nous examinons avec le plus grand soin les raisons et les faits qu'on lui oppose, et nous reconnaissons que les raisons ne sont point démonstratives, et que les faits réduits à ce qu'ils sont, dégagés des hypothèses que les fatalistes y joignent, n'entament pas la possibilité de cet autre fait qui s'impose à nous comme réalité intérieurement aperçue.

Nous affirmons Dieu parce que l'usage régulier de notre intelligence nous conduit à lui par toutes ses voies ; parce que la négation de Dieu rend l'existence de ce monde non seulement inexplicable, mais contradictoire ; parce que poser en principe cette thèse que Dieu est inconnaissable, c'est résoudre *a priori*, et résoudre par une hypothèse contraire à l'universelle tradition du genre humain, une question de possibilité qui ne peut être légitimement résolue *qu'en faisant l'épreuve*. Nous faisons l'épreuve. Elle réussit ; et sans avoir la prétention folle d'égaler notre connaissance finie à la réalité infinie de Dieu, nous éclaircissons, par la détermination de ses attributs métaphysiques et de ses attributs moraux, la connaissance imparfaite, mais certaine, que nous avons de sa nature et de son existence.

Nous affirmons la spiritualité de l'âme parce que nous l'avons prouvée : prouvée par la conscience, qui lit à livre ouvert dans tous les phénomènes psychologiques l'unité de leur commun sujet ; prouvée par la raison, qui établit démonstrativement que l'unité de la conscience a pour condition l'unité simple du principe conscient ; prouvée par la réflexion qui, examinant le contenu de la conscience, y trouve tout un groupe d'opérations hyperorganiques, indépendantes en soi de tout organe et de toute matière, donc appartenant à un principe spirituel. Et examinant, ainsi qu'il a été dit plus haut, les objections matérialistes, nous établissons scientifiquement qu'elles reposent toutes sur des confusions de mots ou d'idées, ou sur des pétitions de principe, et qu'aucun des faits sur lesquels elles s'appuient ne dit ce qu'elles lui font dire.

Nous affirmons le devoir parce que nous trouvons dans toute conscience humaine normalement développée la distinction du juste et de l'injuste, accompagnée de ce jugement qu'il est non pas physiquement nécessaire, mais moralement obligatoire de pratiquer l'un et de s'abstenir de l'autre; parce que les lois morales s'imposent à nous malgré nous ; parce que de ces lois les unes nous apparaissent comme évidemment vraies au même titre que les axiomes mathématiques, les autres comme dérivées des premières avec la même rigueur qui enchaîne les uns aux autres les théorèmes de la géométrie ; enfin parce que les actes moraux appellent une loi morale comme les phénomènes physiques appellent une loi physique. Nous fortifions notre démonstration en faisant voir que les systèmes qui nient le devoir avouent la présence en nous de l'idée du devoir, qu'ils sont tenus d'en expliquer la présence, qu'ils font les derniers efforts pour y réussir, et que, depuis les sophistes jusqu'à Herbert Spencer, ils y ont invariablement échoué. Et reprenant une à une leurs objections contre l'unité, l'universalité et l'immutabilité de la loi morale, nous montrons que les erreurs des hommes, la diversité et l'opposition de leurs opinions en morale n'atteignent pas plus la morale elle-même que les erreurs géométriques n'atteindraient la géométrie.

Enfin nous affirmons la vie future en démontrant 1° par la spiritualité de l'âme, que la dissolution des organes n'entraîne pas sa destruction et ne fait point obstacle à sa survivance ; 2° par le spectacle de la vie humaine, qu'elle offre tous les caractères d'un commencement appelant un achèvement, et d'un voyage appelant un terme ; 3° par la justice divine, par le jugement de mérite et de démérite, par la protestation de la conscience contre l'injuste prospérité de beaucoup de méchants et l'injuste oppression de beaucoup d'innocents, qu'il y a certainement un au-delà où se réalise l'harmonie de la vertu et du bonheur. Après quoi nous écoutons tranquillement les objections ; et nous n'avons pas beaucoup de difficulté à faire voir que, pour le plus grand nombre, elles ont pour point de départ la négation de la spiritualité de l'âme, ou du libre arbitre, ou de Dieu et de la Providence, et qu'en conséquence elles tombent avec ces négations elles-mêmes ; que, hors de là, la physiologie est parfaitement muette sur la question ; et qu'enfin l'immortalité de l'âme humaine, qui est spirituelle, n'implique pas l'immortalité de l'âme animale qui n'est pas spirituelle.

Telle est notre marche irréprochablement scientifique. Si quelque philosophe spiritualiste fait valoir de mauvaises raisons à l'appui de quelqu'une de ces thèses, s'il répond mal à quelque objection, si, faute d'avoir suivi d'assez près le mouvement des idées et des sciences contemporaines, sa méthode et ses démonstrations sont en retard d'un siècle, il a tort ; mais sa faute est personnelle et ne compromet pas plus la philosophie spiritualiste que les fausses démarches d'un savant ne compromettent la science de la nature.

Il est bien vrai qu'après ce travail de démonstration et de défense, nous ne laissons pas à l'état stérile les résultats définitivement acquis, comme s'ils n'étaient que des satisfactions purement spéculatives données à notre désir de savoir pour savoir. Ils sont cela ; mais ils sont en même temps autre chose encore : des réponses aux questions que l'homme se pose sur sa destinée. A ce titre les problèmes philosophiques ne pouvaient pas nous laisser indifférents sur leur solution pendant que durait la recherche. Nous savions d'avance que cette solution serait une règle pour la vie en même temps que le mot d'une énigme. Et nous souhaitions que cette règle fût bonne ; ou plutôt nous étions assurés d'avance qu'elle le serait si elle était vraie, parce que d'avance nous savons que la vérité est bienfaisante. Et, la solution trouvée, nous en suivons les applications ; nous reconnaissons qu'elles mettent dans la vie humaine l'ordre et l'harmonie, la justice et la beauté, qu'elles sont une lumière pour chacun de nos pas, qu'elles donnent à toute notre existence une direction qui, si nous le voulons, aboutira au port et non à une impasse ou à un précipice.

Ce souci des applications, cette joie de les voir utiles et fécondes sont-ils donc des péchés contre la science? Pour prendre une image de M. Taine, est-il anti-scientifique, quand nous remontons du puits de la vérité un seau bien plein, de souhaiter qu'il ne contienne pas un limon pestilentiel, de constater avec allégresse qu'il contient une eau limpide, et de nous dire : J'en étais sûr d'avance? Oui, cela est anti-scientifique exactement comme il l'est au physicien de souhaiter que ses découvertes soient utilisées, de pressentir qu'elles le seront, de se réjouir quand il voit ses conquêtes spéculatives dans le domaine de la science soumettre à l'homme les forces de la nature et se traduire en inventions merveilleuses qui centuplent sa puissance.

Il est bien vrai aussi que nous ne nous faisons nul scrupule de mettre en lumière les conséquences désastreuses de la philosophie négative et, après avoir démontré qu'elle est fausse, de démontrer qu'elle est funeste. Nous le démontrons du scepticisme parce que, retirant à l'esprit humain le pouvoir de distinguer le vrai du faux, il lui retire aussi celui de distinguer le bien du mal. Nous le démontrons du fatalisme parce que, déniant à l'homme tout empire sur lui-même, et lui enlevant ainsi jusqu'à la pensée de réagir contre la passion qui le sollicite, il le lâche sur la société humaine comme une bête que la force seule pourra contenir. Nous le démontrons de l'athéisme, parce que supprimer Dieu c'est supprimer tout l'ordre moral. Nous le démontrons des doctrines qui nient le devoir parce qu'elles établissent logiquement le règne de l'anarchie et de l'égoïsme dans l'humanité. Nous le démontrons de celles qui nient la vie future parce qu'elles livrent les honnêtes gens au plus noir pessimisme et qu'en ôtant à la vertu toute espérance, au vice toute appréhension ultra-terrestre, elles réduisent dans une proportion énorme la quantité de la première et accroissent d'autant la quantité du second.

Ce faisant nous faisons bien ; et les doctrines que nous réfutons ainsi n'ont pas à se plaindre, pourvu que les conséquences que nous leur imputons soient réellement et logiquement contenues dans leurs principes. S'il est prouvé qu'elles sont funestes, il est prouvé qu'elles sont fausses ; et cette preuve vient à sa place quand elle a été précédée de la réfutation directe. Elle a pour les philosophes, pour les esprits qui peuvent suivre cette réfutation directe, une valeur de confirmation et de contre-épreuve. Pour les esprits moins préparés à la controverse, elle suffit et se suffit à elle-même. Car ces esprits sont en possession des affirmations attaquées par les philosophies négatives ; ils croient sur le témoignage de l'évidence ou du bon sens, à la vérité, à l'âme, à la liberté, au devoir, à Dieu ; et si la diffusion de ces philosophies les trouble dans cette possession, si elle fait naître chez plusieurs la défiance, puis l'incroyance, si elle opère comme force destructive, ce n'est visiblement pas par la valeur des raisons, car ces raisons les dépassent ; c'est par le poids de l'autorité qui les entraîne et parce que ces négations réussissent à se faire passer pour *la science*. « Kant a démontré que la « certitude est une illusion ; Herbert Spencer, que Dieu « est inconnaissable et qu'il n'y a pas de loi morale ; Au- « guste Comte que le Dieu de la religion et le Dieu de la « raison ont fait leur temps ; M. Taine que l'âme n'existe « pas et que l'homme n'est pas libre. La science a prononcé ; « elle a relégué toutes ces croyances dans la région des vieux « préjugés ; elle prouve qu'on peut les éliminer sans apporter « aucun trouble à la vie humaine, et que la civilisation, la « liberté, la moralité y gagneront loin d'y perdre. » Parmi les lecteurs de journaux à qui l'on dit cela assidûment, pas un sur cent n'est allé y voir et n'y peut aller voir ; ils n'ont lu ni la *Critique de la raison pure*, ni les *Premiers principes*, ni le *Cours de philosophie positive*, ni le livre *De l'intelligence*. Ils ont cru sur parole ; ils se sont inclinés devant « les oracles de la science. » Et c'est par cette voie illégitime, anti-scientifique que la négation fait son chemin dans les âmes. Il est légitime, il est scientifique d'opposer à cette invasion la seule défense qui soit efficace, de démontrer, — ce qui peut se faire avec une rigueur absolue, avec une brièveté et une clarté presque populaires, — que la philosophie négative se trompe et trompe le public sur l'innocuité de ses suites, et que, contrairement à ses prophéties, son avènement à la domination universelle serait la désorganisation de la vie humaine, la fin de la civilisation, la ruine de la liberté et de la moralité.

Reste l'objection Coste, l'objection Élie de Beaumont, l'objection Flourens : « S'il vous suffit pour juger « et proscrire une doctrine philosophique qu'elle soit en « conflit avec les thèses spiritualistes, cela doit vous suf- « fire aussi contre une doctrine physique, ou physiolo- « gique, ou géologique. Dès lors c'en est fait de la liberté « scientifique ; car de tels conflits sont toujours possibles, « et le savant n'est plus le savant si sa marche doit être, à « chaque pas, dirigée ou arrêtée par des considérations « étrangères à la science. »

La réponse est des plus simples. Nous laissons très paisiblement « Coste à ses bocaux, Élie de Beaumont à « son marteau, Flourens à son scalpel » *parce que de tels conflits ne sont jamais possibles en réalité, bien qu'ils le soient en apparence.*

Pourquoi *jamais possibles en réalité ?* Parce qu'une thèse scientifique prouvée est une vérité, qu'une thèse philosophique prouvée est une vérité, et qu'une vérité d'un certain ordre ne peut pas contredire une vérité d'un autre ordre.

Pourquoi *possibles en apparence ?* Parce qu'il y a dans les résultats des travaux scientifiques deux parts à faire qu'il faudrait distinguer toujours et que l'on confond souvent : la part des faits dûment constatés sans addition ni diminution et des lois dûment vérifiées, — la part des théories explicatives. La première est pour la science un acquis définitif, de plus en plus consolidé et confirmé par l'accumulation des expériences ; la seconde est une satisfaction plus ou moins provisoire donnée à notre besoin d'unification, une hypothèse qui se fait accepter comme plus satisfaisante que les autres dans un état donné de la science. Aussi voyons-nous que les lois demeurent et que les théories passent. C'est en se plaçant au point de vue

des théories, non au point de vue des lois qu'on a pu dire :
« La figure de la science est changeante et sa parole
instable [1]. »

Or les conflits qu'on prévoit entre la philosophie spiritualiste et la science ne portent jamais sur les faits et les lois que celle-ci constate ; ils portent toujours sur les théories explicatives qu'elle hasarde. Et c'est par une confusion tout à fait illégitime qu'on réclame pour cette seconde part l'inviolabilité à laquelle la première seule a droit.

Ah! s'il y avait conflit irréconciliable entre une loi scientifique certaine et une vérité philosophique certaine, la science pourrait se plaindre qu'on la sacrifiât à la philosophie, et la philosophie se plaindrait avec un droit égal qu'on la sacrifiât à la science. Ou plutôt ni l'un ni l'autre sacrifice ne serait possible parce qu'on ne saurait lequel faire ; science et philosophie devraient être sacrifiées ensemble au plus irrémédiable scepticisme ; et ce serait la destruction de la pensée elle-même. Mais, en fait, de tels conflits ne se sont jamais présentés parce qu'en principe ils ne sont jamais possibles.

Ce qui est possible, ce qui s'est présenté plus d'une fois, et plus souvent en notre temps que dans les siècles passés, c'est qu'un savant, interprétant les faits et les lois, construise une théorie qui, directement ou par voie de conséquence, contredise une vérité philosophique et philosophiquement démontrée.

Ce cas se rencontrant, la première chose à faire sera « de ne point s'emballer, » mais d'examiner paisiblement si le conflit est irréductible, si le philosophe a bien compris la théorie du savant et le savant la thèse du philosophe, ou s'il n'y aurait pas de part ou d'autre, — ou de part et d'autre, — quelque malentendu à dissiper.

S'il n'y en a point, si la contradiction est formelle et définitive, nous dirons au savant : Certainement vous vous trompez ; car ce que vous soutenez c'est une hypothèse,

---

1. Anatole France, journal *Le Temps*, 23 avril 1893.

donc une proposition douteuse ; ce que vous niez au nom de cette hypothèse, c'est une vérité démontrée dont nous vous offrons les preuves, donc une proposition certaine. Certainement vous avez mal vu les faits ou vous les avez mal interprétés. Observez mieux, raisonnez mieux : *travaillez, prenez de la peine* ; votre hypothèse n'est pas la première qui, après avoir charmé son auteur, après avoir séduit les contemporains, ait fait place à une théorie nouvelle et plus satisfaisante. Nous ne vous conseillons pas de laisser votre scalpel, votre marteau ou vos bocaux ; nous vous y renvoyons au contraire, et nous vous conseillons de réviser par la science les hypothèses que vous avez, à vos risques, ajoutées à la science.

## IV

M. Taine, dans ses écrits philosophiques ultérieurs, ne s'occupera guère des deux questions de la destinée et du devoir. La première est métaphysique ; et il ne veut pas être métaphysicien. La seconde est morale ; et il n'est moraliste que dans ses livres d'art ou d'histoire. Dans le domaine propre de la philosophie, la psychologie sera sa province.

Dans *Les Philosophes français*, il rencontre et aborde ces deux questions à propos de Jouffroy qui, toute sa vie, s'y est appliqué avec angoisse et leur a consacré quelques-unes de ses plus belles leçons de droit naturel, particulièrement l'avant-dernière, intitulée *Vues théoriques*. Voici la suite et l'enchaînement des pensées qui y sont largement développées ; il est nécessaire de l'avoir sous les yeux pour entendre et apprécier la critique qu'en fait M. Taine.

Tout être a une fin qui est un bien ; fin et bien, c'est la même chose. — Tout être a une nature, une organisation adaptée à sa fin. — L'ensemble des êtres a une fin ; et les fins particulières des divers êtres ne sont que des moyens divers de cette fin totale. — Le mouvement universel de chaque chose vers sa fin et de toutes choses vers la fin suprême, unique et définitive, est ce que nous appelons l'ordre. — La fin absolue de la création est le bien absolu. Cette fin nous apparaît donc comme sacrée. — L'être raisonnable a le double privilège de concevoir la fin en général et sa propre fin, et de pouvoir la réaliser par des actes libres qui, l'y conduisant lui-même, aident aussi d'autres êtres raisonnables à l'atteindre. — L'accomplissement de notre fin nous apparaît en conséquence comme obligatoire. — L'ordre universel par lequel la création va à la fin absolue et définitive des êtres, cet ordre n'est autre chose que l'ensemble des lois absolues de la raison absolue de Dieu, en d'autres termes que l'expression de la pensée de Dieu. Les voies de Dieu ce sont ses desseins, ce sont les lois qui gouvernent l'univers et le mènent à sa fin. — La fin de l'homme, telle que l'implique sa nature, ne s'accomplit pas parfaitement dans cette vie. D'où il suit 1° que la fin, incomplète et provisoire, de la vie présente est la seule chose qui dépende de nous et que nous soyons certains d'atteindre si nous le voulons : la vertu ; 2° que cette vie n'est pas tout, et qu'il y a certainement un au-delà où la fin de l'homme sera certainement accomplie.

Ce bel exposé, où nous reconnaissons aisément la trace d'une éducation longtemps chrétienne, est vrai dans son ensemble ; il n'est cependant pas irréprochable.

Jouffroy pose comme axiome le principe que tout être a une fin en vue de laquelle il est constitué. « Pareil au « principe de causalité, il en a toute l'évidence, toute l'u- « niversalité, toute la nécessité. » C'est une illusion. Le principe de finalité, ou quelque autre nom qu'on lui donne, est sans doute absolument vrai. Mais se suffit-il à lui-même? Est-il une vérité première dont il n'y ait pas lieu de chercher le fondement ? Est-ce aller jusqu'au bout de la raison que de constater qu'il nous gouverne avec un caractère de *conviction instinctive* ? Évidemment non. Si nous admettons *a priori* que l'ordre règne dans la nature, cet ordre dont la *finalité* n'est que l'application la plus éclatante, nous avons sans doute quelque raison pour cela, et on a droit de nous demander quelle est notre raison. Or l'ordre est un effet et une manifestation de la sagesse. Croire à l'ordre dans l'univers, c'est donc croire que l'univers est gouverné par la sagesse. Mais, pour qu'il soit gouverné ainsi, il faut que la sagesse soit ou dans la nature elle-même, ou en dehors et au-dessus d'elle. Or, il est absurde de dire, sinon par métaphore poétique, que la nature est sage ; car elle est aveugle. Il faut donc que la sagesse soit en quelqu'un qui domine et conduit la nature et qui, l'ayant conçue et organisée suivant un plan excellent, veille à l'exécution de ce plan. Si vous niez l'existence ou l'action de ce quelqu'un, vous perdez le droit d'invoquer le principe de la finalité et de l'ordre. Aussi voyons-nous qu'Épicure, loin de l'invoquer, le rejette. Il n'est donc pas une vérité première, mais une vérité seconde, déduite d'une autre vérité qui est l'existence de Dieu.

De là, dans l'exposé de Jouffroy, des fluctuations qui vont jusqu'à la contradiction. Au sommet de sa théorie il place Dieu ; il dit et redit que l'ordre n'est que l'expression de la pensée de Dieu, et que Dieu est la fin dernière comme il est la cause première ; il rattache ainsi l'ordre à Dieu comme à son principe ; ailleurs, encore, il enseigne que l'idée de l'ordre n'est pas le dernier terme de la pensée humaine ; que celle-ci fait un pas de plus, qu'elle s'élève jusqu'à Dieu créateur de cet ordre universel, et qu'elle rattache ainsi l'ordre à sa substance éternelle. Et, d'autre part, il dit, quelques lignes plus loin, que l'idée d'ordre, avec son caractère sacré et obligatoire, subsiste indépendamment de toute pensée religieuse.

Ajoutons que l'idée de fin n'est point suffisamment éclaircie dans sa double relation avec les êtres individuels et avec l'ensemble. Jouffroy n'explique pas clairement la relation des fins individuelles avec la fin totale. Il semble ne voir dans celle-ci que la somme de celles-là ; et l'on en peut conclure, bien qu'en forçant sa pensée, qu'il confère à chaque être un droit absolu d'atteindre, comme s'il était seul au monde, sa fin individuelle. La nature nous offre un spectacle tout contraire ; et l'on va voir quel parti M. Taine, qu'il est temps de citer, a tiré de cette idée mal élucidée pour accabler sous le ridicule une théorie qui, à tout le moins, méritait plus d'égards.

« Je prends un quadrupède, un chien, un bœuf, ou tout
« autre ; je classe les faits que j'y observe, et je trouve
« qu'ils se réduisent aux groupes suivants : son type per-
« siste, il se nourrit, il se reproduit, il sent, il associe des
« images, il se meut. Je dis que sa destinée est de persé-
« vérer dans son type, de se nourrir, de se reproduire, de
« sentir, d'associer des images, de se mouvoir. *Destinée*
« (ou *fin*) signifie ici le groupe distinct de faits principaux
« qui constituent un être.

« *Tout être a une fin ou destinée.* Rien de plus vrai,
« il y a toujours dans un être un ou plusieurs faits qui
« lui sont propres... Au fond, la proposition est iden-
« tique...

« *Si chaque être a une fin qui lui est propre, il a dû
« recevoir une nature et une organisation adaptées à
« cette fin.* Fort bien encore. Étant donné un fait, il y a
« toujours une cause, force ou nécessité qui le produit ;
« sans cela il ne se produirait pas... Ceci est encore un
« axiome...

« *La fin d'un être est son bien.* Nous admettons cette
« maxime et, de plus, nous la prouvons. Le bien, pour le
« chien est de persévérer dans son type, de manger, de se
« reproduire, etc. ; l'empêchement de ces opérations est son
« mal. Le bien, pour la plante, est de végéter et de fleu-
« rir, son mal est d'être arrêtée dans sa floraison ou dans
« sa croissance. En effet, par la proposition précédente,
« les groupes de faits principaux qui composent la vie d'un
« être sont l'effet de ses forces ou tendances principales.
« Ils sont donc le terme vers lequel l'être tend ou aspire,
« et l'objet d'une tendance ou aspiration est ce que nous
« appelons un bien...

« *La nature d'un être indique sa destinée. Or la na-
« ture de l'homme est composée d'aspirations infinies*

« *que notre condition présente ne peut satisfaire : donc
« il y a pour nous une destinée future où nous pourrons
« les contenter*. Confusion sur confusion, tout est brouillé
« et tout est perdu. On va le voir par un exemple.

« *La nature d'un être indique sa destinée.* Cette pro-
« position est générale pour M. Jouffroy ; elle s'applique
« dans son raisonnement, au bœuf aussi bien qu'à
« l'homme. Or, la nature du bœuf est de vivre quinze ans
« et de se reproduire. Mais sa condition présente l'en em-
« pêche ; l'homme le coupe à six mois et le mange à trois
« ans. Donc, le bœuf dont j'ai mangé hier renaîtra dans
« un autre monde, y vivra douze ans encore et y fera des
« veaux...

« Rappelons-nous le sens des mots, et nous verrons périr
« le raisonnement de M. Jouffroy avec l'immortalité du
« bœuf et les petits veaux de la vie future. La destinée
« d'un être, ce sont les groupes distincts de faits princi-
« paux qui constituent sa vie. Or, un fait est toujours pé-
« rissable. S'il y a une force qui le produit, d'autres forces
« peuvent le détruire... Il y avait dans le bœuf une force
« vitale et une force reproductive ; le couteau du vétéri-
« naire et la massue du boucher en ont empêché l'effet ;
« les tendances existaient, la destinée ne s'est pas accom-
« plie. — Il y a en nous un besoin infini de science, de
« sympathie et de puissance ; la supériorité des forces voi-
« sines, l'infinité de l'univers, l'imperfection de notre
« société nous condamnent à des misères sans nombre et à
« des contentements médiocres ; nous avons la tendance,
« nous n'avons pas la puissance. Quoi de plus simple ?
« Quoi de plus naturel ?... Ne dites donc pas que la na-
« ture d'un être prédit sa destinée ; tout au plus elle l'in-
« dique par conjectures probables, réserve faite des causes
« extérieures qui peuvent se jeter à la traverse... Les faits
« dominants qui composent la vie d'un être sont sa desti-
« née ;... à titre de faits ils sont précaires ; donc étant donné
« un être, il n'est pas certain qu'il atteigne sa destinée...

« D'où vient donc que M. Jouffroy après un raisonne-
« ment si rigoureux est tombé dans un raisonnement si

« faible ? Nous arrivons à sa seconde interprétation du mot
« destinée. »

Ici, M. Taine cite un beau passage de Jouffroy où, comparant le monde à une immense machine dans laquelle la pensée du constructeur a assigné une place et une destination à chaque rouage, il parle « du but que le Créateur
« s'est proposé en laissant échapper le monde de ses
« mains. » Il en eût pu citer vingt autres. Puis il continue :

« A l'instant, les propositions que nous avons réfutées
« prennent un sens nouveau. Une destinée n'est plus un
« fait périssable subordonné aux causes extérieures. C'est
« un décret de Dieu ; or un décret de Dieu ne peut man-
« quer de s'accomplir ; s'il ne s'accomplit pas ici-bas, il
« s'accomplira ailleurs ; puisque mes aspirations infinies
« seront contentées, et ne peuvent l'être dans la vie pré-
« sente, elles le seront dans la vie future ; il y a donc une
« vie future...

« Mais ce changement de sens, qui rend vraies les der-
« nières propositions de M. Jouffroy, rend les premières
« fausses.

« En effet, reprenez-les : « Tout être a une fin. » Cela
« signifie maintenant : *En créant un être Dieu a eu quel-*
« *que but en vue.* Je n'en sais rien, ni vous non plus.
« Nous ne sommes point ses confidents...

« *La fin d'un être est son bien* ; cela signifie mainte-
« nant : *En créant un être, Dieu se propose un but qui*
« *est le bien de cet être.* Je n'en sais rien, ni vous non
« plus. Il y a pis, beaucoup de gens croient le contraire...

« *La fin d'un être est indiquée par sa nature.* En au-
« cune façon. Tous les théologiens ont parlé des voies
« mystérieuses de la Providence. J'ai beau disséquer des
« moutons, je ne découvre pas ce que Dieu avait en vue
« en créant des moutons... Et si le soleil est fabriqué
« pour éclairer les hommes, les habitants du soleil, qui
« sont en bon lieu pour observer sa nature, n'ont pas en-
« core découvert sa fin.

« Sortons de cette morale théologique ; j'ai honte de

« l'imputer à M. Jouffroy. Il l'estimait comme elle le mé-
« rite, et la laissait dormir dans les in-folios du moyen
« âge où nous espérons qu'elle restera[1]. »

Ces pages firent en leur temps quelque bruit et quelque scandale. Nous avons dû les transcrire, non pour notre plaisir, pas davantage pour leur valeur philosophique qui est mince, mais parce qu'elles indiquent l'état d'esprit de l'auteur à ses débuts. Plus tard il prendra un autre accent ; il traitera plus sérieusement les choses sérieuses, plus respectueusement la grande idée qui, en ce moment, lui paraît digne de risée ; mais la doctrine qu'il oppose à celle qu'il critique restera sa doctrine. Son dédain pour la grande philosophie chrétienne ne se traduira plus avec cette désinvolture provocante ; mais il persistera au fond. Visiblement M. Taine ignorait tout à fait cette philosophie lorsqu'il portait sur elle ce jugement sommaire ; il ne paraît pas qu'il ait songé plus tard à remplir cette lacune de son éducation philosophique.

Ces pages ont encore une autre importance. En même temps que M. Taine y critique la doctrine de Jouffroy, il y expose la sienne qui se ramène à quatre formules :

Un être est un groupe de faits ;

Le groupe de faits qui constitue un être est aussi sa destinée ;

Un être atteint ou manque sa destinée suivant que les circonstances sont favorables ou défavorables à la satisfaction de ses tendances ;

Pour l'homme les circonstances sont toujours défavorables ; l'homme n'atteint jamais sa destinée.

Sur quoi il y a lieu de faire les remarques suivantes :

La première formule est le pur phénoménisme. Nous ne songeons pas plus à la discuter ici que l'auteur n'a songé à la justifier. Il la reprendra *ex professo* ailleurs.

Selon la seconde formule, rapprochée de la première, ces trois termes : l'être, le groupe de faits, la destinée,

---

1. *Les Philosophes français*, p. 263-272.

ont une signification identique. Cela ne s'entend guère, mais cela simplifie le problème de la destinée en le supprimant. De plus, cela est logique. Si l'être était distinct de ses phénomènes, s'il contenait des puissances capables de se développer, capables de recevoir telle ou telle direction, on comprendrait que cette direction fût orientée vers une fin non encore atteinte, mais susceptible de l'être. Mais puisque l'être n'est à chaque moment qu'une somme de phénomènes actuels, nous ne sommes plus en présence d'une force qui se dirige ou est dirigée vers un but ; nous sommes en présence de faits qui se succèdent, dont chacun n'est que lui-même et n'a d'autre fin que lui-même ; et M. Taine a raison d'identifier le fait et la destinée, c'est-à-dire de supprimer la destinée.

Mais il a tout à fait tort de prêter à Jouffroy sa propre interprétation du mot destinée, et de prétendre qu'il passe, par une *ambiguitas verborum*, de ce premier sens au sens qu'il appelle théologique. Quelles qu'aient été les hésitations de Jouffroy sur l'origine et le fondement du principe d'ordre et de finalité, il sera évident, pour tout lecteur du Cours de droit naturel, qu'à aucun moment, à aucune page, à aucune ligne, l'interprétation de M. Taine n'a été la sienne.

M. Taine, d'ailleurs, ne s'y tient pas lui-même, apparemment parce qu'il n'est pas possible de s'y tenir. Dans sa troisième formule, il parle et pense comme tout le monde. Il parle de tendances, donc d'un but qui est en perspective, qui ne sera atteint que dans l'avenir, qui ne se confond donc pas avec le groupe des faits actuels. Il parle de la destinée comme pouvant être atteinte ou manquée. Il ne la confond donc plus avec l'être et avec le groupe des faits constitutifs de l'être ; — à moins qu'il ne pense que l'être, que le groupe puisse s'atteindre ou se manquer lui-même.

Enfin, la quatrième formule est le pur pessimisme, sur lequel nous aurons à revenir. Elle exprime fidèlement sa pensée. Car elle équivaut à ces paroles qui sont les siennes et qu'on vient de lire : *Nous avons la tendance*, — il a dit plus haut *le besoin,* — *nous n'avons pas la puissance.* M. Taine, d'ailleurs, la justifie en quelques mots décisifs. Dieu éliminé, elle est irréprochable et inévitable pour qui ne se paye pas d'illusions et ose regarder en face la réalité terrestre désormais acceptée comme réalité unique.

Reste l'objection de l'immortalité du bœuf, à laquelle l'exposé de Jouffroy offre quelque prise, faute d'avoir suffisamment élucidé l'idée de fin et de bien.

Oui, tout être a une fin, et cette fin est *un* bien. Mais il n'est pas vrai que, dans un univers composé de parties dépendantes les unes des autres et subordonnées les unes aux autres, la fin de tout être soit *son* bien comme s'il était seul, ou qu'il fût au sommet de la Création. Il y a des êtres dont la fin principale est d'agir comme moyens et instruments, pour amener d'autres êtres à leurs fins supérieures, des êtres que leur constitution et leur place dans la hiérarchie universelle appelle à être totalement ou partiellement sacrifiés à ces fins supérieures.

Une comparaison, qui est en même temps un exemple, expliquera et justifiera cette thèse.

Voici un corps vivant. Son organisation montre qu'il est fait pour s'entretenir et se développer par la nourriture. C'est son bien d'être préservé de toutes les causes de maladie et de mort et d'atteindre ainsi le terme de la durée assignée à son espèce. Mais ce corps est le corps d'un homme : il est associé dans l'unité d'une personne unique à une âme raisonnable qui, en même temps qu'elle est le principe de sa vie, est appelée aux fins plus hautes de l'activité intellectuelle et morale. Dès lors, la destinée de ce corps ne se lit plus seulement dans son organisation prise en soi et pour soi ; elle se lit encore et surtout dans sa fonction principale qui est de servir l'âme. Dès lors, son bien principal est non plus son bien isolé, mais le bien de l'âme ; il est fait pour l'âme plus que pour lui-même. Isolé, son bien serait d'éviter la maladie ; corps d'un médecin ou d'une sœur de charité, son bien sera d'affronter les contagions. Isolé, son mal suprême serait la mort ; corps d'un martyr ou d'un soldat, son bien sera de mourir pour Dieu ou pour la Patrie.

Ce cas éclatant est celui de tous les êtres à fin subordonnée. Les plantes sont faites pour végéter et croître, mais plus encore pour donner une nourriture aux animaux, classe d'êtres supérieure ; l'herbe ne manque donc pas sa destinée, elle l'atteint au contraire quand le bœuf et le mouton la paissent. Toutes les espèces animales sont faites pour croître et se reproduire, mais celle-ci plus encore pour être la nourriture de celle-là, et une troisième d'une quatrième ; la mouche mangée par l'oiseau, le bœuf mangé par l'homme, n'ont donc pas manqué leur destinée, ils l'ont atteinte. Et ils n'ont que faire d'une vie future.

Mais l'homme en a que faire, parce que sa fin n'est pas d'être moyen et instrument pour les fins supérieures de quelque autre être fini. L'homme sans doute *n'est pas* une fin en soi comme Kant le dit à tort ; mais l'homme *a* une fin en soi, c'est-à-dire qu'il a pour fin le bien absolu qui est Dieu ; et c'est pour cela qu'il est immortel. A quelque moment de sa durée que l'animal meure, il a atteint sa fin ; car il a rempli principalement sa fonction d'instrument, subordonnément sa fonction d'animal. A quelque moment de sa durée terrestre que l'homme meure, il n'a pas atteint sa fin ; car comme il n'avait point, au sommet qu'il occupe, de fonction instrumentale à remplir, c'est dans sa nature prise en soi que sa destination se lisait toute entière ; et visiblement il n'a fait que les premiers pas vers la fin où cette nature l'appelle, vers la connaissance du vrai et la possession du bien. Cela ne promet et ne prouve rien si Dieu n'existe pas. Cela promet tout et prouve tout parce que Dieu existe.

Après la question de la destinée, la question du devoir. Elle est, suivant M. Taine, des plus aisées à résoudre. Dans la conscience morale, que Rousseau appelle pompeusement un auguste instinct et une voix immortelle, « l'analyse ne trouve qu'un mécanisme très simple qu'elle « démonte comme un ressort. » Il suffit, pour cela, « d'ap-

« pliquer la méthode qui ramène les idées à leur origine
« et les formules générales aux cas particuliers[1]. » On a
déjà pu voir avec quel succès cette méthode conduit à la
définition du bien et à la solution du problème de la destinée humaine.

« Une série analogue d'opérations semblables va pro-
« duire l'ordre mathématique des sentiments moraux.

« L'attitude de l'esprit les fait naître ; ils ont pour cause
« un point de vue ; la conscience n'est qu'une manière de
« regarder. Regardez un bien en général et, par exemple,
« prononcez ce jugement universel que la mort est un mal.
« Si cette maxime vous jette à l'eau pour sauver un
« homme, vous êtes vertueux.

« Les sentiments, étant produits par les jugements, ont
« les propriétés des jugements producteurs. Or le juge-
« ment universel surpasse en grandeur le jugement parti-
« culier ; donc, le sentiment et le motif produits par le
« jugement universel surpasseront en grandeur le senti-
« ment et le motif produits par le jugement particulier.
« Donc le sentiment et le motif vertueux surpasseront
« en grandeur le sentiment et le motif intéressés ou affec-
« tueux.

« C'est ce que l'expérience confirme, puisque nous ju-
« geons le motif vertueux supérieur en dignité et en beauté,
« impératif, sacré. A ce titre, nous appelons ses impul-
« sions des prescriptions ou des devoirs.

« Le bien d'un être est le groupe de faits essentiels qui le
« constituent. L'action qui a pour motif cette maxime uni-
« verselle ou une de ses suites universelles est vertueuse.
« Ces deux phrases sont toute la morale[2]. »

Si j'ai bien compris, cela veut dire d'abord que la
conduite de chacun est déterminée par sa manière de
regarder le bien, c'est-à-dire par ses tendances, c'est-à-dire
par le groupe de faits principaux qui le constituent.

J'entends ce déterminisme : chacun est ce qu'il est, et

---

1. *Les Philosophes français*, p. 274.
2. *Ib.*, p. 275.

ne peut être que ce qu'il est ; chacun agit comme il est, et ne peut agir que comme il est.

J'entends moins ce qui suit : « Prononcez ce jugement « universel que la mort est un mal. Si ce jugement vous « jette à l'eau pour sauver un homme, vous êtes ver- « tueux. » Pourquoi vertueux ? Est-ce parce que vous sauvez un homme ? — Oui, me dit-on, c'est pour cela.

Soit. Et je raisonne de même dans un autre cas où l'intention est la même : « Prononcez ce jugement universel « que la mort est un mal. Si ce jugement vous fait fuir « du champ de bataille pour échapper à la mort, vous « êtes vertueux, » — vertueux dans ce cas comme dans le précédent, puisque dans le second comme dans le premier, vous sauvez un homme.

Autre exemple : Si ce jugement universel « le manque de ressources est un mal » vous détermine à vous dépouiller pour donner des ressources au prochain qui n'en a pas, vous êtes vertueux. Et si le même jugement vous détermine à dépouiller le prochain pour donner des ressources à vous qui n'en avez pas, vous êtes également vertueux et pour la même raison.

Si l'on dit, comme il le faut bien, que cela est absurde, c'est donc qu'on avait eu tort de répondre *oui* quand il fallait répondre *non*. Et la question revient : pourquoi appelez-vous vertueux l'homme qui se jette à l'eau et l'homme qui se dépouille pour son semblable ? Est-ce parce qu'ils agissent en vertu d'un jugement universel ? Non, car l'homme qui fuit et l'homme qui dépouille son semblable à son propre profit agissent en application du même jugement universel. Vous ne trouvez donc jusqu'ici nul moyen de distinguer l'action vertueuse de l'action non vertueuse ou de l'action vicieuse.

Mais je le trouve et je vous l'indique dans une explication que vous n'avez pas donnée. Pour que l'action soit vertueuse il ne suffit pas qu'elle soit faite au nom d'un jugement général, il faut qu'elle soit faite *dans un intérêt général*, qu'elle soit bienfaisante pour une collectivité. Vous agissez pour le bien d'un individu ; vous n'êtes pas vertueux. Vous agissez pour le bien d'un groupe ; vous l'êtes.

C'est ce qu'on peut dire de plus raisonnable. Mais si on le dit, on raye de la liste des actions vertueuses tout acte de dévouement à un père, à un fils, à un ami, à un homme ; et l'on se raye soi-même de la liste des gens sensés.

Quoi qu'il en soit, admettons qu'il y a des actions vertueuses et des motifs vertueux. Ce mot désigne une conduite déterminée par le groupe des faits principaux. Tel groupe, telle conduite ; tel groupe différent ou opposé, telle autre conduite différente ou opposée. Admettons encore que le motif vertueux est supérieur en dignité et en beauté au motif non vertueux, comme l'animal est supérieur à la plante et le vertébré au mollusque. Et demandons à M. Taine pourquoi il l'appelle *impératif*, *sacré*, pourquoi il appelle ses impulsions des *prescriptions* ou *devoirs*. La question reste inévitablement sans réponse ; les deux adjectifs et les deux substantifs ne peuvent avoir pour lui aucun sens, chacun d'eux impliquant ce que M. Taine repousse, la liberté morale. L'homme tel qu'il le conçoit ne se détermine pas, il est déterminé par le groupe de faits principaux qui le constituent. L'homme n'est pas une personne maîtresse de soi et responsable ; tous ses actes sont ce qu'ils sont en vertu d'une nécessité logique aussi bien que physique ; *l'homme est un théorème qui marche*.

Et ainsi, de même que la réponse à la question de la destinée était qu'il n'y a pas de destinée qu'il dépende de nous d'atteindre, la réponse à la question du devoir est qu'il n'y a pas de devoir qu'il dépende de nous d'accomplir.

## V

M. Taine, au cours de ses monographies, avait plus d'une fois attribué à l'emploi d'une fausse méthode les erreurs et l'insuccès de la philosophie française contemporaine. Ayant affirmé que la méthode de l'école est mauvaise, il se sentait tenu d'indiquer la bonne ; « pour « dégager les gens d'une voie, il fallait les engager dans « une autre. »

Il charge de ce soin deux personnages anonymes ou pseudonymes, M. Pierre et M. Paul. Il est le jeune ami de ces deux vieux amis qui passent leurs soirées à philosopher ensemble, et qui veulent bien, *ad hoc,* l'admettre en tiers dans leur tête à tête. Il fait de chacun d'eux un portrait comme il savait les faire, très vivant, très personnel, où la physionomie de l'homme extérieur et celle de l'esprit qui pense dans cette enveloppe s'harmonisent à merveille, bref deux bijoux artistiques et littéraires.

M. Pierre décrit l'analyse. On ne peut malheureusement résumer cet exposé qu'en laissant dans l'ombre ce qu'il offre de plus remarquable, l'art de bien choisir et de présenter avec un relief extraordinaire les faits précis où se lira d'avance la conclusion générale.

Analyser, c'est traduire. Analyser la *force vitale,* c'est indiquer en quels mots se résoud le mot « force vitale, » et à quels faits ces mots correspondent.

Le mot force vitale est vague ; nous ne l'entendons que confusément. Il faut donc l'analyser, et pour cela le faire naître en observant les cas particuliers à propos desquels il se prononce, respiration, nutrition, circulation. En tous nous remarquons que pour que la vie subsiste, *il faut, il est nécessaire, force est* que toutes ces opérations subordonnées puissent s'effectuer.

« La vie est la fin, les opérations sont les moyens. La « vie nécessite les opérations, comme une définition ses « conséquences. Cette nécessité ou force amène, entraîne « et produit des opérations, comme elle amène, entraîne « et produit des conséquences. Qu'est-elle ? Un rapport, « un rapport entre la vie et les opérations, entre la défi- « nition et les conséquences. Si vous voulez, transformez-la « en qualité pour la commodité du langage : vous direz « alors qu'elle est une propriété du corps vivant. Si vous

« voulez, transformez-la en substance pour la commodité
« du langage : vous direz alors qu'il y a une force dans le
« corps organisé. Mais dans tous les cas, souvenez-vous
« de l'analyse. La force vitale n'est ni une qualité, ni une
« substance, mais un simple rapport... Des faits, des
« rapports, il n'y a rien d'autre. Nous avons purgé notre
« esprit d'un être métaphysique [1]. »

Ce premier pas peut et doit se faire partout, dans le monde moral comme dans le monde physique. Partout il peut se faire de même ; « en ramenant les noms compli-
« qués et généraux aux cas particuliers et singuliers qui
« les suscitent et en variant les exemples, on y démêle la
« circonstance commune qu'ils désignent, on les réduit à
« exprimer cette circonstance [2]. » Et partout le résultat est le même, l'élimination des êtres métaphysiques.

Mais il y a un second pas à faire.

« *L'animal digère*. Rien de plus clair que cette formule.
« Nous la traduisons à l'instant par un fait. Mais ce fait
« est entouré et précédé d'une longue suite d'inconnues. »
Ma traduction de la formule par un fait ne me donne pas cette suite. La traduction était exacte, il faut maintenant la rendre complète. Quand elle le sera par la détermination de cette suite, la formule désignera « non pas
« des circonstances plus nettes, mais plus de circonstances ;
« et désormais tout l'effort des physiologistes est d'accroître
« cette quantité. » Pour y réussir, il faut le secours d'instruments qui étendent l'observation au-delà des limites où est enfermée la puissance de nos sens ; et il faut que l'observateur intervienne dans la production des phénomènes à observer, en instituant des expériences. Ainsi procède-t-on dans les sciences physiques ; ainsi doit-on procéder dans les sciences morales [3].

Il ne semble pas que ces règles ajoutent une contribution bien notable à ce qui était, depuis longtemps déjà, dans le domaine public. On n'ignorait pas qu'un mot

---

1. *Les Philosophes français*, p. 317-318.
2. *Ib.*, p. 324-325. — 3. *Ib.*, p. 324-329.

vague doit être précisé par la description exacte des faits à propos desquels on le prononce. On n'ignorait pas que cette description n'est qu'un premier pas qui doit être suivi d'un second, et qu'un fait, si bien décrit soit-il, n'est expliqué que par la détermination et la description exacte de toute la série des faits antécédents dont il est le dernier terme. On n'ignorait pas que, pour bien connaître ces faits, qui souvent se cachent hors de la portée de l'observation vulgaire, le secours des instruments et le concours des expériences sont indispensables dès qu'ils sont possibles.

La seule nouveauté est le but ouvertement poursuivi qui est l'élimination des « êtres métaphysiques. » J'ose dire que dans les pages résumées ou citées, ce but n'est point atteint, ni même sa poursuite justifiée. Par exemple on ne voit pas bien comment découvrir et démontrer que les opérations subordonnées de respiration, nutrition, circulation sont nécessaires, ainsi que les conditions qui les rendent possibles, pour que la vie subsiste, c'est purger l'esprit des êtres métaphysiques. Car, semble-t-il, cette découverte ne nous empêche ni ne nous dispense de croire que pour que ces opérations s'accomplissent, il faut qu'il y ait quelque part une puissance de les accomplir. — Mais ce n'est ici qu'un engagement d'avant-garde ; et c'est ailleurs que M. Taine livrera aux êtres métaphysiques une bataille rangée où l'examen de cette question sera mieux à sa place.

L'analyse s'arrête ici, mais non pas la méthode. A son tour M. Paul va décrire une marche qui, prenant pour point de départ les résultats des procédés analytiques, conduira la science plus loin et plus haut. Cette marche, que M. Taine ne nomme pas peut s'appeler synthèse suivant l'expression consacrée. Nommons-la plus exactement *unification progressive*.

L'unification s'obtient dans la science par la recherche et la découverte des causes, c'est-à-dire des faits générateurs. Car la cause d'un fait est toujours un fait.

« Qu'est-ce que j'appelle une cause ? *Un fait d'où l'on
« puisse déduire la nature, les rapports et les change-*

« *ments des autres*. Si la nutrition par exemple est une
« cause, on pourra déduire d'elle la nature et les rapports
« d'un groupe d'opérations et d'organes ; on pourra aussi
« déduire d'elle les changements que ce groupe subit
« d'espèce à espèce et dans le même individu. Si l'expé-
« rience répond *oui*, la nutrition, ayant les propriétés des
« causes, est une cause ; et l'hypothèse justifiée devient
« une vérité [1]. »

L'expérience, à la suite d'une série de vérifications, répond *oui*. Et voilà tout un groupe de faits unifié. Je les tiens tous dans le fait générateur. J'y gagne pratiquement d'en alléger mon esprit, étant assuré de les retrouver quand je voudrai. Et j'y gagne scientifiquement d'avoir expliqué tous les faits de ce groupe en les ramenant à celui qui les engendre [2].

J'opère de même, par hypothèses et vérifications, sur un autre fait constant et universel, la *destruction*, ou *dissolution continue*, ou *dépérissement*. Cette fois encore l'expérience confirme l'hypothèse, et me voilà en possession d'un nouveau fait générateur unifiant un nouveau groupe de faits [3].

Mais ces deux unifications partielles se ramènent à une seule. Si l'animal a besoin de réparation, de nutrition, c'est *parce que* la déperdition, le dépérissement la rend nécessaire. Le dépérissement est donc cause, et la nutrition effet. Ainsi deux unifications partielles m'ont conduit à une unification unique et totale [4].

Maintenant qu'est ce qui dépérit et se répare ? L'animal c'est-à-dire le type, forme fixe et limitée, durable d'une génération à une autre. Entre le type et les fonctions il y a une corrélation visible. Pour découvrir si le type est effet ou cause par rapport aux fonctions, la même marche est à suivre. On supposera donc qu'il est un effet déterminé par les fonctions et l'on vérifiera l'hypothèse. Ici l'expérience apporte, au lieu d'une confirmation, un

---

1. *Les Philosophes français*, p. 341.
2. *Ib.*, p. 344. — 3. *Ib.*, p. 347. — 4. *Ib.*

démenti. Elle nous montre que souvent le type subsiste quand la fonction manque; il n'en est donc pas l'effet. Elle nous montre que, la fonction subsistant, le type varie; la fonction ne détermine donc pas les variations du type puisque le type varie sans qu'elle varie elle-même. Donc le type n'est pas chose dérivée et dépendante, mais indépendante et primitive.

On prend donc l'hypothèse opposée, et l'on arrive à reconnaître que les fonctions se déduisent du type, que le type, c'est-à-dire l'ordre imposé à la quantité, est la cause du reste, que de lui se déduisent tous les faits simultanés qui composent l'animal adulte et tous les faits successifs qui composent son évolution dans le temps [1].

« C'est ainsi que par des unifications progressives on
« arrive enfin au fait unique qui est la cause universelle.

« En l'appelant cause nous n'avons rien voulu dire
« sinon que de sa formule on peut déduire toutes les
« autres et toutes les suites des autres. Nous avons ainsi
« transformé la multitude disséminée des faits en une
« hiérarchie de propositions dont la première, créatrice
« universelle, engendre un groupe de propositions subor-
« données qui à leur tour produisent chacune un nouveau
« groupe, et ainsi de suite jusqu'à ce qu'apparaissent les
« détails multipliés et les faits particuliers de l'observation
« sensible.

« Or, toutes les fois que vous rencontrez un groupe
« naturel de faits, vous pouvez mettre cette méthode en
« usage, et vous découvrez une hiérarchie de nécessités;
« il en est ici du monde moral comme du monde physique.
« Une civilisation, un peuple, un siècle sont des défini-
« tions qui se développent. L'homme est un théorème qui
« marche [2]. »

Enfin supposez qu'appliquant cette méthode à toutes les sciences, nous soyons arrivés à l'unification complète de chacune d'elles, et que tout soit ramené à cinq ou six

1. *Les Philosophes français*, ch. xiv, p. 351-352.
2. *Ib.*, p. 353-354.

propositions générales, nous en tiendrons-nous à ces « créa-
« trices immortelles, seules stables à travers l'infinité du
« temps qui déploie et détruit leurs œuvres ? » Nous
ferons le dernier pas dans la même voie ; par la même
méthode « nous dégagerons le fait primitif et unique d'où
« elles se déduisent et qui les engendre. » Nous découvrirons l'unité de l'univers ; nous comprendrons « qu'elle
« ne vient pas d'une chose extérieure, étrangère au monde,
« mais d'un fait général semblable aux autres [1]. »

« C'est à ce moment que l'on sent naître en soi la notion
« de la nature. Par cette hiérarchie de nécessités le monde
« forme un être unique, indivisible, dont tous les êtres sont
« les membres. Au suprême sommet des choses, au plus
« haut de l'éther lumineux et inaccessible, se prononce
« l'axiome éternel ; et le retentissement prolongé de cette
« formule créatrice compose, par ses ondulations inépui-
« sables, l'immensité de l'univers [2]. »

Ce second chapitre *de la Méthode*, à n'y considérer que
ce qui se rapporte à son titre, n'a guère plus de valeur et
de nouveauté que le premier ; et la leçon qu'il promet
avec un certain appareil de mise en scène était déjà donnée.
Quel naturaliste ignorait que les bonnes classifications se
font d'après le principe de la subordination des caractères,
et que toute classification, bonne ou mauvaise, est une
unification progressive ? Quel physicien ne devinait pas
que la variété des lois particulières de la nature est réductible à un moindre nombre de lois plus générales, et n'entrevoyait pas cette réduction dans l'avenir de la science ?
Quelqu'un n'avait-il pas dit, un siècle et demi avant
M. Taine : « Les vérités sont suivies ; je vois deux
« vérités dans une vérité commune. La vérité est une de
« soi ; qui la connaît en partie en voit plusieurs ; qui les
« verrait parfaitement n'en verrait qu'une [3] ? »

Mais ici, comme dans le chapitre précédent, la méthode

1. *Les Philosophes français*, ch. XIV, p. 350.
2. *Ib.*, p. 361.
3. Bossuet, *Connaissance de Dieu et de soi-même*, ch. IV.

n'est, semble-t-il, que le passe-port des doctrines ; et celles-ci, présentées comme une application de celles-là, sont mises ainsi sous le patronage et le pavillon de la science elle-même.

Dégageons donc ces doctrines.

Il y a d'abord la doctrine des causes, qui se décompose en deux propositions : Un fait est cause d'autres faits lorsqu'on peut déduire de lui la nature, les rapports et les changements de ces faits ; — Toute cause est un fait comme les autres.

La première proposition a de quoi surprendre. Nous pensons tous que la cause préexiste à son effet, tout au moins lui coexiste ; car comment agirait-elle pour le produire si elle ne commençait à exister qu'après sa production ? La cause telle que l'entend ici M. Taine est cependant douée de cette vertu de produire avant d'être ; car visiblement elle est postérieure à ses effets. Prenons l'exemple même qu'il apporte, la nutrition qui, dit-il, est cause de tout un groupe de faits. Quels faits ? Ceux dont se composent la structure et le jeu des organes mis en œuvre, toutes les parties et tous les mouvements d'un grand système concourant à produire *la nutrition finale*. La nutrition est la cause de ces faits, et ce sont eux qui la produisent ; M. Taine le dit expressément. Il y a là une énigme.

L'énigme aurait une solution excellente si nous pouvions entendre les causes dont il s'agit dans le sens de *causes finales*. La cause finale, en effet, si elle est première dans l'intention, est dernière dans l'exécution. Si elle détermine, dans la pensée où elle a son siège, toute la série des faits d'où résultera la production d'un fait ultime, c'est que ce fait a été voulu comme fin et qu'en conséquence toute la série a été nécessairement voulue comme moyen. Mais pour rien au monde M. Taine ne voudrait de cette explication. S'il y a une doctrine qu'il ait poursuivie de ses railleries implacables au début de sa carrière, une doctrine à laquelle, même assagi par les années, son esprit soit resté fermé jusqu'à la fin, c'est celle d'une finalité intentionnelle dans les œuvres de la nature. Cette issue était cependant la seule. La contradiction subsiste donc irrémédiablement. Ce que M. Taine appelle cause il faut l'appeler résultat. Et quand il croira placer au sommet des choses comme primitif, comme générateur de tous les faits un fait unique, il y placera un fait dernier en date, produit final de tous les autres. Il est donc vrai à la lettre qu'ici on ne l'entend pas et qu'il ne s'entend pas. « Le style de M. de Biran, » disait-il, « n'est « pas le galimatias double ; ce n'est que le galimatias « simple. Les lecteurs n'entendent pas l'auteur, mais « l'auteur s'entend. »

Laissons cela, et prenons que M. Taine s'entend, que nous l'entendons, que ses causes sont de vraies causes ; et regardons la seconde proposition : *Toute cause est un fait comme les autres*. Tout fait étant quelque chose qui commence, cela veut dire que toute cause est causée, que toute cause est un effet, en langage de métaphysicien qu'il n'y a que des causes secondes. Or, les causes secondes sont des causes emprunteuses, des causes qui n'ont une vertu causatrice que parce qu'elles la tirent d'ailleurs que d'elles-mêmes. Mais s'il n'y a que des causes secondes, elles ne la tirent pas d'ailleurs puisqu'*aucun ailleurs* n'existe. Donc elles ne la tirent de rien, donc elles ne l'ont pas. Donc s'il n'y a que des causes secondes, il n'y a pas de causes secondes. Donc s'il n'y a que des causes secondes, il n'y a rien.

C'est à quoi aboutit toute métaphysique *immanente* qui prétend expliquer le monde par une série infinie de faits s'engendrant les uns les autres. De toutes les formes de l'athéisme, elle est de beaucoup la plus insoutenable, parce qu'elle se détruit elle-même dès son point de départ.

Là peut s'arrêter la critique. La dernière page du livre, où le monde est présenté comme un être unique dont tous les êtres sont les membres, et où sont chantées les vertus créatrices de l'axiome éternel qui se prononce lui-même et lui tout seul au plus haut de l'éther lumineux et inaccessible, paraît être pour M. Taine un exercice littéraire ou une excursion aventureuse en Allemagne plutôt que l'expression d'une pensée personnelle et persistante. De plus en plus il se désintéressera de la métaphysique. Dans son étude sur Stuart Mill, publiée sept ans après *les Philosophes français*, il lui consacrera encore une page ayant pour point central une formule de Hégel, où il est dit que la métaphysique de l'avenir consistera à montrer que la quantité *pure*, c'est-à-dire l'espace et le temps, appelle ou engendre la quantité *déterminée*, c'est-à-dire la Nature, que la Nature engendre la quantité *supprimée* (*die aufgehobene Quantität*) c'est-à-dire l'esprit, et qu'il ne peut y avoir d'autres éléments que ces trois. Dans son grand ouvrage *De l'Intelligence*, il lui consacrera les trois lignes finales, qui ont un accent d'adieu : « A mon sens la méta-« physique n'est pas impossible. Si je m'arrête, c'est par « sentiment de mon insuffisance ; je vois les limites de mon « esprit, je ne vois pas celles de l'esprit humain. » Se tromperait-on beaucoup en conjecturant que, malgré ces formules de politesse, son bon sens était de plus en plus frappé de l'extrême déraison des « métaphysiques imma-« nantes, » et qu'il ne lui a manqué que de croire en Dieu pour acquérir le sens et le goût de la vraie métaphysique ? Il n'eût pas été le premier chez qui la foi fût venue « au « secours de la raison défaillante. »

# CHAPITRE II

### L'INTELLIGENCE. — NOMINALISME ET SENSUALISME

## I

Pendant les douze années qui suivirent l'apparition des *Philosophes français*, M. Taine ne publia, du moins à part, que deux courts écrits appartenant proprement à la philosophie : une étude sur le positivisme anglais personnifié en Stuart Mill, une étude sur l'idéalisme anglais personnifié en Carlyle. Encore le second est-il surtout consacré à la critique littéraire et morale.

Le premier de ces opuscules reçut de Stuart Mill cet éloge mérité « qu'il était impossible de donner en peu de « pages une idée plus exacte et plus complète de son livre « de logique comme corps de doctrine philosophique. » Il contenait en outre la première description systématique du procédé d'abstraction auquel M. Taine attribuait le pouvoir de systématiser, d'unifier et d'élever l'expérience.. Nous en avons cité la conclusion, et nous aurons à en examiner de près les procédés.

L'Étude sur Carlyle accentuait le parti pris de l'auteur contre l'idée de Dieu, qu'il rangeait dans la catégorie définitivement proscrite des êtres métaphysiques[1].

---

1. Voici tout le passage :
« Prenez le monde tel que le montrent les sciences : c'est un
« groupe régulier ou, si vous voulez, une série qui a sa loi; selon

Dans l'une et l'autre reparaissaient quelques-unes des doctrines que l'auteur avait déjà esquissées et que les chapitres des *Philosophes français* offraient à l'état dispersé. Le livre *de l'Intelligence*, paru en 1870, en donna l'exposé complet et systématique.

C'est un livre très habilement fait. Le style n'a rien perdu de sa vigueur saisissante, de sa précision, de son éclat métallique, de sa physionomie personnelle. En même temps la « manière » est devenue plus grave; elle a renoncé aux allures tapageuses qui s'étaient violemment emparées de l'attention publique, mais qui, en soi, n'appartenaient pas à la bonne littérature. Le philosophe parlait maintenant un langage tout philosophique.

Il annonce, et il exécute en apparence, le dessein de traiter la psychologie comme une science semblable aux autres sciences de la nature. Ce n'est pas qu'il prétende, comme on l'a fait depuis, l'élever de l'état *qualitatif* à l'état *quantitatif* et soumettre les phénomènes psychiques au calcul et à la mesure; cette entreprise, qui a donné lieu à tant de travaux dont les résultats sont si minces et si contestés, ne semble pas avoir été de son goût. Mais il estimait avec raison que les faits ne sont pas moins des faits pour n'être pas susceptibles d'être énoncés en décimales, et que l'observation n'est pas moins féconde pour être appliquée aux phénomènes de la pensée.

« On peut parler avec précision et détails d'une sensa-

« elles, rien davantage. Comme de la loi on déduit la série, vous
« pouvez dire qu'elle l'engendre et considérer cette loi comme une
« force. Si vous êtes artiste, vous saisirez d'ensemble la force, la
« série des effets, et la belle façon régulière dont la force produit la
« série; à mon gré cette représentation sympathique est, de toutes,
« la plus exacte et la plus complète; la connaissance est bornée tant
« qu'elle ne s'avance pas jusque là, et la connaissance est achevée
« quand elle est arrivée là. Mais au-delà commencent les fantômes
« que l'esprit crée et par lesquels il se dupe lui-même. Si vous avez
« un peu d'imagination, vous ferez de cette force un être distinct,
« situé hors des prises de l'expérience, spirituel, principe et sub-
« stance (?) des choses sensibles. Voilà un être métaphysique. »
(p. 110, 111.)

« tion, d'une idée, d'un souvenir, d'une prévision, aussi
« bien que d'une vibration, d'un mouvement physique ;
« dans l'un comme dans l'autre cas, c'est un fait qui sur-
« git, on peut le reproduire, l'observer, le décrire ; il a
« ses précédents, ses accompagnements, ses suites. De
« tout petits faits, bien choisis, importants, significatifs,
« amplement circonstanciés et minutieusement notés, voilà
« aujourd'hui la matière de toute science ; chacun d'eux
« est un spécimen instructif, une tête de ligne, un
« exemple saillant, un type net auquel se ramène tout une
« file de cas analogues ; notre grande affaire est de savoir
« quels sont ces éléments, comment ils naissent, en quelles
« façons et à quelles conditions ils se combinent, et quels
« sont les effets constants des combinaisons ainsi for-
« mées[1]. »

Ces faits, qu'il recueille tantôt dans ses observations personnelles, tantôt dans les documents fournis par l'aliénisme, tantôt dans la physique et la physiologie modernes, sont choisis avec un art extrême ; l'auteur les place dans un éclairage savamment préparé grâce auquel ils prennent la couleur, le relief, la physionomie dont il a besoin ; l'interprétation qu'il en donne semble n'être que l'expression fidèle de leur réalité, et l'on croit être encore dans la description lorsqu'on est déjà dans une conclusion inattendue.

De là l'effet étrange que produit cet ouvrage à la première lecture, telle qu'on la fait d'ordinaire sans y apporter un sens critique éveillé d'avance, et dans l'intention unique ou principale de connaître les pensées de l'auteur. La plupart de ses conclusions sont contraires, — nous espérons le faire voir, — au véritable esprit scientifique aussi bien qu'à ces vérités de bon sens qui sont la propriété commune de la pensée humaine et la condition nécessaire de la vie intellectuelle comme de la vie morale. On le sent, et cependant l'on n'aperçoit pas tout de suite l'erreur de méthode, l'ambiguïté de mots, la confusion

---

1. *De l'Intelligence*, préface, p. 4.

d'idées, l'argumentation sophistique à la faveur desquelles elles sont introduites ; on tâtonne comme dans une prison magique qui a une porte de sortie, mais une porte que l'art du magicien a rendue invisible. Il faut une seconde lecture, plus lente, plus sévèrement contrôlée, pour saisir le point précis où l'interprétation des faits devient arbitraire, où le raisonnement pèche contre les lois de la logique, où l'auteur se met en contradiction avec lui-même. Les discussions qui vont suivre sont le fruit de cette seconde, troisième et quatrième lecture.

Nous ne nous sommes pas cru en droit de les disposer dans un ordre différent de celui que l'auteur a choisi. Cet ordre fait partie de sa doctrine ou de sa méthode. En le changeant pour un autre qu'on jugerait meilleur, on courrait risque de fausser sa pensée. La seule liberté que nous nous soyons permise à cet égard a été, lorsque l'exposé d'une doctrine est commencé dans un endroit du livre et achevé dans un autre, de réunir ces deux moitiés.

## II

La première doctrine de M. Taine nous transporte, chose inattendue, en plein moyen âge. Elle est une solution du problème des Universaux, si vivement agité par cette philosophie scolastique pour laquelle il professa un si parfait dédain ; et cette solution est le nominalisme.

Rappelons les termes du problème et ses solutions diverses.

La question, à la fois psychologique et ontologique, était de savoir ce que les Universaux, — ou idées de genre et d'espèce, — sont dans notre esprit, ou subjectivement ; et ce qu'ils sont dans la réalité, dans les choses, ou objectivement.

Selon les purs nominalistes non seulement il n'y a que des individus, d'où il suit que les Universaux ne sont rien dans les choses; mais encore nous n'avons pas d'idées générales, d'où il suit que les termes généraux ne répondent à rien ni dans la nature ni dans l'esprit, ne sont que des mots, moins que cela, des sons, *flatus vocis.*

Selon les conceptualistes, nous avons des idées générales ; mais rien de réel hors de nous ne correspond à ces idées en nous.

Selon les réalistes extrêmes, les objets des Universaux ont, en dehors de la pensée soit divine soit humaine, en dehors même des choses, une existence réelle et substantielle, en sorte que, outre les êtres particuliers qui sont des hommes ou des chevaux, il y a une réalité qui s'appelle l'homme en soi, le cheval en soi ; en sorte encore et surtout que l'essence des êtres particuliers consiste toute entière dans leur participation à cette essence commune et impersonnelle, et que leur individualité est toute accidentelle.

Enfin selon les réalistes modérés,—parmi lesquels il faut compter les plus grands noms de la philosophie chrétienne au moyen âge, saint Thomas en tête, — d'une part les individus seuls existent à titre de réalités actuelles et substantielles ; mais d'autre part les Universaux existent réellement dans les choses d'où l'esprit les dégage par un procédé d'abstraction (*abstrahendo a conditionibus individuantibus*). En d'autres termes les individus constituent réellement des groupes naturels; tous les êtres d'un groupe, sans préjudice de leur individualité ou de leur personnalité distincte, sont constitués sur le même plan et d'après le même type, destinés à un même rôle, appelés à une même fin ; tous les hommes, par exemple, ont été créés par Dieu sur le même modèle, avec une même loi à suivre et un même bien à conquérir ; et il y a, par conséquent, dans l'intelligence divine et dans le plan divin, à côté de l'idée de chaque individu humain, l'idée du genre humain. Les Universaux ne sont donc ni des substances, ni des conceptions purement subjectives de notre esprit ; ils sont, en dehors des choses et de la pensée humaine, les pensées de Dieu et le plan éternel de la création. Ils sont, dans les choses, la réalisation de ce plan, l'élément d'unité générique qui coexiste en chaque être avec l'élément de diversité individuelle. Ils sont, dans notre esprit et dans notre science, l'effort pour reproduire dans la pensée humaine ce plan divin de la réalité.

M. Taine reprend en psychologue cette vaste question qui embrasse toute la science et toute la réalité. Cependant il ne peut tellement s'enfermer dans le point de vue subjectif qu'il ne s'ouvre à lui-même des perspectives ontologiques et que le problème ne se pose devant lui dans toute sa grandeur. Mais le problème se pose dans les conditions spéciales que lui fait cette doctrine fondamentale de l'auteur : *que les idées ne sont que des images*[1].

M. Taine expose d'abord qu'un nom est un signe, et qu'un signe est le premier terme d'un couple qui a pour second terme la chose signifiée ;

Que, quand le signe est un nom propre, il évoque l'image d'un objet individuel ;

Que, quand la succession des mots est trop rapide pour laisser à l'évocation des images le temps de s'opérer, les mots deviennent les substituts des images et, sans les évoquer, se succèdent comme s'ils les évoquaient, — mécanisme rendu possible par ce fait que chaque mot garde toujours sa puissance évocatrice et ne manquera pas de l'exercer dès que la succession sera ralentie ou interrompue ;

Que, quand les signes sont des noms communs, les plus nombreux dans la langue et les plus importants, la chose signifiée est un genre ou groupe d'objets semblables ;

Que le nom alors est dit *général* parce qu'il désigne un

---

1. « Lorsque, négligeant les sensations présentes, nous remarquons « le peuple intérieur qui roule incessamment en nous, *nous n'y « trouvons que des images*, les unes saillantes et sur lesquelles « l'attention s'étale, les autres effacées parce que l'attention s'est « détournée d'elles. Nos idées se ramènent à des images, leurs « lois se ramènent aux lois des images. » (*De l'Intelligence*, t. I, l. I, ch. III, p. 71.)

groupe ou genre; et *abstrait* parce qu'il désigne ou extrait ou portion d'individu, une qualité qui se retrouve dans tous les individus du groupe, une qualité commune.

Ici commence le système.

Quand le premier terme du couple est un nom commun, nous ne pouvons avoir l'expérience du second terme ; une telle expérience serait contradictoire, puisque nous n'expérimentons que des individus. Donc quand je prononce, par exemple, le mot *polygone*, je ne puis avoir en moi la représentation sensible, l'image du polygone pur, c'est-à-dire abstrait et général, dont je ne puis avoir l'expérience. N'en pouvant avoir la représentation sensible ou image, je ne puis en avoir l'idée, puisque image et idée c'est la même chose. Le mot éveille des images individuelles, indistinctes et confuses, qui ne sont pas le polygone abstrait et qui s'opposent, par cette indistinction même, à ce qu'il y a de précis et de fixe dans l'extrait précisé par le nom. « J'imagine très mal un myriagone; après cinq « ou six, vingt ou trente lignes tirées à grand peine, « l'image se brouille et s'efface. » Au contraire, je conçois très bien le myriagone. « Cette conception existe : elle n'a « rien de brouillé ni d'effacé ; ce que je conçois, ce n'est « pas un myriagone comme celui que j'essayais d'imaginer, « incomplet et tombant en ruines ; c'est un myriagone « achevé et dont toutes les parties subsistent ensemble. Il « y a donc en moi quelque chose qui représente le myria-« gone et lui correspond exactement. En quoi consiste ce « représentant intérieur[1] ? »

La conclusion de ces observations très justes, — je dis la conclusion qu'il en faudrait tirer, — saute aux yeux : c'est que l'image, toujours individuelle, est une chose, et l'idée générale une autre chose. La logique de Port-Royal avait très bien fait cette distinction. Et elle avait en même temps noté avec Aristote, quoique d'une façon moins précise, cette loi de notre nature à la fois sensitive et intellectuelle que nous ne pensons point sans images, que l'idée

1. *De l'Intelligence*, t. I, l. I, ch. II, p. 28-29.

la plus spirituelle et la plus générale est ou tend à être accompagnée de quelque représentation sensible et individuelle, association qui, si on l'analyse, fait éclater la distinction entre l'image et l'idée, mais qui, si on se borne à un regard superficiel, peut favoriser leur confusion [1].

M. Taine ne tire pas cette conclusion parce que l'identification de l'image et de l'idée est le premier article de son symbole. Dès lors le problème est très nettement posé sous la forme d'une antinomie, d'un couple d'assertions expressément contradictoires : « Nous ne pouvons pas avoir d'idées générales, — nous avons des idées générales. » Et tout ce qui va suivre sera un effort pour trouver la synthèse de cette thèse et de cette antithèse.

« Quand nous avons vu une série d'objets pourvus d'une
« qualité commune, nous éprouvons une certaine *ten-*
« *dance* [2], une tendance qui correspond à la qualité com-
« mune et ne correspond qu'à elle. C'est cette tendance
« qui évoque en nous le nom ; quand elle naît, c'est ce
« nom seul qu'on imagine ou qu'on prononce. Nous n'a-
« percevons pas les qualités ou caractères généraux des
« choses : nous éprouvons seulement en leur présence
« telle ou telle tendance distincte qui, dans le langage

---

1. *Log. de Port-Royal*, 1<sup>re</sup> partie, ch. I.

2. J'observe tour à tour des pins, des frênes, des châtaigniers, des
« bouleaux, toute une futaie, et je remarque cet élan du tronc et cet
« épanouissement des branches qui sont les deux caractères distinc-
« tifs de l'arbre ; je conçois l'arbre en général, et je prononce le nom
« *d'arbre*. Cela signifie simplement qu'une certaine tendance corres-
« pondante à ces deux caractères, et à ces deux caractères seule-
« ment, a fini par se dégager en moi et dominer seule. Cinquante
« fois de suite elle s'est tour à tour éveillée, et éveillée seule, à
« l'aspect de cinquante arbres ; toutes les autres qui correspondaient
« aux particularités de chaque arbre se sont effacées et annulées par
« leurs contradictions mutuelles ; elle est donc la seule qui surnage ;
« et maintenant son œuvre, comme celle de toute tendance, est une
« expression. Au-dedans cette œuvre est une image plus ou moins
« vague...; au dehors elle est l'attitude et le geste imitatif du corps ;
« dans le langage primitif, à l'origine de la parole, elle est une autre
« imitation poétique et figurative...; aujourd'hui elle est un simple
« mot. » (*De l'Intelligence*, l. I, ch. II, p. 33-34.)

« spontané, aboutit à telle mimique et, dans notre langage
« artificiel, à tel nom. Nous n'avons pas d'idées générales
« à proprement parler ; nous avons des tendances à nom-
« mer et des noms. — Mais une tendance prise en soi
« n'est rien de distinct ; elle est le commencement, le ru-
« diment, l'ébauche, l'approche plus ou moins pénible ou
« facile, de quelque chose, image, ou nom, ou tout autre
« objet déterminé, qui est sa plénitude et son achèvement ;
« elle est l'état naissant de l'acte qui est son état final. —
« En fait d'actes positifs et définitifs, lorsque nous pensons
« ou connaissons les qualités abstraites, il n'y a donc en
« nous que des noms, les uns en train de s'énoncer ou de
« se figurer mentalement, les autres tout énoncés et figu-
« rés. Partant, ce que nous appelons une idée générale,
« une vue d'ensemble, n'est qu'un nom, non pas le simple
« son qui vibre dans l'air et ébranle notre oreille, ou l'as-
« semblage de lettres qui noircissent le papier et frappent
« nos yeux,... mais ce son et ces lettres doués, lorsque
« nous les apercevons ou imaginons, d'une propriété
« double, la propriété d'évoquer en nous les images des
« individus qui appartiennent à une certaine classe et de
« ces individus seulement, et la propriété de renaître toutes
« les fois qu'un individu de cette même classe et seule-
« ment quand un individu de cette même classe se présente
« à notre mémoire ou à notre expérience... — Un nom
« que l'on comprend est donc un nom lié à tous les indivi-
« dus que nous pouvons percevoir ou imaginer d'une cer-
« taine classe, et seulement aux individus de cette classe.
« A ce titre il correspond à la qualité commune et dis-
« tinctive qui constitue la classe et qui la sépare des
« autres, et il correspond seulement à cette qualité. —
« De cette façon il est son représentant mental et se trouve
« le substitut d'une expérience qui nous est interdite. Il
« nous tient lieu de cette expérience, il fait son office, il
« lui équivaut [1]. »

Bien plus, nous faisons des opérations mentales sur des

---

[1]. *De l'Intelligence*, t. I, l. I, ch. III, p. 34-37.

choses générales auxquelles ne correspond dans la nature aucun individu réel, par exemple sur des figures de géométrie.

« Quel est donc cet objet conçu dont l'expérience ne
« nous fournit pas le modèle ? La définition nous répond.
« Le cercle, par exemple, est une courbe fermée dont tous
« les points sont également distants d'un point intérieur
« appelé centre. — Mais qu'y a-t-il dans cette phrase ?
« Rien, sinon une série de mots abstraits qui désignent le
« genre de la figure, et une seconde série de mots abstraits
« qui désignent l'espèce de la figure. En d'autres termes,
« un caractère abstrait noté par les premiers mots a été uni
« à un autre caractère abstrait noté par les seconds mots,
« et le composé total ainsi fabriqué désigne une chose
« nouvelle que nos sens n'atteignent pas, que notre expé-
« rience ne rencontre pas, que notre imagination ne sait
« pas tracer. Nous n'avons pas besoin d'atteindre, rencon-
« trer ou imaginer cette chose. Nous tenons sa formule,
« et cela suffit [1]. »

Telle est la réalité, et voici l'illusion :

« Nous croyons avoir, par delà nos mots généraux, des
« idées générales ; nous distinguons l'idée du mot ; elle
« nous semble une *notion* à part, dont le mot est seule-
« ment l'auxiliaire ; nous la comparons à l'image, nous
« disons qu'elle fait le même office dans un autre domaine
« et nous rend présentes les choses générales comme
« l'image nous rend présents les individus... Nous posons
« d'un côté le myriagone intelligible et l'idée précise qui
« lui correspond, de l'autre le myriagone sensible et
« l'image confuse qui lui correspond. Nous observons
« alors que cette idée ne ressemble en rien à cette image
« sauf son emploi ;... elle n'a rien de sensible, et nous ne
« la définissons qu'en niant d'elles toutes les qualités sen-
« sibles ; elle nous semble donc une pure action dénuée
« de toute qualité sauf celle de rendre le myriagone pré-
« sent en nous. Nous en faisons quelque chose d'aérien,

---

[1]. *De l'Intelligence*, t. I, l. I, ch. III, p. 58-59.

« d'inétendu, d'incorporel... — Le mécanisme de cette
« illusion est aisé maintenant à démêler. Nous avons oublié
« le mot qui est toute la substance de notre opération ;
« nous l'avons traité en accessoire, et nous avons considéré
« l'opération, moins ce qu'elle contient ; reste le vide [1]. »

Telle est la théorie. Prise à la rigueur, elle est le pur nominalisme. Ces propositions, en effet, sont purement nominalistes : en fait d'actes positifs et définitifs, lorsque nous pensons ou connaissons les qualités abstraites, il n'y a en nous que des noms ; — nous sommes dans l'illusion lorsque nous croyons avoir, par delà nos mots généraux, des idées générales ; — dans les idées générales, le mot est toute la substance de notre opération,

Envisagée sous cet aspect, la théorie de M. Taine vaut tout au juste ce que vaut le nominalisme classique.

Ce pur nominalisme est simplement absurde, au sens le plus précis et le plus scientifique du mot. Il est enfermé entre deux alternatives : ou de n'avoir absolument aucun sens, d'être un pur zéro, une pure négation de pensée, — ou de se donner à lui-même un sens directement contradictoire à sa thèse fondamentale. Des deux façons il se détruit.

Un mot est deux choses : un assemblage de sons articulés, et un *signe*, c'est-à-dire un phénomène auditif ayant la vertu de suggérer à notre esprit une image ou une idée.

Quand les nominalistes enseignent que les Universaux ne sont que des mots, prennent-ils le mot *mot* dans le premier sens ou dans le second ?

Dans le premier ? Tout le langage humain, toutes les conversations, tous les discours sont des phénomènes acoustiques et rien plus ; ils n'ont absolument aucune signification, car ils ne sont pas des signes. Quand j'entends ces mots : « les hommes sont mortels, » c'est comme si j'entendais : *amahanem, voraheni, corbulath*, qui est le discours de Coviello à M. Jourdain dans *le Bourgeois*

---

[1]. *De l'Intelligence*, t. I, l. I, ch. III, p. 66-68.

*gentilhomme;* et cela sans aucun Covielle pour m'expliquer que ces sons signifient : « Le fils du Grand Turc admire la beauté de votre fille. » Car, selon la théorie des *flatus vocis*, ces mots ne signifient ni cela ni autre chose. D'où il suit qu'un mandarin et moi sommes exactement dans le même état d'esprit l'un que l'autre quand nous entendons un discours chinois. Pour moi, qui ne sais pas le chinois, ce discours ne signifie rien. Pour lui, qui sait le chinois, il ne signifie pas plus ; car signifier c'est être signe et les mots-*flatus* ne sont pas des signes.

Si les nominalistes reconnaissent que les mots à quoi ils réduisent les Universaux sont des signes, ils provoquent tout de suite cette question : Signes de quoi ? Signes d'un individu ou de l'idée d'un individu ? Point du tout ; ils ne seraient pas des Universaux et des noms communs, ils seraient des noms propres. Or ils ne sont pas des noms propres comme Alexandre ou César ; ils sont des noms communs, des noms de classe : homme, arbre, pierre. Si donc les Universaux sont des noms significatifs, ils sont significatifs non d'individus, mais de genres ou d'idées de genre, c'est-à-dire, en langue scolastique, d'Universaux. En sorte que dire : « les Universaux ne sont que des noms, » c'est dire équivalemment : « les idées générales ne sont que des mots généraux significatifs d'idées générales, » ce qui est proprement le désaveu du nominalisme, mais un désaveu enveloppé dans une logomachie.

Que si on prend la théorie de M. Taine avec ses explications, commentaires et atténuations, avec ses tenants et aboutissants, elle est une tentative ingénieuse, mais confuse, embrouillée et embrouillante, pour concilier une psychologie qui réduit tout à des images avec le grand fait psychologique, humain, social, scientifique, des idées générales.

Et d'abord les mots ne naissent pas sans être amenés. Amenés par quoi ? Par une *tendance*, dit M. Taine, tendance qui correspond aux caractères communs ou généraux. Tendance à quoi ? A exprimer. Sans doute à exprimer quelque chose d'intérieur, ce qui est la fonction propre de l'expression, comme l'indique l'étymologie elle-même : *ex-promere*. Donc à exprimer quoi ? les caractères communs des objets, en tant qu'il y a en nous quelque chose qui leur correspond, en tant qu'ils ont été imprimés en nous sous forme de représentation. En poussant jusqu'à son terme l'analyse que M. Taine a laissée incomplète, nous voyons donc que la tendance de notre esprit à former des noms communs vient nécessairement et exclusivement de ce que les caractères communs ou généraux ont produit dans notre esprit une *species* ou représentation d'eux-mêmes, — représentation non pas sensible (car elle serait individuelle), mais intelligible, qui cherche à s'exprimer ; que l'expression extérieure a pour antécédent nécessaire l'impression intérieure, l'idée ; qu'aux caractères généraux hors de nous correspond l'idée générale en nous ; et, qu'en somme, au lieu de dire : nous n'avons pas d'idées générales, mais seulement des noms généraux, il faut dire : nous n'avons des noms généraux que parce que nous avons des idées générales.

Ne nous lassons pas de le redire, puisqu'on ne se lasse pas de l'oublier : si nous n'avions pas d'idées générales, les noms communs ne seraient pas des signes, mais seulement des sons, ou des images de choses particulières. Et puisqu'ils sont des signes, puisqu'ils doivent être signes de quelque chose, puisqu'ils tirent toujours après eux, suivant l'expression de M. Taine, le second terme d'un couple dont ils sont le premier terme, puisque, d'autre part, ils ne sont pas signes d'objets individuels, il faut qu'ils soient signes de genres présents à l'esprit, signes d'idées générales.

M. Taine semble le reconnaître. Il reconnaît que, quand nous pensons les qualités et caractères communs, quelque chose en nous correspond à ces qualités générales des choses [1]. Il reconnaît que ce quelque chose, ce sont des

---

1. *De l'Intelligence*, t. I, l. II, ch. III, p. 70.

pensées [1]. Il fait donc un pas décisif hors du nominalisme. Il est au moins conceptualiste [2].

Il est plus que cela ; il reconnaît que nos idées générales, quand elles ont la nature pour objet, ne sont point arbitrairement formées ; que ce n'est pas nous qui les arrangeons pour la commodité de notre pensée ; que non seulement ces caractères existent en fait hors de nous, mais qu'encore ils sont efficaces ; que chacun d'eux en entraîne avec soi un autre qui est son compagnon, son antécédent ou son conséquent, et fait avec lui un couple que l'on appelle une loi ; qu'ils s'ordonnent étage par étage, les uns au-dessus des autres [3] ; que s'il y a en nous des idées générales qui sont des modèles, par exemple les idées géométriques, il y en a d'autres qui sont des copies ; que tout le travail de la science est de rendre ces copies aussi ressemblantes que possible, en d'autres termes « de faire coïncider « de notre mieux nos idées générales avec les caractères

1. *De l'Intelligence*, t. II, l. IV. ch. i, p. 233.

2. Il est intéressant de constater chez Abailard, représentant officiel du conceptualisme au moyen âge, un mouvement inverse de celui que nous décrivons ici. Le nominalisme de M. Taine est amené par la force de la réalité à se rapprocher du conceptualisme. Le conceptualisme d'Abailard est amené par la force de la logique à se rapprocher du nominalisme.

Abailard enseigne formellement que l'unité de concept en quoi consiste l'Universel n'est qu'une unité de collection, semblable à celle d'un tas de grain. Dès lors, comme le dira M. Taine, le nom général n'est plus guère qu'un nom qui a la vertu d'évoquer en troupe un nombre indéfini d'images individuelles.

Ailleurs il se fait faire cette objection que si l'espèce n'est qu'une collection, le mot homme exprime, non une unité, mais une multitude, et qu'ainsi à l'audition de ce mot il y aurait dans notre esprit non le concept d'une unité commune, mais l'image d'une pluralité d'individus. Et sa réponse consiste à accepter l'objection presque toute entière. Dans la conception de l'Universel, les choses se passent, suivant lui, comme quand nous voyons de loin une foule ou un monceau. Notre vue de l'une ou de l'autre n'est que la somme des perceptions confuses des individus ou des parties composantes que nous ne distinguons pas ; et cette confusion est toute l'unité de l'Universel.

3. *De l'Intelligence*, t. II, l. IV, ch. i, p. 236-237.

« généraux des choses [1]. » C'est la notion du plan général de la nature. C'est presque le réalisme de saint Thomas ; ce serait lui tout à fait si l'idée de Dieu n'en était non seulement absente, mais systématiquement exclue.

Mais ces aveux ne sont point un désaveu. Dans les mêmes pages M. Taine, mettant ensemble les deux thèses dont se compose le couple contradictoire qui est toute sa théorie, répète « qu'une idée générale et abstraite « est un nom, rien qu'un nom » (*thèse nominaliste*), et que ce nom est « le nom significatif et compris d'une « classe d'individus semblables [2] » (*thèse anti-nominaliste*). Comme s'il disait : « L'idée générale n'est rien de « plus qu'un nom ; elle est un nom qui est plus qu'un « nom. »

## III

On éprouve quelque surprise et même quelque tristesse à suivre dans l'exposé d'une doctrine si incohérente un esprit si vigoureux et si net. On se demande par quelle idée préconçue, par quel pli intellectuel, ou préjugé, ou habitude, elle s'explique.

Une première explication s'offre d'elle-même. Le point de départ de M. Taine, à savoir que toute idée est une image, commandait impérieusement cette doctrine ou quelque autre de même famille.

Cela est vrai. S'il était prouvé que toute idée est une image, s'il fallait en conséquence abandonner toute théorie qui conclurait à la distinction irréductible de l'idée et de l'image, il faudrait bien s'ingénier pour ramener, coûte que coûte, à l'état d'image les idées les plus réfractaires à cette réduction. Et il est bien vrai aussi que, ce point de

---

[1]. *De l'Intelligence*, t. II, l. IV, ch. 1, p. 252.
[2]. *Ib.* p. 241.

départ accepté, la théorie de M. Taine est ce qu'on pouvait dire de mieux imaginé et de plus spécieux pour en mettre les suites en accord apparent avec les faits dont la réalité s'impose. Il y tire en particulier le parti le plus ingénieux de *la substitution*. Puisque les noms propres sont les substituts des images qui n'ont pas le temps de renaître, puisqu'ils font leur office et sont leurs équivalents, pourquoi les noms généraux ne feraient-ils pas le même office, ne seraient-ils pas également des substituts et des équivalents, les substituts et les équivalents des idées générales que nous n'avons pas ? pourquoi, en cette qualité, ne représenteraient-ils pas ces idées qui, si nous les avions, correspondraient aux caractères généraux qui sont réellement dans les choses ?

L'assimilation des deux substituts paraît la chose la plus simple du monde ; et l'on croit passer de l'un à l'autre sans se douter qu'entre les deux il y a un abîme qu'on n'a pas franchi parce qu'il ne pouvait pas l'être. Il faut reprendre possession de soi et voir clair dans sa pensée pour s'aviser que le nom propre peut être le substitut provisoire et momentané de l'image avec laquelle il forme couple, de l'image qu'il a déjà évoquée, qu'il est toujours apte à évoquer, qu'il évoquera sans faute si on laisse à l'évocation le minimum de durée nécessaire pour qu'elle s'accomplisse ; mais que le nom commun ne peut être le substitut définitif de l'idée qui n'existe pas et ne peut pas exister ; qu'il n'y a plus là un couple dont le premier élément puisse évoquer et, au besoin, remplacer le second, mais un élément unique et solitaire non associé et non associable à un autre, incapable de le remplacer parce qu'il est incapable de l'évoquer, incapable de l'évoquer parce que, comme on l'a dit et redit, cet autre élément n'a dans l'esprit ni réalité ni possibilité. Le sophisme, qui est ici une *transitio de genere ad genus*, exige pour être démêlé quelque effort de réflexion ; et jusqu'à ce qu'il le soit la théorie fait bonne figure.

Mais la première explication provoque une seconde question : Comment et pourquoi la thèse que toute idée est une image a-t-elle inspiré à M. Taine une confiance si robuste qu'il l'ait considérée comme un principe, tout au moins comme une vérité démontrée et désormais placée au-dessus du débat ?

Car évidemment il la tient pour telle ; et c'est seulement ainsi qu'on peut expliquer l'énorme et invraisemblable lacune qu'il a laissée dans son livre.

Toute la philosophie, depuis le jour où Socrate la tourna vers l'étude de l'homme intérieur, est pleine du grand débat sur l'origine de nos connaissances. Toute une série de grandes écoles a résolu le problème par une distinction radicale et irréductible entre la connaissance sensitive et la connaissance intellectuelle, entre l'image et l'idée. Écoles à part cette distinction, la distinction entre sentir et penser, est de celles qui sautent aux yeux. La pensée, en tant que distincte de la sensation et de l'image, est le moule même où sont coulées toutes les langues ; elle est la marque spécifique de l'homme par opposition à l'animal ; nous faisons une chose quand nous sentons ou imaginons, une autre chose quand nous pensons ; du moins en avons-nous tout l'air. En conséquence, le psychologue qui efface cette distinction est tenu de discuter les raisons sur lesquelles elle s'appuie ; car ces raisons, fussent-elles mauvaises, ont en leur faveur une très grande apparence ; et elles sont présentées non pas seulement par les philosophes qu'on peut soupçonner de mysticisme, mais par les plus énergiques partisans de l'expérience, en tête desquels il faut compter Aristote.

Aucune de ces raisons n'est discutée dans le livre de M. Taine. La théorie qui distingue l'idée de l'image n'est pas même exposée, et n'est signalée en passant que comme une illusion vaine ; les objections à la thèse opposée n'y sont jamais présentées comme objections, mais toujours comme des problèmes *qu'il faut* résoudre à tout prix dans le sens de cette thèse. Cependant cette thèse n'a certainement pas pour elle l'évidence, et a certainement contre elle de très fortes apparences. Elle a donc sur l'esprit de

M. Taine quelque prise qui ne se laisse pas voir du premier coup et qu'il faut tâcher de découvrir.

Elle en a deux.

La première est la simplicité. M. Taine appartient, beaucoup plus qu'il ne se l'avoue, à la famille de ces esprits systématiques qui, épris de la simplicité, la prennent pour une marque certaine de la vérité, ...à condition que l'élément simple auquel il s'agit de tout ramener soit de leur goût ; qui, ayant fortement saisi une idée, y réduisent tout et en déduisent tout comme d'un principe universel ; qui en conséquence mettent les faits à son service et commandent d'avance à l'observation les résultats qu'ils souhaitent, au lieu de la consulter avec respect pour en dégager la loi que les faits contiennent et révèlent.

Condillac nous offre le cas le plus notable de ce genre d'esprit ; cas d'autant plus intéressant qu'il se décrit lui-même avec une parfaite candeur, et cela à la suite des déclarations les plus fortes sur le devoir et l'absolue nécessité de l'observation. « Notre premier objet, » dit-il, « est l'étude de l'esprit humain, entreprise pour en con-« naître les opérations. Ce n'est que par la voie des obser-« vations que nous pourrons faire ces recherches avec « succès. » Rien de plus vrai et de plus sage. Mais si nous continuons la lecture, nous verrons que Condillac interroge les faits non pour apprendre et accepter ce qu'ils disent, mais pour leur faire dire ce qu'il veut : « Et nous « ne devons aspirer qu'à découvrir une première expé-« rience que personne ne puisse révoquer en doute et *qui* « *suffise pour expliquer toutes les autres*... On voit que « mon dessein est de ramener à un seul principe tout ce « qui concerne l'entendement humain [1]. »

C'est aussi le dessein de M. Taine : découvrir une première expérience, poser comme chose certaine d'avance qu'elle suffit à expliquer tout le reste, rechercher comment elle suffit à l'expliquer. Sa suffisance, à ses yeux, n'est pas *un problème*, c'est *une donnée*, une *condition* à

[1]. *Essai sur l'origine des connaissances humaines.* Introduction.

laquelle il faut satisfaire par une réponse à la question de ce comment.

« Le lecteur vient de suivre, dans toutes ses formes,
« l'événement intérieur qui constitue nos connaissances.
« Nos idées sont des signes, c'est-à-dire des sensations ou
« images d'une certaine espèce. Nos images sont des sen-
« sations répétées, survivantes, spontanément renaissantes,
« c'est-à-dire des sensations d'une certaine espèce. Nos
« sensations proprement dites sont des sensations totales,
« composées de sensations plus simples, celles-ci de même
« et ainsi de suite. On peut donc, faute d'un meilleur nom,
« dire avec Condillac que l'événement primordial qui
« constitue nos connaissances est la sensation... — L'évé-
« nement primordial ainsi dégagé et déterminé, *il s'agit*
« *avec lui de construire le reste...* Comment des événe-
« ments intérieurs comme ceux qu'on a décrits parvien-
« nent-ils à former tout ce reste, les abstractions et géné-
« ralisations précises, les jugements, les raisonnements,
« les constructions d'objets idéaux [1] ? »

J'ose dire qu'il n'y a pas de marche plus antiscientifique, plus contraire à ce que tous les maîtres de la méthode expérimentale enseignent touchant le rôle légitime des hypothèses dans les sciences qui relèvent de cette méthode.

Une hypothèse est, comme le mot l'indique, une supposition, une vue de l'esprit qui croit deviner la cause d'un phénomène donné ; elle est le *parce que* hasardé par l'esprit en réponse au *pourquoi* posé par le phénomène. Par elle-même elle n'offre aucun caractère de certitude et n'a point de valeur scientifique ; car le phénomène pouvant, pour ce que nous en savons à première vue, s'expliquer de bien des manières, c'est-à-dire être l'effet de bien des causes, l'acte de l'esprit qui l'explique par une de ces causes à l'exclusion des autres a toujours un caractère conjectural ; et la question de savoir si l'explication choisie est la bonne demeure indécise jusqu'à ce qu'on ait trouvé

---

[1]. *De l'Intelligence*, t. I, 2ᵉ partie, l. I, ch. i, p. 402.

un moyen sûr de la résoudre. C'est pourquoi rien n'est plus contraire au véritable esprit scientifique que d'imaginer des hypothèses et de les ériger en doctrines avant d'avoir reconnu si elles sont d'accord, — seules d'accord, ou mieux d'accord que toutes les autres, — avec les faits qu'elles prétendent expliquer. C'est cet usage illégitime de l'hypothèse que Newton a justement condamné en disant de lui-même : *Hypotheses non fingo*.

L'hypothèse n'est donc jamais, pour l'esprit vraiment scientifique, un port de repos. Elle est un moteur et une idée directrice. Elle préside à la disposition des expériences et à la direction des observations. Les unes et les autres ont pour but de la contrôler, c'est-à-dire de reconnaître si elle doit être définitivement acceptée comme traduisant la réalité des choses, ou définitivement rejetée comme n'exprimant qu'une fiction de l'esprit. Et la première condition pour que ce contrôle soit sérieux, c'est qu'il soit sincère, c'est-à-dire que l'expérimentateur ou l'observateur enregistre les faits tels qu'ils sont et qu'il les constate, non tels qu'il lui plairait qu'ils fussent. Car il ne s'agit pas de prouver *que* l'hypothèse est vraie, mais de découvrir *si* elle l'est. Mais cette règle qui, en théorie, s'impose par sa propre évidence est, en pratique, fort difficile à observer et fort souvent violée, parce que nous avons pour les hypothèses dont nous sommes les auteurs et qui répondent à notre tour d'esprit une certaine tendresse paternelle et une certaine affinité inconsciente qui nous inclinent à interpréter toujours les faits en leur faveur.

On a presque honte de rappeler des règles si élémentaires. Mais il fallait bien les mettre en regard de la méthode de M. Taine qui en est la violation ouverte. Cette « vue de son esprit » : que la sensation est le fait générateur de toute la connaissance humaine, est certainement une hypothèse ; il se peut qu'elle soit juste, il se peut qu'elle soit fausse ; un tour particulier d'esprit incline M. Taine à penser qu'elle est juste, un autre tour d'esprit incline Platon, Aristote, saint Thomas, Descartes, Reid, Kant à penser qu'elle est fausse. La tâche du vrai psychologue est donc d'examiner avec toutes les ressources de l'expérience et du raisonnement *si l'hypothèse est vraie*. La tâche que M. Taine se donne et déclare se donner est de prouver *que l'hypothèse est vraie*. Et comme cette hypothèse contient toute la théorie de la connaissance humaine, unique objet du livre de M. Taine, on peut, on doit dire qu'en la posant comme un axiome à développer au lieu de la proposer comme une conjecture à vérifier, il a d'avance retiré à son livre toute valeur scientifique.

Cette hypothèse avait sur son esprit une autre prise encore. Et peut-être touchons-nous ici l'explication cherchée dans ce qu'elle a de plus profond, de plus étroitement lié à ce que M. Taine appellerait la structure mentale de M. Taine, à ce que nous appellerons les habitudes et les partis-pris de son esprit.

« Ne méprise pas les choses invisibles, » disait Socrate à Euthydème. Et Joubert parlait, en les plaignant, des esprits « qui n'ont pas de fenêtres ouvertes du côté du « ciel. » M. Taine a commencé par le mépris des choses invisibles, plus spécialement des choses divines. Ce sentiment se trahit dans ses premiers écrits par des mots significatifs, par un ton et un accent, quelquefois par une certaine brutalité d'allures qui choque le goût le moins sévère. Ce sentiment ira s'atténuant peu à peu ; dans le grand ouvrage qui remplit toute la fin de la carrière de l'auteur on n'en trouverait plus un vestige ; bien plus, on voit naître dans son esprit le respect et même l'admiration pour les grandes choses que la foi à l'invisible et au divin a produites et produit encore dans les vies humaines qu'elle inspire et dans les sociétés où elle règne. Mais la beauté des effets ne l'amènera point à croire à la réalité de la cause. Les fenêtres de son esprit ne s'ouvriront pas du côté du ciel.

Il faut donc, bien à regret, reconnaître la fidélité de ce portrait tracé au lendemain de sa mort par une plume très amie : « Taine était un positiviste pur, un positiviste sans « mysticisme, ce qui est excessivement rare en France. « Notre race est foncièrement idéaliste. Quand elle devient « positiviste elle croit à la science comme à une déesse, à

« l'humanité comme à une personne sacrée et divine, fille
« et puis mère du progrès. Taine était positiviste tout
« simplement. Il ne croyait qu'aux faits et à quelques
« petites lois très humbles auxquelles une patiente, mé-
« thodique, minutieuse, héréditaire et séculaire obser-
« vation des faits peut conduire. Les hommes sont une
« fourmilière, et les grands événements du monde qui
« nous entoure sont des éléphants. Avec de bons téles-
« copes — une connaissance vague des éléphants, et avec
« une observation intense — quelques indications sur les
« chemins ordinairement suivis par les éléphants et leur
« façon de marcher, voilà ce qui est permis aux plus
« intelligentes d'entre les fourmis. Ramasser des faits et
« en tirer quelques lois plus ou moins certaines et toutes
« relatives, proportionnées à la taille des citoyens des
« fourmilières, voilà le droit, et voilà aussi le devoir du
« philosophe. Taine ne voyait rien et se refusait à rien
« voir au-delà. Personne ne fut moins religieux [1]. »

Et c'est pour cela qu'aucune philosophie n'est plus incomplète et moins scientifique que la sienne.

1. Emile Faguet (*Revue bleue*, 11 mars 1893).

# CHAPITRE III

### L'INTELLIGENCE (Suite) — LA PERCEPTION EXTÉRIEURE

J'ai peine à pardonner au mot *sensation* les confusions qu'il a introduites dans la psychologie. On l'applique, en effet, à des phénomènes de deux ordres fort différents, et ce commun emploi a pour effet d'obscurcir les différences qui les séparent. On appelle sensation la vue d'un objet ; on appelle sensation la douleur d'une brûlure. Les deux faits n'ont de commun que cette circonstance d'être amenés par une série d'antécédents physiologiques qui se succèdent pour l'un dans le même ordre que pour l'autre. D'ailleurs ils appartiennent à des genres psychiques profondément distincts. Le premier est cognitif et objectif, c'est-à-dire contient la connaissance d'un objet extérieur au sujet conscient. Le second est affectif et subjectif, c'est-à-dire qu'il est purement émotionnel, qu'il n'est qu'une manière d'être du sujet conscient, et le laisse enfermé en lui-même.

Pour prévenir les confusions, il faudrait s'astreindre à toujours nommer « sensation perceptive » le premier phénomène, « sensation affective » le second. On peut encore, — et c'est ce que nous ferons *brevitatis causa*, — appeler *perception* le premier, et réserver au second le nom de *sensation*.

La distinction entre les deux est parfois délicate, parce qu'il y a des sensations qui, devenant signe de la présence et des qualités des objets, remplissent ainsi indirectement et artificiellement l'office de perceptions. Mais elle est souvent très manifeste ; elle s'impose, par exemple, toutes les fois que la sensation et la perception sont associées en raison inverse l'une de l'autre et que l'intensité de la première fait obstacle à la netteté de la seconde. C'est ce qui arrive dans l'éblouissement ; la vivacité excessive de la lumière causant la sensation douloureuse que ce mot exprime, les objets sont mal et confusément perçus [1].

M. Taine, si amoureux de l'analyse, n'a pas fait celle-ci. Il était important, pour la clarté des discussions qui vont suivre, de la rétablir dans le langage afin de la maintenir dans la pensée.

# I

La question de la perception extérieure est celle-ci :

Comment la communication s'établit-elle entre les choses en tant qu'objets de connaissance, et l'esprit en tant que sujet connaissant ? Comment ce fait physique qui est l'impression de l'objet sur l'organe peut-il déterminer ce fait mental qui est la perception ? Quelle garantie avons-nous que ce fait mental en nous soit une connaissance vraie et certaine de l'objet hors de nous ?

Et l'état de la question, à l'époque où M. Taine prit parti dans le débat, était celui-ci :

Toute la philosophie moderne, — disciples de Descartes et sensualistes indistinctement, — avait résolu le problème de la communication par l'hypothèse d'*idées représentatives des choses*, idées qui seraient l'unique objet de notre esprit, et desquelles nous passerions, par une sorte d'inférence, aux choses elles-mêmes, comme on passe d'un portrait au modèle.

---

[1]. Voir, à ce sujet, une bonne page de M. Rabier (*Psychologie*, p. 101).

Là-dessus, une question s'était posée tout de suite : « Si nous n'avons affaire qu'à la copie, comment saurons-nous qu'elle est fidèle? comment même saurons-nous qu'elle est une copie, et qu'au delà d'elle il y a un modèle? » Quelques philosophes, — Locke entre autres, — ayant aperçu cette difficulté, l'avaient laissée de côté comme un vain scrupule. Mais d'autres, plus réfléchis, en avaient compris toute la redoutable portée. Et de conséquence en conséquence ils étaient arrivés, Malebranche à un idéalisme qui ne s'arrêtait que devant la révélation mosaïque et chrétienne, Berkeley au pur idéalisme, David Hume au pur phénoménisme.

Reid entreprit de remonter le courant qui conduisait à cette embouchure. Il attaqua avec une extrême vigueur, chez tous les philosophes qui l'avaient soutenue, la théorie des idées représentatives [1]. Et il proposa, pour la remplacer, une théorie qui paraît être de perception immédiate et qui, naturalisée en France par Royer-Collard, y devint classique.

Suivant cette théorie, « en vertu d'une loi de notre na-
« ture, la conception d'un objet et la croyance à sa réalité
« accompagnent constamment et immédiatement la sensa-
« tion » proprement dite. Mais Reid déclare ne pas savoir et il ne prétend pas expliquer « comment une sensation
« nous fait concevoir l'existence d'une chose extérieure
« qui ne lui ressemble en rien, et comment elle nous force
« d'y croire. »

Cette théorie soulève exactement la même objection que Reid avait faite à celle des idées représentatives. Il demandait, — à Locke par exemple, — de quel droit, si nous

---

[1]. Reid, à qui la philosophie scholastique était presque aussi inconnue qu'à M. Taine, enrôle les scolastiques parmi les partisans de cette théorie. C'est une grosse erreur historique. Les scolastiques ont très bien compris que le scepticisme est au bout de la doctrine qui donne à notre esprit pour unique objet les représentations des choses, et que nous ne pouvons lui échapper qu'à condition d'avoir affaire aux choses mêmes. C'est pourquoi ils ont enseigné que les *species* (ou représentations sensibles) ne sont pas *ce que* nous percevons, mais *ce par quoi* nous percevons les objets, *non quod, sed quo*.

n'avons pour objet que nos propres idées, nous affirmons qu'à ces idées en nous répond un objet hors de nous. Locke pourrait aussi bien lui demander à son tour de quel droit, si nous n'avons affaire qu'à nos propres sensations, nous affirmons qu'un objet hors de nous répond à la conception que ces sensations ont « évoquée par une sorte de magie naturelle. » Et si Reid répond qu'en vertu d'une loi naturelle cette conception est accompagnée de croyance, Locke peut répondre à aussi bon droit qu'en vertu d'une loi naturelle l'idée représentative est accompagnée de croyance.

La doctrine de Reid n'est donc pas plus que celle qu'il combat une doctrine de perception immédiate. Et elle n'est pas plus vraie que celle qu'il combat. D'une part le mot *conception*, même en y ajoutant les mots *accompagnée de croyance*, désigne un acte tout différent de celui de percevoir. D'autre part il n'est pas exact que la sensation accompagne nécessairement la perception ; et quand elle l'accompagne, cette association accidentelle ne fait pas partie du mécanisme de la perception[1].

La doctrine de M. Taine, esquissée dans *les Philosophes français*, où elle se présente comme résolument opposée à celle de Reid, est exposée avec le plus grand détail et le plus grand luxe d'analyses, de preuves et d'exemples dans le livre *de l'Intelligence*. Avec ses accompagnements et ses suites, elle remplit à peu près la moitié de tout l'ouvrage. Elle ressuscite la théorie des idées représentatives, et elle garde le nom surprenant, mais expressif et fidèle, que son auteur lui avait donné en la lançant dans le monde : doctrine de l'*hallucination vraie*.

---

1. Reid était mis sur la voie d'une solution meilleure par l'exception tout à fait capitale qu'il admet lui-même à sa loi d'association entre la sensation et la perception. « Il ne semble pas, » dit-il, « qu'il y ait de sensation dont ce soit l'office de suggérer la percep- « tion de la figure visible. Cette perception semble n'avoir pour « antécédent que l'impression sur l'organe. » (*Recherches*, ch. VI, § 21 et 8.)

## II

En voici d'abord les préliminaires.

Objectivement une sensation diffère d'une image en ce que la première est provoquée par la présence et l'action de l'objet, tandis que la seconde naît spontanément en l'absence de l'objet.

Mais subjectivement l'image est « une répétition de la « sensation, répétition moins distincte, moins énergique, « et privée de plusieurs de ses alentours[1]. » Il n'y a là qu'une différence de degré, susceptible d'atténuations indéfinies. Et de fait « l'image est parfois si nette qu'elle ne diffère pas beaucoup de la sensation[2]. »

« L'image, avec des stimulants physiques différents, a « donc la même nature que la sensation. Elle est la sensa-« tion même, mais consécutive et ressuscitante ; et à « quelque point de vue qu'on se place, on la voit coïncider « avec la sensation[3]. » Dans l'un comme dans l'autre il y a une représentation, un « fantôme interne. »

Ne nous laissons pas troubler par les mots, et demandons à M. Taine en quoi consiste ce fantôme interne.

« Entre autres éléments, il est manifeste qu'il contient « *une conception affirmative*. Quand je vois un arbre à « dix pas, ou que je prends une boule dans la main, ma « sensation me suggère un jugement, c'est-à-dire une « conception et une affirmation. Je conçois et j'affirme « qu'à dix pas de moi, il y a un être doué de telles pro-« priétés, que dans ma main il y en a un autre... Voilà « un élément essentiel du simulacre interne ; point de « perception extérieure qui ne contienne une conception

---

1. *De l'Intelligence*, t. I, l. II, ch. I, p. 79.
2. *Ib.*, p. 81. — 3. *Ib.*, p. 140-141.

« affirmative, la conception affirmative d'un être, chose ou
« substance douée de propriétés[1]. »

Que le lecteur veuille bien se reporter deux pages plus haut ; il reconnaîtra dans cette analyse, dans cette formule, dans les mots eux-mêmes, la propre analyse, la propre formule, les *ipsissima verba* de Reid : *la sensation suggérant une conception accompagnée de croyance*. Et il semble ainsi que nous ayons assisté à deux combats où chaque adversaire attaque une doctrine pour lui substituer la même doctrine. Reid, ayant terrassé la théorie des idées représentatives, établit sur ses ruines... la théorie des idées représentatives. M. Taine, ayant rejeté la doctrine de Reid, la remplace... par la doctrine de Reid.

Ce n'est pas tout à fait cela. La doctrine de M. Taine contient, il est vrai, celle qu'il avait si maltraitée dans *les Philosophes français*. Mais elle contient d'autres choses encore qui lui donnent une physionomie tout à fait personnelle, et nous commandent d'en donner l'exposé fidèle.


III


La doctrine de M. Taine repose sur deux assertions psychologiques et sur une assertion physiologique.

Les deux assertions psychologiques sont :

1° Que toute sensation est par elle-même représentative, c'est-à-dire accompagnée de l'image, — fantôme ou simulacre, — de quelque chose d'extérieur, ou, pour mieux dire, que la sensation et l'image sont au fond la même chose, ainsi qu'il vient d'être expliqué ;

2° Qu'au premier moment et sauf rectification ultérieure amenée par un mécanisme psychologique quelconque, toute image est accompagnée de croyance, est affir-

---

[1]. *De l'Intelligence*, t. II, l. II, ch. i, p. 11.

mative de sa propre objectivité, en d'autres termes qu'au premier moment, avoir conscience d'une image c'est, du même coup, affirmer l'existence d'un objet extérieur répondant à l'image. C'est ce que M. Taine appelle « la loi de Dugald Stewart[1]. »

L'assertion physiologique, c'est que l'antécédent immédiat de la sensation n'est ni l'impression de l'objet sur l'organe, ni l'ébranlement consécutif du nerf dans tout son parcours, mais le mouvement moléculaire inconnu qui se produit dans le centre nerveux où le nerf aboutit.

Disons tout de suite que l'assertion physiologique est vraie et certaine. L'ordre incontesté dans lequel se produit le phénomène total est bien celui-ci : 1° impression de l'objet sur l'organe où s'épanouissent les filets nerveux ; 2° ébranlement, vibration moléculaire de la corde nerveuse qui relie cet épanouissement au centre nerveux ; 3° mouvement dans le centre nerveux ; 4° sensation. C'est donc du dernier des trois faits physiologiques que la sensation résulte immédiatement ; c'est ce troisième fait qui est la condition nécessaire et suffisante de la sensation, laquelle, selon M. Taine, est toujours une image.

Cela posé, la sensation-image sera la même, également représentative, également affirmative d'un objet soit que le mouvement du centre nerveux résulte de l'impression faite par un objet extérieur sur l'organe et propagée par

---

[1]. Voici le passage le plus significatif de Dugald Stewart : « Sur « un premier aperçu, nous sommes prêts à croire que l'imagination « n'est accompagnée d'aucune espèce de croyance ; ce qui est vrai le « plus souvent si nous entendons par là une conviction permanente ; « mais si on prend le mot dans son sens strict et logique, je suis « porté à croire, après m'être rendu compte avec une attention réflé- « chie de ce qui se passe en moi, que les actes de conception et « d'imagination sont toujours accompagnés de la croyance à l'existence « réelle de l'objet qui les occupe. » On voit avec quelle réserve modeste le philosophe écossais propose sa manière de voir. Il accentue encore cette réserve dans une note : « Comme cet exposé, si solide « qu'il me paraisse, n'a pas paru satisfaire quelques-uns de mes « amis, je prie le lecteur de le considérer moins comme une opinion « arrêtée que comme une question que je propose. » (*Eléments de la philosophie de l'esprit humain*, première partie, ch. III.)

le nerf, soit qu'il se produise spontanément dans ce centre lui-même. Dans ce second cas, tout se passe pour la conscience comme dans le premier. « Sauf l'absence de l'objet « et l'inaction des nerfs notre état est le même que dans la « sensation ordinaire. » Dans ce second cas comme dans le premier, la sensation-image étant donnée, le jugement affirmatif suit nécessairement.

De là il résulte encore que la présence ou l'absence d'un objet sont ici choses accessoires, accidentelles, n'intéressant en rien l'essence même de la sensation-image, et que la situation de l'halluciné est psychologiquement identique à celle de chacun de nous.

« L'halluciné qui voit à trois pas de lui une tête de
« mort éprouve en ce moment-là une sensation visuelle
« exactement semblable à celle qu'il éprouverait si ses
« yeux ouverts recevaient au même moment les rayons
« lumineux qui partiraient d'une tête de mort réelle. Il n'y
« a pas devant lui de tête de mort réelle ; il n'y a point de
« rayons gris et jaunâtres qui en partent ; il n'y a point
« d'impression faite par ces rayons sur sa rétine ni trans-
« mise par ses nerfs aux centres sensitifs. Ce qui est de-
« vant lui, à trois pas, c'est un fauteuil rouge ; les rayons
« qui en partent sont rouges; l'impression faite sur sa rétine
« et propagée jusqu'aux centres sensitifs est celle des rayons
« rouges. Et cependant l'action des centres sensitifs est
« celle que provoqueraient en eux, à l'état normal, des
« rayons gris et jaunâtres tels qu'en lancerait une véri-
« table tête de mort. Cette action des centres sensitifs, en
« d'autres termes cette sensation visuelle spontanée, suffit
« pour évoquer en lui une tête de mort apparente, fantôme
« interne, mais si semblable à un objet externe et réel que
« le malade pousse un cri d'horreur. — Telle est l'effica-
« cité de la sensation visuelle proprement dite ; elle la
« possède si bien qu'elle la possède même en l'absence de
« ses antécédents normaux. Elle la possède donc encore
« lorsqu'elle est précédée de ses antécédents normaux.
« Par conséquent lorsque la tête de mort est réelle et
« présente, lorsqu'un faisceau de rayons gris et jaunâtres

« en rejaillit pour aller frapper la rétine, lorsque cette
« impression de la rétine est propagée le long des nerfs
« optiques, lorsque l'action des centres sensitifs y cor-
« respond, la sensation visuelle ainsi provoquée donnera
« naissance au même fantôme interne, et le simulacre de
« tête de mort qui se produit en nous pendant l'hallucina-
« tion proprement dite se produira en nous pendant la per-
« ception extérieure[1]. »

D'où il suit que la perception extérieure est une « hallucination vraie : » une hallucination, parce que nous y voyons des images, des fantômes, exactement comme nous ferions s'il n'y avait pas un objet extérieur qui la provoquât, parce que, pendant la santé et l'état de parfaite raison comme pendant la maladie et le dérangement mental, ce que nous prenons pour une chose subsistante et située hors de nous n'est qu'une image interne, — mais une hallucination « vraie, » parce qu'il se trouve que le mouvement du centre nerveux qui la provoque est lui-même provoqué par l'ébranlement de la corde nerveuse, et celui-ci à son tour par l'impression de l'objet sur l'épanouissement extérieur du nerf.

Mais comment savons-nous que, dans telle sensation-image, ces antécédents normaux sont donnés tandis qu'ils ne le sont pas dans telle autre? Parce que dans la première toutes les sensations-images concomitantes sont d'accord avec celle dont il s'agit, tandis que dans la seconde toutes sont en contradiction avec elle. Dans le premier cas elles s'unissent pour confirmer la croyance; et c'est l'hallucination vraie ou perception extérieure. Dans le second, elles s'unissent pour démentir la croyance; et habituellement celle-ci succombe sous l'ensemble de ces démentis; l'illusion qui accompagne toujours l'image à son apparition est rectifiée par les réducteurs antagonistes. Mais, d'autres fois, dans le rêve naturel, dans le somnambulisme provoqué, dans la folie, les réducteurs sont inefficaces, l'illusion n'est pas rectifiée, et l'hallucination fausse se produit.

1. *De l'Intelligence*, t. I, 2ᵉ partie, l. I, ch. I, p. 408-410.

Que si l'on insiste, si l'on demande d'où nous savons que cet accord d'images, au moyen de quoi nous distinguons la perception extérieure de l'hallucination fausse, est lui-même autre chose qu'un accord d'hallucinations fausses, comment des éléments individuellement hallucinatoires cessent de l'être par leur réunion, et comment nous faisons de cette réunion le signe d'une réalité objective, je ne vois pas que la théorie donne une réponse quelconque, ni par conséquent qu'elle ait une défense quelconque contre le scepticisme.

## IV

Il faut cependant y regarder de plus près; car nous voyons par une note que M. Taine se flatte, « en apportant « une correction aux théories de Bain et de Stuart Mill, « d'avoir restitué aux corps une existence effective, indé- « pendante de nos sensations[1]. » Nous ne pouvons éviter de donner une idée de ces deux théories.

La théorie de Bain porte, sur un point très particulier, l'origine de l'idée d'étendue. Et elle consiste à expliquer cette idée par l'expérience que nous avons de la durée de nos sensations musculaires. Ces sensations, qui naissent des contractions musculaires, sont plus ou moins intenses, et c'est d'après leur intensité que nous mesurons la résistance opposée à notre effort par les objets. Mais, de plus, elles durent, comme les contractions qui les causent; et en durant elles nous donnent l'idée de l'étendue. « La « prolongation (dans le temps) de la contraction et de la « sensation musculaire est pour nous le cours de l'organe « à travers l'espace. »

On ne voit pas que cette théorie explique ce qu'elle prétend expliquer. A son point de départ elle admet qu'il y a

---

1. *De l'Intelligence*, t. II, l. II. ch. I, p. 63.

en nous une idée d'étendue qui ne se confond pas avec l'idée de durée ; et elle s'engage à montrer *que* et *comment* l'une dérive de l'autre. Dans son développement elle ne le montre pas du tout, et ne le laisse pas même entrevoir. A son terme elle conclut *que nous n'avons pas l'idée d'étendue*, mais seulement l'idée de la durée de certaines sensations d'une espèce particulière, et que c'est cette durée qu'on est convenu d'appeler l'étendue.

M. Taine cependant accepte et juge admirable cette théorie « qui fait du temps le père de l'espace. » Il en recueille cette conclusion que ce que nous appelons *propriété des corps* n'est rien de plus que les pouvoirs que nous supposons en eux de provoquer en nous certaines sensations.

Et comme, — en vertu d'une doctrine que nous exposerons plus loin, — les êtres ne sont que des sommes de propriétés, et les propriétés que des sommes de phénomènes, il arrive par ce chemin à définir les corps « des possibilités de sensations sous certaines conditions, des nécessités de sensations sous des conditions plus complètes. »

C'est ici qu'il rencontre, et s'approprie, et complète, et corrige la théorie de Stuart Mill sur la perception extérieure.

Celle-ci reconnaît franchement au point de départ le caractère purement subjectif, nullement représentatif, de la sensation. Elle accepte la gageure de faire naître l'objectif dans cette prison subjective dont elle a muré toutes les portes. Et elle perd son pari.

Elle repose sur les deux lois d'association suivantes :

1° Quand telle sensation a été souvent éprouvée dans telles circonstances, le retour des mêmes circonstances provoque le souvenir ou l'image de cette sensation et l'attente de son retour.

2° Quand telle sensation a été constamment associée à tel groupe d'autres sensations, le retour de la première nous suggère l'idée du groupe tout entier et nous fait attendre son retour, attente qui en fait est habituellement réalisée.

En vertu de ces deux lois rapprochées l'une de l'autre, le retour de la sensation et de tout le groupe devient pour nous conditionnellement certain, c'est-à-dire certain à condition que nous soyons replacés dans les mêmes circonstances qui ont été associées à la sensation et à tout le groupe.

Et la conclusion est que les corps ne sont que ces certitudes conditionnelles de sensations et de groupes de sensations.

Quelques mots suffisent pour montrer que la théorie de Stuart Mill ne résout pas le problème.

Admettons les deux lois ; admettons la réalisation habituelle de l'attente ; admettons que telle sensation rendue rendra tout le groupe auquel elle a été associée. Ce groupe, composé d'éléments subjectifs, demeure subjectif comme groupe et ne cessera pas de l'être par son retour. Si donc il plaît aux faiseurs de dictionnaires d'appeler corps, matière, objets, ces groupes de sensations possibles ou conditionnellement certaines, ces possibilités constamment réalisées de sensation, ils le peuvent. Mais les noms ne font rien à l'affaire ; ils ne donnent point à l'esprit une idée qui lui manque et que sa constitution, telle qu'on la décrit, lui interdit d'acquérir.

En somme Stuart Mill, qui s'était engagé à expliquer 1° comment nous avons l'idée de l'extériorité, 2° comment nous croyons à la réalité d'objets extérieurs, s'acquitte de sa double tâche par une théorie dont la formule définitive est celle-ci : « Nous n'avons pas l'idée de l'extériorité. » Sa solution du problème consiste à supprimer la chose même que le problème supposait et dont il s'agissait de rendre compte.

On peut s'étonner que M. Taine ait pris à son compte, avec ses impossibilités manifestes, une doctrine si différente de la sienne. Selon Stuart Mill aucune sensation n'est représentative. Selon M. Taine toute sensation est non seulement représentative, mais affirmative de la réalité de l'objet représenté. Le premier échoue donc à expliquer la présence en nous de l'idée d'extériorité, plus encore sa portée objective. Le second, s'il n'échappe pas à la seconde difficulté, échappe à la première, puisqu'il considère l'idée comme tout à fait primitive et la croyance comme naturellement liée à l'idée.

Mais l'étonnement, sans cesser tout à fait, diminue notablement si l'on considère que, pour M. Taine comme pour Stuart Mill, la sensation, dans son fond et en soi est subjective. Aux yeux de celui qui l'éprouve elle représente, il est vrai, une chose extérieure, à l'existence de laquelle elle fait croire. En réalité, elle ne représente rien ; elle n'est qu'un fantôme interne qui n'est lié que par accident à la présence et à l'action d'un objet externe ; elle n'est en somme qu'un état de conscience, semblable par sa valeur et sa portée à la sensation telle que la décrit Stuart Mill.

Quoi qu'il en soit de sa demi-contradiction ou de son inadvertance, l'important est de savoir comment M. Taine, en complétant et corrigeant la doctrine de Stuart Mill, réussit à rendre aux objets extérieurs une réalité effective, indépendante de nos sensations.

La première addition est celle du mot *nécessités*.

« Ces *possibilités* de sensations, qui sont constituées par
« la présence de toutes les conditions de la sensation
« moins une, se transforment en *nécessités* lorsque cette
« dernière condition manquante vient s'ajouter aux autres.
« Je vois une table ; cela signifie qu'ayant telle sensation
« visuelle, je conçois et j'affirme la possibilité de telles
« sensations de mouvement musculaire, de résistance, de
« son faible, pour tout être sensible ; mais cela signifie
« aussi que, si à l'existence d'un être sensible on ajoute
« une condition de plus, tel mouvement qui mettra sa
« main en contact avec la table, il y aura pour lui non
« plus seulement possibilité, mais nécessité de ces sensa-
« tions[1]. »

Cette addition est nulle ; Stuart Mill a pris soin de dire que ces possibilités sont des certitudes conditionnelles,

---

1. *De l'Intelligence*, t. II, l. II, ch. i, p. 49.

c'est-à-dire des nécessités si la condition est remplie. M. Taine se contente de le redire en termes équivalents.

Mais il y en a une autre, sur laquelle M. Taine a porté un effort très vigoureux et très subtil. Aucune partie de son livre n'a été plus profondément travaillée ; c'est le strict devoir de la critique de mettre sa pensée dans tout son jour et de résumer ses raisons dans toute leur force.

Nous constatons qu'il se produit des changements dans les corps, c'est-à-dire que certaines possibilités ou nécessités permanentes de sensations disparaissent et sont, — ou ne sont pas, — remplacées par d'autres. Et c'est un fait que, quand nous ne rencontrons plus une sensation sur laquelle nous avions l'habitude de compter, nous ne pensons pas à nous, mais au corps ; nous plaçons son histoire en face de la nôtre comme une série en face d'une autre série.

Dès lors nous concevons le corps comme étant en lui-même capable de changement, nous le concevons par rapport à ses propres événements passés. Au premier groupe, relatif à nous, de possibilités et nécessités permanentes, nous ajoutons un second groupe de possibilités et nécessités relatif à lui-même.

Enfin nous constatons que tel changement dans un corps provoque tel changement dans un autre. Et nous sommes ainsi amenés à définir chaque corps non plus par rapport à *nos* événements, non plus par rapport à *ses* événements, mais par rapport aux événements *des autres corps*. Ainsi se forme un troisième groupe de possibilités et nécessités permanentes.

Dès lors, au lieu de définir les propriétés d'un corps par nos événements, nous les définirons par ses événements, plus fixes, plus exactement mesurables que les nôtres, et par ses relations, également mesurables, avec les autres corps. Par exemple, « au lieu de notre sensation de tem-
« pérature nous prenons pour indice l'élévation ou l'abais-
« sement de l'alcool dans le thermomètre [1]. » De ces

---

1. *De l'Intelligence*, t. II, l. II, ch. 1, p. 54.

événements indicateurs, le plus simple et le plus universel est le mouvement. Nous en trouvons d'abord un type en nous-mêmes et, par analogie, nous en attribuons de semblables aux autres corps. Puis l'expérience nous apprend progressivement à limiter ces ressemblances ; et au lieu de concevoir le mouvement comme une série successive de *sensations*, nous arrivons à le concevoir comme une série successive d'*états*. Enfin, nous découvrons peu à peu qu'un mode ou une particularité du mouvement peut servir à définir toutes les propriétés des corps ; et nous arrivons ainsi à concevoir le corps comme un mobile moteur, et tous les événements de la nature physique comme des mouvements.

« Ainsi, entre les diverses classes d'événements par
« lesquels on peut définir les choses, l'homme en choisit
« une, y ramène la plupart des autres, et suppose qu'il
« pourra un jour y ramener le reste. Mais si on analyse
« celui qu'il a choisi, on découvre que tous les éléments
« originels et constitutifs de sa définition, comme de la
« définition de tous les autres, ne sont jamais que des
« sensations ou des extraits plus ou moins élaborés de
« sensations [1]. »

Entre ces extraits de sensations par quoi nous définissons les corps, y en a-t-il un que nous puissions attribuer au corps lui-même indépendamment de nos sensations? N'y a-t-il dans la pierre que des propriétés relatives à nous? ou bien y a-t-il en elle quelque chose d'*intrinsèque*, quelque série distincte d'événements réels ou possibles qui se produiraient encore en l'absence de tout être sentant? Cela revient à demander « s'il y a quelque série d'événements internes
« que nous puissions, par induction et analogie, transpor-
« ter de nous dans la pierre pour lui conférer l'existence
« indépendante et distincte [2] ? »

Il y en a une : le mouvement. Conçu d'abord comme une série successive de sensations musculaires, le mou-

1. *De l'Intelligence*, t. II, l. II, ch. I, p. 57.
2. *Ib.*, p. 50.

vement est devenu pour nous, par éliminations, « une
« série abstraite d'états successifs interposés entre un
« moment final et définis seulement par leur ordre réci-
« proque. Or nous avons toutes les raisons du monde
« pour l'attribuer à ces inconnus que nous nommons des
« corps, pour être certains que de l'un elle passe à l'autre,
« et pour poser les règles de cette communication. En
« effet, si tous les êtres sentants étaient supprimés, notre
« pierre subsisterait encore, et cela ne signifie pas seule-
« ment que la possibilité de certaines sensations visuelles,
« tactiles, etc., subsisteraient encore, et cela signifie aussi
« que les inconnus que nous nommons molécules et qui
« composent la pierre subsisteraient encore, en d'autres
« termes, que les mobiles moteurs dont la pierre est l'en-
« semble continueraient à peser sur le sol proportionnelle-
« ment à leur masse, et exécuteraient les oscillations
« internes qu'ils décrivent aujourd'hui [1]. »

En résumé, nous passons de la série où les corps ne
nous sont donnés que comme possibilités de sensations à
une seconde qui est la série des événements de chaque
corps, puis à une troisième qui est la série des actions
réciproques des corps. Et nous sommes légitimement conduits par ce chemin à définir les propriétés du corps non
plus par nos sensations, mais par ses événements et ses
relations, à ramener tous ces événements et toutes ces
relations au seul mouvement, — à considérer le mouvement comme l'élément intrinsèque qui donne aux corps
une réalité indépendante de nous et capable de subsister
en l'absence de tout être sentant.

## IV

Que faut-il penser de ces ingénieuses analyses? Qu'elles
peuvent avoir une valeur pour expliquer comment l'es-

[1]. *De l'Intelligence*, t. II, l. II, ch. I, p. 60.

prit humain s'élève de la simple perception des faits sensibles à l'idée des propriétés fixes des corps, à la découverte des lois, à la grande hypothèse du mécanisme universel ; mais qu'elles n'en ont aucune pour conduire au résultat que M. Taine veut atteindre, et qu'elles laissent la théorie de l'hallucination vraie aussi mal défendue contre le scepticisme que si M. Taine ne les eût pas faites.

Leur impuissance à cet égard se manifeste surtout en deux endroits.

D'abord, à la naissance de la seconde série qui pose « l'histoire du corps en face de la nôtre. » Rendons-nous compte de ce que peut être et de ce que peut valoir un tel passage. Puisque « les changements des corps ne sont « conçus et concevables que par rapport aux sensations, » puisqu'ils « se réduisent tous, en dernière analyse, à « l'extinction ou à la naissance d'une possibilité de sensa- « tions, » ce n'est que par une illusion et une fiction de l'esprit que « nous les considérons d'ordinaire à un autre point de vue. » Ce n'est même point assez dire. Nous ne *pouvons pas* nous placer à un autre point de vue. Dans la pure doctrine de Stuart Mill, dont M. Taine a imprudemment accepté les charges, l'impossibilité est absolue et manifeste ; l'esprit enfermé dans le subjectif, l'esprit dans lequel la plus lointaine idée d'un objectif quelconque n'a pu se glisser par aucune fissure, comment cet esprit se placerait-il, *d'ordinaire*, au point de vue de l'objet ? comment pourrait-il *penser non à lui-même, mais au corps ?* — Dans la doctrine propre et primitive de M. Taine qui est celle de l'hallucination vraie, la naissance d'un point de vue objectif n'est plus impossible ; mais ce point de vue est sans valeur, puisque le caractère représentatif du « simulacre interne » ne l'empêche pas d'être purement interne, c'est-à-dire incapable de nous apporter je ne dis pas une certitude, mais la plus faible probabilité en faveur de l'existence de quelque chose d'extérieur. Série impossible dans le premier cas, série de pure imagination dans le second, voilà donc ce que nous obtenons. Et il est à peine besoin d'ajouter que, si cela est vrai de la seconde série, c'est-à-dire des événements de chaque corps, cela est au moins aussi vrai de la troisième, c'est-à-dire des actions réciproques des corps, et en particulier du mouvement qui résume ces actions.

Rien n'est donc commencé dans le sens de la conclusion objectiviste et dogmatiste où M. Taine veut nous conduire. Et cependant, comme s'il eût fait sa preuve, il s'arrêtera là. « Nous avons, » dira-t-il, « toutes les rai« sons du monde pour attribuer le mouvement, » même en l'absence des êtres sentants, « à ces inconnus que nous « appelons des corps. » Et il ne donnera pas d'autre raison que celles qu'on vient de voir et qui ne sont pas des raisons. Il ajoutera, comme apportant un argument : « En effet, « si tous les êtres sentants étaient supprimés, la pierre « subsisterait encore. » Et il semblera oublier qu'affirmer n'est pas démontrer.

Notre conclusion subsiste donc toute entière : la théorie de M. Taine est sans défense contre le scepticisme idéaliste. Ce ne serait point une objection contre Stuart Mill qui professe ouvertement ce scepticisme et plus que ce scepticisme. C'en est une grave contre M. Taine qui le repousse et prétend lui échapper.

Ce n'est pas la seule. Mise en présence des faits intérieurs, sa théorie les dément et est avec eux dans un conflit où elle succombe.

Tout d'abord, ni l'une ni l'autre des deux assertions qui en sont la base psychologique ne peut être acceptée.

Il n'est pas vrai que toute sensation soit par elle-même représentative de quelque objet extérieur. Aucune ne l'est, si on prend le mot *sensation* dans son acception précise comme désignant un fait affectif. Beaucoup ne le sont pas si on les prend dans le sens large et flottant où il désigne, suivant les cas, tantôt une émotion, tantôt une perception. Une sensation de douleur physique ne me représente par elle-même rien qu'elle-même, bien qu'elle puisse, grâce à l'expérience, devenir signe de quelque chose de représentable et en provoquer la représentation. Bien plus, il y a des *perceptions acquises*, comme on a coutume de les appeler, qui en soi ne sont que des sensations, et où *ce que nous éprouvons* nous avertit de la présence de *ce que nous ne percevons pas*. La statue de Condillac à qui l'on fait respirer une rose est, pour nous, une statue qui sent une rose ; pour elle-même elle est un sujet sentant qui éprouve une modification agréable. L'odeur de la rose nous renseigne sur le voisinage d'une rose parce que nous savons qu'il y a des roses et que nous éprouvons cette sensation exquise dans le voisinage des roses. Mais si nous ne savions pas cela, la sensation ne nous l'apprendrait pas, et la statue, qui n'a qu'elle, n'est renseignée sur rien d'extérieur.

Surtout il n'est pas vrai que toute image contienne en soi la croyance à la réalité d'un objet. L'image qui n'est qu'image, l'image en tant que telle, n'affirme ni ne nie ; elle n'est qu'une représentation mentale, laissant en dehors d'elle sans la résoudre, bien plus, sans la poser, la question de savoir si à cette image correspond quelque objet, soit actuellement soit antérieurement réel. Dès que j'affirme que ce qui est en ce moment représenté, m'a été autrefois connu comme existant, ce n'est plus une simple image, c'est un souvenir. Dès que j'affirme qu'une chose existe, et m'est connue parce qu'elle existe et m'est présente, ce n'est plus une image, c'est une perception. Comme on l'a très bien dit, il y a deux courants qui ne mêlent jamais leurs eaux, quoiqu'ils se côtoient et se traversent à chaque instant : celui de mes perceptions et celui de mes images. Et, bien loin qu'il n'y ait entre les deux, comme le prétend Hume avant M. Taine, qu'une différence de degré, bien loin que l'image ne soit qu'une sensation ou une perception affaiblie, en sorte qu'il suffise d'affaiblir la sensation ou perception, ou de fortifier l'image pour effacer la différence, j'ai conscience d'avoir parfois des perceptions très faibles et parfois des images très fortes. Au crépuscule, j'ai une perception très faible, très vague, très confuse des objets, éclairés qu'ils sont par une lumière douteuse. En même temps je puis avoir, surtout si je suis peintre, une image très nette d'un paysage que je compose dans ma tête et que je réaliserai sur la toile. Si faible que soit la perception, j'ai conscience qu'elle implique une affirmation. Si forte et nette que soit l'image, j'ai conscience qu'elle ne contient pas, — qu'au contraire elle exclut, — l'affirmation.

L'expérience psychologique donne donc un perpétuel démenti à la thèse de M. Taine, malgré tous les exemples qu'il cite pour montrer que l'image est toujours sur le seuil de l'affirmation. « Lorsqu'on considère, » dit-il, « les hommes accoutumés à regarder surtout les couleurs « et les formes, on trouvera chez eux des images si nettes « qu'elles ne diffèrent pas beaucoup des sensations [1] » ou perceptions. Il prend ainsi pour accordé, — contre l'expérience universelle que je viens de rapporter, — que la seule marque de distinction entre la perception objective et l'image subjective est le degré de netteté. Il donne de frappants échantillons de cette netteté, entre autres celui de certains joueurs d'échecs « qui conduisent une partie, « les yeux fermés, la tête tournée contre le mur. On a « numéroté les pions et les cases ; à chaque coup de l'ad- « versaire on leur nomme la pièce déplacée et la nouvelle « case qu'elle occupe ; ils commandent eux-mêmes le « mouvement de leurs propres pièces, et continuent ainsi « pendant plusieurs heures. Souvent ils gagnent. Il est « clair qu'à chaque coup la figure de l'échiquier tout « entier, avec l'ordonnance des diverses pièces, leur est « présente comme dans un miroir intérieur. » Il ajoute le témoignage détaillé d'un Américain doué de cette faculté, qui déclare « qu'il est bien plus facile de le tromper lors- « qu'il *regarde* l'échiquier que quand il est dans son coin, « les yeux contre le mur, voyant simultanément tout « l'échiquier et toutes les pièces, telles qu'elles étaient « au dernier coup joué [2]. » — L'exemple prouve doublement contre la thèse. Le témoignage de l'Américain montre que, tout obsédé qu'il était, il distinguait parfaite-

1. *De l'Intelligence*, t. I, l. II, ch. I, p. 80-81.
2. *Ib.*, p. 81-82.

ment l'image, *représentation* mentale en l'absence de l'objet, d'avec la perception ou *présentation sensible et affirmative* en présence de l'objet. Et il nous offre le cas d'une image plus forte et plus nette comme image que n'est la perception, bien que celle-ci ne soit ni faible ni confuse.

M. Taine ajoute, — ce que Bossuet avait déjà fait remarquer avec beaucoup de force, — qu'en présence d'un objet qui peut causer du plaisir ou de la peine, l'image de la sensation produit les mêmes effets physiologiques et psychologiques que la sensation elle-même. « Un gour-
« mand assis devant un bon plat dont il respire les éma-
« nations et dans lequel il plonge déjà sa fourchette, en
« sent d'avance le goût exquis, et les papilles de sa langue
« deviennent humides ; l'image de la saveur attendue équi-
« vaut à la sensation de la saveur présente ; la ressem-
« blance va si loin que dans les deux cas les glandes
« salivaires suintent au même degré [1]. » — Cela est vrai, mais n'autorise pas les conclusions qu'on en tire. Cette préparation de l'organisme par l'effet du désir et de l'aversion se rapporte à l'ordre des sensations affectives, nullement à l'ordre des perceptions. Que la vive image de la sensation agréable ou pénible produise des effets organiques semblables ou même égaux à ceux de la sensation elle-même, qu'elle soit même un commencement de sensation, comme il arrive dans la nausée produite par l'image d'une odeur ou d'une saveur répugnante, qu'importe à la question présente ? Les phénomènes de ce genre sont purement internes et subjectifs ; ils sont, en eux-mêmes, de simples états de l'être sentant et n'impliquent directement ni l'idée, ni l'affirmation d'une chose ou d'une cause extérieure. Il suffit donc, pour écarter ces faits comme étrangers au débat, de rétablir la distinction trop généralement oubliée sur laquelle nous avons insisté en commençant ce chapitre. Et il faut renoncer à trouver dans les phénomènes de la vie psychologique normale un point d'appui sérieux à la thèse de M. Taine.

1. *De l'Intelligence*, t. I, l. II, ch. I, p. 89.

Lui-même d'ailleurs ne paraît pas avoir mis en eux sa principale confiance, mais plutôt dans des faits qui appartiennent aux diverses variétés de la psychologie morbide, à l'hallucination, à l'hypnotisme, dont le dossier, depuis vingt-cinq ans, s'est grossi de tant d'expériences. Dans ce domaine il n'a que l'embarras de choisir; car l'objectivation spontanée des images purement internes est la caractéristique commune des états psychiques de l'halluciné et de l'hypnotisé. Sous l'empire d'un désordre cérébral l'halluciné croit voir une tête de mort là où il n'y a qu'un fauteuil rouge, entendre quelqu'un parler ou chanter là où tout est muet, toucher des objets qui n'existent pas. Sous l'empire de la suggestion, l'hypnotisé croit voyager dans le Sahara, et le voilà en sueur, — en Laponie, et le voilà qui grelotte.

Sur ces séries de cas, M. Taine raisonne ainsi : Nous voyons que l'antécédent cérébral est la condition nécessaire et suffisante pour la production d'une image accompagnée de croyance. D'autre part cet antécédent peut être produit par un trouble cérébral, ou par une suggestion, aussi bien que par l'action d'un objet extérieur sur l'organe. Par conséquent, en soi, l'image et la croyance qui l'accompagne ne sont à aucun degré signes certains, ni même probables, de la présence d'un objet puisqu'elles se produisent en son absence aussi bien qu'en sa présence.

Nous repoussons entièrement la conclusion parce qu'elle dépasse les faits d'où on prétend la tirer. Ces faits appartiennent à une sphère rigoureusement circonscrite d'états spéciaux où l'intelligence, sous l'influence de causes spéciales, est placée en dehors des conditions normales de son exercice. Or, il est absolument illégitime de chercher dans un état morbide de nos facultés mentales ou de leurs instruments organiques des arguments qui atteignent la valeur de ces facultés et de leurs instruments à l'état normal. Dans l'hallucination et la suggestion, sous l'empire de causes organiques qu'il appartient à la science de déterminer, l'image en l'absence de l'objet est accompagnée de croyance, la distinction entre imaginer et percevoir est effacée ; c'est la loi de la maladie. A l'état normal l'image n'est accompagnée de croyance que quand elle est produite par la présence et l'action de l'objet ; tant que l'objet est absent, elle reste à l'état de simple représentation où aucune affirmation de présence ou d'existence n'est contenue ; la distinction entre imaginer et percevoir subsiste, si nette que soit l'image, si confuse que soit la perception ; c'est la loi de la *sanitas* de l'esprit et des organes. Or c'est dans la loi de la *sanité* et non dans la loi de l'*insanité* qu'il faut chercher la valeur de l'intelligence humaine et de ses témoignages.

La même règle nous permet d'écarter l'objection qu'on tire des illusions du rêve qui sont, pour ainsi dire, des hallucinations périodiques. Le sommeil, pendant lequel ces phénomènes se produisent, n'est pas sans doute un état morbide ; car les intermittences auxquelles il soumet l'exercice de notre activité musculaire, nerveuse et mentale sont une suite nécessaire de notre constitution. Mais il est encore moins l'état normal puisqu'il est la suspension des plus importantes fonctions de la vie normale, de ces fonctions de relation qui sont le champ d'action approprié à toutes nos facultés de connaître, de vouloir et d'agir. Les causes qui font naître les illusions de cet état, les lois suivant lesquelles ces illusions se produisent et se succèdent sont donc circonscrites dans la sphère de la vie endormie ; elles n'ont point d'application dans la vie éveillée qui, à cet égard, est en parfait contraste avec elle. Et rien n'est moins conforme à la vraie méthode expérimentale que de présenter les illusions de la première comme une difficulté contre la valeur des perceptions de la seconde.

Enfin la théorie de l'hallucination vraie ne tient pas compte d'une loi fondamentale qui établit entre l'hallucination et la perception une différence irréductible ; à savoir que l'hallucination suppose la perception, ne peut venir qu'après la perception, ne peut construire ses édifices illusoires qu'avec des matériaux fournis par la perception. L'halluciné entend des voix imaginaires, voit des objets étendus et colorés qui n'existent pas. Mais à quelle condition? à condition qu'il ait entendu des voix réelles, vu des objets colorés réels, c'est-à-dire à condition que le mouvement de son centre nerveux auditif et le mouvement de son centre nerveux optique aient été déterminés une première fois, — et un grand nombre de fois, — par l'ébranlement des nerfs correspondants, et celui-ci par l'impression que l'action de l'objet extérieur a faite sur le tympan et la rétine. La perception est donc le fait premier et générateur. Supprimez toute perception antécédente, vous supprimez tout élément d'une hallucination ultérieure. Supprimez toute une classe de perceptions, vous rendez absolument impossible la classe correspondante d'hallucinations; un sourd absolu n'a pas d'hallucinations auditives, un aveugle-né n'a pas d'hallucinations visuelles. Donc, à supposer qu'on effaçât la distinction fondamentale entre la perception (affirmative d'un objet) et l'image (simplement représentative d'un objet), il restera toujours cette autre distinction fondamentale que la première seule est *fournisseuse*, et fournisseuse nécessaire, tandis que la seconde est purement *emprunteuse*. D'où il suit avec évidence que l'hallucination, à laquelle on veut tout réduire, n'est qu'une dérivation de la perception qui implique la présence et l'action d'un objet, et que, bien loin d'absorber la perception, — ce qu'elle fait dans le système de M. Taine, — elle n'est possible qu'à la condition d'une perception qui la précède et, par conséquent, s'en distingue.

La doctrine de l'hallucination vraie n'est donc défendable ni dans son adjectif ni dans son substantif : dans son adjectif, parce qu'elle échoue absolument à montrer que la classe d'hallucinations à laquelle elle réserve le nom de perception extérieure est *vraie*, c'est-à-dire conforme aux choses, et parce qu'elle ne nous donne pas plus de raisons pour penser qu'il y a des choses que pour penser qu'il n'y en a pas; — dans son substantif parce que l'hallucination, qu'elle pose comme le fait primitif, comme le genre dans lequel la perception rentre à titre d'espèce, est au contraire un fait dérivé, un fait dont la production ne serait ni possible ni concevable si on ne plaçait avant lui une perception qui lui fournit des matériaux. Les deux prétendues lois psychologiques qu'elle se donne pour base sont fausses l'une en partie, l'autre en totalité. Des faits psychologiques normaux où elle cherche une première confirmation les uns la démentent, les autres ne lui sont pas plus favorables que contraires. Les faits morbides, ou anormaux, ou spéciaux en qui elle met sa principale confiance ne sont pas recevables, parce. qu'ils ne légitiment aucune conclusion qui dépasse leur sphère. La rare habileté de l'exposition et de l'argumentation, l'ordre savant dans lequel les faits sont rangés de manière à produire sur l'esprit du lecteur une impression croissante, la dextérité avec laquelle l'auteur les interprète dans le sens de sa thèse et les explique par elle, toutes ces séductions impérieuses de l'écrivain et du penseur ne changent rien au fond des choses et rendent plus définitive au contraire la ruine d'une théorie qu'elles ne réussissent pas à sauver.

Le problème n'est donc pas résolu. Et dès à présent ce qu'on peut dire de plus favorable, c'est que, prise en elle-même, la théorie de M. Taine est logiquement sceptique en ce qui touche l'existence du monde extérieur. On verra plus loin qu'il y a beaucoup plus à en dire.

Et le fruit que nous voudrions recueillir de cette longue discussion, c'est que le scepticisme idéaliste est l'aboutissement inévitable de toute doctrine sur la perception extérieure qui refuse d'admettre, sous une forme ou sous une autre, une communication effective entre l'esprit et les choses. Si quelque objectif réel ne nous est pas donné par l'exercice de nos facultés perceptives, rien d'objectif, — je veux dire aucune affirmation légitime de l'objectif, aucune notion même de l'objectif, — ne sera conquis par le travail ultérieur de la pensée. Et si le scepticisme idéaliste n'a aucune prise sur l'esprit humain, c'est parce que l'esprit a conscience de cette communication et se sait en possession de cette donnée. L'exercice du toucher actif et de l'effort musculaire lui donne du même coup, comme réelles et objectives, l'étendue et la résistance. Avec ces matériaux il construit l'idée de corps et la science de la nature. L'édifice est solide parce que les matériaux sont réels et réellement donnés. Avec des matériaux simplement conçus il ne construirait qu'un édifice idéal. Ou plutôt, comme rien ne peut être conçu si quelque chose n'est pas donné, il ne construirait aucun édifice.

# CHAPITRE IV.

### L'INTELLIGENCE (Suite) — LA MÉMOIRE

## I

Un lien étroit rattache la question de la mémoire à celle de la perception extérieure ; et la solution que M. Taine a donnée à celle-ci commande les termes dans lesquels il devra poser celle-là.

Renaissance d'une image antérieurement présente à la conscience, reconnaissance de l'image réviviscente, tels sont, et dans cet ordre, les deux éléments de tout souvenir complet. Leur distinction apparaît avec évidence à l'esprit le moins attentif dans les cas nombreux où un temps appréciable, parfois long, s'écoule entre la réapparition de l'image *dans* l'esprit et sa reconnaissance *par* l'esprit ; elle n'est pas moins réelle lorsqu'elle est masquée par l'apparente simultanéité des deux éléments c'est-à-dire lorsque l'image est reconnue aussitôt qu'elle renaît.

Mais peut-être est-il nécessaire, avant d'étudier le souvenir proprement dit, de faire remarquer que le premier exercice de la mémoire est *rétentif* et non *révocatif*.

En effet la conscience, prise précisément en elle-même, a pour objet ce qui se passe dans le moi à l'instant où il s'y passe. Or ce qui s'y passe dans le moment actuel n'est qu'une partie d'un tout successif ; et pour que ce tout se complète en gardant l'unité d'un tout, il faut que chacune de ses parties soit liée à celle qui la précède et à celle qui la suit. Par exemple, pour qu'on puisse, dans un raisonnement, aller du principe d'où l'on part à la conséquence où l'on tend, il faut que le principe demeure d'une certaine façon sous le regard de l'esprit au moment où celui-ci arrive à la conclusion. Il en est de même du jugement, composé de parties successives et enchaînées. Il en est de même de tous les phénomènes psychologiques. Tous durent, c'est-à-dire qu'aucun d'eux ne s'accomplit dans un instant indivisible ; tous ont un commencement et une fin, et, entre ces deux bouts, un ou plusieurs intermédiaires ; en tous, quand l'esprit arrive à la fin, il faut que le commencement lui soit présent, sans quoi nous n'aurions jamais la connaissance du phénomène *comme tout ;* et si ce phénomène est un acte que nous dirigeons nous-mêmes, nous ne saurions comment le continuer et le finir, ne sachant pas comment nous l'avons commencé. Si donc il s'accomplit en nous des phénomènes psychologiques, c'est que nous conservons jusqu'au bout de chacun d'eux la vue de son point de départ et de sa suite. En d'autres termes, chaque partie du phénomène, à mesure que, s'écoulant, elle échappe à la conscience comme fait nouveau et actuel, est retenue par un acte de l'esprit qui l'atteint comme fait passé. Cet acte qui prolonge, sans solution de continuité, la conscience actuelle, est donc une condition et un élément essentiel de la vie psychologique. Il se lie si intimement à la conscience que les psychologues, M. Taine comme les autres, ont coutume de le confondre avec elle. Ils la prennent toujours avec ce prolongement, et non pas à cet état rigoureusement instantané qui n'est qu'une fiction, ni seulement avec cette durée infiniment petite dont la mesure ne peut être donnée que par des instruments de précision et qui, n'occupant que des fractions de seconde, ne permettrait pas même à un jugement de se former et à une phrase de se prononcer.

Cette puissance rétentive n'est pas d'ailleurs indéfinie. Elle atteint bientôt sa limite de charge, variable selon les individus et selon les circonstances. Après quoi la pensée lâche prise et se tourne ailleurs. Le phénomène disparaît comme objet de pensée actuelle, et semble être comme s'il n'avait jamais été.

Mais ici les phénomènes qui ont été présents à la conscience et qu'elle a retenus pendant les instants nécessaires à leur achèvement se partagent en deux groupes. Les uns disparaissent ou semblent disparaître pour jamais ; ils perdent ou semblent perdre toute aptitude à renaître. Les autres, dans certaines conditions et sous certaines lois, reparaissent tantôt spontanément, tantôt au moyen d'un effort. Le premier groupe se compose d'une part de ce qu'il y a de plus superficiel, de moins notable et de moins noté dans la vie psychologique, d'autre part de phénomènes qui n'ont rencontré pendant une portion considérable de la vie aucune des conditions nécessaires et favorables à leur réapparition. Le second, inversement, comprend ceux qui ont à un plus haut degré excité la curiosité ou la surprise, de ceux qui ont été accompagnés d'émotions vives, de ceux qui ont été l'objet d'une attention intense, de ceux chez qui l'aptitude à renaître a été cultivée par des répétitions fréquentes.

M. Taine, qui note ces différences, en restreint très justement la valeur en constatant, avec beaucoup d'exemples à l'appui, la possibilité de réapparitions soudaines qui font revivre des images en apparence effacées pour toujours. Et il conclut, avec une égale raison, que si ces réapparitions sont rares, c'est parce que l'ensemble de circonstances qui les provoquerait est rarement réuni, « qu'on « ne peut donc pas assigner de limites à ces renaissances, « qu'on est forcé d'accorder à toute sensation, si rapide, « si peu importante, si effacée qu'elle soit, une aptitude « indéfinie à renaître[1], » et que cette aptitude s'exercera efficacement dès que les circonstances nécessaires et favorables seront données.

Il y a, en effet, de ces brusques et invraisemblables

---

1. *De l'Intelligence*, t. I, l. II, ch. II, p. 151.

réapparitions qui nous rendent avec une netteté singulière, après des années d'oubli, des fragments de notre passé, et qui, selon toute apparence, ne devaient jamais se produire. Elles se produisent cependant sous l'influence d'une cause provocatrice exceptionnellement énergique. Et il y a toute raison de croire que celles qui, en fait, ne se produisent pas se produiraient dans des circonstances semblables.

Ces causes tant externes qu'internes peuvent se rencontrer dans un état sain de l'organisme. Mais rien n'est plus remarquable que les exaltations ou hyperesthésies de mémoire produites par certaines maladies. Les deux exemples suivants, recueillis par M. Taine, sont particulièrement instructifs parce qu'ils montrent combien est indéfinie l'aptitude réviviscente des images.

« Plusieurs médecins ont cité le cas d'une jeune fille de
« vingt-cinq ans, très ignorante et ne sachant pas même
« lire qui, devenue malade, récitait d'assez longs mor-
« ceaux de latin, de grec et d'hébreu rabbinique, mais
« qui, une fois guérie, parlait tout au plus sa propre
« langue. En allant aux informations, on sut qu'à l'âge de
« neuf ans, elle avait été recueillie par son oncle, pasteur
« fort savant qui se promenait d'ordinaire, après son dîner,
« dans un couloir attenant à la cuisine et répétait alors ses
« morceaux favoris. On consulta ses livres et on y retrouva
« mot pour mot plusieurs des morceaux récités par la ma-
« lade. Le bourdonnement et les articulations de la voix
« lui étaient restés dans les oreilles. Elle les avait enten-
« dus, comme elle les avait récités, sans les com-
« prendre. »

« Le valet de chambre d'un ambassadeur espagnol,
« garçon de moyens ordinaires et que ses fonctions faisaient
« souvent assister à des conversations importantes, parais-
« sait n'en avoir jamais rien retenu. Il fut attaqué d'une
« fièvre cérébrale et, pendant son délire, il répétait avec
« beaucoup d'ordre plusieurs discussions qu'il avait enten-
« dues sur les intérêts politiques des diverses puissances,
« au point que l'ambassadeur venait l'écouter et projetait
« d'en faire son secrétaire; mais l'affection du cerveau se

« dissipa, et le malade, en guérissant, perdit toute « mémoire[1]. »

L'aptitude à renaître est donc une loi générale, une propriété commune des images ; et cette renaissance a lieu lorsque les conditions en sont réalisées. Psychologiquement elle s'explique par la loi d'association en vertu de laquelle, lorsque deux images ont été présentes à la conscience simultanément ou en succession contiguë, le retour de la première provoque le retour de la seconde. Physiologiquement elle s'explique par la loi en vertu de laquelle l'état organique qui accompagne et détermine l'état primitif de conscience laisse dans le cerveau une aptitude naissante à sa reproduction, aptitude que la fréquente répétition consolidera en habitude. La condition physiologique de la mémoire doit donc être cherchée dans *un quelque chose* que les impressions primitives laissent dans le cerveau et que la science contemporaine appelle *trace* ou *résidu*. La persistance et souvent l'hérédité des habitudes physiques témoignent décisivement en faveur de cette loi, et la structure du cerveau, avec ses six cent millions de cellules et ses milliards de fibres, suffit amplement à toute la multiplicité possible des images.

## II

La difficulté n'est donc pas dans la renaissance de celles-ci. Elle est dans leur reconnaissance. Les souvenirs en effet ne sont pas seulement une évocation ; ils sont une négation et une affirmation : ils nient l'existence ou la présence objective actuelles de la chose représentée par l'image évoquée ; ils affirment son existence et sa présence objective passées. Et c'est de cette négation et de cette affirmation que M. Taine propose une explication très ingénieuse, fondée

[1]. *De l'Intelligence*, t. I, l. II, ch. 1, p. 150-151.

sur les mêmes principes que sa théorie de la perception extérieure.

Considérons une image qui renaît. Comme toute image, elle est hallucinatoire ; bien qu'elle ne soit en elle-même rien de plus qu'un simulacre interne, au premier moment elle nous fait croire à la réalité actuelle de son objet. Mais aussitôt elle est refoulée par l'antagonisme concordant des sensations actuelles au milieu desquelles elle cherche en vain à se faire une place. Et jusqu'ici son cas est celui de toute autre image subjective.

Mais ici commence la différence entre les images renaissantes et les images qui ne sont que des fictions.

Les images-fictions sont refoulées et démenties d'une manière absolue et non pas seulement comme réalité actuelle, parce qu'elles ne peuvent se faire une place dans aucun des moments de notre vie psychologique. Les images-souvenirs ne sont démenties que comme réalité actuelle, elles ne sont refoulées que hors de notre présent. Hors de là, la tendance hallucinatoire, n'étant point enrayée, continue de produire son effet ; l'image, niée comme réalité présente, apparaît comme réalité rejetée hors du présent.

Rejetée hors du présent, où se placera-t-elle? dans l'avenir? ou dans le passé? — Dans le passé. Son rejet est un recul ; et voici pourquoi :

Cette image a une durée, donc deux bouts, un bout initial et un bout terminal. Or il se trouve que son bout terminal s'ajuste très bien au bout initial de la sensation présente, et qu'au contraire il ne s'ajuste nullement au bout terminal de cette sensation. Il ne trouve donc pas à se faire sa place en avant de cette sensation, dans l'avenir ; il se la fait avec facilité en arrière, dans le passé. Et c'est suivant la même loi que les souvenirs s'ordonnent entre eux sur la ligne du passé, chaque image se plaçant avant ou après sa voisine suivant l'ajustement des bouts[1].

Ainsi le souvenir est encore une hallucination vraie : hallucination, parce qu'il attribue une réalité objective à ce

---

1. *De l'Intelligence*, t. I, 2ᵉ part., l. I, ch. I, p. 400-404.

qui n'est qu'une image subjective, — vraie, parce qu'il se trouve qu'un objet réel a existé dans le temps et dans le lieu où notre hallucination l'imagine.

J'ai à peine besoin de dire que si la théorie générale de l'hallucination vraie doit être rejetée, cette théorie particulière du souvenir, qui la suppose et en dérive, doit subir le même sort. Laissant de côté cette fin de non-recevoir, je ferai sur celle-ci les observations suivantes :

1° La contradiction entre l'image réviviscente et les sensations présentes n'existe pas toujours. Là où elle n'existe pas, la théorie de M. Taine ne fournit aucun moyen pour rejeter cette image hors du présent. Sans doute si l'image de Saint-Pierre de Rome renaît en moi pendant que je suis sur la place de Notre-Dame de Paris, il y a entre cette image et la somme de mes sensations actuelles un conflit où la première succombe. Mais « pen-« dant que je lis un livre dans le silence de mon cabinet, « j'entends le roulement d'une voiture qui passe. Un mo-« ment après, je me rappelle ce roulement de voiture. Par « quoi cette image est-elle contredite » et rejetée hors du présent[1] ? Il est manifeste qu'elle ne l'est par rien, et qu'il n'y a dans la doctrine de M. Taine aucune raison pour la rejeter hors du présent, aucune raison pour ne pas l'accepter comme perception.

2° Parmi les images refoulées hors de l'existence actuelle quelques-unes, nous dit M. Taine, s'ajustent par leur bout postérieur au bout antérieur de l'état présent. De là une *tendance* à les y rattacher par ce bout, c'est-à-dire à les localiser dans le passé. — Une tendance, remarquons bien ce mot très sincère et très significatif. Une tendance et rien de plus, parce que l'adaptabilité d'une chose à une autre chose existante ne suffit pas pour affirmer d'une façon positive l'existence de la première. Mais ce mot trahit l'extrême insuffisance de la théorie ; car il laisse voir un énorme écart entre l'état mental qu'elle autorise et celui que nous prenons sur le fait dans l'exercice

---

1. Rabier, *Psychologie*, p. 171.

de la mémoire. Il n'y a rien là qui corresponde soit à la notion précise du *déjà vu* qui est l'essence même de la reconnaissance, soit à la certitude positive avec laquelle nous affirmons la réalité passée de l'objet du souvenir.

3° La même tendance s'exercera, bien qu'à un degré moindre, au profit des images qu'on ne saura pas ajuster, parce qu'il sera très possible de supposer qu'elles se placent entre deux images effacées, qu'elles se localisent dans les intervalles vides que nos souvenirs précis laissent si nombreux et si larges dans notre passé. Si, dans le premier cas, qui est le cas d'ajustement, cette tendance suffisait à produire la reconnaissance précise, l'affirmation du *déjà vu* à telle date et dans tel lieu, la même tendance suffirait dans le second cas, qui est le cas de non ajustement, à produire la reconnaissance vague, l'affirmation du *déjà vu* je ne sais quand et je ne sais où. Et toute image nous apparaîtrait comme un souvenir, à moins qu'elle ne nous apparût comme absurde en soi et ne trouvât un réducteur efficace dans le bon sens qui la refoulerait non seulement hors de la réalité actuelle, mais hors de la réalité possible. Et finalement toute image qui ne s'imposerait point comme sensation présente s'imposerait comme souvenir. On voit assez ce qu'il y a là de confusion et quel démenti les faits donnent à la théorie.

En somme M. Taine ne montre nulle part ce qui est vraiment et proprement la reconnaissance; *il ne fournit donc aucun criterium au moyen duquel nous puissions discerner les images-fictions des images-souvenirs*. Il n'explique pas ce qu'il prétend expliquer. Et s'il parvient à montrer la reconnaissance là où elle est, il se condamne à la montrer aussi là où elle n'est pas. Il confond donc et identifie les deux groupes qu'il a lui-même reconnus distincts et dont il devait analyser la distinction. Sa théorie, quoi qu'on lui accorde et de quelque côté qu'on la prenne, est incapable de rendre compte du souvenir et de ce qui le différencie soit d'avec l'image ancienne qui reparaît sans être reconnue, soit d'avec l'image nouvelle qui n'est qu'une fiction de l'imagination.

4° Enfin elle contient un cercle vicieux manifeste. Elle

est destinée à expliquer le souvenir en tant qu'il contient, à la différence de la simple image, l'idée du passé. C'est au processus qu'elle décrit que nous devons, suivant elle, la notion du passé ; c'est par ce processus que nous acquérons ou formons cette notion dont nous étions dépourvus avant lui. Or le processus suppose que nous avions déjà cette notion qu'il doit nous donner. Suivant M. Taine, en effet, l'image renaissante nous met dans un grand embarras pour lui trouver une place. Cette image voudrait bien, suivant l'humeur de toutes ses pareilles, se loger, à titre de sensation présente, dans la réalité actuelle. Mais elle ne le peut, trouvant la place prise. Elle s'avise alors qu'elle n'est cependant pas précipitée pour cela dans les ténèbres intérieures de la fiction subjective ; car elle n'est rejetée que de la réalité actuelle ; et elle nous met en demeure de la placer quelque part. Sur quoi nous nous posons cette question : la logerons-nous dans la réalité à venir ou dans la réalité passée ? Nous avions donc déjà l'idée du passé. — De plus, M. Taine, décrivant le processus qui doit aboutir à nous donner cette idée du passé, prend pour point de départ la durée de la sensation et la distinction consciente de ses deux bouts, antérieur et postérieur. Or cette distinction est la distinction même du présent et du passé ; car ce mot *bout antérieur*, s'il a un sens, ne peut avoir que celui-ci : *partie déjà passée du phénomène*. Donc, M. Taine au début d'une opération qui doit nous donner l'idée du passé, suppose que nous avons déjà cette idée ; la présence de cette idée est pour lui le point de départ nécessaire de la série d'actes mentaux qui, suivant lui, a pour but et pour terme l'acquisition de cette idée elle-même.

## III

Tout n'est assurément pas à rejeter dans ce chapitre de la psychologie de M. Taine. Sa thèse « que toute image possède une aptitude indéfinie à renaître » est vraie et appuyée sur des raisons de fait qui semblent tout à fait décisives. Le mécanisme par lequel il explique l'ajustement de l'image réviviscente au bout antérieur de la sensation présente, au bout tantôt antérieur, tantôt postérieur d'une autre image appartenant comme elle au passé, est ce qu'on peut dire de mieux pour faire comprendre « com-« ment les souvenirs s'ordonnent les uns par rapport aux « autres sur la ligne du passé. » Et quoique l'explication ne soit peut-être pas tout à fait nouvelle, la forme sous laquelle il la présente et les exemples merveilleusement conduits dans lesquels il la rend visible lui donnent une physionomie tout à fait personnelle.

Mais ces parties très réussies ne parviennent pas à remplir ou à voiler les deux lacunes capitales de sa théorie. M. Taine ne rend compte ni de l'idée du passé, qui est la contribution principale de la mémoire à l'ensemble de nos connaissances, ni du fait de la reconnaissance qui est l'essence même du souvenir et sa différence spécifique par opposition à l'image.

En ce qui touche à l'idée du passé, le vide n'était pas impossible à remplir, et M. Taine était sur la voie quand il remarquait que la sensation dure. En y regardant de plus près, il aurait vu à l'œuvre la fonction rétentive de la mémoire et pris sur le fait la *conscience de la durée*, laquelle implique la distinction immédiatement saisie entre l'actuel et le passé qui s'y relie par une succession continue. Il aurait ainsi évité le cercle vicieux dans lequel il est tombé, et trouvé la véritable origine d'une idée dont il n'a pas su expliquer la présence.

Mais en ce qui concerne la reconnaissance, le vide est impossible à remplir. Le souvenir tel que M. Taine le décrit et l'explique ne se présente pas comme une vieille connaissance qui, reparaissant, se fait saluer comme telle. Il n'est qu'une image qui, ambitieuse de réalité, a frappé d'abord à la porte du présent pour s'y faire admettre à titre de sensation actuelle et qui ne réussissant pas à se la faire ouvrir, se loge faute de mieux dans le passé, et y reste par tolérance parce qu'il n'y a pas de raison décisive pour l'en chasser. A ce portrait fidèle du souvenir arrangé par M. Taine aucune conscience humaine ne reconnaîtra le vrai souvenir avec son affirmation immédiate et précise. Et cependant M. Taine, étant donné sa théorie générale des images, ne peut rien de plus pour expliquer le caractère d'assurance absolue avec lequel s'imposent à nous les témoignages de la mémoire, rien de plus pour en garantir la valeur objective.

Le problème de la reconnaissance subsiste donc tout entier après la théorie de M. Taine. Osons ajouter qu'il subsiste après toute théorie qui, hallucination vraie à part, ne voit dans le souvenir qu'une image, ne met l'esprit en communication qu'avec une image sans lui permettre de la dépasser. A toutes on peut demander comment, s'il en est ainsi, nous saurons que cette image est la représentation et la représentation fidèle d'une chose autre qu'elle-même, d'une chose qui a déjà existé dans le passé de la conscience. Aucune ne répondra d'une manière satisfaisante, parce que l'énoncé même du problème rend *a priori*, la réponse impossible. Cet énoncé, en effet suppose, d'une part, que nous prononçons un jugement d'identité entre deux termes dont l'un est une image actuelle, c'est-à-dire un état de conscience présent, et l'autre un état de conscience passé, d'autre part que nous n'avons affaire qu'au premier de ces deux termes, l'accès du second nous étant fermé. Visiblement c'est une impasse, parce que c'est une contradiction.

Qu'on veuille bien considérer comment les choses se passent. Une image nous apparaît. Comme simple image, elle ne contient l'affirmation d'aucune existence objective, soit présente, soit passée, soit future; elle est une représentation, rien de plus. Mais voici que, sur le champ ou après un intervalle, elle est reconnue. Qu'est-ce que cela veut dire? Cela veut dire que nous affirmons que cette image est identique, représentativement, à un quelque chose que nous avons déjà connu. Cette affirmation d'identité est évidemment et nécessairement le résultat d'une comparaison entre les deux termes, à savoir l'image actuelle et le quelque chose antérieurement connu. Mais pour que la comparaison se fasse entre les deux termes, il faut bien que, de façon ou d'autre, les deux soient dans l'esprit. Il faut donc admettre qu'à travers l'image qui n'est qu'image l'esprit atteint le quelque chose antérieurement connu, c'est-à-dire le passé même de la conscience, et qu'il perçoit ce passé comme passé.

Cette doctrine est celle de Reid, un peu plus analysée et motivée qu'elle ne l'est chez Reid lui-même. La perception du passé de la conscience n'y est point donnée comme immédiate en ce sens qu'elle se produirait *proprio motu* et sans avoir besoin d'un acte introducteur. Elle reconnaît qu'un acte introducteur est nécessaire, à savoir l'image. Mais elle enseigne qu'à travers cet acte le passé de la conscience est l'objet de l'esprit et que cet objet est réellement perçu.

Il n'y a contre elle qu'une objection, formulée en ces termes par un philosophe contemporain : « Le passé, c'est « ce qui n'est plus là, τὸ ἄτον, comme dit Aristote. Or « comment ce qui n'est plus là pourrait-il être un objet « de perception immédiate et actuelle? C'est une contra- « diction[1]. »

L'objection est-elle décisive? la contradiction est-elle réelle? Nous nous permettons d'en douter. Nous ne croyons pas qu'on puisse identifier le passé, le *n'étant plus, mais ayant été* avec le non-être pur et simple. Avoir été ce n'est pas rien ; et outre que l'enchaînement des choses fait subsister le passé dans ses suites actuelles, on peut dire que ce qui a été a reçu la marque de l'être, qu'à ce titre il a été connu comme étant, et qu'il n'y a pas de raison décisive pour qu'il ne puisse pas être connu comme ayant été.

Et l'on peut ajouter que toute théorie sur la mémoire qui maintient l'objectivité et la certitude du souvenir rencontre devant elle la même difficulté. Elle reconnaît, en effet, que le souvenir est une vraie connaissance. Or

---

1. Rabier, *Psychologie*, p. 170.

toute vraie connaissance, quelle que soit sa forme directe ou indirecte, atteint, — immédiatement ou finalement, il n'importe, — l'objet même. Il faut donc que le ἄτον, ce qui n'est plus là, soit cependant là pour elle. Il n'est plus là, dans le présent; mais il est là dans le passé; il faut donc que ce soit là qu'elle l'atteigne.

Nous ne prétendons pas sans doute que ces éclaircissements fassent disparaître entièrement la difficulté et le mystère de la mémoire. Mais elles nous permettent de ne pas rejeter d'emblée la doctrine de la perception du passé, comme il faudrait se hâter de le faire si elle était réellement contradictoire. Et elles nous commandent de nous y tenir jusqu'à ce qu'on ait rencontré, ce qu'on n'a pas rencontré encore, une explication qui supprime la difficulté autrement qu'en supprimant la mémoire comme source de connaissance certaine.

# CHAPITRE V

### L'INTELLIGENCE (Suite) — LA CONSCIENCE - LES FACULTÉS - LE MOI

Nous voici aux questions capitales de la psychologie.

Quel est l'instrument principal des recherches psychologiques, et que vaut-il ? C'est toute la question de la méthode psychologique.

Que sont et quelles sont nos facultés, en tant que nous sentons, pensons et voulons ? C'est toute la question de notre structure mentale.

Qu'est-ce que le moi ? C'est toute la question de la réalité distincte ou de la non réalité du principe qui, en nous, pense, sent et veut.

## I

A cette première question : « Quel est l'instrument principal des recherches psychologiques ? » M. Taine répond sans hésiter : « La conscience, » entendant évidemment la conscience attentive ou réflexion. Par cette réponse il repousse nettement la prétention hardie de Broussais qui, pour mieux absorber la psychologie dans la physiologie, proposait naïvement de remplacer l'observation introspective par la constatation anatomique et physiologique, ne s'avisant pas que l'anatomie et la physiologie, toutes seules et séparées de la conscience, n'ont pas le mot à dire sur le plaisir et la douleur, sur le sentiment et la pensée, sur aucun des faits psychologiques.

A la seconde question : « Que vaut cet instrument ? » M. Taine répond : « Peu de chose. » Et il en conclut que la conscience a grand besoin d'assistances qui la complètent, de contrôles qui surveillent et rectifient ses informations. « Dans cette recherche la conscience, qui est notre
« principal instrument, ne suffit pas à l'état ordinaire ; elle
« ne suffit pas plus dans les recherches de psychologie que
« l'œil nu dans les recherches d'optique. Car sa portée
« n'est pas grande ; ses illusions sont nombreuses et invin-
« cibles ; il faut toujours se défier d'elle, contrôler et cor-
« riger ses témoignages, presque partout l'aider, lui
« présenter les objets sous un éclairage plus vif, les gros-
« sir, fabriquer à son usage une sorte de microscope ou de
« télescope, à tout le moins disposer les alentours de
« l'objet, lui donner, par des oppositions, le relief indis-
« pensable, ou trouver à côté de lui des indices de sa pré-
« sence, indices plus visibles que lui et qui témoignent
« indirectement de ce qu'il est. En cela consiste la prin-
« cipale difficulté de l'analyse [1]. »

Ces critiques et ce programme vont beaucoup au-delà de ce que savent et disent tous les vrais psychologues sur l'insuffisance de l'introspection solitaire qui conduit à ériger en traits communs et en lois générales de la nature humaine, les particularités et singularités d'un homme individuel, — sur les difficultés de l'observation intérieure, — sur la nécessité de compléter, ici comme dans les sciences de la nature, la simple observation qui note les faits au vol par l'expérimentation qui les place dans des conditions favorables à l'étude de leurs caractères, — sur les renseignements, ou indispensables ou très utiles, que lui apportent le commerce des hommes et des enfants, l'histoire, l'art, la physiologie, l'aliénisme, toutes les sources d'information qui la complètent, mais la supposent.

1. *De l'Intelligence*, préface, p. 5.

Il ne s'agit plus seulement de la mieux pratiquer ; il s'agit de ne l'employer qu'avec l'assistance d'un instrument fabriqué *ad hoc*, et de n'accepter ses résultats qu'après les avoir placé sous un contrôle. Qui donc fournira l'instrument, microscope ou télescope ? Qui exercera le contrôle rectificateur ?

Ce sera d'abord la physiologie. « Pour ce qui est des « sensations, les phénomènes significatifs ont été donnés « par les sensations de la vue et surtout par celles de « l'ouïe ; grâce à ces documents, et grâce aux récentes « découvertes des physiciens et des physiologistes, on a pu « construire ou esquisser toute la théorie des sensations « élémentaires, avancer au-delà des bornes ordinaires jus- « qu'aux limites du monde moral [1]... »

L'autre microscope et l'autre principe rectificateur sont fournis par « les cas singuliers, anormaux et extrêmes, « observés par les physiologistes et les médecins dans les « rêves, dans le somnambulisme, dans les illusions et les « hallucinations maladives, dans les altérations singu- « lières auxquelles, pendant le sommeil, l'hypnotisme et « la folie, est sujette l'idée du moi [2], » en deux mots, par la pathologie et la tératologie psychologiques.

De là la physionomie toute nouvelle et un peu déconcertante de beaucoup d'écrits psychologiques contemporains, composés sous une influence que M. Taine a propagée après l'avoir subie. On n'y sort de l'anatomie et de la physiologie cérébrale que pour entrer dans le récit des cas observés par les aliénistes.

Disons tout de suite ce qu'il faut penser du second microscope et du second contrôle.

Comme microscope il est excellent, à condition d'être sagement employé. La folie, quels que soient son degré, sa forme et sa cause, a toujours pour effet une rupture d'équilibre mental. Quelques-unes des forces internes que l'état normal maintient dans cet équilibre sont comme

---

1. *De l'Intelligence*, préface, p. 6.
2. *Ib.*, p. 6-7.

atrophiées, quelques autres comme hypertrophiées. Celles qui exerçaient un contrôle le perdent ; celles qui étaient tenues en bride sont affranchies, et montrent dans ce déploiement libre tout ce qu'elles peuvent quand leur action a pleine carrière. C'est ainsi que le jeu de l'imagination se manifeste, dans ces cas morbides, avec une puissance que ses plus grands écarts, observés dans la vie normale, ne laisseraient pas soupçonner. D'autre part, la folie n'envahissant pas à la fois toutes les facultés mentales, il se pourra que l'ordre même de l'envahissement donne toute faite une analyse qui, à l'état ordinaire, serait difficile à faire ou difficile à faire accepter. Supposons, — le cas n'est pas chimérique, — qu'un psychologue ait réduit à une seule deux facultés réellement distinctes, la psychologie morbide rectifiera sa fausse analyse non par une analyse meilleure à laquelle sans doute il resterait réfractaire, mais par la constatation d'une dissociation réelle, par le spectacle d'états mentaux où l'une des deux facultés est seule atteinte, la passion, par exemple, étant intacte et même surexcitée tandis que la volonté libre, que l'on confondait avec elle, est atrophiée et enchaînée.

Mais si les cas morbides valent comme microscopes, ils ne valent pas comme contrôle rectificateur. Ainsi que nous l'avons fait remarquer, non seulement l'étude des faits réguliers et normaux doit précéder celle des faits morbides ou tératologiques ; mais encore, et surtout, ceux-ci ne peuvent jamais être opposés, comme objection ou correction, à ceux-là ni aux lois qu'on en a légitimement conclues. Et, par exemple, s'il est vrai, — comme il est vrai, — que la croyance à notre personnalité repose sur le témoignage universel, normal et régulier de notre conscience, et que ce témoignage porte sur l'objet propre de la conscience, sur un objet qu'elle seule peut atteindre, aucun fait exceptionnel et tératologique n'a qualité pour mettre en doute le résultat de cette constante et universelle expérience.

Quant à la physique et à la physiologie, bien que ni l'une ni l'autre, en tant que telle, ne pose le pied sur le terrain des faits proprement psychologiques, toutes deux rendent à la psychologie d'incontestables services.

En effet, l'organisme corporel ayant une part dans tous les phénomènes de conscience qui appartiennent à l'ordre sensitif, la description de ceux-ci n'est donnée qu'à demi si on n'y fait pas une place à leurs antécédents et conditions organiques et physiques ; et beaucoup de faits de cet ordre restent inexpliqués tant que leur explication n'est pas cherchée, au moins en partie, dans ces antécédents qui la contiennent. C'est ainsi que les illusions de la vue, dont on a tiré tant de parti en faveur du scepticisme, sont ramenées par la science physique à des applications parfaitement correctes et véridiques des lois de l'optique. Ainsi encore, la cause et la loi de la renaissance des images appartiennent très probablement à l'ordre physiologique. L'aptitude des états de conscience à renaître non dans un ordre quelconque, mais dans celui de leur apparition primitive, est une suite de la même aptitude que possèdent les états cérébraux correspondants ; et cette explication rend inutiles bien des hypothèses en apparence psychologiques, mais qui n'étaient au fond que des métaphores, celle d'un trésor intérieur où sont déposés les souvenirs, celle d'une surface où les éléments s'écrivent ou se gravent, et combien d'autres [1].

Mais ce n'est pas là le seul ni même le principal usage

---

1. Qu'on nous permette d'ajouter un autre exemple emprunté aux phénomènes de l'association des idées. On a cité des cas nombreux où la présence d'une idée dans la conscience provoque l'apparition presque soudaine d'une autre idée qui semble n'avoir avec elle aucune sorte de rapport. En y réfléchissant après coup, celui qui a exécuté spontanément ce bond prodigieux d'une rive à l'autre parvient à expliquer le passage en reconstituant la série des anneaux intermédiaires. Mais l'explication même demande une autre explication qui semble presque impossible à donner. On voit bien l'enchaînement logique, mais on ne voit pas que tous les anneaux qui le forment aient pu, chacun à son tour, être présents à la conscience ; car la quasi instantanéité du phénomène total ne leur a pas laissé le temps d'y apparaître ; et s'ils ont apparu, on ne comprend pas qu'ils n'aient point laissé de traces. Or ils n'en ont pas laissé puisque, au premier moment, la conscience ne les retrouve pas alors qu'elles devraient

que M. Taine prétende faire de la physiologie. Elle lui servira surtout à découvrir des faits psychologiques que la conscience n'atteint pas, à analyser, à résoudre en éléments composants des faits psychologiques que la conscience nous présente comme simples et indécomposables. De même que les prétendus éléments d'autrefois, l'eau et l'air, ont été résolus en leurs composants par la chimie moderne, de même ces prétendues données simples de la conscience sont composées d'éléments psychologiques encore, mais qui échappent à la conscience et dont, en conséquence, la décomposition ne peut être opérée par la psychologie, mais par la physiologie et la physique. C'est en l'opérant ainsi que M. Taine se propose de construire ou d'esquisser toute la théorie des sensations élémentaires.

être toutes fraîches; la reconstitution ultérieure et par réflexion ressemble beaucoup plus à un raisonnement qu'à un souvenir.

On répond à ces difficultés : 1° qu'il est impossible de poser des limites à la vélocité de la pensée et de la conscience, 2° qu'en raison même de cette vélocité, les faits ont dû glisser tellement à la surface de la conscience et sur un plan si incliné qu'ils ont pu être effacés au moment même où ils se produisaient.

Ces réponses ne sont pas mauvaises, mais elles ne sont pas non plus excellentes. Il ne semble pas que la rapidité avec laquelle se succèdent les états de conscience puisse être si voisine de l'instantanéité. Et il ne semble pas non plus que l'effacement puisse être si soudain et si immédiat. Faute de mieux, il faudrait bien se contenter de cette explication; mais on en souhaite intérieurement une meilleure.

La physiologie se charge de la fournir.

Chaque association d'idées est en même temps une association de mouvements cérébraux reviviscents. Il y a là deux séries parallèles où chaque terme de la série cérébrale, en même temps qu'il appelle le terme suivant de sa série, détermine le terme correspondant de la série mentale. Quand la chaîne se déroule d'une allure paisible, chaque terme mental est évoqué par le terme cérébral avec lequel il forme couple. Si un excès de vitesse rend impossible cette évocation terme pour terme, la série cérébrale continue seule d'aller son train *jusqu'à ce qu'elle s'arrête*. Et le terme *où elle s'arrête* évoque le terme mental qui lui *correspond*. Les choses, quant au résultat, se passent comme si tous les anneaux de la chaîne mentale avaient été présents à la conscience quoique le premier et le dernier seuls l'aient été.

« La psychologie, » dit-il, « est aujourd'hui en face des
« sensations prétendues simples comme la chimie à son
« début en face des corps prétendus simples. En effet,
« intérieure ou extérieure, l'observation, à son premier
« stade, ne saisit que des composés ; son affaire est de les
« décomposer en leurs éléments, de montrer les divers
« groupements dont les mêmes éléments sont capables, et
« de construire avec eux les divers composés. Le chimiste
« prouve qu'en combinant avec une molécule d'azote une,
« deux, trois, quatre, cinq molécules d'oxygène, on con-
« struit le protoxyde d'azote, le deutoxyde d'azote, l'acide
« azoteux, l'acide hypo-azotique, l'acide azotique, cinq
« substances qui, pour l'observation brute, n'ont rien de
« commun et qui pourtant ne diffèrent que par le nombre
« des molécules d'oxygène comprises dans chacune de
« leurs parcelles. Le psychologue doit chercher si, en joi-
« gnant telle sensation élémentaire avec une, deux, trois
« autres sensations élémentaires, en les rapprochant dans
« le temps, en leur donnant une durée plus longue ou
« plus courte, en leur communiquant une intensité moindre
« ou plus grande, il ne parvient pas à construire ces blocs
« de sensations que saisit la conscience brute et qui, irré-
« ductibles pour elle, ne diffèrent cependant que par la
« durée, la proximité, la grandeur et le nombre de leurs
« éléments [1]. »

Le point essentiel pour justifier l'entreprise est donc d'établir la réelle complexité des faits psychologiques qui paraissent simples à la conscience.

On croit y réussir en faisant voir que le fait physiologique qui va être, comme on dit aujourd'hui, traduit en termes de conscience par un fait psychologique, est lui-même décomposable en un certain nombre d'éléments dont il est la somme. A chacun de ces éléments, dit-on, doit correspondre un élément psychologique dont le fait conscient sera la somme. Mais ces éléments psychologiques n'arrivent pas à la conscience ; ce n'est donc pas elle qui

1. *De l'Intelligence*, t. I, l. III, ch. ɪ, p. 202-203.

peut résoudre le fait en ses composants véritables ; elle est un instrument grossier qui voit le complexe comme simple ; elle est un œil non aidé du microscope dont le secours est ici nécessaire ; c'est la physiologie aidée de la physique qui fournira le microscope. Par exemple, pour produire la sensation du bruit, il faut que les vibrations du nerf acoustique atteignent une certaine intensité qui sera le résultat, le composé d'un certain nombre minimum de chocs élémentaires. Nous n'entendons le bruit des flots que si, à la vibration produite par le mouvement d'une petite vague s'ajoute un nombre minimum de vibrations similaires. Donc, de même que l'antécédent physiologique du fait de conscience est le composé d'un certain nombre d'éléments, ainsi le phénomène psychologique qu'on appelle bruit perçu est le composé d'un certain nombre de bruits non perçus ; le fait conscient est une somme ou un produit d'éléments inconscients.

Tel est le raisonnement. Il est sans valeur, comme ayant pour base une hypothèse non démontrée qu'on peut indifféremment accepter ou rejeter.

Quelle est, en effet, la chose que la physiologie et la physique ont soupçonnée complexe ? C'est l'antécédent physiologique. — Qu'ont-elles décomposé ? Ce même élément. — Qu'a prouvé cette décomposition ? Que le phénomène de conscience, le conséquent psychologique se produit seulement quand cet antécédent a acquis un certain minimum d'intensité résultant de l'accumulation d'un certain nombre minimum d'éléments ; que ce minimum est la condition nécessaire pour que le conséquent se produise ; qu'au-dessous de ce minimum l'antécédent physiologique n'est pas suivi d'un conséquent psychologique. La décomposition a-t-elle atteint le phénomène de conscience ? a-t-elle démontré qu'il est lui-même composé d'éléments, d'éléments inaccessibles à l'analyse psychologique, accessibles à l'analyse physiologique ? Nullement. Jusqu'ici l'affirmation est purement arbitraire. Si on dit qu'elle a pour elle une corrélation présumée entre le détail des deux phénomènes dont l'un est antécédent, l'autre conséquent, on peut répondre par l'hypothèse également plausible suivant laquelle il faut que le premier atteigne une certaine somme d'intensité pour que le second apparaisse. Et la simplicité intrinsèque du phénomène donné comme simple par la conscience garde sa possession d'état jusqu'à ce qu'on l'en ait délogée par des raisons efficaces.

La prétention que M. Taine fait valoir au nom de la physiologie et de la physique n'est donc jusqu'ici aucunement justifiée. En prenant le rôle qu'on vient de décrire, ces deux sciences semblent bien envahir par ruse un domaine qui n'est pas le leur. Et c'est de quoi il faut que nous ayons le cœur net en discutant la question *des modifications mentales inconscientes* qui est ici le fond même du débat et qui nous fait remonter jusqu'à Leibnitz.

## II

L'existence de ces modifications mentales inconscientes ou, comme il disait, « de perceptions sans aperception, » était une des idées favorites de ce grand esprit. Mais autant il insiste sur l'importance de leur rôle, autant il est flottant dans son langage quand il s'agit de préciser leur nature.

Tantôt il les décrit comme des faits de moindre conscience, des perceptions sourdes, confuses, trop faibles et vagues pour être arrêtées et notées au passage ou pour laisser une trace appréciable dans la mémoire. Ainsi entendues, leur réalité est incontestable, et on n'en peut trop dire sur leur importance qu'il a, le premier, mise en lumière. Comme il le dit, « c'est souvent dans les « perceptions insensibles que se trouve la raison de ce qui « se passe en nous, de même que la raison des grands « phénomènes de la matière consiste souvent dans les mou-« vements de la nature insensible. »

Mais ailleurs et souvent « perception sans aperception »

signifie rigoureusement pour lui perception sans conscience ; et c'est dans cette rigueur que sa thèse a été reprise de nos jours, en Angleterre par Sir W. Hamilton, en Allemagne par Schopenhauer et Hartmann, en France par plusieurs philosophes et particulièrement par M. Taine, dont on ne forcerait pas la pensée en disant qu'à ses yeux les phénomènes conscients sont généralement composés d'éléments inconscients, et que le principal objectif de la psychologie doit être désormais de retrouver ces éléments sous l'apparente simplicité des faits de conscience, et cela sans préjudice d'un travail ultérieur qui décomposera à leur tour ces éléments provisoirement acceptés comme simples, puis les éléments de ces éléments sans qu'il soit possible de fixer une limite à ce travail. M. Taine estime qu'on peut essayer cette décomposition et se flatte de l'avoir opérée avec succès. « Nous voyons le monde moral
« s'étendre beaucoup au-delà des limites qu'on lui assi-
« gnait. On le limite d'habitude aux événements dont nous
« avons conscience ; mais il est clair maintenant que la
« capacité d'apparaître à la conscience n'est propre qu'à
« certains de ces événements. Au-delà d'un petit cercle
« lumineux est une grande pénombre, et plus loin une
« nuit indéfinie ; mais les événements de la nuit et de la
« pénombre sont réels au même titre que les événements
« du petit cercle lumineux[1]. » Et comme l'introspection ne peut servir de rien dans ce domaine où elle ne voit rien, comme la physiologie seule y trouve quelque chose à voir et à dire, la conclusion finale est que la physiologie est le principal instrument de la psychologie de l'avenir.

Que faut-il donc penser de la thèse des modifications mentales inconscientes ?

Il faut penser qu'elle est simplement contradictoire.

Elle ne le serait pas si la conscience était en nous comme une faculté distincte ajoutant son action à celle de nos autres facultés, en sorte que les produits de ces facultés, — sensations, images, pensées, désirs, volitions, —

---

1. *De l'Intelligence*, t. I, l. IV, ch. i, p. 338.

pussent s'offrir à nous tantôt enrichis, tantôt dépourvus du caractère additionnel que leur donnerait la conscience. Chaque phénomène psychologique pourrait ainsi exister à deux états, l'un conscient, l'autre inconscient. Mais c'est là une *multiplicatio entium præter necessitatem*. La conscience n'est pas un caractère surajouté; elle est le caractère commun des phénomènes psychologiques, d'ailleurs si divers entre eux ; elle est la différence spécifique en dehors de laquelle on ne trouve plus rien qui les distingue des faits physiques ou purement organiques. Phénomènes psychologiques, phénomènes de conscience, c'est tout un ; et c'est se contredire que parler de phénomènes psychologiques inconscients.

Ce qui donne à cette formule une apparence de signification et de vérité, c'est que la conscience est, en nous, à des degrés fort divers d'intensité et de lucidité, qu'elle se montre à un état naissant où elle n'est presque pas encore, et, si l'on peut ainsi parler, *à un état mourant* où elle n'est presque plus. De là on a conclu que, comme il y a des phénomènes psychologiques dont nous sommes presque inconscients, il peut et doit y en avoir aussi dont nous sommes totalement inconscients. Mais la conclusion est fausse et contradictoire ; autant vaudrait dire que, comme il y a des étendues fort petites et fort peu étendues, de même il y a des étendues absolument inétendues. En regardant de plus près ces états de conscience naissante ou mourante, on reconnaît que les phénomènes sensibles ou intellectuels dont nous avons une très faible conscience, sont simplement des phénomènes dans lesquels l'intelligence ou la sensibilité ne sont en exercice qu'à un très faible degré, soit quant à l'intensité, soit quant à la netteté, soit quant à la durée, et que le niveau de la conscience baisse ou monte dans ces phénomènes exactement comme celui de ces deux facultés, ou plutôt qu'il n'y a qu'un niveau. Si j'ai une faible conscience de ma souffrance, c'est que je souffre peu ; — de ma pensée, c'est que ma pensée est vague et confuse ou qu'elle traverse mon esprit sans s'y arrêter.

Demandera-t-on en quoi consiste précisément la contradiction que nous imputons à la thèse des modifications mentales inconscientes ? Nous répondrons : en ceci, qu'elle affirme une chose qu'il nous est absolument impossible de réaliser dans notre esprit, — impossible parce que le premier adjectif ne peut subsister dans l'esprit avec le second. Qu'entend-on en effet par modifications mentales ? Ce que tout le monde entend par là : des sensations, des sentiments, des pensées, des volitions ; il ne paraît pas que nous ayons sur ce point de difficulté avec qui que ce soit ; en tous cas, nous n'en avons point avec M. Taine. Cela posé, je le prie de vouloir bien me renseigner sur ce que peut être une souffrance dont l'être souffrant n'aurait absolument aucune conscience, ou — pour employer une formule mieux ajustée à son système, — une souffrance absolument inconsciente d'elle-même ; et je sais d'avance qu'il ne me dira rien parce qu'il n'y a rien qu'on puisse dire. Je lui demande quel état il ferait dans sa vie personnelle d'une souffrance ou d'une jouissance qui n'arriveraient ni l'une ni l'autre au seuil de sa conscience. Et je me persuade que lui-même, — ou tout le monde excepté lui, — répondra sur le champ : Aucun. Faute de conscience, l'une sera indiscernable de l'autre, et il me sera indifférent d'être dans les délices ou dans le taureau de Phalaris. Ce qui veut dire que, faute de conscience, la jouissance sera un zéro de jouissance, la souffrance un zéro de conscience, en d'autres termes que la modification mentale cesse d'être dès qu'elle devient inconsciente.

Les modifications mentales ne peuvent donc être inconscientes ; et réciproquement les modifications inconscientes ne peuvent être mentales. Un peu d'analyse attentive suffit pour reconnaître que tous les éléments inconscients signalés par M. Taine dans ce tout complexe qu'on appelle synthétiquement sensation et qui se compose d'un antécédent organique et d'un conséquent psychologique, appartiennent à l'antécédent où ils sont bien à leur place. On pourrait suivre cette analyse dans chacun des exemples qu'il emprunte aux découvertes de la science moderne ;

tous se ramènent au type, que nous avons déjà étudié, du bruit de la mer formé, disait-on, d'une somme de bruits inconscients ; et tous s'expliquent par la multiplicité ou l'intensité des conditions nécessaires pour qu'un « événement moral » surgisse à la suite d'un événement nerveux.

Mais si les éléments inconscients ne sont pas des événements moraux accessibles à l'introspection, que peuvent-ils être ? Rien autre chose que des événements physiques accessibles à l'observation physique. La théorie qui compose les faits de conscience avec des éléments qui échappent à la conscience devient donc logiquement une théorie qui compose les événements moraux avec des éléments physiques et qui fait consister l'essence même de la pensée dans un fait de l'ordre matériel.

Et c'est bien à cette théorie qu'aboutit finalement M. Taine. Il n'y arrive pas du premier coup ; et pendant qu'il est en route, on a plus d'une fois lieu de croire que son dernier mot sera tout autre. Mais enfin il y arrive, par des étapes où nous avons maintenant à le suivre.

## III

Il a ramené les événements moraux à un événement primitif, la sensation consciente, d'où ils dérivent tous par des déformations et transformations diverses. Et il a ramené la sensation consciente elle-même, qui n'est qu'un composé, à des éléments inconscients et plus simples.

D'autre part, il a ramené la variété des événements physiques à un élément primitif commun, qui est le mouvement moléculaire [1].

Voilà donc deux séries. Elles sont parallèles et se correspondent dans le dernier détail. En même temps elles sont ou semblent irréductibles. « Quel rapport peut-on

---

[1]. *De l'Intelligence*, t. I, l. IV, ch. II, p. 351-352.

« imaginer entre un déplacement de molécules et une
« sensation? Des cellules, constituées par une membrane
« et par un ou plusieurs noyaux, sont semées dans une
« matière granuleuse et grisâtre....., se ramifient en minces
« prolongements qui probablement s'unissent avec les
« fibres nerveuses, et l'on suppose que par ce moyen elles
« communiquent entre elles et avec les parties blanches
« conductrices. Remplissez-vous les yeux et la mémoire
« des préparations anatomiques et des planches microgra-
« phiques qui nous montrent cet appareil. Supposez la
« puissance du microscope indéfiniment augmentée;.. sup-
« posez la physiologie adulte;.. supposez que l'on sache le
« mécanisme du mouvement qui, pendant une sensation,
« se produit dans la substance grise, etc., etc... Nous
« n'aurons encore que du mouvement ; et un mouvement,
« quel qu'il soit, rotatoire, ondulatoire, ou tout autre, ne
« ressemble en rien à la sensation de l'amer, du jaune, du
« froid ou de la douleur. Nous ne pouvons convertir
« aucune des deux conceptions en l'autre [1]. »

Cependant l'intime union qui relie terme pour terme
une des séries à l'autre nous donne lieu de soupçonner
« que peut-être la sensation et le mouvement intestin des
« centres nerveux ne sont au fond qu'un même et unique
« événement, condamné, par les deux façons dont il est
« connu, à paraître toujours et irrémédiablement double.
« Quelle est la valeur de chacun des deux points de vue,
« et que faut-il en défalquer pour dégager la vraie nature
« de l'événement [2] ? »

M. Taine les compare donc. Il constate que « l'un, qui
« est la conscience, est direct et l'autre, qui est la percep-
« tion extérieure, indirect [3]. » En effet, le corps n'étant,
comme on l'a vu, qu'une possibilité et une certitude condi-
tionnelle de sensation, c'est la sensation qui atteint ce qu'il
y a de réel en lui, tandis que la perception extérieure
n'atteint que le signe de ce réel. On comprend dès lors

1. *De l'Intelligence*, t. I, l. IV, ch. II, p. 353-354.
2. *Ib.*, p. 360. — 3. *Ib.*, p. 361.

« pourquoi l'événement étant un, doit forcément paraître
« double ; le signe et l'événement signifié sont deux choses
« qui ne peuvent pas plus se confondre que se séparer. »
Mais on comprend aussi que l'unification se fait au profit
de l'événement moral ; *lui seul existe*, et le monde physique se réduit à un système de signes [1]. »

Nous voici donc en plein idéalisme ; et, logiquement, nous y devons être, étant données les théories de M. Taine et de Stuart-Mill sur la perception extérieure. Étant posé que les corps ne sont que des possibilités de sensations, il n'y a de réel que la réalisation de ces possibilités, c'est-à-dire la sensation actuelle.

Toutefois prenons garde. Quand M. Taine disait, un peu plus haut, que le point de vue des événements moraux est la conscience, il parlait comme tout le monde, mais il ne parlait pas comme lui-même. Car il enseigne que « être
« conscient » n'est pas un caractère nécessaire des événements moraux, que le plus grand nombre d'entre eux n'a pas ce caractère et que toujours le conscient est un produit ou une somme de l'inconscient, lequel est ainsi l'événement moral primitif. Il doit donc corriger cette inadvertance et chercher quelque autre point de vue qui soit celui de l'événement moral inconscient, par opposition à celui de l'événement physique.

Comme visiblement il ne peut pas le trouver, nous avons conclu que ce prétendu événement moral n'est concevable qu'au point de vue de la perception extérieure et comme événement physique. Mais nous avons imposé cette conclusion à M. Taine ; nous n'avons pas dit qu'il l'ait tirée et qu'il ait été disposé à l'accepter.

Il ne l'a pas tirée, mais il l'a acceptée, y arrivant par une voie différente. Le passage est trop important pour que nous ne le donnions pas tout entier malgré quelque obscurité et quelque longueur.

« De l'analyse du mouvement, il suit qu'il n'est pas
« absolument hétérogène à la sensation ; car l'idée que

---

1. *De l'Intelligence*, t. I, l. IV, ch. II, p. 362-363.

« nous en avons est formée avec des matériaux fournis
« par nos sensations musculaires de locomotion. Dans la
« série des sensations musculaires successives qui compo-
« sent une sensation totale de locomotion, dépouillez les
« sensations composantes de toute qualité et de toute diffé-
« rence intrinsèque ; considérez-les abstraitement, comme
« de purs événements successifs déterminés seulement par
« leur ordre relatif dans la série, et par le temps total
« qu'ils emploient à se succéder dans cet ordre depuis le
« moment initial jusqu'au moment final ; c'est cette série
« abstraite qui constitue pour nous le mouvement de nos
« bras et que nous attribuons, par induction et analogie,
« à la pierre que notre main emporte avec elle. — Or les
« éléments de cette série abstraite, étant ainsi amenés au
« maximum de simplicité possible, peuvent être consi-
« dérés comme des sensations *élémentaires* au maximum
« de simplicité possible. Auquel cas, le mouvement le
« plus simple, tel que nous l'attribuons à un mobile, serait
« précisément le plus simple de ces événements moraux
« élémentaires dont nous avons vu les formes dégradées se
« prolonger, en se dégradant davantage encore, sous les
« événements moraux composés, sensations et images, dont
« nous avons conscience. Les sensations et les images ne se-
« raient alors que des cas plus compliqués du mouvement[1]. »

La dernière phrase projette sa clarté sur tout le passage.
Elle est une formule nettement matérialiste, la formule
même du D$^r$ Buchner : « La pensée est un mouvement
« du cerveau. » Quoi qu'on fasse pour amincir et exténuer
l'idée de mouvement, il suffit qu'on y laisse quelque
chose pour que l'idée de matière s'y joigne invinciblement ; la chose réelle dont le mouvement est un acte
n'est et ne peut être qu'un corps.

En somme il y a deux étapes dans la doctrine de
M. Taine sur le monde extérieur et sur la conscience.

Au cours de la première il réduit l'idée de corps à la
sensation subjective ; et au terme il y a l'absolu idéalisme.

---

[1]. *De l'Intelligence*, t. II, l. II, ch. i, p. 64-65.

Au cours de la seconde il résout la sensation elle-même, la sensation consciente, en éléments inconscients qui sont des événements physiques. Et au terme de tout le voyage il y a l'absolu matérialisme qui a ainsi le dernier mot.

Mais il n'est pas bien sûr que ce dernier mot soit le dernier mot. Le matérialisme est caractérisé par la prétention de donner aux phénomènes mentaux un sujet corporel, et c'est parce qu'il le leur donne qu'il est obligé de les ramener eux-mêmes à des phénomènes physiques. Nous allons commencer à voir ce que devient, dans la psychologie de M. Taine, l'idée d'un sujet quelconque des phénomènes.

## IV

Le regard le plus superficiel jeté sur la vie de nos semblables et sur la nôtre nous montre l'esprit humain gouverné avec un empire absolu par cette conviction naturelle que tout ce qui commence, tout événement, tout fait, tout phénomène est produit par une cause. En vertu de cette conviction, nous supposons et affirmons la cause partout où nous ne l'apercevons pas, et nous rapportons les phénomènes d'ordres différents à des causes différentes. Ainsi se construit peu à peu la science de la nature. Ainsi s'explique l'idée persistante d'une pluralité irréductible de forces naturelles tant que les groupes de phénomènes semblèrent former eux-mêmes une pluralité irréductible. Ainsi s'explique la réduction progressive de la liste, opérée à mesure que la science réussissait à ramener deux ou plusieurs de ces groupes à un seul. Ainsi s'explique aujourd'hui l'hypothèse prévalente de l'unité de force.

De même dans le monde de la conscience. Là aussi nous trouvons des groupes; et il se peut que ces groupes soient irréductibles. S'ils le sont, là aussi il y aura lieu d'appliquer la loi qui nous commande de rapporter les faits d'ordres différents à des causes ou forces différentes.

Si par exemple une pensée, une émotion, une résolution sont vraiment des faits irréductibles, intransformables les uns dans les autres, la force pensante, la force émotionnelle, la force volitive devront aussi être conçues comme distinctes. Or ces forces sont précisément ce que les psychologues appellent facultés. D'où, manifestement, la pluralité irréductible des groupes de phénomènes psychologiques implique et révèle la même pluralité irréductible des facultés psychologiques.

Prenons garde cependant. Le trait commun de tous les phénomènes de conscience, c'est l'unité de leur principe. Ils sont tous ensemble les manières d'être d'un même sujet qui tantôt pense, tantôt est ému, tantôt se résoud. Il serait donc faux et absurde de concevoir la pluralité des facultés comme une pluralité d'êtres, et de distinguer en nous-mêmes une âme pensante, une âme sensitive, une âme volitive. Le maintien de l'unité est ici la première loi de la distinction.

Que sont donc les facultés si elles ne sont pas plusieurs âmes ? Elles sont plusieurs pouvoirs dans la même âme, pouvoirs qui répondent à la pluralité des fonctions que l'âme remplit et, pour ainsi dire, des vies qu'elle doit vivre. Connaître la vérité est une fonction ; faire le bien en est une autre ; pour s'acquitter de chacune d'elles, il faut bien que l'âme possède une aptitude, une capacité, une force, un pouvoir spécial. Si ces fonctions sont réelles, réelles aussi sont les pouvoirs qui leur correspondent. Et si ces fonctions sont irréductibles les unes aux autres, irréductibles aussi sont les pouvoirs.

Les facultés ne sont donc pas de simples étiquettes, commodes pour le classement. Elles sont réelles à titre de propriétés. Elles ne sont pas l'essence de l'âme ; car cette essence est une, tandis qu'elles sont multiples. Mais elles sont essentielles à l'âme comme découlant de l'essence, et en ce sens que, l'âme ayant telle essence, il en résulte qu'elle a telles facultés sans lesquelles elle ne pourrait ni exister ni être conçue. Une faculté de l'âme qui pourrait être supprimée non seulement dans son exercice, mais dans son existence, sans que l'âme cessât d'être pleinement une âme humaine, une telle faculté ne lui appartiendrait que par accident et par suite de circonstances particulières, susceptibles elles-mêmes de changer. Les facultés sont donc comme le dit très bien saint Thomas un *proprium* de l'âme *quod ex principiis essentialibus rei causatur*. Elles sont *proprietates animæ naturales*.

Telle est la notion vraie des facultés de l'âme. Ainsi entendues on ne peut, ce semble, ni arguer de leur pluralité contre l'unité du sujet conscient, ni invoquer l'unité du moi contre leur distinction.

Réalité d'un être qui se connaît à titre de moi, réalité des facultés du moi non à titre d'êtres, mais à titre de propriétés et de pouvoirs répondant à la diversité des fonctions, ce sont là nos deux affirmations fondamentales. Des deux la première est incomparablement la plus importante. Et cette première une fois accordée, on ne peut, semble-t-il, élever contre la seconde que des querelles de mots. Admettez le moi sujet persistant des phénomènes; admettez la pluralité irréductible des groupes de phénomènes ; comment ferez-vous pour ne pas admettre la pluralité correspondante des facultés ?

M. Taine se refuse absolument à l'admettre. Dans la préface de son livre *De l'Intelligence*, il admet des espèces distinctes de phénomènes ; et dans la même préface il nie si bien l'existence de facultés distinctes que, dit-il, « il ne « s'occupera d'elles que pour montrer qu'en soi elles « n'existent pas. »

Pourquoi n'en veut-il pas ?

Est-ce parce que, en réalité et malgré les mots « espèces distinctes, » il ramène, par voie de transformation, tous les phénomènes à une même origine, qui est la sensation, et, par conséquent, à un même groupe ? Non, car si c'était là sa raison, il devrait admettre du moins une faculté unique. Il ne veut pas d'une faculté plus que de plusieurs.

Est-ce parce que, niant, comme nous le verrons, le moi lui-même, il lui faut bien nier les facultés du moi ? Non, la conséquence n'est pas rigoureuse pour M. Taine.

Comme il admettra des phénomènes sans sujet, des pensées sans être pensant, rien ne s'oppose à ce qu'il admette aussi des facultés qui ne soient les propriétés d'aucun être. *En l'air* pour *en l'air*, une faculté est aussi capable de s'y tenir qu'un phénomène. D'ailleurs M. Taine ne procède à la suppression du moi qu'après avoir opéré celle des facultés. Celles-ci sont donc déjà par terre quand celui-là est encore debout.

Est-ce parce qu'il se fait une idée fausse de ce qu'on entend par facultés quand on les admet? Il le semblerait, à l'entendre dire qu'elles sont conçues comme « des êtres explicatifs, des êtres métaphysiques, des êtres scolastiques, » ce qui leur donne en effet un aspect de substances et de choses en soi. Mais ce n'est pas cela encore ; car dans le même chapitre où il caractérise ainsi les facultés, il décrit assez correctement le processus mental qui conduit à les admettre : « Le moi est capable d'éprouver des sensa-
« tions, souvenirs, idées, perceptions qui sont diverses. A
« ce titre il possède des puissances ou facultés. »

Sa vraie raison est dans l'un de ces derniers mots : *puissances*, c'est-à-dire forces, c'est-à-dire causes. Admettre des facultés, c'est admettre des causes, c'est reconnaître que l'esprit humain possède l'idée de cause et qu'il est gouverné par le principe de causalité. Or ni de l'idée ni du principe M. Taine ne veut à aucun prix, disciple fidèle en cela de David Hume et de Stuart Mill. La question des facultés n'est donc qu'un aspect particulier du grand débat relatif à la cause.

## V

Exposons sommairement la thèse de Hume, reprise de nos jours par Stuart Mill, et voyons si M. Taine l'a fortifiée de quelque argument nouveau.

Hume commence par insister loyalement sur le rôle

continu et souverain que joue l'idée de cause dans la vie humaine. Puis, cherchant d'où elle peut venir, il ne lui trouve aucune origine. Il devait conclure qu'il avait mal cherché; il aime mieux supprimer l'objet même de la recherche. Il avait commencé par constater que nous avons l'idée de cause; il finit, ne pouvant découvrir d'où elle vient, par décider que nous ne l'avons pas. Selon lui l'habitude de voir un phénomène se produire constamment à la suite d'un autre phénomène est l'origine non de l'idée de cause, mais d'une autre idée que nous prenons pour elle, l'idée de succession constante ; et la même habitude donne à notre esprit non le principe de causalité, mais autre chose que nous prenons pour lui, une sorte de pli mental qui, étant donné un phénomène, nous suggère l'image d'un antécédent et l'attente de son retour.

On réfute Hume : 1° par la conscience de tous les hommes ; système à part, elle se refuse à confondre la relation de succession constante avec la relation de causalité ; — 2° en lui montrant la relation de cause à effet dans le fait de la résolution libre où le moi se saisit immédiatement comme cause, comme agent de son acte ; — 3° en prenant sur le fait, dans son argumentation même, l'aveu de ce qu'il nie. Il prétend prouver que l'idée de cause n'est pas dans notre esprit. Comment le prouve-t-il ? En la comparant avec toutes les idées qui y sont et en montrant qu'elle est toute différente. Il l'a donc, puisqu'il la compare. Cette énorme contradiction ruine absolument la thèse de Hume par le procédé même qu'il emploie pour la justifier.

Nous allons voir que la même raison vaut contre la thèse de M. Taine qui emploie contre l'idée de cause le procédé commode de la suppression, et cependant ne parvient pas à calculer assez exactement son langage pour rendre la suppression complète. Lui aussi, par les arguments destinés à prouver qu'il n'a pas l'idée de cause, laisse voir qu'il l'a. Mais quoi qu'il détruise ainsi sa négation, il en reste assez pour que la méthode qu'il a suivie ne puisse pénétrer dans la science sans lui imprimer la direction la plus antiscientifique.

La célèbre question *cur opium facit dormire?* peut recevoir toutes sortes de réponses.

Il y a d'abord celle des médecins de Molière. La réponse *quia est in eo virtus dormitiva* est fort raisonnable ; elle l'est jusqu'à la naïveté ; bien prise, elle provoquerait la recherche expérimentale,... juste au degré où la question elle-même la provoque. Mais il est visible qu'elle ne fait que répéter la question elle-même sans rien ajouter à ce que celle-ci contenait déjà. Car demander pourquoi l'opium fait dormir, c'est demander en quoi consiste et réside au juste cette vertu dormitive qu'on sait déjà par expérience être dans l'opium. De telles réponses étaient pour la science un arrêt de développement parce que, n'étant que la répétition d'un énoncé de fait déjà contenu dans la question, elles avaient cependant l'air d'être quelque chose de plus, et que, donnant à l'esprit une satisfaction purement verbale, elles la faisaient passer pour une satisfaction scientifique.

La vraie science a donc cherché d'autres réponses. Elle a fait sur l'animal vivant des expériences que la vivisection lui a permis de suivre du commencement à la fin. Elle a pu ainsi observer les différents phénomènes consécutifs à l'absorption de l'opium. Elle a vu se produire une action sur le système nerveux, et de là résulter un état de l'organisme qui est la condition physiologique du sommeil. L'énonciation de ces faits scientifiquement constatés constitue un commencement de réponse, et l'intervalle est diminué de plusieurs étapes entre le premier fait et sa conséquence dernière. Reste à savoir d'abord pourquoi l'opium exerce sur le système nerveux cette action définie. Si on le découvre, on aura la série entière des causes physiologiques enchaînées les unes aux autres depuis l'absorption de l'opium jusqu'à la naissance de l'état organique qui a pour conséquence l'état psychologique appelé sommeil. Restera alors à savoir pourquoi et comment le second état résulte du premier. Mais, en attendant qu'on le sache et dût-on ne jamais le savoir, on se rend du moins compte de ce qu'on sait et de ce qu'on ignore ; et l'on suit la relation de cause à effet aussi loin qu'on peut la suivre.

Il y a une troisième réponse. A la question : *cur opium facit dormire?* M. Taine répond : *non est in eo virtus dormitiva*; « il y a seulement cette particularité que le phé-
« nomène appelé absorption de l'opium est suivi du phéno-
« mène appelé sommeil. »

Des trois réponses celle-ci me paraît la moins scientifique ; et j'oserais dire qu'elle est philosophiquement enfantine si le parti pris qui la dicte était moins réfléchi.

Le médecin de Molière sait du moins distinguer le *post hoc* du *propter hoc*. Il sait qu'un phénomène qui n'est pas encore ne commencera pas d'être par cela seul qu'un autre phénomène le précède ; qu'il faut, pour amener à l'existence ce qui n'existe pas encore, l'action d'une énergie productrice quelconque ; et que si, d'ordinaire, on considère l'invariable antécédent comme la cause du conséquent, c'est parce que, en l'absence de toute cause connue, on place en lui, toujours plus ou moins conjecturalement, cette énergie productrice qu'on n'aperçoit nulle part ailleurs et qui est certainement quelque part.

Que fait-on au contraire quand on répond : *non est in eo virtus dormitiva*, — et cela non pas parce qu'on voit et qu'on peut montrer cette *virtus* ailleurs, non pas même parce qu'on la croit hors de portée, mais parce qu'on pense qu'absolument elle n'existe pas? On supprime purement et simplement la loi fondamentale de la pensée ; on supprime une idée visiblement présente à la pensée ; et l'on est deux fois mauvais psychologue, et deux fois infidèle à la méthode expérimentale. Il semble que ce soit une gageure.

M. Taine la soutient longuement et y revient à plusieurs reprises. Et son argumentation pour prouver que l'idée de cause n'est pas dans notre esprit consiste toute entière à nier qu'elle y soit, ou qu'elle y soit autre chose qu'une illusion, une transformation arbitraire du rapport d'antécédent à conséquent. « Les noms de pouvoir et de force ne
« désignent aucun être mystérieux, aucune puissance
« occulte. Quand je dis que j'ai la force ou pouvoir de re-

« muer mon bras, je veux dire seulement que ma résolu-
« tion de remuer mon bras est constamment suivie par le
« mouvement de mon bras,... que c'est une particularité
« constante pour ma résolution d'être suivie à travers dix
« intermédiaires indispensables par le mouvement de mon
« bras. Par malheur, de cette particularité qui est un rap-
« port, nous faisons, par une fiction de l'esprit, une subs-
« tance;... nous oublions que son être est tout verbal,...
« et qu'en soi il n'est rien puisqu'il n'est qu'un rapport.
« Trompés par le langage et par l'habitude, nous admet-
« tons qu'il y a là une chose réelle... L'être en question
« étant un pur néant, nous n'y pouvons rien trouver que
« le vide; c'est pourquoi nous en faisons une pure essence,
« inétendue, incorporelle, bref spirituelle. En second lieu,
« comme l'événement ne naît que par elle et manque si
« elle manque, elle est sa cause, permanente tandis qu'il
« est passager, stable, une, créatrice. Sur ce modèle les
« philosophes vont peupler le monde d'entités pareilles.
« Et cependant elle n'est rien en soi qu'une particularité
« d'un fait, la particularité qu'il a d'être constamment suivi
« d'un autre[1]. »

Mais M. Taine ne réussit pas mieux que Hume à soutenir la gageure jusqu'au bout. L'idée de cause se fait sa
place dans la description même qui doit prouver qu'elle
n'a de place nulle part; et il lui arrive inévitablement
d'énoncer cette idée dans le discours même qui aboutit à la
nier.

Voici ce discours :

« Les puissances ou facultés sont des êtres métaphysi-
« ques, purs fantômes engendrés par les mots et qui s'éva-
« nouissent dès qu'on examine scrupuleusement le sens
« des mots... Le mot pouvoir ne désigne qu'une liaison
« constante entre un fait et tels ou tels autres faits qui
« suivent. Un homme sain a le pouvoir de marcher, un
« paralytique ne l'a pas; cela signifie que la résolution de
« marcher chez l'homme sain est suivie certainement du

---

1. *De l'Intelligence*, t. I, l. IV, ch. III, p. 375-377.

« mouvement des jambes et qu'elle n'est jamais suivie du
« mouvement des jambes chez le paralytique. — Il en est
« de même de la force. Tel cheval a la force de traîner
« un chariot de 5,000 kilos, mais non pas un chariot
« plus chargé, cela signifie que, les muscles du cheval,
« étant contractés, un chariot de 5,000 kilos avancera,
« mais non pas un chariot de 6,000. Telle force existe,
« quand telle liaison existe ; elle manque quand la liaison
« manque... En général, étant donnés deux faits, l'un an-
« técédent, l'autre conséquent, joints par une liaison cons-
« tante, on nomme force dans l'antécédent la particularité
« qu'il a d'être toujours suivi par le conséquent[1]. » — De
même pour les facultés. « J'ai la faculté de comprendre un
« livre latin, cela veut dire que, si je lis un livre latin, je
« le comprendrai[2]. » C'est par une illusion que nous en
faisons autre chose, « que nous la considérons comme
« permanente et créatrice, tandis qu'elle n'est que la parti-
« cularité d'un fait, la particularité qu'il a d'être constam-
« ment suivi par un autre fait[3]. »

Il est inutile de discuter, il suffit de citer, puis de demander à tout esprit non prévenu s'il reconnaît là l'idée
de cause et l'idée de force telles qu'il les connaît et les
applique à chaque heure. Il n'est guère possible d'éliminer
plus lestement un fait de conscience ; et il n'est guère possible d'y plus mal réussir. « C'est par une illusion, » nous
dit M. Taine, « que nous considérons la cause, la force, la
« faculté comme des essences créatrices, » en d'autres
termes, comme de vraies causes. Il a donc la notion d'essence créatrice et de vraie cause puisqu'il enseigne qu'on
a tort de considérer les facultés comme telles. Et tout son
raisonnement revient à dire : Je n'ai pas l'idée de cause ;
car, comparant cette idée, — que j'ai puisque je la compare, — aux seules données que j'admette, aux seules idées
dont je reconnaisse et dont j'explique la présence dans l'esprit, je trouve qu'elle n'y est pas contenue.

1. *De l'Intelligence*. t. I, l. IV, ch. III, p. 373-375.
2. *Id.* t. II, l. III, ch. I, p. 174-175. — 3. *Id.* t. I, l. IV, ch. III, p. 377.

Et voici encore un nouveau spécimen de ces inadvertances dont il est impossible de se préserver toujours dès qu'on veut vivre et parler comme si on n'avait pas une idée qu'on a : « J'ai le pouvoir de me rappeler un tableau, « *les Noces de Cana*, par Véronèse ; cela signifie qu'à « l'âge où je suis et avec la mémoire que j'ai, la résolution « de me rappeler le tableau est constamment suivie, au « bout d'un certain temps, par la reconnaissance inté- « rieure, plus ou moins nette et complète, des figures et « des architectures qui composent le tableau[1]. »

*Avec la mémoire que j'ai.* Cela nous suffit, et nous n'en pouvions demander autant à un philosophe qui nie les facultés. Oui, l'analyse du phénomène est exacte : je me souviendrai du tableau avec la mémoire que j'ai. J'ai donc une mémoire, j'ai une faculté de me souvenir. Et cette faculté est une puissance permanente puisqu'elle précède chacun de mes souvenirs actuels et survit à chacun d'eux. Et cette faculté est distincte puisqu'elle correspond à un groupe distinct de phénomènes.

## VI

La question des facultés est la petite. La question du moi est la grande. Si l'on admet d'une part la pluralité irréductible des groupes de phénomènes psychologiques, d'autre part le moi, sujet un et persistant de ces phénomènes, il est difficile de nier autrement que des lèvres la réalité et la pluralité des facultés. Les niât-on pour tout de bon, cette singularité intellectuelle ne tirerait pas à grande conséquence. Au contraire l'identité, la liberté, la responsabilité, toute la direction de la vie présente, toutes les garanties de la vie à venir sont engagées dans la question de la réalité ou de la non-réalité du moi.

1. *De l'Intelligence*, t. I, l. IV, ch. III, p. 382.

— Mais, dira tout homme qui pense et qui cependant ne fait pas métier de philosophe, peut-on nier le moi? Existe-t-il quelqu'un qui, tout de bon et autrement que par jeu d'esprit, doute que ce qui, en lui, pense, sent et veut soit un être et un seul et même être, quelqu'un qui, ayant conscience de lire aujourd'hui cette page et se souvenant d'en avoir lu une autre il y a un an, nie que c'ait été lui il y a un an et que ce soit lui aujourd'hui?

Eh bien! oui, on peut nier le moi; on peut dire qu'il n'y a que des phénomènes, que l'idée du moi est une illusion, une entité métaphysique, et que le progrès déjà accompli dans la science, encore à accomplir dans l'esprit du vulgaire attardé, consiste à éliminer cette idée. Telle est la situation résolument prise par M. Taine dans son premier ouvrage, fermement maintenue dans celui qui contient la définitive expression de sa pensée.

« Il faut maintenant examiner cet être que chacun de
« nous appelle *soi-même*. D'ordinaire *les philosophes* lui
« donnent la place principale et une place tout à fait dis-
« tincte. » (On voudra bien noter en passant que M. Taine a suivi ici l'exemple de beaucoup de philosophes qui, se proposant de combattre une idée très enracinée dans la conscience humaine, la présentent comme étant essentiellement et exclusivement ce qu'elle n'est pas, une thèse de philosophie. Il est en effet moins fâcheux d'avoir contre soi une école philosophique que le genre humain tout entier, fît-on profession, comme M. Taine, de dédaigner, comme étranger à la science, le témoignage du genre humain.)
« J'éprouve des sensations, disent-ils, j'ai des souvenirs,
« j'assemble des images et des idées, je perçois et conçois
« des objets extérieurs. Ce *je* ou *moi* unique et persistant,
« toujours le même, est autre chose que ces phénomènes
« divers et passagers. Il a des facultés qui résident en lui
« d'une façon stable, il est une cause efficiente et produc-
« trice. On arrive ainsi à considérer le moi comme un
« sujet ou substance ayant pour qualités distinctives cer-
« taines facultés; et au-dessous de nos événements on pose

« deux sortes d'êtres explicatifs : d'abord les facultés qui
« les éprouvent ou les produisent, ensuite le sujet, subs-
« tance ou âme qui possède les facultés[1]. »

M. Taine fait tomber d'abord, comme on l'a vu, l'illusion des facultés. Puis, ayant détruit « ces êtres métaphysiques, » il revient au moi.

« Cette illusion, en tombant, en fait tomber une autre.
« Les facultés ou forces du moi sont le moi lui-même ou
« tout au moins une portion du moi. Or, on vient de voir
« que les pouvoirs et les forces ne sont que des entités
« verbales et des fantômes métaphysiques. Donc, en tant
« que composé de forces et de pouvoirs, le moi lui-même
« n'est qu'une entité verbale et un fantôme métaphysique.
« Ce quelque chose d'intime, dont les facultés étaient les
« différents aspects, disparaît avec elles; on voit s'évanouir
« et rentrer dans la région des mots la substance une, per-
« manente, distincte des événements[2]. »

Que reste-t-il donc?

« Il ne reste de nous que nos événements, sensations,
« images, souvenirs, idées, résolutions : ce sont eux qui
« constituent notre être, et l'analyse de nos jugements les
« plus élémentaires montre en effet que notre moi n'a pas
« d'autres éléments. Soit une sensation de saveur, puis
« une douleur à la jambe, puis le souvenir d'un concert.
« Je goûte, je souffre, je me souviens. Dans tous ces
« verbes se trouve le verbe *être*, et tous ces jugements
« contiennent le sujet *je*, lié par le verbe *être* à un participe
« qui désigne un attribut. Or en tout jugement le verbe
« *est* énonce que l'attribut est un élément, un fragment,
« un extrait du sujet, inclus en lui comme une portion
« dans un tout; c'est là tout le sens et tout l'office du
« verbe *être*. Donc le verbe énonce ici que la sensation de
« saveur, la souffrance, le souvenir du concert sont des
« éléments, des fragments, des extraits du moi. Nos évé-
« nements successifs sont donc les composants successifs

---

1. *De l'Intelligence*, t. i, l. IV, ch. iii, p. 372-373.
2. *Ib.*, p. 377-378.

« de notre moi. Il est tour à tour l'un, puis l'autre[1]. »
Le moi est donc la somme des phénomènes de conscience? — Non, répond M. Taine, » il n'est pas un
« simple total ; car le verbe *est* énonce non seulement que
« l'attribut est inclus dans le sujet comme une portion
« dans un tout; mais encore que l'existence du tout précède sa division. L'attribut est toujours, par rapport au
« sujet, un fragment artificiel par rapport à un tout naturel. C'est seulement pour la commodité de l'étude que
« nous séparons les événements les uns des autres; ils
« forment effectivement une trame continue où notre regard délimite des tranches arbitraires. Le moi demeure
« un et continu; on ne peut pas dire qu'il soit la série de
« ses événements ajoutés bout à bout, puisqu'il n'est divisé
« en événements que pour l'observation ; et cependant il
« équivaut à la série de ses événements; eux ôtés, il ne
« serait plus rien, ils le constituent. Le moi n'est que la
« trame continue de ses événements successifs. Si on le
« considère à un moment donné, il n'est rien qu'une
« tranche interceptée dans la trame[2]. »

Au reste, que les physiciens, je dis les physiciens matérialistes, ne se hâtent pas de triompher du sort humiliant que cette analyse fait à la substance spirituelle. Le corps n'est pas mieux traité; comme l'âme, il s'évanouit *ceu fumus in auras*. Il n'y a de réel dans le corps « que des
« mouvements présents, futurs ou possibles, liés à certaines
« conditions. Dans le monde physique comme dans le
« monde moral, il ne reste rien de ce qu'on entend communément par substance et force. Corps chimique, atome
« naturel, moi, ce qu'on appelle un être, c'est toujours
« une série distincte d'événements[3]. »

Dès lors une question qui fut toujours le tourment des métaphysiciens est singulièrement simplifiée, la question de l'union de l'âme et du corps. Puisqu'il n'y a ni âme ni corps, le problème de leur union ne saurait être fort em-

---

1. *De l'Intelligence*, t. I, l. IV, ch. III, p. 378-379.
2. *Ib.*, p. 379-381. — 3. *Ib.*, p. 387.

barrassant. Nous n'avons plus devant les yeux qu'une série
« d'événements appelés *moi*, liés à d'autres qui sont sa
« condition et dont la série est appelée *corps*[1]. »

Voilà toute la thèse.

— Mais, direz-vous, la démonstration de ces assertions
étonnantes, que l'auteur sait étonnantes, qu'il reconnaît en
opposition avec la conviction, — avec l'illusion et le préjugé, s'il lui plaît, — des hommes de tous les temps, cette
démonstration est bien quelque part dans son livre. Et
M. Taine, qui est un esprit vigoureux, l'aura faite sans
doute d'autant plus forte qu'il rencontrait un obstacle plus
redoutable dans ce « préjugé » invétéré qui fait croire aux
hommes qu'ils sont quelque chose ; à celui qui souffre que,
quand sa souffrance passera, il ne passera pas avec elle ; à
celui qui a souffert et ne souffre plus, que le moi actuellement consolé est le moi autrefois désolé ; à Sosie, qu'il est
Sosie. Car Sosie, comme nous tous, distinguait le moi des
phénomènes du moi, si cher que cette distinction lui eût
coûté :

> Tes coups n'ont point en moi fait de métamorphose ;
> Et tout le changement que je trouve à la chose,
>     C'est d'être Sosie battu.

Donc M. Taine aura sans doute fait campagne contre ce
préjugé. Il en aura donné quelque part la réfutation sérieuse et, avec elle, la démonstration directe de sa thèse.
Car on ne saurait prendre au sérieux sa singulière analyse
logique du jugement ; il est trop clair que cette analyse,
contraire à l'idée qu'on s'est toujours faite de la proposition,
n'est que l'énoncé sous forme grammaticale et non la démonstration de cette thèse.

— Non, il n'y a pas d'autre démonstration que celle-là
qui, en effet, n'en est pas une. M. Taine, pour réfuter ce
préjugé, dit simplement : « C'est un préjugé. » Il dit :
« Jusqu'à présent, vous avez cru être quelqu'un. Corrigez
« cette façon de penser et de parler. Vous n'êtes que la

---

[1]. *De l'Intelligence*, t. 1, l. IV, ch. III, p. 388.

« trame continue de vos événements successifs. »
— Mais alors sa thèse est une hypothèse?
— Non, il dit que c'est « la science. »
— Mais pourquoi le dit-il?
— Parce que le moi est une entité scolastique.
— Mais comment prouve-t-il que le moi est une entité scolastique?
— En nous affirmant que c'est la science qui le dit.
— Mais pourquoi la science le dit-elle?
— Parce que la science ne veut plus d'entités scolastiques.
— Mais, dites-vous, c'est se moquer; pour emprunter une image à M. Taine, « nous tournons dans une roue « d'écureuil; » sortons-en. M. Taine nie le moi et soutient, au nom de la science, qu'il doit être éliminé comme une entité scolastique. Nous lui répondons que le juge ici, c'est l'expérience; que l'expérience interne, la conscience, affirme le moi à titre de réalité vivante; que la même perception immédiate qui me donne la succession des phénomènes me donne, sous cette succession, la permanence du moi; que le témoignage de la permanence est précisément égal en clarté et en certitude au témoignage de la succession; bien plus, qu'il se fortifie en s'accumulant, parce qu'il est l'élément commun et identique qui persiste sous cette variété. Que répond-il? Rien. Il n'a donc jamais entendu ce témoignage, et on ne lui en a jamais parlé?
— Il l'a entendu et on lui en a parlé. Et il y a dans son second volume deux pages fort belles où ce témoignage est rapporté tout au long et réuni en un tableau éclatant comme il sait les faire[1]. Il les résume lui-même en ajou-

---

1. « Nous voici arrivés au centre inétendu, sorte de point mathé-
« matique, par rapport auquel nous définissons le reste et que chacun
« de nous appelle *je* ou *moi*. A chaque instant de notre vie nous y
« revenons; il faut une contemplation bien intense, presque une
« extase, pour nous en arracher tout à fait et nous le faire oublier
« pendant quelques minutes; alors même, par une sorte de choc en
« retour, nous rentrons avec plus d'énergie en nous-mêmes; nous re-
« voyons en esprit toute la scène précédente, et, mentalement, vingt
« fois en une minute, nous disons : Tout à l'heure j'étais là, j'ai

tant que l'idée que nous avons de notre moi est l'affirmation *d'un être*, et *d'un être permanent*.

— Eh! bien, s'il dit cela au second volume, c'est donc qu'il y abandonne la thèse du premier ?

— Non, il y persiste.

— Que se répond-il donc à lui-même?

— Rien de plus que ce que vous avez déjà lu. Et, ce qui vous surprendra, quelques pages plus loin il imprime ceci, comme s'il concluait: « Je suis *donc* une série con-
« tinue d'états successifs. Actuellement, ce qui constitue
« mon être réel, c'est tel groupe présent de phénomènes
« internes[1]. »

— Mais, reprenez-vous, c'est impossible! c'est la contradiction dans les termes! vous avez mal lu, vous avez omis la négation! L'auteur a certainement écrit :
« *Je ne suis donc pas* une série continue d'états
« successifs. »

« regardé de ce côté, puis de cet autre; j'ai eu telle émotion, j'ai
« fait tel geste, et maintenant je suis ici. — En outre l'idée de nous-
« mêmes est comprise dans tous nos souvenirs, dans presque toutes
« nos prévisions, dans toutes nos conceptions ou imaginations pures.
« — De plus toutes nos sensations un peu étranges ou vives,
« notamment celles de plaisir ou de douleur, l'évoquent, et souvent
« nous oublions presque complètement, et pendant un temps assez
« long, le monde extérieur pour nous rappeler un morceau agréable
« ou intéressant de notre vie, pour imaginer et espérer quelque
« grand bonheur, pour observer à distance, dans le passé ou dans
« l'avenir, une série de nos émotions. — Mais ce nous-mêmes, auquel,
« par un retour perpétuel, nous rattachons chacun de nos événements
« incessants, est beaucoup plus étendu que chacun d'eux. Il s'allonge
« à nos yeux avec certitude, comme un fil continu, en arrière, à tra-
« vers vingt, trente, quarante années, jusqu'aux plus éloignés de nos
« souvenirs, au-delà encore, jusqu'au début de notre vie, et il
« s'allonge aussi en avant, par conjecture, dans d'autres lointains
« indéterminés et obscurs. A chaque maille nouvelle que nous lui
« ajoutons, nous en revoyons un fragment plus ou moins long, une
« minute, une heure, une journée, une année entière, plusieurs
« années, parfois un morceau énorme, en un clin d'œil, et comme
« en un raccourci d'éclair. C'est pourquoi, comparé à nos événements
« passagers, ce moi prend à nos yeux une importance souveraine. »
(*De l'Intelligence*, t. II, l. III, ch. I., p. 169-171.)

[1]. *De l'Intelligence*, t. II, l. III, ch. I, p. 177.

— Non, je n'ai rien omis. L'auteur a écrit : « *Je suis* « *donc* une série continue d'états successifs. »

— Mais alors, c'est à n'y rien comprendre?

— Attendez, la lumière va peut-être se faire. M. Taine, cherchant le caractère commun de ces groupes d'événements dont chacun constitue à chaque instant mon être actuel, trouve celui-ci : « Ils m'apparaissent comme *inté-* « *rieurs*. » Et il revient vingt fois sur ce caractère, qui est pour lui la marque distinctive des événements moraux, comme il les appelle [1].

— Voilà une bonne et décisive parole. *Intérieur* veut dire contenu dans quelque chose. Or *contenu* est un terme relatif qui ne peut être entendu que par rapport à un *contenant*. M. Taine admet donc un contenant des phénomènes de la conscience. On ne peut rien lui demander de plus ; et quand nous parlons du moi, nous n'entendons pas autre chose.

— Vous vous trompez, M. Taine admet le contenu ; mais il n'admet point le contenant, puisque, selon lui, il n'y a que des phénomènes.

— Il se contredit donc expressément, ou bien le mot « intérieur » n'a aucun sens dans son livre.

— Apparemment, et telle est bien l'alternative.

— Voilà donc un débat terminé. Mais un autre point me tient encore en suspens. Dans la page à laquelle vous m'avez renvoyé, M. Taine parle magnifiquement et exactement du souvenir, c'est-à-dire de l'acte par lequel chacun place dans son propre passé, avec une absolue certitude, certaines images ou représentations intérieures qui surgissent en lui. Comment explique-t-il le souvenir? Si le moi n'est à chaque moment que la somme de ses événements actuels, comment explique-t-il que le *je* est le sujet d'une phrase dont le verbe est au passé? On peut lui

---

[1] « On l'a déjà vu, ce qu'il y a au fond de l'idée du moi, c'est « l'idée d'un dedans par opposition au dehors, tous nos événements « ayant ce caractère commun de nous apparaître comme internes par « opposition aux autres qui nous apparaissent comme externes. »
(*De l'Intelligence*, t. II, l. IV, ch. I, p. 225.)

démontrer que, selon sa théorie, de tels actes ou de telles phrases sont impossibles. La condition du souvenir c'est que le moi qui, présentement, se souvient d'avoir fait une chose soit bien le même moi qui, antérieurement, a fait la chose. Or, selon M. Taine, le moi actuel, c'est le phénomène actuel ; le moi passé, c'est le phénomène passé qui n'existe plus : le moi passé est donc absolument anéanti ; il est donc mathématiquement impossible que le moi actuel puisse se concevoir lui-même comme ayant été à une époque où il n'était pas. Que répond M. Taine ?

— Il a déjà donné sa réponse ; vous avez passé à côté d'elle sans y prendre garde. Il vous a dit, sans doute, « que nos événements successifs sont les composants suc- « cessifs de notre moi, et qu'il est, tour à tour, l'un puis « l'autre. » Mais il s'est hâté d'ajouter « que le moi n'est « pourtant pas un simple total ; car le verbe *est* énonce « que l'existence du tout précède sa division, et nos évé- « nements forment une trame continue où notre regard « délimite des tranches arbitraires, en sorte que le moi « demeure un et continu. » Et il avait déjà dit ailleurs : « Les idées, sensations et résolutions sont des tranches ou « portions interceptées dans ce tout continu que nous appe- « lons nous-mêmes, comme le seraient des portions de « planche marquées et séparées à la craie dans une « longue planche. Nous ne disons pas pour cela que le « moi soit la collection et l'amas des idées, pas plus que « nous ne disons que la planche est la collection et l'addi- « tion des morceaux de planche. Dans la planche, comme « dans le moi, le tout précède la partie[1]. » Il suffira à M. Taine d'ajouter que le moi survit aux parties pour expliquer la possibilité du souvenir.

— J'essaye de comprendre et je n'y réussis guère. Il me semble qu'avant tout il faut écarter la « longue planche » ; elle n'est bonne qu'à embrouiller les idées. Quand on dit que la planche précède ses divisions à la craie, on dit une chose parfaitement évidente ; la planche

---

1. *Les Philosophes français au XIX<sup>e</sup> siècle*, ch. x.

## CHAP. V — L'INTELLIGENCE (SUITE)

est là, toute entière sous nos yeux, et l'homme qui y trace des divisions ne vient qu'ensuite avec sa craie. Quand on dit que dans le moi constitué par la trame continue de ses événement successifs, le tout précède les parties, on dit une chose parfaitement absurde, car ce tout, formé par les événements successifs, se forme successivement, et partie par partie; comment préexisterait-il à celles de ces parties qui ne sont pas encore? comment serait-il un tout actuellement existant s'il est formé de parties qui n'existeront que dans l'avenir? Le moi, dites-vous, est la série totale, la trame continue de ses événements. Les divisions, ce sont les événements particuliers, artificiellement isolés de cette trame. Le moi précède la division, il est avant chacun des événements qu'on divise et qu'on isole. Je le veux bien, et je traduis cette doctrine en un exemple. — Socrate, c'est la série ou trame continue des événements de la vie de Socrate; les divisions, c'est sa longue campagne contre les sophistes, c'est sa vaillante conduite à Potidée, c'est son attitude fière devant les trente tyrans, c'est son procès, c'est son dernier entretien avec ses disciples, c'est sa mort sereine. La série, en sa qualité de « tout naturel », précède les divisions, comme la planche, en sa qualité de tout naturel, précède ses divisions à la craie; c'est-à-dire que la totalité continue des événements, dont j'ai rappelé quelques-uns, préexiste à chacun d'eux. D'où il suit que Socrate avait déjà bu la ciguë quand il allait à l'école.

— La conclusion, en effet, est rigoureuse; et si elle a quelque air de mauvaise plaisanterie, ce n'est pas la faute de la logique, c'est la faute du principe d'où elle est régulièrement tirée. Et la conclusion de cette conclusion, c'est que cet assaut, le plus ingénieux qui ait été livré à l'âme humaine pour lui ravir sa valeur d'*être*, et par conséquent de *personne*, nous laisse en possession plus ferme et plus paisible d'une vérité qui réduit ses adversaires à des explications et à des conclusions de ce genre. Et nous pouvons dire à M. Taine, comme Sosie à Mercure :

> N'importe, je ne puis m'anéantir pour toi,
> Et souffrir un discours si loin de l'apparence,
> Ce que je suis n'est pas en ta puissance;
> Je n'ai pas cessé d'être moi.

On nous pardonnera cette longue discussion sur un point d'une aussi capitale importance. Et l'on nous permettra, pour ne rien laisser dans l'ombre, d'ajouter une dernière remarque.

En niant comme une illusion l'unité du sujet conscient des phénomènes intérieurs, M. Taine dément ce même témoignage de la conscience au nom duquel il affirme l'existence de ces phénomènes, en sorte que tout à la fois il brise *l'instrument principal*, comme il l'appelle, de la science psychologique, et il se contredit en continuant de s'en servir après l'avoir brisé. Consultez votre conscience. Quand vous dites : *je souffre*, après avoir dit : *je jouis*, l'existence actuelle de votre souffrance, l'existence passée de votre jouissance, leur différence et leur contraste vous sont assurément donnés par la conscience avec pleine certitude. Vous acceptez avec raison son témoignage, sachant bien que si vous ne l'acceptiez pas, il n'y aurait plus de psychologie. L'existence actuelle du moi qui souffre et se distingue de sa souffrance, l'existence passée du moi qui jouissait et se distinguait de sa jouissance, vous sont données par la conscience avec une certitude égale. Et cependant, quand elle vous donne cela, vous n'acceptez pas son témoignage. De quel droit le rejetez-vous dans le second cas, puisque vous le recevez dans le premier ? Et si vous le rejetez dans le second, de quel droit l'acceptez-vous dans le premier ?

Encore n'est-il pas exact de parler ici de deux témoignages. Il n'y en a qu'un à deux faces. Ma conscience ne me donne pas, d'abord et isolément, le phénomène, puis, ultérieurement et par un processus quelconque, le sujet du phénomène. Elle me donne indivisément l'un et l'autre. Quand je souffre, *je me sens souffrant*, c'est-à-dire que du même coup je perçois le phénomène et je me perçois moi-même dans et par le phénomène. Je ne perçois pas une modification sans sujet ; je ne perçois pas un sujet sans modification ; je me perçois comme sujet modifié. C'est pourquoi je n'appelle pas ce sujet *x* comme je devrais le faire s'il était pour moi un inconnu, atteint seulement par le circuit d'un raisonnement ; je l'appelle *moi*, et j'atteste par ce mot, le plus déterminé de tous, que la conscience atteint, en même temps que le phénomène, le sujet du phénomène, l'être réel et substantiel dont les phénomènes sont les manières d'être successives et non pas les parties composantes.

Enfin, si j'ai conscience de moi comme sujet ou substance dans tous les phénomènes psychologiques, j'ai conscience de moi comme cause dans ceux d'entre eux où se déploie l'initiative d'une activité interne, très principalement dans les actes libres. Si j'ai conscience d'une action vertueuse ou d'une action criminelle, je sais, *certissima scientia*, que l'auteur de cette action est moi-même et non un autre. Je le sais, non par un raisonnement, par une application du principe de causalité qui, de l'effet perçu, me ferait conclure la cause inconnue, mais directement par une unique vue de conscience qui atteint d'un même regard et l'effet et la cause [1]. Ce n'est pas une des moindres audaces de M. Taine d'avoir constamment nié ce témoignage, constamment raisonné comme s'il n'existait pas.

---

1. Cette connaissance immédiate du moi cause précède en nous, bien qu'à l'état moins distinct, l'entrée en scène du libre arbitre. Quand l'enfant rencontre un obstacle, il se porte tout entier contre lui ; il a conscience de sa lutte contre une résistance ; il sent que ce qui lutte c'est lui ; il sent que ce contre quoi il lutte n'est pas lui ; il sent, si la lutte se termine par une victoire, que cette victoire est son œuvre ; il a conscience de la puissance ou force par laquelle il l'a remportée ; il a conscience d'être cause, de l'être tout entier, tel qu'il est, c'est-à-dire à la fois âme et corps, *conjunctum* disent très bien les scolastiques, mais *conjunctum* qui ne distingue pas encore, ou ne distingue pas nettement, les deux éléments dont il est composé. C'est seulement plus tard que, faisant peu à peu cette distinction, il reconnaîtra dans l'élément spirituel, dans la volonté libre, la force impérative qui détermine ceux des mouvements du corps qu'on appelle volontaires.

## VII

M. Taine, par sa doctrine sur la nature du moi, s'est retiré d'avance tout droit de parler de son identité et de sa personnalité autrement que pour les nier. L'identité ne peut appartenir à une série ou trame prise aux divers moments ou aux divers points de son développement successif ; car dans cette série ou trame la partie qui appartient au passé, et qui n'est plus, est totalement autre que la partie actuelle, l'une étant composée de certains événements, l'autre de certains événements différents. D'autre part, la personnalité suppose l'identité, car elle est le caractère de l'être pensant et voulant qui a conscience de lui-même comme identique.

Laissons-le cependant traiter la question de l'identité et de la personnalité du moi comme s'il avait le droit de la poser. Nous verrons s'il conserve autre chose que les mots.

M. Taine, après bien d'autres, objecte que si la volonté était vraiment cause de ces mouvements, il faudrait qu'elle s'appliquât à chacun des intermédiaires internes, — mouvements nerveux et contractions musculaires, — à travers lesquels son ordre est exécuté, et par conséquent qu'elle connût toute la structure et le jeu de l'organisme. Or elle les ignore naturellement, et la connaissance que nous en pouvons acquérir est un fruit très tardif de la science.

L'objection disparaît si on veut bien se faire une juste idée du double rôle et de la double fonction de l'âme dans ses rapports avec le corps.

D'une part l'âme est pensante et libre et, en tant que telle, douée de conscience, parce que les opérations de la pensée et de la volonté sont essentiellement conscientes. D'autre part l'âme est principe de la vie du corps et, en tant que telle, douée d'une force motrice qui s'exerce sur tout le corps et dont les opérations ne sont pas conscientes et n'ont pas besoin de l'être. Le vouloir, la résolution de l'âme est la cause qui met en action cette puissance motrice ; et cette puissance à son tour est la cause immédiate et subordonnée des mouvements appelés volontaires, comme elle est la cause unique des mouvements réflexes.

Ce qui constitue pour lui l'identité, c'est la continuité des événements intérieurs. Ce qui constitue la personnalité c'est cette continuité en tant qu'aperçue par la conscience.

« Qu'entendons-nous par une personne ? Ce que nous
« affirmons, c'est d'abord un quelque chose, un être. Ce
« que nous affirmons en second lieu, c'est qu'il est un être
« permanent ; il y a en lui quelque chose qui dure et
« demeure le même. Je suis aujourd'hui, mais j'étais déjà
« hier et avant-hier. Si à certains égards j'ai changé, à
« d'autres égards je n'ai pas changé [1]. »

M. Taine, après avoir correctement exprimé dans ces lignes la pensée de quiconque parle d'identité en s'entendant lui-même, expose que, selon l'opinion commune, ce qui change et passe ce sont les phénomènes, et que ce qui demeure identique ce sont les facultés et, sous les facultés, le moi. Puis il procède, de la façon qu'on a vue, à la destruction des facultés en tant que distinctes des phénomènes, et du moi en tant que distinct des facultés. Ces entités scolastiques disparues, ces fantômes métaphysiques dissipés, il reste les phénomènes, et le problème à résoudre est de maintenir quelque chose qu'on puisse nommer identité après qu'on a éliminé tout ce qui peut être identique au profit de ce qui, par essence, est tout entier changeant, c'est-à-dire non identique.

M. Taine le résoud en faisant consister l'identité dans la continuité. L'identité du moi sera donc celle d'une ligne ou d'un mouvement. Et nous dirons que le moi est le même moi pendant toute la durée d'une vie humaine, comme nous disons d'une ligne tracée ou d'un mouvement prolongé d'un point A à un point Z, que c'est la même ligne ou le même mouvement dans tout son parcours.

Mais en disant cela, nous ne sommes pas dupes de notre langage. Nous savons très bien que la ligne (ou le mouvement) n'est que le total de ses parties continues, et que la partie AB ne contient rien qui se retrouve dans la partie YZ ; que la continuité de ces parties ne les identifie

---

[1]. *De l'Intelligence*, t. II, l. III, ch. I, p. 171-172.

pas ; qu'il n'y a d'identique que la loi commune de leur direction, déterminée par le but ; et que la partie YZ, si vous lui prêtez la conscience, ne se dira pas identique à la partie AB. Le Socrate de la prison et de la ciguë dira donc, selon M. Taine : Je suis le bout terminal d'une série d'événements dont le Socrate de l'école a été le bout initial ; il ne dira rien de plus. Le vrai Socrate dit : *c'est moi* qui vais boire la ciguë aujourd'hui, et *c'était moi* qui, il y a cinquante ans, allais à l'école. Tel est bien le contraste entre la fiction du philosophe français et l'affirmation réelle et positive du philosophe athénien, de vous, de moi, de tout homme venant en ce monde. Et l'on voit que « l'analyse » de M. Taine consiste ici à substituer subrepticement à l'idée et au fait dont il s'agissait de rendre compte une autre idée et un autre fait auxquels, en s'aidant d'une impropriété de langage, il réussit à donner le même nom.

Il est facile de pressentir ce qui en résultera pour la personnalité. « Nos images, en se liant, composent ce « groupe qu'*en langage littéraire et judiciaire* on appelle « la personne morale [1]. » Il n'y a donc de personne morale, par conséquent de responsabilité morale, qu'à condition de cette liaison continue qui est une liaison dans la conscience. Donc, dans la mesure où la liaison viendra à être interrompue par l'oubli, il y aura interruption de personnalité.

Or cette mesure est vaste et incessamment grandissante ; elle finit par comprendre l'immense majorité des événements d'une vie humaine. « Des lacunes se font dans la « trame des souvenirs et vont s'élargissant comme des « trous dans un vieux manteau. On voit sans peine com- « bien ces destructions doivent être continues et vastes ; « tous les jours nous perdons quelques-uns de nos souvenirs, « les trois quarts de ceux de la veille, puis d'autres parmi « les survivants de la semaine précédente, puis d'autres « parmi les survivants des autres mois, en sorte que bien-

---

1. *De l'Intelligence*, t. I, l. II, ch. II, p. 184.

« tôt un mois, une année ne se trouvent plus représentés
« dans notre mémoire que par quelques images saillantes,
« semblables aux sommets épars qui apparaissent encore
« dans un continent submergé, destinées elles-mêmes, du
« moins pour le plus grand nombre, à disparaître, parceque
« l'effacement graduel est une inondation croissante qui
« envahit une à une les cimes préservées, sans rien épar-
« gner, sauf quelques rocs soulevés par une circonstance
« extraordinaire jusqu'à une hauteur qu'aucun flot n'at-
« teint [1]. »

Comment ces hauteurs, puis ces cimes, puis ces rocs que l'inondation isole les uns des autres se rejoignent-ils en une continuité, on l'entend aisément dans la doctrine qui sous chacun de ces événements dominateurs nous montre le même moi persistant et se reconnaissant lui-même. On ne l'entend nullement dans la doctrine de M. Taine. Y eût-il à côté de moi le plus exact des annalistes pour remplir assidûment les lacunes et rétablir la continuité par ses notes quotidiennes, le résultat dont la doctrine a besoin ne serait pas obtenu ; car la continuité ne serait pas dans ma conscience où j'aurais besoin qu'elle fût, mais dans la sienne où il m'est inutile qu'elle soit.

Mais ce qu'il faut surtout retenir c'est que, supposant cette difficulté écartée, ma personnalité va se réduisant sans cesse à mesure que de plus nombreux événements et de plus longs fragments de mon passé disparaissent de mon souvenir, qu'elle est toute entière à la merci des circonstances extérieures et des états organiques qui tantôt font revivre des images effacées, tantôt effacent des images jusque là persistantes, à la merci des maladies de la mémoire qu'on a, dans ces dernières années, si curieusement décrites.

Au fond, dans la doctrine de M. Taine, l'identité personnelle est constituée par la mémoire ; et il y a réellement deux moi, deux personnes alternantes dans l'Américaine du D$^r$ Mac-Nish, dont il rapporte le cas devenu classique.

---

1. *De l'Intelligence*, t. I, l. II, ch. II, p. 167.

« Au bout d'un sommeil prolongé, elle perdit le souvenir
« de tout ce qu'elle avait appris. Sa mémoire était devenue
« table rase. Elle fut obligée d'apprendre de nouveau à
« épeler, à lire, à écrire, à calculer, à connaître les objets
« et les personnes qui l'entouraient. Quelques mois après,
« elle fut reprise d'un profond sommeil ; et quand elle
« s'éveilla, elle se retrouva telle qu'elle était avant son
« premier sommeil, ayant toutes ses connaissances et tous
« ses souvenirs de jeunesse, mais par contre ayant complé-
« tement oublié ce qui s'était passé entre ses deux accès.
« Pendant quatre années et au-delà, elle a passé périodi-
« quement d'un état à un autre, toujours à la suite d'un
« long et profond sommeil [1]. »

Ces alternatives, selon M. Taine, produisent deux personnes morales réellement distinctes. Il a raison si l'identité personnelle est constituée par la mémoire. Mais la mémoire ne *constitue* pas l'identité ; elle la *constate* par la conscience. Elle l'atteste comme chose réelle ; mais pour qu'elle l'atteste, il faut que la chose attestée existe. En d'autres termes, l'identité existe indépendamment de la conscience que nous en avons par la mémoire. Dès lors le sujet malade n'est pas un sujet sans identité, mais un sujet à qui la conscience de son identité manque tantôt pour tel fragment, tantôt pour tel autre. Et la jeune Américaine parlait plus exactement que M. Taine, quand elle désignait ces périodes alternantes sous le nom « d'ancien état » et de « nouvel état. »

1. *De l'Intelligence*, t. I, l. II, ch. II, p. 180-181.

# CHAPITRE VI

#### L'INTELLIGENCE (Suite) — LA SCIENCE

Nous réunissons sous ce titre les trois derniers chapitres, très étendus, du livre *De l'Intelligence*. Ils sont distribués dans l'ordre classique, et traitent successivement des idées générales, des jugements généraux, de la démonstration ou, pour employer les termes de l'auteur, de la raison explicative des choses.

Sur ce terrain, exploré et creusé depuis tant de siècles par tant de penseurs, M. Taine dit moins de choses nouvelles qu'il ne renouvelle de choses anciennes par son mode toujours très personnel d'exposition, par ses formules frappantes, par ses tableaux qui embrassent les plus vastes ensembles, par ses exemples suivis dans le dernier détail. Ceux-ci surabondent. Empruntés pour la plupart aux sciences mathématiques et accompagnés de figures, ils donnent à beaucoup de pages l'aspect d'un traité de géométrie. Il ne semble pas que ce luxe contribue beaucoup à éclairer ou à fortifier la pensée de l'auteur.

### I — LES IDÉES

Ce chapitre est assurément un des meilleurs de l'ouvrage. Aux lecteurs qui ne connaîtraient la doctrine de M. Taine sur les universaux que par les déclarations nominalistes qui gardent l'entrée de l'ouvrage avec une physionomie intransigeante et agressive il ménage la plus agréable des surprises. A la doctrine des *flatus vocis* a succédé un réalisme objectif qui se traduit, en termes de conscience, par la réintégration des universaux dans l'esprit humain dont ils sont la principale richesse, et dans la science qu'ils constituent toute entière.

M. Taine, il est vrai, ne l'entend pas ainsi. Il se défend d'avoir capitulé ; et pour mieux montrer qu'il garde ses positions, il refait dans ce même chapitre l'exposé de sa thèse nominaliste. Comme s'il disait : Je vais parler d'idées générales ; mais qu'il soit bien entendu que, quand j'en parle, je parle de mots généraux et que, selon moi, il n'y a pas autre chose dans notre esprit que ces mots généraux significatifs et compris. Mais, cela dit, il laisse dormir le nominalisme dans un tiroir d'où il ne sortira plus, et où nous pouvons le laisser. Et il s'engage paisiblement dans une étude des idées générales où il y a plaisir et profit à le suivre.

Il distingue et examine séparément « les idées générales « qui sont des copies » et « les idées générales qui sont « des modèles. » La distinction était dans le domaine public ; mais par ces noms heureusement trouvés M. Taine, en quelque façon, la fait sienne. Et il commence avec raison par les premières.

Se plaçant tout d'abord au point de vue objectif, il montre qu'il y a des caractères réellement communs à travers les temps et les distances à un nombre indéfini d'individus ; que ces caractères sont non seulement réels, mais efficaces, la présence de chacun d'eux dans un être entraînant celle d'un autre, de plusieurs autres, de tout l'ensemble des autres ; qu'ils sont inégalement généraux et s'ordonnent par étages les uns au-dessus des autres, d'autant plus stables qu'ils sont plus généraux ; qu'ils constituent ainsi une hiérarchie réelle de genres et d'espèces.

A ces caractères généraux hors de nous correspondent des idées générales en nous. Leur formation est favorisée par une faculté qui est le privilège de l'homme, la faculté de saisir des analogies, c'est-à-dire des traits communs entre des objets d'ailleurs très différents. Grâce à cette faculté exercée dès le premier âge, l'enfant remplit les mots généraux dont nous lui apprenons l'usage par un contenu flottant qui est en partie son œuvre ; et c'est peu à peu, par rectifications successives, que le sens qu'il leur attribue coïncide avec celui que nous leur attribuons.

« Mais ici commence une nouvelle série de remanie-
« ments, additions et corrections, celle-ci indéfinie, qui se
« produit de génération en génération et de peuple en
« peuple, je veux parler de la recherche scientifique.
« Cette fois il s'agit de faire coïncider nos idées générales,
« non plus avec les idées générales d'autrui, mais avec les
« caractères généraux des choses... Telles que nous les
« fournissait l'expérience vulgaire, nos idées étaient le
« plus souvent trop larges ou trop étroites; l'expérience
« scientifique vient les resserrer ou les étendre pour les
« ajuster aux dimensions réelles des objets... Et grâce aux
« procédés de cette expérience, on a pu, dans chaque
« département de la nature, former les êtres en classes de
« plus en plus naturelles, et les ordonner comme une
« armée [1]. »

On ne saurait marquer avec plus de force le but que doit se proposer l'étude de la nature : reproduire dans la science, par une approximation de plus en plus exacte, l'ensemble et les détails du plan de l'univers, — but idéal parce qu'il y a toujours plus dans la réalité qu'il ne peut y avoir dans notre science, « et que l'idée que nous
« avons d'une espèce, d'un genre, bref d'une file quel-
« conque de caractères généraux, ne comprend jamais et
« ne peut jamais comprendre qu'un fragment limité de
« leur chaîne illimitée [2]. »

La seconde classe d'idées générales, celle des idées qui sont des modèles, comprend les idées que nous formons

---

1. *De l'Intelligence*, t. II, l. IV, ch. I, p. 252-256.
2. *De l'Intelligence*, t. II, l. IV, ch. I, p. 254-255.

nous-mêmes avec les éléments les plus simples que l'expérience a déposés dans notre esprit. Nous les construisons sans examiner s'il y a, dans la nature, des objets qui leur correspondent, — idées abstraites de nombres, avec lesquelles nous faisons l'arithmétique ; idées abstraites de points, de lignes, de surfaces, de solides, avec lesquelles nous faisons la géométrie ; idées abstraites de repos, de mouvement, de vitesse, de masse, avec lesquelles nous faisons la mécanique. Et, par une rencontre merveilleuse, il se trouve que la nature est conforme à ces idées et aux lois idéales que nous en déduisons *a priori* sans nous occuper d'elle. « Je fabrique d'avance une longue série de
« moules distincts, elle fabrique ou a fabriqué avec ses
« diverses argiles ce qu'il faut pour les remplir ; et le
« contenu s'ajuste au contenant, d'abord parce que les
« éléments mentaux de l'un sont calqués sur les éléments
« réels de l'autre ; ensuite parce que la structure artifi-
« cielle du contenant se trouve d'accord avec la structure
« naturelle du contenu. — Tel est le caractère commun
« des idées que nous construisons : elles sont *des cadres*
« *préalables* ; quand nous en faisons un, nous n'avons
« point en vue une chose réelle à laquelle nous tâchions
« de conformer notre pensée ; et néanmoins notre pensée
« se trouve conforme à une ou plusieurs choses réelles encore
« inconnues qui, lorsqu'elles seront connues, manifeste-
« ront cette conformité [1]. » — Parfois, il est vrai, l'adaptation paraît n'être qu'approximative ; par exemple « les
« planètes semblent décrire une ellipse ; l'observation et
« le calcul de leurs perturbations prouvent que cette
« ellipse n'est pas parfaite. Un boulet semble avancer en
« ligne droite ; la théorie montre qu'il commence à des-
« cendre au sortir du canon [2]. » Est-ce donc que la nature se dérobe aux lois que notre esprit a posées ? Nullement. Regardez-y de plus près : les perturbations et les irrégularités ont des causes, et si les choses réelles semblent ne

1. *De l'Intelligence*, t. II, l. IV, ch. I, p. 270-271.
2. *Ib.*, p. 276-277.

pas nous montrer une application rigoureuse de la loi abstraite, c'est que la force qui agit suivant cette loi n'y agit pas seule. « Le boulet de canon avancerait toujours « en ligne droite si la pesanteur ne le faisait pas descendre « vers le sol. La planète décrirait une ellipse parfaite si « la proximité variable des autres corps planétaires ne « venait pas altérer la régularité de sa courbe. Si le « boulet dévie de la ligne droite et la planète de son « ellipse, c'est qu'à la direction simple que suit le boulet, « aux deux directions simples que suit la planète, s'ajou- « tent d'autres directions perturbatrices. Par conséquent si « la construction réelle ne s'ajuste qu'à peu près à la « construction mentale, c'est que la première est plus « compliquée et la seconde plus simple. Débarrassée de ses « éléments accessoires et réduite à ses éléments principaux « la première copierait exactement la seconde [1]. »

Spectacle grandiose, et bien fait pour nous rassurer contre toutes les formes du scepticisme, mais surtout contre la forme kantienne ! Le rassurement commence lorsque nous voyons nos sciences de la nature se rapprocher de plus en plus de l'ordre vrai de la nature, et le domaine de l'*expliqué* s'étendre de plus en plus par des conquêtes continues sur l'océan indéfini de l'*inexpliqué*; lorsque, nous servant de ce que nous savons pour déterminer d'avance ce que nous ne savons pas, nous voyons nos prévisions et nos divinations justifiées par l'expérience; lorsque, par exemple, ayant lu dans le monde vivant, tel qu'il nous apparaît, le principe de la coordination des caractères, et ayant osé, au nom de ce principe, reconstruire *a priori* tout un organisme animal d'après la connaissance d'un seul organe, nous retrouvons ensuite tout cet organisme dans quelque couche terrestre et constatons son identité avec ce que nous avions décrit les yeux fermés. Et le rassurement s'achève lorsque, ayant construit d'après les lois de notre esprit, — d'après ses *formes subjectives*, dirait Kant, — des sciences idéales

---

[1]. *De l'Intelligence*, t. II, l. IV, ch. I, p. 277-278.

sans nous inquiéter des choses réelles, nous constatons ensuite que les théorèmes de ces sciences sont aussi les lois de la réalité. Il y a donc un accord fondamental de la pensée et des choses ; la pensée n'est donc pas condamnée à travailler exclusivement sur elle-même et à ne connaître que sa propre structure, puisqu'il lui suffit de travailler selon les lois que cette structure lui impose pour atteindre des propositions générales dont chacune est en même temps une loi de la nature, et qu'ainsi les déductions de la science idéale et les inductions de la science expérimentale convergent vers un même point.

Ce sentiment intime, cette conviction réfléchie et motivée de l'accord de la pensée et des choses inspirent tout ce chapitre et se retrouvent dans les suivants. Il n'est plus question de savoir si sa psychologie lui permet des vues si hautes. Nous avons établi que son nominalisme, s'il est autre chose qu'un jeu d'esprit, les lui interdit en lui fermant l'accès des idées générales. Il serait facile d'établir que son sensualisme ne les lui interdit pas moins et que la puissance évolutive des sensations et des images, qui sont pour lui les seuls éléments de la connaissance, ne va pas jusque là. Nous prenons à part sa doctrine sur la science, la détachant de sa doctrine sur l'origine de la connaissance ; et nous constatons qu'elle est décisive contre Kant.

Elle ne l'est pas moins contre Stuart Mill qui ne veut voir dans les axiomes et dans leurs conséquences que des généralisations de l'expérience. Kant reconnaissait aux axiomes le caractère de la nécessité, mais d'une nécessité purement subjective qui ne valait point pour les choses hors de nous. Stuart Mill reconnaît leur objectivité, mais non leur nécessité. Ils sont, à ses yeux, des lois générales, mais d'une généralité restreinte à notre univers ; et c'est seulement dans ces limites qu'on peut dire d'eux, comme de la loi de la gravitation, qu'ils sont vrais partout et toujours. Suivant lui « les vérités dites « nécessaires, ayant la même origine que les vérités d'ex- « périence, sont sujettes aux mêmes restrictions. » A quoi

M. Taine répond en prouvant, par toute sa doctrine des « idées générales qui sont des modèles, » qu'elles n'ont point la même origine, et qu'elles s'imposent à notre esprit indépendamment de toute expérience. Et comme, d'autre part, la légitimité des jugements qui s'imposent ainsi a été prouvée contre Kant, il en résulte que ces jugements valent tels qu'ils sont avec tous leurs caractères, qu'ils sont vraiment et objectivement des jugements nécessaires, s'étendant non seulement à notre expérience, mais à toute expérience possible, et au-delà de toute expérience possible.

Mais est-ce tout? Est-ce que cette magnifique hiérarchie des choses qui met l'unité dans la variété et qui, dans un monde composé uniquement d'individus comme d'une poussière, relie ces individus par la communauté de l'espèce et les espèces par la communauté du genre, est-ce que ces merveilleux organismes où les parties se conditionnent réciproquement en vue d'une fin commune et sous la loi d'une idée directrice, est-ce que cette géométrie et cette mécanique universelle de la nature si rigoureusement conformes aux règles tracées par la pensée, est-ce que tout cela, où il y a incomparablement plus d'harmonie, plus d'organisation, plus de *nombre, de poids et de mesure*, plus d'intelligibilité en un mot, que nous n'en pourrons jamais découvrir, est-ce que tout cela ne met pas tout esprit libre de préjugés sur une voie qui le conduit plus loin et plus haut? Est-ce que ce n'est pas faire violence à la pensée que de lui présenter cette œuvre presque infinie d'une science qui nous accable par son infaillibilité et sa grandeur, et qui en même temps nous ravit par sa délicatesse et sa souplesse, comme l'œuvre d'une aveugle nécessité résultant de l'aveugle nature des choses? Est-ce que ce spectacle n'imprime pas spontanément à l'esprit de l'homme un mouvement qui, s'il n'est pas systématiquement arrêté par un parti-pris, le conduit de la nature à un principe transcendant de la nature? Ce mouvement, les premiers penseurs grecs ne l'avaient pas suivi jusqu'au bout; ils avaient cru trouver dans la nature

elle-même l'explication de la nature, les uns au moyen de l'évolutionnisme, les autres au moyen du mécanisme.
« Après eux, » dit Aristote, « et après de tels principes,
« d'autres philosophes, jugeant ces principes insuffisants
« pour expliquer la production des choses, et forcés par la
« vérité elle-même, eurent recours à un autre principe.
« Car que les éléments matériels soient la cause du bien
« et de la beauté qui se manifestent dans l'être et dans le
« devenir des choses, c'est de quoi il n'y a pas d'appa-
« rence. Aussi, lorsque quelqu'un [1] vint dire que, dans
« la nature comme dans les êtres vivants, c'est la pensée
« qui est le principe du *cosmos* et de l'ordre, celui-là
« sembla un homme qui jouissait seul de sa raison au
« milieu de gens parlant à l'aventure [2]. »

L'esprit de M. Taine reste étranger à ce mouvement. A ses yeux la grande parole d'Anaxagore, qu'Aristote signale à l'admiration des siècles, marque un recul et non un progrès. Et s'il lui arrive de constater chez d'autres la présence et l'action de ce ressort intérieur, c'est pour n'en pas tenir compte et s'en débarrasser d'un mot. On voit déjà, on verra mieux un peu plus loin à quoi cela condamne sa conception de la science et de la vie.

## II — LES JUGEMENTS — LA RAISON EXPLICATIVE

Nous avons de larges réductions à faire dans les cent pages que M. Taine consacre au jugement. Il y en a vingt qui sont en partie un abrégé, en partie une citation de la célèbre théorie de Stuart Mill sur « les quatre méthodes expérimentales. » Et il y en a trente-six qui sont des exemples mathématiques où on ne trouvera point une doctrine, mais l'application d'une doctrine. Ce qui reste contient principalement une thèse sur les causes et une

1. Anaxagore.
2. Aristote, *Métaphysique*, l. I, ch. III.

thèse sur les axiomes. La première ne nous est pas nouvelle, et nous l'avons déjà appréciée en détail. De la seconde nous avons, quant à présent, peu de chose à dire.

Après avoir fait remarquer avec justesse que toute proposition générale est une loi, comme énonçant que l'attribut s'impose à tous les individus, en nombre indéfini, compris dans l'extension du sujet, — après avoir montré, d'après Mill, comment se forment « les lois qui concernent les choses réelles, » c'est-à-dire les propositions générales expérimentales, il passe aux « lois qui concernent les choses possibles, » c'est-à-dire aux propositions générales qu'on peut établir sans consulter l'expérience, telles, par exemple, que les théorèmes mathématiques.

Celles-ci sont (ou nous paraissent) nécessaires, leur négation étant (ou nous étant) inconcevable. Ici les premières qu'on prouve sont les plus générales, et c'est par elles qu'on prouve toutes les autres. Et au-dessus encore, tout au sommet, il y a les plus générales de toutes, qu'on ne prouve pas, et qui sont le premier anneau de la chaîne. On ne les prouve pas parce qu'elles semblent évidentes et qu'il suffit d'en entendre les deux termes pour affirmer sur le champ le lien qui les unit. C'est presque identiquement la formule que M. Taine aurait pu lire dans saint Thomas : *statim intellectis terminis intelliguntur*.

Toutes ces propositions sont analytiques, c'est-à-dire que l'attribut y est contenu dans la notion du sujet. Un axiome sera donc une proposition dont il suffira d'entendre les termes pour apercevoir cette contenance et cette convenance.

Ces explications données, on comprend qu'il est à la fois inutile et impossible de prouver les véritables axiomes. Inutile, car à quoi sert la preuve, sinon à montrer que l'attribut est contenu dans la notion du sujet? et à quoi peut-il servir de montrer par une preuve ce qui est visible sans preuve? Impossible parce que, supposé ce rapport déjà pleinement visible, la preuve ne peut pas le rendre plus manifeste et, par conséquent, n'est pas une preuve.

Cependant, par une confusion difficilement explicable, M. Taine entreprend de démontrer les axiomes d'Euclide, sans s'aviser que, s'il réussit, il prouvera du même coup que ces prétendus axiomes n'étaient pas des axiomes, mais des théorèmes. En effet démontrer c'est mettre en évidence, au moyen d'un troisième terme, la vérité d'une proposition composée de deux termes dont le rapport n'est pas évident par lui-même. Or une telle proposition n'est pas un axiome puisqu'il est de l'essence de l'axiome que sa vérité ressort de l'inspection de ses deux termes, sans appel à un troisième. M. Taine paraît ici avoir confondu la démonstration qui porte sur le rapport des termes avec l'*exposition* qui porte sur les termes et en éclaircit analytiquement la notion. Dans cette opération, qui peut être nécessaire pour faire apparaître la vérité d'un axiome, il n'y a point preuve parce qu'il n'y a pas intervention d'un nouveau terme; il y a éclaircissement des deux termes, dont le rapport sera immédiatement aperçu dès que tous deux seront suffisamment entendus.

A la vérité, tous les jugements analytiques, par conséquent tous les axiomes analytiques, ont leur formule suprême dans le principe d'identité ou dans le principe de contradiction qui est la forme négative du principe d'identité. M. Taine a très bien vu cela et le dit en beaux termes dans le chapitre suivant : « Les lois qu'on a découvertes « dans les sciences de construction sont en nombre énorme, « et ce nombre s'accroît tous les jours. Or les intermé- « diaires derniers qui les expliquent et les démontrent sont « les propriétés de cinq ou six facteurs primitifs, énoncés « par une douzaine d'axiomes, lesquels ne sont eux-mêmes « que des cas ou applications de l'axiome d'identité. De « cette source unique, épanchée en une douzaine de ruis- « seaux, découlent les innombrables courants et tous les « fleuves de la science. » Mais cette réduction d'un axiome au principe d'identité ou de contradiction ne démontre pas l'axiome; elle ne consiste qu'à en trouver un énoncé tel qu'on ne le puisse nier sans se contredire manifestement soi-même.

C'est dans le chapitre intitulé « la raison explicative des choses » que M. Taine aborde la démonstration proprement dite.

Ici il reconnaît, — ce qu'il avait paru oublier, — qu'il n'y a pas de démonstration sans l'intervention d'un troisième terme qui vient s'insérer entre les deux termes de la proposition à démontrer, et qui les relie l'un à l'autre en montrant non seulement qu'ils se conviennent, mais aussi pourquoi ils se conviennent. Ce troisième terme, que toutes les logiques, après Aristote, appellent *le moyen*, M. Taine le désigne par le nom bien choisi d'intermédiaire explicatif.

Le rôle du moyen (ou intermédiaire explicatif) peut être envisagé soit au point de vue de l'extension, soit au point de vue de la compréhension des termes.

Arrêtons-nous un instant sur cette différence de points de vue. Nous y trouverons peut-être l'issue pacifique d'une controverse soulevée entre les logiciens sur l'essence intime du syllogisme et de la démonstration.

L'attribut d'une proposition peut être considéré comme un des *caractères* du sujet. C'est le point de vue de la compréhension. Quand je dis : *Pierre est bon*, mon point de vue est certainement celui-là, mon intention principale est certainement d'énoncer de la qualité de bon qu'elle appartient à Pierre.

L'attribut peut être considéré comme un genre dans lequel le sujet est contenu comme espèce. Ce point de vue est celui de l'extension. Quand je dis : *les nègres sont des hommes*, mon point de vue est certainement celui-là ; mon intention principale est de ranger les nègres dans le genre humain.

Les deux points de vue sont distincts, mais ils s'impliquent mutuellement et sont, en quelque façon, complémentaires l'un de l'autre. Quand je dis : *Pierre est bon*, sans doute j'entends surtout énoncer une qualité qui appartient à Pierre, qui fait partie de sa nature telle qu'elle est en ce moment, qui lui appartiendrait quand même il serait seul à la posséder ; mon jugement *veut* être un jugement de compréhension. Mais du même coup je range Pierre dans la catégorie des êtres bons, je fais implicitement deux parts des êtres, ceux qui sont bons et ceux qui ne le sont pas ; et je range Pierre dans le premier groupe ; le jugement d'extension n'est point absent de mon jugement de compréhension. Inversement, quand je dis : *les nègres sont des hommes*, mon intention principale et directe est d'affirmer, contre certains esclavagistes, que les nègres, malgré la différence de couleur et de culture, font, eux aussi, partie du genre humain, de la grande famille humaine ; mon jugement *veut* être un jugement d'extension. Mais, du même coup, j'attribue aux nègres les qualités ou caractères essentiels de l'humanité, la raison, la liberté ; le jugement de compréhension n'est pas absent de mon jugement d'extension.

La prédominance de l'un ou de l'autre point de vue dépend donc principalement de l'intention libre de l'esprit. Cependant on peut dire, en regardant de près la structure du langage où certains termes universels, *blanc*, *grand*, *sage*, désignent des qualités, et où certains autres, *homme*, *animal*, *arbre*, désignent des espèces ou des genres, que là où l'attribut est de la première catégorie, le point de vue de la compréhension domine naturellement, et que celui de l'extension domine là où l'attribut est de la seconde.

Ce que nous avons dit des jugements il faut le redire des raisonnements et des démonstrations qui sont des jugements enchaînés par un lien logique. Là aussi on peut se placer à l'un ou à l'autre des deux points de vue.

Au point de vue de la compréhension le moyen terme est considéré comme étant un des éléments compris dans le sujet de la proposition à démontrer, et comme comprenant lui-même parmi ses éléments l'attribut de cette proposition, de telle sorte que le sujet, par cela même qu'il a le moyen parmi ses éléments, a aussi pour élément l'attribut, élément de cet élément. Et la formule générale de la démonstration ainsi entendue est : Si B fait partie de A et C de B, C fait partie de A.

Au point de vue de l'extension, le moyen est considéré comme étant d'une généralité intermédiaire entre celle du sujet de la proposition à démontrer et celle de l'attribut, comme genre par rapport au premier et espèce par rapport au second. Et la formule générale de la démonstration ainsi entendue est : Si A est en B et B en C, A est en C.

On a beaucoup disputé sur la question de savoir lequel de ces deux points de vue est *le vrai*. Et M. Taine a pris parti dans le débat. « C'est d'après la compréhension, » dit-il, « et non d'après l'extension qu'il faut ranger les « termes. De cette façon le raisonnement devient une ana- « lyse et non un jeu de logique[1], » comme il l'est à ses yeux quand on se place au point de vue de l'extension. Et je vois que ceux de nos contemporains qui pensent de même se réclament de l'autorité d'Aristote, plus imposante ici qu'ailleurs, puisque c'est lui qui a créé de toutes pièces la grande théorie dont la présente *questioncule* est un détail.

La controverse, on peut maintenant le voir, est presque oiseuse. Les deux points de vue, loin de s'exclure de telle sorte que se placer à l'un, ce soit abandonner l'autre, s'impliquent de telle sorte que se placer principalement à l'un, c'est se placer accessoirement à l'autre.

C'est ce qu'Aristote, comme s'il eût voulu prévenir d'inutiles débats, a fait très justement remarquer : « Quand « on dit qu'une chose A est contenue dans la totalité d'une « autre chose B » (point de vue de l'extension), « ou que « cette autre chose B est à la chose A toute entière » (point de vue de la compréhension), « ces deux expressions « ont le même sens[2]. »

Et, de fait, nous voyons que lui-même se place, comme indifféremment, tantôt à l'un, tantôt à l'autre point de vue.

Il se place manifestement au point de vue de l'extension lorsqu'il formule ainsi le principe fondamental de toute la

---

1. *De l'Intelligence*, t. II, l. IV, ch. III, p. 419.
2. *Anal. pr.*, l. I, ch. I.

théorie du syllogisme : « Lorsque trois termes sont les
« uns à l'égard des autres dans ce rapport que le dernier »
(le moins étendu) « soit dans la totalité » (extension) « du
« moyen, et que le moyen soit ou ne soit pas dans celle
« du premier » (du plus étendu), « il y a syllogisme des
« deux extrêmes. »

Et dans le même passage, comme pour mieux affirmer
l'équivalence des deux points de vue, il énonce le même
principe en termes de compréhension : « Si A est attribué
« à tout B et que B soit attribué à tout C, il est nécessaire
« que A soit attribué a tout C. »

Il se place au point de vue de l'extension lorsqu'il
nomme *majeur* ou *grand terme* l'attribut de la question,
— *mineur* ou *petit terme* le sujet de la question, — *moyen*,
c'est-à-dire intermédiaire entre les deux par sa généralité,
le troisième terme auquel on compare les deux dont on
cherche le rapport. Les degrés de grandeur dont il s'agit
sont évidemment des degrés de généralité; et ces dénominations consacrées, comme celles de *majeure* et de
*mineure* qui en dérivent, sont des dénominations d'extension.

Et il se place au point de vue de la compréhension lorsqu'il formule ainsi les prémisses de tout syllogisme qui
aboutit à une conclusion universelle affirmative : « A est
« à tout B, » c'est-à-dire est attribut de tout B (mortel
est à tout animal, la mortalité est un attribut de tout animal); « B est à tout C, » c'est-à-dire est un attribut de
tout C (animal est à tout homme, l'animalité est un attribut
de tout homme).

Quoi qu'il en soit de ces querelles de famille entre logiciens, ce qui n'est douteux pour aucun d'eux, c'est la suprême importance du moyen terme, ou intermédiaire explicatif, dans la démonstration. Il en est le cœur, et quand
il est trouvé, la démonstration est faite. Aristote consacre
toute une section des *Premiers Analytiques* à donner les
règles pour la recherche et la découverte du moyen. Et
dans les *Seconds*, il dit avec profondeur que « ce qu'on
« nomme sagacité n'est que la découverte exacte du terme

« moyen dans un temps très court[1]. » En s'occupant longuement des méthodes pour trouver l'intermédiaire explicatif, M. Taine est resté fidèle aux grandes traditions de la Logique.

Ajoutons qu'il le cherche au bon endroit, dans l'analyse même de la première donnée, c'est-à-dire du sujet de la proposition à démontrer. En effet, puisque cette proposition affirme que le caractère désigné par l'attribut est inhérent au sujet, et puisque d'autre part l'esprit n'aperçoit pas directement cette inhérence, la seule marche à suivre pour sortir d'embarras est de chercher et de trouver dans le sujet lui-même une propriété que l'analyse puisse mettre en évidence, et qui implique, entraîne, contienne le caractère dont il s'agit. Cette propriété sera l'intermédiaire. Il s'agit de la discerner entre toutes les autres que peut nous révéler l'analyse. Et comme l'intermédiaire peut être en réalité une série d'intermédiaires, et que le même discernement est nécessaire à chaque élément de la série, on comprend la vérité profonde du mot d'Aristote, et que pour aboutir il faut un don intellectuel, — un *quid proprium*, disait Claude Bernard, — qu'aucune règle ne donne ni ne supplée.

On pourrait objecter ici à M. Taine que les méthodes qu'il indique sont des méthodes de démonstration qui supposent la vérité déjà *trouvée* quoique non encore *prouvée*, et qu'au contraire dans la construction de la science, découvrir est la première chose à faire, et démontrer seulement la seconde. Il y a là, en effet, dans son exposé, une lacune considérable, mais qui n'eût été ni longue ni difficile à remplir.

Un géomètre, dont c'est l'office de trouver des mesures dans l'étendue, ne peut guère concevoir dans son esprit la *sphère* sans éprouver l'ambition d'en mesurer la surface. Il ne s'agit pas pour lui de prouver que cette mesure est telle, mais de trouver quelle elle est ; il n'est pas en présence d'un théorème, il est en présence d'un problème.

---

1. L. I, ch. xxxiv.

Remarquez qu'il a fait, on peut le croire, bien des pas déjà dans la science. Il a mesuré la surface du triangle et du cercle, la surface convexe du cylindre et du cône. Ce sont autant d'approches vers la solution du problème. Mais ce n'est pas la solution encore. Que fera-t-il donc ? Une hypothèse. Il la fera avec d'autant plus de chances de rencontrer la bonne que sa science acquise l'en a déjà conduit plus près, et que sa propre sagacité constitue un facteur plus puissant dans la recherche scientifique. Puis *il prendra son hypothèse comme théorème*, et essaiera d'arriver, à en démontrer la vérité en découvrant méthodiquement des intermédiaires explicatifs. Il la démontrera en effet s'il a mis le doigt sur la bonne hypothèse, sur celle qui contient la solution vraie du problème. S'il était mal tombé, l'emploi des mêmes méthodes l'amènera à reconnaître que la solution était fausse. Ainsi les méthodes indiquées par M. Taine comme méthodes de démonstration deviennent méthodes de découvertes dès qu'on a rétabli l'acte mental qu'il omet de mentionner ici, la formation de l'hypothèse.

Ne concluez pas de cette omission que M. Taine soit disposé à réduire le rôle de l'hypothèse dans la recherche scientifique. Il la met au contraire dans la plus vive lumière, à propos d'un ordre de questions propre aux sciences expérimentales, les questions d'origine : « Quand
« il s'agit d'un composé réel, nous sommes tenus d'expli-
« quer ses propriétés par les propriétés de ses éléments,
« et, en outre, d'expliquer la rencontre de ces éléments.
« Alors se posent les questions d'origine, les plus cu-
« rieuses, mais les plus difficiles de toutes. Car comme,
« le plus souvent, cette rencontre est très ancienne et n'a
« pu avoir de témoins, on ne peut l'observer directement,
« ni la connaître par tradition, et on en est réduit à la
« conjecturer d'après des rencontres présentes, lesquelles
« ne sont qu'à peu près semblables et parfois manquent
« tout à fait. Toutes les sciences expérimentales ont ainsi
« leur chapitre historique, plus ou moins conjectural,

« selon que des indices plus ou moins précis, des analo-
« gies plus ou moins justes, des documents plus ou moins
« complets permettent à la reconstruction mentale de rem-
« placer plus ou moins exactement le témoignage absent
« de notre conscience ou de nos sens[1]. »

Telle est bien notre situation à l'égard de la plupart des questions d'origine. Prenons garde toutefois. Au-dessus de toutes ces questions particulières, il y a une question suprême, celle de l'origine du monde. Et à l'égard de celle-ci, c'est bien vite dit que nous ne puissions la résoudre que par conjecture. Il y a un principe de causalité qui ne nous permet pas de remonter à l'infini dans la série des causes qui sont elles-mêmes des effets, en d'autres termes, des causes secondes. Car, ainsi que nous l'avons établi dans un précédent chapitre, s'il n'y a que des causes secondes, *il n'y a pas de causes secondes*. Il y a donc une cause première qui a dans son essence la raison de son existence, une cause première exempte de tout devenir, une cause dans laquelle rien n'est en puissance, une cause qui selon la belle formule d'Aristote est *acte pur*, en d'autres termes, une cause infinie et parfaite. — Il y a un principe de raison suffisante qui ne nous permet pas d'admettre pour tout de bon que l'univers puisse avoir le caractère d'un Cosmos si ce caractère ne lui est pas donné par une pensée ordonnatrice. La cause première est donc infiniment intelligente et puissante. — Il y a un principe de contradiction qui ne nous permet pas de laisser subsister en face l'une de l'autre la cause première infinie et toute-puissante et la matière éternelle et indépendante. Donc le monde a en dehors de lui et au-dessus de lui son origine totale dans sa matière comme dans sa forme. Donc ce n'est pas par conjecture, mais par raisons démonstratives que nous croyons à l'origine du monde par voie de création.

J'esquisse en quelques lignes une démonstration qui demanderait des pages pour être présentée dans toute son ampleur. Mais cette esquisse suffit pour apporter à la

---

1. *De l'Intelligence*, t. II, l. IV, ch. III, p. 454-455.

théorie de M. Taine sur le caractère universellement conjectural des réponses données aux questions d'origine les réserves nécessaires, pour montrer aussi qu'il restreint arbitrairement l'étendue de ces questions, et que, si elles se posent au sujet de la rencontre des éléments, elles se posent plus impérieusement encore au sujet de leur existence.

M. Taine cependant ne persiste pas tout à fait jusqu'à la fin dans cette restriction arbitraire. Dans le dernier paragraphe de son livre, rappelant ce principe, longuement développé par lui, que tout a sa raison explicative ou, pour parler comme Leibnitz, sa raison suffisante, il continue ainsi : « Puisque l'existence est un caractère géné-
« ral, et le plus général de tous, ne doit-on pas conclure
« de notre axiome que, comme tout caractère général,
« l'existence a sa condition ou raison explicative, autre
« qu'elle-même. » — Ces derniers mots éveillent une attente. *Chercher à l'existence une raison explicative autre qu'elle-même*, n'est-ce pas reconnaître que le monde ne se suffit pas pour l'existence, qu'il ne s'explique pas tout seul, et qu'il faut chercher au-delà de la nature la raison ultime de la nature?

Mais l'attente est tout à fait vaine. M. Taine poursuit :
« Ne pourrait-on pas admettre que l'existence réelle n'est
« qu'un cas de l'existence possible, cas particulier et sin-
« gulier où les éléments de l'existence possible présentent
« certaines conditions qui manquent dans les autres cas ?
« Cela posé, ne pourrait-on pas chercher ces éléments et ces
« conditions? » C'est là-dessus qu'il congédie son lecteur au seuil de la métaphysique[1].

Je ne sais en vérité si la dernière page des *Philosophes français* était plus déraisonnable. « L'axiome éternel » qui se prononce tout seul ressemblait plus, grâce à son encadrement dans « l'éther lumineux et inaccessible, » à une image qu'à une pensée. Ici M. Taine paraît bien vouloir offrir quelque chose à l'esprit, et ce qu'il lui offre

1. *De l'Intelligence*, t. II, l. IV, ch. III, p. 492.

est simplement contradictoire. D'une part en effet on suppose qu'il n'y a encore que le possible, c'est-à-dire le non-être actuel, le rien actuel, et qu'il n'existe en dehors de lui rien qui puisse actualiser sa possibilité. D'autre part on suppose dans ce rien une condition réellement et actuellement existante, quelque chose comme « *ce ressort intime qui*, selon M. Renan, *pousse le possible à exister.* » On peut bien assembler ces mots : « l'existence actuelle n'est qu'un cas de l'existence possible. « Mais on ne peut pas les penser ensemble sans contrevenir aux lois fondamentales de la pensée. C'est pourquoi Hegel, qui faisait consister sa métaphysique dans la recherche de « ce cas singulier de l'existence possible, » avait donné à cette recherche sa préface nécessaire ; il avait nié le principe de contradiction.

### III — LACUNES

Notre exposé critique du livre *De l'Intelligence* est achevé ; et nous ne voulons point rouvrir une discussion close. Nous ne la rouvrirons pas en disant que l'auteur n'a pas rempli son programme, et que l'impression de l'incomplet, — de l'incomplet dans les parties où il était le plus nécessaire de tout aborder et de tout expliquer, — se dégage très vive de la lecture de ce livre.

Tout auteur est libre de choisir et de circonscrire son sujet, et on ne peut, sans injustice, lui reprocher d'en avoir fixé les limites à son gré. M. Taine n'a voulu traiter qu'une moitié de la psychologie générale. Il sait et il dit dans sa préface que « pour l'embrasser toute entière il « faudrait à la théorie de l'intelligence ajouter une théorie « de la volonté. » Et il ajoute modestement : « Si je juge « de l'œuvre que je n'ose entreprendre par l'œuvre que j'ai « essayé d'accomplir, mes forces sont trop petites [1]. »

Mais dans ces limites, il a bien prétendu traiter tout son

---

1. *De l'Intelligence*, Préface, p. 9.

sujet et, selon le précepte de Descartes, « faire partout des « dénombrements si entiers et des revues si générales, qu'il « fût assuré de ne rien omettre. » Il a trouvé, ou cru trouver, un principe générateur de toutes nos connaissances et de toutes nos idées, et il a compris que, pour justifier son principe, il était tenu d'expliquer par lui tout le contenu de l'intelligence. Il a non seulement accepté, mais formulé lui-même ce programme obligatoire : « Dans la première « partie, on a dégagé les éléments de la connaissance ; de « réduction en réduction, on est arrivé aux plus simples ; « puis de là aux changements physiologiques qui sont la « condition de leur naissance. Dans la seconde partie, on « a d'abord décrit le mécanisme et l'effet général de leur « assemblage ; puis, appliquant la loi trouvée, on a examiné « les éléments, la formation, la certitude et la portée de « nos principales sortes de connaissances, depuis celle des « choses individuelles jusqu'à celle des choses générales, « depuis les perceptions, prévisions et souvenirs les plus « particuliers jusqu'aux jugements et axiomes les plus « universels[1]. »

Il va de soi que cette « application de la loi trouvée » est surtout nécessaire pour les idées qui semblent s'y prêter plus malaisément, qui même, suivant de grandes écoles, dignes, à tout le moins, d'être écoutées, lui sont totalement réfractaires. Que l'idée des qualités sensibles des corps ait son origine dans la sensation, cela n'est pas plus contesté que contestable. Le chapitre où cette origine est expliquée n'aura donc sa place dans l'accomplissement du programme qu'à titre d'analyse psychologique, non à titre de vérification de la thèse fondamentale, parce que sur ce point la vérification est faite d'avance, et son résultat unanimement accepté. Il en sera tout autrement, par exemple, de l'idée du devoir. Car le moins qu'on puisse dire, c'est que l'application de la loi y rencontre des difficultés spéciales, et qu'il y a beaucoup de chemin à faire et de transformations à suivre pour expliquer comment le principe

---

1. *De l'Intelligence*, Préface, p. 4-5.

générateur unique donne finalement un produit dont la physionomie ressemble si peu à la sienne.

Locke, qui cependant n'est pas, il s'en faut, un modèle d'exactitude scientifique, et qui passe à côté de tant de difficultés sans les voir, a très bien vu cela. Quoique le problème fût un peu moins embarrassant pour lui qui admet deux principes générateurs de la connaissance, la *sensation* et la *réflexion*, que pour M. Taine qui n'en admet qu'un, la *sensation*, il a compris qu'il fallait l'aborder et le résoudre ; et il a consacré de très longues pages aux idées qui semblent le plus éloignées de la source d'où, suivant lui, elles dérivent, en particulier à l'idée du bien et du devoir.

La même obligation s'imposait à M. Taine sous la double peine de laisser misérablement incomplète sa description du contenu de l'intelligence, et de laisser sa propre thèse à l'état de pure hypothèse, — et même d'hypothèse suspecte qui n'ose pas affronter le contrôle des faits qu'on lui objecte avec le plus d'insistance.

Je l'interroge donc, d'abord, mais seulement en passant, sur le principe de causalité. Ce principe est assurément un des faits capitaux de l'intelligence humaine. Dans l'ordre moral, c'est sur lui que se fonde le principe de la responsabilité, condition de toute vie sociale et de toute législation. Dans la vie pratique il gouverne toute une moitié de nos jugements. Dans l'ordre scientifique, il préside à toutes nos recherches et à toutes nos réponses sur les questions d'origine. — D'où vient ce principe ? quel est le fondement de l'autorité souveraine avec laquelle il s'impose à toute pensée humaine ? n'est-il qu'une généralisation de l'expérience ? n'est-il qu'une forme de notre raison, sans valeur objective ? n'est-il qu'un cas particulier du principe d'identité et de contradiction ? Questions vivantes, assurément, et d'une portée très haute. Questions vivement débattues, depuis surtout que les controverses de Hume ont appelé l'attention sur elles. Questions donc qui, quelque solution qu'on leur donne, méritaient une discussion approfondie dans un livre où tant d'autres, de moindre importance, sont traitées dans le dernier détail. — M. Taine accorde au principe de causalité cinq lignes à la fin de son ouvrage : « Tout changement a une condition, ce qu'on exprime en « disant qu'il a une *cause*, et que cette cause est un autre « changement. Voilà l'axiome de causalité ; considéré par « rapport à l'axiome de raison explicative, il n'en est qu'une « suite et une application [1]. »

N'insistons pas sur cette lacune ; elle était facile à prévoir. L'idée de cause étant supprimée comme nous l'avons vu, le principe de causalité, qui l'implique et la suppose, partage nécessairement son sort, et moins on en parlera, mieux cela vaudra. L'idée de cause étant remplacée par un substitut qui ne lui ressemble guère, il est dans l'ordre que le principe de causalité soit pareillement remplacé par un substitut qui ne lui ressemble pas davantage.

Mais j'interroge le livre sur l'idée de devoir et de loi morale. On ne peut pas dire que cette idée soit de petite importance ou qu'elle ne soit pas dans l'esprit humain. Elle a inspiré des œuvres immortelles, non seulement des traités de morale, mais des poèmes, mais des drames, par exemple tout le théâtre de Corneille. Elle a inspiré mieux que des livres, — des vies tout entières. De siècle en siècle, des hommes se sont dévoués et sont morts pour elle. Elle a arraché des hommages à ceux mêmes qui ne lui faisaient aucune place dans leurs actes. Et ceux qui la prennent pour guide sont salués partout comme faisant plus d'hon-

---

1. *De l'Intelligence*, t. II, l. IV, ch. III, p. 490. — Afin cependant qu'on ne m'accuse pas de tronquer un texte, voici le paragraphe tout entier dont j'ai cité les dernières lignes : « Soit un sujet quelconque « considéré en deux moments successifs, et dans lequel tel attribut « dans les deux moments est le même, c'est-à-dire commun aux deux « moments et, par suite, général. D'après ce qu'on vient de dire, cet « attribut a sa condition, qui est un caractère commun aux deux « moments du sujet ; et comme sa condition suffit pour l'entraîner, « tant que sa condition persistera il persistera lui-même. Par consé- « quent, si, en fait, au troisième moment il cesse d'exister, c'est que « sa condition a cessé d'exister ; d'où il suit enfin que la suppression « d'un caractère a pour condition la suppression d'un autre caractère. « Or tout changement dans un sujet est la suppression d'un de ses « caractères, de sorte que tout changement, etc. »

neur à l'humanité que les plus profonds penseurs et les plus sublimes artistes. Elle n'est point de celles qui se laissent oublier ; car elle tient à tout dans la vie présente, et plus qu'aucune autre elle ouvre des perspectives vers un au-delà. Il est impossible de la passer sous silence dans un inventaire des idées humaines Fût-elle un rêve, elle aurait encore, à ce titre, sa réalité psychologique, et tout vrai psychologue est tenu d'en signaler la présence, d'en analyser les caractères, d'en rechercher l'origine. — Il n'est pas question d'elle dans le livre *De l'Intelligence*.

Ceci a besoin d'être expliqué et justifié.

Tout à la fin du chapitre sur les idées générales on lit ce passage : « Parmi les types mentaux que nous fabri-
« quons, il y en a qui nous intéressent plus particulière-
« ment ; ce sont ceux auxquels nous *souhaitons* que les
« choses se conforment ; et, dans ce cas, le besoin de con-
« formité devient pour nous un ressort d'activité. Nous
« construisons l'utile, le beau et le bien, et nous agissons
« de manière à rapprocher les choses, autant que possible,
« de nos constructions... — Par exemple, étant donnés
« les divers motifs qui poussent les hommes à vouloir,
« nous constatons que l'individu agit le plus souvent en
« vue de son bien personnel, c'est-à-dire par intérêt, sou-
« vent en vue du bien d'un autre individu qu'il aime, c'est-
« à-dire par sympathie, très rarement en vue du bien
« général, abstraction faite de son intérêt et de ses sym-
« pathies, sans plus d'égards pour lui-même ou pour ses
« amis que pour tout autre homme, sans autre intention
« que d'être utile à la communauté présente ou future de
« tous les êtres sensibles et intelligents. Nous isolons ce
« dernier motif, nous désirons qu'il ait l'ascendant dans
« chaque délibération humaine, nous le louons tout haut,
« nous le recommandons à autrui, nous faisons parfois
« effort pour lui donner l'empire chez nous-mêmes. Nous
« avons fabriqué ainsi l'idée d'un certain caractère moral,
« et, de fait, à l'occasion, de bien loin, nous accommodons
« à ce modèle notre caractère effectif. — Ainsi naissent

« les œuvres de vertu pour combler ou diminuer l'inter-
« valle qui sépare les choses et nos conceptions [1]. »

Cette page, unique dans l'ouvrage, parle de vertu, par où elle entend une disposition à agir pour le motif de l'intérêt général. Elle signale ce motif comme bienfaisant pour la communauté. Elle constate que les hommes, en tant qu'ils font partie de la communauté, désirent que ce motif prenne l'ascendant sur les autres. Elle reconnaît ainsi à la vertu un caractère utilitaire au point de vue général. Elle pourrait faire plus encore et, considérant au point de vue esthétique la vertu ainsi entendue, prononcer que la vie humaine est une plus belle œuvre d'art quand son plan est tracé par l'intérêt général que quand il est tracé par l'intérêt égoïste. Mais même en lui accordant le bénéfice de ce complément, je constate que l'idée ainsi développée ne contient pas même une approche lointaine vers l'idée de devoir. L'homme vertueux, telle qu'elle le présente, est ou un homme utile à qui il plaît d'être utile, ou un artiste à qui il plaît de faire une œuvre d'art ; il n'y a, dans sa conduite, rien qui ressemble à un devoir accompli. L'homme non vertueux est un homme à qui il ne plaît ni d'être utile, ni de faire une œuvre d'art ; il n'y a dans sa conduite rien qui ressemble à un devoir violé. La notion d'une prescription intérieure, d'une loi, d'une obligation à laquelle la volonté ait tout ensemble le devoir de se soumettre et le pouvoir de se soustraire, n'apparaît pas plus dans l'esprit et les actes de l'un que dans l'esprit et les actes de l'autre.

Je sais bien pourquoi l'idée du devoir est absente du livre et pourquoi le nom même n'en est pas prononcé. L'idée du devoir, — et avec elle toutes celles qui en dérivent, — est un élément d'un couple dont l'autre élément est le libre arbitre. La loi morale n'est la loi que des êtres libres, et n'est leur loi que parce qu'ils sont libres. Les deux choses sont inséparables l'une de l'autre. Et s'il y a ici quelque différence à faire, un libre arbitre

---

[1]. *De l'Intelligence*, t. II, l. IV, ch. I, p. 286-288.

sans loi morale est moins absurde en soi qu'une loi morale sans libre arbitre. Le libre arbitre sans loi morale est le règne du caprice et la négation de l'ordre dans la plus haute région de l'univers ; conception choquante au plus haut degré pour le bon sens, mais qui n'apparaît cependant pas comme expressément contradictoire. La loi morale, le devoir sans libre arbitre, c'est la contradiction *in terminis.* Car l'idée de loi morale est l'idée d'une loi qui oblige sans contraindre, d'une loi que la volonté peut, suivant son *arbitrium*, ou suivre ou ne pas suivre ; être obligé, c'est être libre. Toute philosophie qui nie le libre arbitre est donc condamnée à nier non seulement l'existence objective d'une loi morale, mais l'idée subjective du devoir, puisque cette idée ne peut être conçue par l'esprit sans s'imposer à la volonté comme impérative.

La lacune n'en est pas moins énorme, injustifiée, injustifiable. Toute une province reste inexplorée dans un domaine qu'on avait promis de nous faire visiter tout entier ; et cette province est une de celles dont on s'était virtuellement engagé à dresser la carte avec plus de détail et d'exactitude.

Et en voici une autre qu'on a traitée de même.

J'interroge le livre sur l'idée de Dieu. Plus encore peut-être que l'idée du devoir elle est universelle dans l'humanité. Sujette aux influences les plus diverses et les plus opposées, elle a été altérée, corrompue, défigurée, mutilée en mille manières. Rien n'a pu la détruire ; et sa persistance invincible est absolument inexplicable si on se refuse à reconnaître qu'elle tient au fond même de notre nature intelligente. « La nature humaine connaît Dieu, » disait Bossuet ; « et voilà déjà, par ce seul mot, les animaux au-« dessous d'elle jusqu'à l'infini. » Et M. de Quatrefages, reprenant la même pensée au point de vue de la classification scientifique, propose de reconnaître au-dessus du règne animal un règne humain constitué par deux traits qui, à ses yeux, ont bien un *caractère de règne* : la *moralité*, c'est-à-dire la présence, dans tous les groupes d'hommes, de l'idée du bien et du mal moral, — la *reli-*

*giosité*, c'est-à-dire la présence, dans toutes les sociétés humaines, même les plus restreintes et les plus dégradées, d'une notion de la divinité. L'idée de Dieu est donc là, vivante, survivant à tout, présente aux consciences individuelles comme aux consciences collectives, tenant une place presque aussi considérable dans l'esprit de ceux qui lui font la guerre que dans l'esprit de ceux qui s'inclinent devant elle avec adoration. Elle s'incarne partout dans des institutions religieuses stables, à côté desquelles les plus solides établissements politiques sont des accidents éphémères. Il y a là un courant aussi large et profond que l'humanité elle-même, un courant auquel nous ne pouvons, vu son universalité, chercher une autre source que la nature humaine elle-même. — Le philosophe qui prétend s'opposer à ce courant et qui ne veut voir dans cette foi universelle qu'une universelle illusion, s'impose donc une double tâche qu'il ne peut décliner : la tâche *d'expliquer* l'illusion par des causes aussi étendues qu'elle, la tâche de *détruire* l'illusion en réfutant les raisons scientifiques par lesquelles nous élevons notre foi naturelle en Dieu à l'état de conviction réfléchie, et notre affirmation spontanée de l'existence de Dieu à l'état de vérité démontrée. Mais se taire sur l'idée de Dieu, ou se délivrer d'elle en niant *a priori* la possibilité du surnaturel, et se persuader ensuite qu'on a fait une analyse complète du contenu de l'intelligence, c'est se retirer désormais toute autorité en matière philosophique, et c'est se reconnaître vaincu sur un terrain où on n'a point osé engager le combat après avoir promis de le soutenir.

Et ce cas est celui de M. Taine. La critique de l'idée de Dieu est, si je l'ose dire, plus absente encore de son livre que la critique de l'idée du devoir. Il semble que *ce détail* lui ait échappé, ou qu'à ses yeux l'idée de Dieu soit si irrémissiblement submergée dans le naufrage général des entités scolastiques et des fantômes métaphysiques qu'il soit désormais inutile de s'en occuper.

# CHAPITRE VII

## VUES SUR LA VIE HUMAINE

Aucun homme qui pense, à plus forte raison aucun philosophe, ne peut éviter de réfléchir sur la vie humaine et de se faire des convictions arrêtées ou des opinions flottantes sur sa signification, sur sa valeur, sur la somme comparative de biens et de maux qu'elle contient, sur son issue finale, sur la part que nous pouvons prendre à la construction de cet édifice et à la direction de ce mouvement.

M. Taine, qui a touché à tant de choses, ne s'est point soustrait à cette nécessité. Et, comme il n'avait point coutume de chercher des détours ou des atténuations pour exprimer sa pensée, nous n'aurons point nous-même ici pas plus qu'ailleurs, à chercher des interprétations pour entendre ce qu'il veut dire.

Du commencement à la fin de sa carrière d'écrivain cette pensée, nous l'avons dit, est restée la même quant au fond des choses, quant à ce qu'on peut appeler son contenu positif. Elle a subi des modifications assez profondes quant à l'appréciation de la grande solution en dehors de laquelle il n'a cessé de se tenir. Nul ne peut savoir jusqu'où cette évolution, s'il lui eût été donné de la prolonger davantage, eût pu finalement le conduire.

Quoique ces questions soient philosophiques au plus haut degré, quoiqu'elles soient toute la philosophie considérée comme science pratique, ce n'est pas dans ses ouvrages de philosophie pure qu'il y donne une réponse. On a pu voir, par tout ce qui précède, de quelle façon rigoureusement spéculative, avec quelle exclusion systématique des applications et des préoccupations pratiques il envisage les problèmes philosophiques. C'est donc partout ailleurs, dans ses livres d'art, de littérature, de critique, d'histoire, même de fantaisie humoristique qu'il exposera ses vues sur la vie humaine tantôt par un mot, tantôt par un paragraphe, tantôt par un chapitre, sans enchaînement systématique extérieur, mais avec un accent toujours le même et avec l'unité persistante qui donne à sa pensée le caractère d'une doctrine.

## I — LA RELIGION

Il y a une solution religieuse aux problèmes de la vie humaine. Elle consiste, d'abord, à considérer l'homme comme faisant partie d'un plan divin du monde et y occupant une place privilégiée, comme venant de Dieu et allant à Dieu ; à considérer la vie présente comme un acheminement vers un terme qui est au-delà, comme un combat dont le prix est ailleurs, en un mot, comme une *épreuve*. Puis, ces bases admises, elle affirme que pour atteindre sa fin, l'homme a besoin de recevoir de la divinité une assistance qui l'éclaire et le soutienne ; que Dieu peut nous accorder cette assistance ; qu'en fait il nous l'accorde, en d'autres termes qu'il y a une religion véritable, discernable à des signes certains d'avec ses contrefaçons mensongères ; et que cette religion se compose de dogmes révélés auxquels il faut croire, de prescriptions auxquelles il faut obéir, de secours surnaturels auxquels il faut recourir.

M. Taine, — est-il besoin de le dire ? — rejette entièrement les bases rationnelles sur lesquelles s'élève tout l'édifice religieux ; et ce qu'on appelle quelquefois religion naturelle ne lui est pas moins étranger que la religion positive. Tout le débat n'est pas terminé cependant, même à ses yeux, par cette première fin de non-recevoir. Il trouve en face de lui le fait immense d'une religion qui a été la mère et la nourrice de toute la civilisation moderne, d'une religion à laquelle ont appartenu ses premières années à lui-même, d'une religion que son action sur les âmes et les sociétés, sa solidité indestructible au milieu de toutes les tempêtes, son ascendant sur les plus grands esprits aux époques les plus cultivées et les plus savantes mettent absolument hors de pair, d'une religion qui, de tout temps, a offert à la critique les titres sur lesquels elle appuie sa prétention à l'empire des âmes. Ni comme philosophe, ni comme historien il ne peut *ignorer* le christianisme, éviter de dire ce qu'il en pense, se refuser à porter un jugement sur les titres qu'il fait valoir, à apprécier les solutions qu'il apporte aux problèmes de la vie humaine.

Il ne s'y refuse pas en effet. Il sait que le christianisme a des titres ; mais il sait aussi qu'ils ne comptent pas. En présence des grands faits de l'Évangile dont Rousseau a dit « qu'ils sont mieux attestés que les faits de Socrate dont « personne ne doute, » il s'exprime ainsi : « Il y a toujours « quelque ridicule à discuter avec un fidèle. L'adversaire « use du raisonnement et de l'histoire contre une croyance « qui ne s'établit ni par l'histoire ni par le raisonnement. « Les preuves historiques qu'elle présente, les témoi-« gnages, tous les signes extérieurs de vérité ne sont que « des ouvrages avancés qu'elle perd ou qu'elle conserve « sans grand dommage. On s'y bat moins par intérêt que « par acharnement et par esprit de parti. Les soldats s'y « font tuer, mais les grands généraux estiment ces postes « pour ce qu'ils valent ; ils savent que le sort de la forte-« resse n'en dépend pas [1]. » C'est probablement parce que *le sort de la forteresse n'en dépend pas* qu'un des grands généraux, — il s'appelait saint Paul, — disait par deux fois à la première génération des chrétiens : « Si le Christ « n'est pas ressuscité, » si sa résurrection n'est pas un fait

---

1. *Nouveaux essais de critique et d'histoire*, p. 10.

historique certain, « vaine est notre prédication, et « vaine est notre foi. Mais il est bien vrai que le Christ « est ressuscité[1]. » Ne pouvons-nous pas dire à notre tour qu'il y a non pas quelque ridicule, mais quelque hardiesse ou quelque extrême incompétence à se débarrasser ainsi lestement de tout le travail de l'apologétique chrétienne ?

Et voici quelque chose de plus surprenant encore. Je n'ai lu, je l'avoue, qu'avec une sorte de stupeur deux lignes que je vais transcrire : « La sympathie pour les pauvres a été inventée par Rousseau. » Et l'Évangile ? et saint Jean Chrysostôme et, avec lui, tous les Pères ? et ces moines celtiques dont Montalembert a si éloquemment raconté les luttes héroïques en faveur du pauvre peuple ? et saint François d'Assise et ses innombrables légions de pauvres volontaires ? et sainte Elisabeth de Hongrie ? et saint Louis ? — Tournons la page. « Au XVIIe siècle on « compatit aux malheurs des gens de sa société ; quant aux « autres, Fénelon seul, je crois, y pense[2]. » Que le siècle est bien choisi ! C'est celui de saint Vincent de Paul.

Il n'y a qu'une excuse pour des étourderies si énormes, qui sont en même temps de scandaleuses injustices. M. Taine était alors tout au début de sa carrière d'écrivain ; et son esprit, déjà meublé de beaucoup d'idées, n'avait sans doute pour tout bagage historique que des récits où la vérité était travestie dans un intérêt de parti. C'est sur les sujets de ce genre que des études plus sérieuses et plus impartiales le feront plus tard changer de sentiment et de langage. Mais ces lignes invraisemblables devaient être citées puisqu'elles ont été écrites.

Il avait donc, à cette date, les yeux entièrement fermés à quelques-unes des vérités les plus éclatantes de l'histoire. En revanche il croyait savoir à merveille ce que c'est qu'une religion et comment se forment toutes les reli-

---

1. *Si Christus non resurrexit, inanis est ergo prædicatio nostra, inanis est et fides vestra.... Nunc autem Christus resurrexit a mortuis.* (*Epist.* I, *ad Cor.*, ch. xv, v. 14, 20.)

2. *Essais de critique et d'histoire* (1857), p. 10-12.

gions, y compris le christianisme, expressément visé dans une *Étude de philosophie religieuse* où il s'exprime ainsi : « Une religion est une doctrine qu'établissent deux facul- « tés, l'inspiration et la foi. L'inspiration la fonde et la foi « la propage ; l'inspiration suscite ses auteurs, et la foi lui « attire des fidèles. » Dans ces termes généraux, et à cela près que c'est un contre-sens d'appeler faculté de l'homme l'inspiration qui, si elle est vraie, est un pur don de Dieu à l'égard duquel l'homme n'est qu'un organe de transmission, la formule est acceptable. Mais les mots n'ont que le sens qu'on leur donne ; et l'on va voir que M. Taine nomme inspiration ce que le xvii° siècle appelait *fanatisme* et ce que nous appelons *illuminisme*. L'auteur prend d'ailleurs soin de nous en avertir en nous donnant comme exemples frappants les sectes qui sont nées pendant les deux derniers siècles en Angleterre et en Amérique et entre lesquelles les Puritains et les Mormons seront de sa part l'objet de monographies spéciales.

Il continue : « Au commencement il se rencontre des « hommes qui se déclarent en commerce avec le monde « surnaturel ; ils voient Dieu, ils pénètrent sa nature ; une « voix intérieure leur dicte un symbole nouveau, et voilà « qu'une métaphysique et une morale tout entières revê- « tues d'images sensibles se lèvent devant leur esprit. Ils « subissent l'ascendant invincible du Dieu qui leur parle. « Ils montrent aux hommes le ciel où ils ont été ravis. Ils « répètent les paroles divines qu'ils ont entendues, et de « cette vision primitive, publiée par une prédication ar- « dente, attestée par des sacrifices héroïques, confirmée « par un genre de vie extraordinaire, naît la religion. Les « auditeurs, à leur tour maîtrisés, acceptent l'autorité du « prophète. Ils n'ont pas besoin de raisonnements pour le « croire. La foi s'impose à eux comme la révélation s'est « imposée à lui. Ils sentent qu'il voit, qu'il sait, qu'il com- « munique avec le monde invisible. Ils voient par lui, ils « lisent dans ses yeux, dans son accent et dans ses écrits, « les visions qui le possèdent ; il est pour eux comme un

« miroir où ils contemplent le monde surnaturel ré-
« fléchi[1]. »

Oui, c'est bien là la genèse du puritanisme et du mormonisme. Du côté des fondateurs et propagateurs, à les supposer sincères, aucune garantie leur permettant à eux-mêmes de distinguer les révélations véritables d'avec les suggestions d'un esprit visionnaire. Du côté des adhérents, aucun souci de demander au prophète une lettre de créance qui l'accrédite auprès d'eux et atteste la divinité de sa mission ; rien, sinon une conformité entre son état d'âme et le leur ; tout un terrain préparé soit pour le succès d'une fraude, soit pour l'éclosion et la contagion d'une maladie mentale.

Et c'est exactement le contre-pied des origines du christianisme.

Lisez seulement le premier discours de saint Pierre, à cette date mémorable de la Pentecôte, qui est celle de la fondation de l'Église catholique. Un grand fait vient de se passer. « Les disciples commencèrent à parler diverses
« langues. Le bruit s'en étant répandu, une foule s'assem-
« bla ; et ils furent tous dans la stupeur parce que chacun
« les entendait parler en sa langue. Et ils s'étonnaient
« disant : tous ces gens-là qui nous parlent ne sont-ils pas
« Galiléens ? Comment donc se fait-il que nous tous,
« Parthes, Mèdes, Élamites, habitants de la Mésopotamie,
« de la Cappadoce, du Pont, de la Phrygie, de la Pamphy-
« lie, de l'Égypte, de la Cyrénaïque, de l'Arabie, de la
« Crète, de Rome, nous les entendons parler chacun en notre
« langue[2]. » Là, dans ce fait sensible qui a autant de témoins individuels qu'il y a d'hommes dans cette foule, les uns indifférents et fraîchement débarqués de tous les

---

1. *Nouveaux Essais*, p. 8-9.

2. *Et cœperunt loqui variis linguis. Erant autem in Jerusalem habitantes Judæi ex omni natione quæ sub cœlo est. — Facta autem hac voce, convenit multitudo, et mente confusa est, quoniam unusquisque audiebat lingua sua illos loquentes. — Stupebant autem omnes et mirabantur dicentes : Nonne ecce omnes isti qui loquintur Galilæi sunt? — Et quomodo nos audivimus unusquisque linguam*

coins de l'Orient et de l'Occident, les autres tout pleins des souvenirs de cette journée où l'homme acclamé naguère comme le restaurateur du royaume d'Israël mourait sur une croix, là, dis-je, est la première et publique lettre de créance de la religion nouvelle.

Il ne manque pas cependant, parmi ce peuple, d'esprits réfractaires pour qui « le surnaturel est en dehors de la critique, » et pour qui toute explication, même la plus enfantine, est bonne pourvu qu'elle exclue l'idée du miracle. Ils disent : « Ces gens-là sont ivres. » Ils diraient aujourd'hui : « ils sont hypnotisés [1]. »

Pierre alors prend la parole. Il écarte d'un mot l'explication *naturaliste* en rappelant à cette foule, toute entière juive et qui connaît les prescriptions de la Loi, qu'à la troisième heure où l'on est en ce moment, et qui est l'heure de la prière, tout Israélite est à jeun. Puis il se place tout de suite sur le terrain de l'histoire, non pas d'une histoire lointaine que le temps a pu obscurcir, mais de l'histoire contemporaine, des faits à la connaissance personnelle d'un très grand nombre de ses auditeurs. Il leur rappelle les bienfaits et les miracles qui formèrent le tissu de la vie de Jésus parmi eux. Il leur rappelle qu'ils l'ont fait crucifier. Et il ajoute ces paroles très positives et très audacieuses : « C'est ce Jésus que Dieu a ressuscité, *et nous en sommes tous témoins* [2]. » Voilà la seconde lettre de créance.

Mais il faut confirmer ce témoignage. « Pierre et Jean « allaient au temple pour la prière de la neuvième heure. « Et il y avait là un homme boiteux de naissance que l'on

---

*nostram in qua nati sumus? — Parthi, et Medi, et Elamitæ, et qui habitant Mesopotamiam, Judæam et Cappadociam, Pontum et Asiam, — Phrygiam et Pamphyliam, Ægyptum et partes Libyæ quæ est circa Cyrenen, et advenæ Romani, — Judæi quoque et Proselyti, Cretes et Arabes, audivimus eos loquentes nostris linguis.*
(Act. Apost., II, 4, 11.)

1. *Quia musto pleni sunt isti.* (Ib., 13.)

2. *Hunc Jesum affigentes interemistis. — Hunc Jesum resuscitavit Deus, cujus omnes nos testes sumus.* (Act. Apost., II, 23-32.)

« portait chaque jour à la porte du Temple qu'on nomme
« la belle pour demander l'aumône à ceux qui entraient.
« Voyant donc entrer Pierre et Jean, il leur demandait
« l'aumône. Et Pierre, le considérant, lui dit : Regarde-
« nous bien en face. Et lui fixa les yeux sur eux espérant
« qu'ils allaient lui donner quelque chose. Et Pierre lui
« dit : Je n'ai ni or ni argent, mais ce que j'ai, je te le
« donne : au nom de Jésus-Christ de Nazareth, lève-toi
« et marche. Et lui prenant la main, il le leva, et aussitôt
« ses jambes et ses pieds s'affermirent, et, faisant un bond,
« il se tint droit, et il marchait ; et il entra avec eux dans
« le temple en louant Dieu. Et tout le peuple qui le recon-
« naissait bien pour le mendiant boiteux de la belle porte
« le vit marcher en louant Dieu. Et toute la foule accourut
« pleine de stupeur [1]. » — Voilà la troisième lettre de
créance.

Ainsi tout de suite une foule immense s'assemble. Et tous sont témoins du miracle ; car tous connaissaient le boiteux de naissance ; et tous le voient maintenant marcher et bondir dans l'ivresse d'une guérison qu'il n'avait ni demandée ni espérée. Et Pierre, prenant de nouveau la parole, joint dans son discours au fait de la résurrection de Jésus attesté par tous les disciples le fait nouveau de la guérison miraculeuse opérée au nom de Jésus ressuscité. « Vous

[1]. *Petrus autem et Joannes ascendebant in Templum, ad horam orationis nonam. — Et quidam vir qui erat claudus ex utero matris suæ bajulabatur, quem ponebant quotidie ad portam Templi quæ dicitur speciosa, ut peteret eleemosynam ab introeuntibus in Templum. — Is, quum vidisset Petrum et Joannem incipientes introire in Templum, rogabat ut eleemosynam acciperet. — Intuens autem eum Petrus cum Joanne dixit : Respice in nos. — At ille intendebat in eos, sperans se aliquid accepturum ab eis. — Petrus autem dixit : Argentum et aurum non est mihi ; quod autem habeo, hoc tibi do : in nomine Jesu-Christi Nazareni, surge et ambula. — Et apprehensa manu ejus dextera, allevavit eum, et protinus consolidatæ sunt bases ejus et plantæ. — Et exiliens stetit et ambulabat ; et intravit cum illis in Templum laudans Deum. — Et vidit omnis populus eum ambulantem et laudantem Deum. — Cognoscebant autem illum quod ipse erat qui ad eleemosynam sedebat ad speciosam portam Templi ; et impleti sunt stupore.* (Act. Apost., III, 1-10.)

« avez tué l'auteur de la vie. Et Dieu l'a ressuscité, de
« quoi nous sommes tous témoins. Et c'est le nom de ce
« Jésus, c'est la foi en ce Jésus qui a rendu à une santé
« parfaite, en votre présence à tous, cet homme que vous
« avez vu et que vous connaissez[1]. »

Reste à produire une dernière confirmation, la confirmation par le sang. Elle ne prouve rien quand on souffre et qu'au besoin on meurt pour soutenir une opinion ; elle prouve tout, quand on souffre pour attester un fait, — à moins que le témoin ne soit positivement fou, c'est-à-dire ici halluciné, et qu'il ne croie avoir vu, entendu, touché ce qu'il n'a ni vu, ni entendu, ni touché, — ou bien encore à moins qu'il ne soit fourbe jusqu'à soutenir au prix de sa vie un pur mensonge qu'il n'a aucune sorte d'intérêt à soutenir, ce qui est un autre genre de folie.

Cette confirmation ne fera pas longtemps défaut. Dès le lendemain du second discours de Pierre, les autorités juives font comparaître les apôtres, et avec eux se présente le malade guéri. On s'assure par leur déclaration expresse que la guérison a été opérée au nom de Jésus. Et on leur intime la défense d'enseigner en ce nom d'un crucifié. Et Pierre et Jean répondent : « Jugez vous-mêmes s'il est
« juste devant Dieu de vous obéir plutôt qu'à Dieu. Ce
« que nous avons vu et entendu, nous ne pouvons pas ne
« pas le dire[2]. »

On les renvoie avec menaces. Ils continuent à prêcher. Les miracles se multiplient sous leurs pas et, littéralement, à leur ombre, et cela dans des conditions de publicité qui attirent en grand nombre à Jérusalem les habitants des villes voisines. Les chefs du peuple, de plus en plus

---

1. *Auctorem vero vitæ interfecistis, quem Deus suscitavit a mortuis, cujus nos testes sumus. — Et in fide nominis ejus, hunc quem vos vidistis et nostis confirmavit nomen ejus; et fides quæ per eum est dedit integram sanitatem istam in conspectu omnium vestrum.* (Act. Apost., III, 15-16).

2. *Si justum est in conspectu Dei vos potius audire quam Deum, judicate. — Non enim possumus quæ vidimus et audivimus non loqui.* (Act. Apost., IV, 19-20.)

inquiets, les font arrêter à deux reprises et renouvellent leur défense. Les apôtres n'ont pas d'autre réponse que celle qu'ils ont donnée tout d'abord : « Il vaut mieux obéir « à Dieu qu'aux hommes ; — nous sommes les témoins « de la résurrection du Christ [1]. » Et les chefs, transportés de fureur, délibèrent de les faire mourir. Un avis moins extrême ayant prévalu, on se contente de les faire battre de verges et de les renvoyer en ajoutant des menaces plus violentes à ce nouveau moyen d'intimidation. « Mais « eux s'en allaient joyeux d'avoir été jugés dignes de « souffrir un outrage pour le nom de Jésus. — Et chaque « jour ils ne discontinuaient pas d'enseigner dans le Temple « et dans les maisons, et d'évangéliser Jésus-Christ [2]. »

Telles sont les bases, historiquement tout à fait primitives, théologiquement tout à fait fondamentales, de la prédication chrétienne. Il n'est pas possible de rien imaginer qui soit plus exactement contradictoire à la légende que M. Taine n'a assurément pas inventée, mais qu'il a accueillie avec une parfaite ignorance du sujet et que son talent et ses allures scientifiques n'ont pas peu contribué à accréditer. Là où il dit que la croyance ne s'établit pas par l'histoire, nous voyons la croyance s'établir par l'histoire. Là où il dit que les témoignages ne sont pour elle que des ouvrages avancés qu'elle peut perdre sans grand dommage, nous voyons qu'elle se déclare vaine si un certain fait dominateur n'est pas établi par le témoignage. Là où il dit que les généraux estiment ces postes avancés pour ce qu'ils valent, sachant que le sort de la forteresse n'en dépend pas, nous voyons qu'aux yeux de tous les généraux et en particulier du général en chef, ces ouvrages avancés sont la forteresse elle-même. Enfin, là où il dit que les

---

1. *Obedire oportet Deo magis quam hominibus. — Deus patrum nostrorum suscitavit Jesum quem interemistis. — ...Et nos sumus testes.* (*Act. Apost.*, v, 29, 30, 32.)

2. *Et illi quidem ibant gaudentes quoniam digni habiti sunt pro nomine Jesu contumeliam pati. — Omni autem die non cessabant in Templo et circa domos docentes et evangelisantes Jesum Christum.*
(*Act. Apost.*, v. 41-42.)

fondateurs ou propagateurs de toute religion sont des illuminés qui voient Dieu et montrent aux hommes le ciel où ils ont été ravis et que c'est là toute la garantie de leur mission, nous voyons les premiers prédicateurs du christianisme dire, en hommes simples, en témoins de faits perceptibles et perçus par les sens : « nous ne pouvons « pas ne pas dire que nous avons vu, entendu et touché ce « que nous avons vu de nos yeux, entendu de nos « oreilles et touché de nos mains [1]. »

## II — PESSIMISME

L'idée préconçue d'un double et irréconciliable conflit entre la science et l'idée de Dieu, entre la science et toute religion positive, a obsédé jusqu'à la fin l'esprit de M. Taine. Et, quoique la chose soit étrange à dire, peut-être les partis-pris du positiviste contre le Dieu de la raison étaient-ils plus tenaces encore chez lui que ceux de l'incrédule contre le Dieu de la foi. Les années, l'expérience des choses, l'étude plus sérieuse de l'histoire feront tomber plusieurs de ses préjugés contre le christianisme. L'ensemble de ses conceptions philosophiques lui fermera jusqu'au bout le chemin qui mène de la nature à un principe divin de la nature. Et aucun rayon supérieur aux sciences dites positives, aucune perspective, aucune échappée vers quelque chose d'immortel ne viendra éclairer ou élargir son horizon.

C'est dans ces conditions que se pose pour lui le problème de la vie humaine. Quelle solution lui donnera-t-il ? quel sens aura pour lui cette apparition de l'individu humain pour qui tout sera fini en quelques années, toujours courtes quand le terme en arrive ? quel sens peut-elle

---

1. *Quod audivimus, quod vidimus oculis nostris, quod perspeximus, et manus nostræ contrectaverunt,... testamur.*
(S. Joann., Ep. I, 1, 1-2.)

avoir pour ceux qui ont fait dans leur âme le vide qu'il a fait dans la sienne ?

Je ne connais que deux solutions : l'insouciance ou le pessimisme.

Voici un homme qui a tiré un bon numéro dans la loterie de la vie. Il est bien portant, il est riche, il est d'un tempérament à prendre aisément les choses ; et les choses lui viennent à souhait. Il est sociable et de joyeuse humeur. Il se donne des jouissances plus ou moins délicates. Il n'a pas de ces affections profondes qui laissent le cœur brisé par les deuils et encore plus par les trahisons ; il a les plaisirs d'une vanité discrète et la tranquillité d'une âme qui ne connaît point les soucis de l'ambition ; il est égoïste avec obligeance et bonne grâce ; et quoiqu'il sache qu'il y a beaucoup de souffrances dans le monde, quoiqu'il se laisse volontiers quêter pour les adoucir, il n'en reçoit pas un contre-coup qui trouble beaucoup sa quiétude. Il est d'ailleurs parfaitement vide de croyance, et il est positiviste sans être philosophe.

Interrogez-le sur la vie humaine. Il vous répondra qu'il trouve la sienne fort douce ; que tout est pour le mieux, — pour lui, — dans le meilleur des mondes ; que si d'autres sont moins bien partagés, c'est grand dommage, — pour eux ; — mais qu'il n'y peut rien, et que son heureuse chance ne fait de tort à personne. Telle est sa solution du problème.

Pour penser ainsi, la première condition, outre celles que nous avons dites, est de ne point penser. Car penser est un peu plus que jouir et savourer la jouissance ; c'est avoir une opinion réfléchie sur des questions générales ; et après qu'un homme s'est félicité ou s'est plaint de son sort, il reste à savoir ce qu'il lui semble du sort de l'humanité.

M. Taine pense avec trop d'intensité pour ne pas se poser le problème. Et il est trop peu d'humeur à se payer de mots vagues et de rêves lointains pour que les promesses d'un âge d'or futur compensent à ses yeux les dures réalités de l'âge de fer actuel. Il laisse Herbert Spencer annoncer, au

nom des principes de l'évolutionnisme, « que certainement
« ce que nous appelons le mal et l'immoralité disparaîtra,
« et que certainement l'homme deviendra parfait. » Comme
ces principes sont les siens, il se sent tenu de n'y point
contredire. Il écrit même la page de rigueur sur le progrès. Mais dans le fond de son cœur, dans son appréciation
habituelle des choses, il est avec Schopenhauer et Hartmann comme l'est inévitablement quiconque voit dans la
vie actuelle une énigme dont le mot ne peut être cherché
qu'ici-bas.

Je voudrais caractériser avec autant de précision et
d'équité que possible ce pessimisme de M. Taine en le
comparant à ceux qui, par certains côtés, lui ressemblent
et, par d'autres, en diffèrent.

Le pessimisme de Schopenhauer et celui de Hartmann
sont superposés chacun à une métaphysique comme les
Allemands seuls savent en faire.

Celle de Schopenhauer est immanente.

Il n'y a que le monde; et le monde, vu par un côté, est
pure *représentation*, c'est-à-dire phénomène interne et subjectif, n'existant que parce qu'il est pensé; c'est là un idéalisme à outrance, plus absolu que celui de Berkeley, bien
qu'en même temps ce soit un matérialisme rigoureux, les
représentations subjectives n'étant au fond que des phénomènes cérébraux. Et le même monde, vu par un autre côté,
est *volonté*, volonté de vivre, et c'est pour cela qu'il est foncièrement mauvais. En effet, l'individu n'est qu'une apparence et un instrument; il n'est que pour l'espèce qui seule
est réelle et seule a une valeur pour la nature. L'individu
sort du néant, reçoit la vie dans l'intérêt de l'espèce, puis
la perd et rentre dans le néant. L'homme, n'étant, comme
les autres êtres, qu'un moyen et non une fin pour la nature,
ne doit pas s'étonner s'il la trouve sourde à ses désirs et
impitoyable à ses maux. Cependant, depuis son entrée
en scène, l'individu est dominé par la volonté de vivre,
volonté déraisonnable chez un être qui va mourir, volonté
qui, par son opposition, à chaque instant possible, avec la
fatalité des lois de la mort, est une source d'inépuisables

douleurs. Aussi bien ce *vouloir vivre* n'est pas un acte de choix et de liberté personnelle, mais une impulsion inconsciente vers un but dont la raison se détournerait si elle était consultée. La vie n'est et ne peut être qu'un continuel souffrir. Car la base du vouloir est le désir, donc la souffrance. Et, d'autre part, si l'absence de besoin ou sa satisfaction trop facile laissent le désir et la volonté sans action, c'est le vide et l'ennui, qui font de la vie un fardeau insupportable. La douleur et l'ennui sont donc les éléments constitutifs et derniers de la vie humaine. La réalisation des désirs amène la satiété, le but n'était qu'apparent, la possession fait disparaître l'attrait, et c'est toujours à recommencer. Les peines qu'on se donne pour éviter la douleur ne font que la transformer en introduisant dans la vie tout le cortège des passions.

La métaphysique de Hartmann est transcendante.

Le monde n'est que la série graduée des objectivations d'une substance absolue qui est le Tout-Un et dont le vrai nom est l'Inconscient. Cette substance est susceptible d'un développement déterminé par un but, c'est-à-dire par quelque chose qui existe à l'état de représentation avant d'exister à l'état de réalité. Il y a donc en elle puissance de représentation et puissance de réalisation. En d'autres termes, le Tout-Un a deux attributs essentiels, l'intelligence et la volonté.

Cela ne l'empêche pas d'être inconscient. Il peut l'être; car c'est un vieux préjugé de croire que la conscience soit une condition essentielle du penser et du vouloir; elle n'en est qu'une acquisition tardive et un dernier progrès. Il doit l'être parce qu'il est infini et que la conscience est une limitation.

Comment l'objectivation possible du Tout-Un est-elle devenue réelle? — Avant le commencement du monde, avant ce qu'on appelle la création, aucun changement n'avait de place dans l'Absolu; et ses attributs, ne fonctionnant pas encore, étaient infinis comme lui. Mais, dès qu'ils passent de l'état potentiel à l'état actuel, ils se limitent *ipso facto*, et le monde fini commence. Il y a donc dans l'Absolu, par le fait même de la production du monde, quelque chose qui le contredit, le mutile et l'altère. Aucun changement dans l'Absolu n'étant concevable comme progrès, tout changement en lui est nécessairement recul et décadence.

Comment ce recul a-t-il été possible? Rien de plus facile à expliquer. La production du monde, étant, de la part de l'Absolu, un acte irrationnel, *alogique*, a nécessairement pour cause celui de ses deux attributs qui, pris en lui-même, est étranger à l'intelligence,—la volonté. Or, aussi longtemps que ces deux attributs demeuraient en équilibre, à l'état de pure puissance, il ne pouvait être question de la production d'un monde. Aussi n'est-ce pas la volonté à l'état de repos qui a été le trouble-fête dans l'immobile quiétude du Tout-Un, mais la volonté voulante, la volonté toute seule et faisant bande à part. C'est elle qui, dans un moment d'*alogisme*, a pris l'insensée et funeste résolution de produire le monde, lequel est, comme on voit, un « ne devant pas être » dont la non existence non seulement vaudrait mieux que son existence, mais encore doit être logiquement réclamée.

Hartmann, qui y était et sait que les choses se sont passées ainsi, n'a pas su cependant pourquoi la volonté du Tout-Un a fait cette lourde faute. Mais il sait que le principe qui l'a faite l'a regrettée à peine commise, que l'ayant faite il peut la réparer, qu'il y travaille, que ce travail est tout le plan du monde, et que ce plan est dirigé de la manière la plus excellente vers le plus excellent des buts, qui est la rentrée du Tout-Un dans son repos primitif par l'anéantissement de ce « ne devant pas être » qui s'appelle le monde.

Que si vous lui demandez pourquoi il y faut tant de façons, et pourquoi la volonté du Tout-Un, qui a bien pu produire le monde dans une heure de folie, ne l'anéantit pas dans une heure de sagesse au lieu de le conduire avec tant de lenteur et par des chemins si compliqués à cette issue désirable, il répondra sans doute que, puisque cela ne s'est pas fait, c'est qu'apparemment cela ne pouvait pas se faire.

Quoi qu'il en soit, on voit comment, dans cette métaphysique renouvelée du gnosticisme oriental, un optimisme inattendu se superpose, sans l'altérer, à l'absolu pessimisme qui en fait le fond. Le monde est mauvais parce qu'il est un monde ; il est *damné* de naissance ; et c'est par surérogation que Hartmann se complait dans la peinture tragique de l'universelle désolation dont il est plein ; voilà le pessimisme. Et le monde est bien gouverné parce que tout son mouvement est orienté vers la suppression finale du mal qui est en lui, du mal qu'il est par essence, vers l'anéantissement ; voilà l'optimisme au service du pessimisme.

M. Taine, qui ne visite qu'en curieux les métaphysiques allemandes, a l'esprit trop net pour prendre celles-ci au sérieux, et ne va pas chercher si loin les raisons de son pessimisme. Les siennes, étant donné l'ensemble de sa philosophie, sont tout à fait décisives.

Prenez en effet le monde comme un système clos et se suffisant à lui-même, comme un système de forces ou plutôt de mouvements qu'aucune pensée ne dirige. Placez l'homme, non pas en face de cette nature aveugle comme un monde en face d'un autre monde, mais dans cette nature comme une de ses parties, comme un mouvement infiniment petit perdu dans ses mouvements infinis en étendue, éternels en durée, comme un mouvement déterminé par eux, déterminé comme eux, passager comme eux, ne différant d'eux que par l'accident et l'*épiphénomène* de la conscience et de la pensée. Et demandez-vous ensuite ce que peut valoir une vie humaine. Puis, consultez l'expérience, et demandez-vous ce que valent en fait, si on ne les prend qu'à ce point de vue, la plupart des vies humaines. Vous comprendrez que, pour les rendre à peu près tolérables, il faudrait un concours presque infini de chances heureuses. Et vous constaterez que, comme il était facile de le prévoir, ces chances sont très rarement réunies, qu'en somme la condition du plus grand nombre est et sera toujours des plus misérables, que la condition des privilégiés demeurera extrêmement chétive en soi, et que sa disproportion avec leurs indéracinables désirs de bien et de bonheur la rendra, pour ces heureux eux-mêmes, positivement malheureuse.

Rétablissez Dieu ; tout change, et le pessimisme, qui s'imposait comme évidemment vrai, s'évanouit comme un mauvais rêve que le jour dissipe. Désormais, je sais d'où je viens et où je vais. Je suis affranchi de la nature, et je la domine comme la pensée domine la matière. J'échappe aux chaînes de fer de la loi physique, et je ne suis plus le sujet que de la loi morale qui, en m'éclairant, m'associe à ses prescriptions et qui, en obligeant ma liberté, la respecte. Je sais que l'auteur de la nature a fait le monde des corps pour le monde des esprits, et le monde des esprits pour lui-même, pour aller à lui par la pensée et l'amour. Je sais qu'il est le Père du genre humain et que, s'il a fait les hommes pour lui, il les a faits aussi les uns pour les autres, pour s'assister mutuellement dans leur marche vers la fin commune et suprême. Je sais qu'il est la sagesse et la bonté, et qu'il n'a pas mis en moi le désir du bien et du bonheur pour les frustrer, mais pour les satisfaire. Je sais qu'il est la justice, que, m'ayant fait libre, il a voulu que ce bien et ce bonheur fussent le prix de mon effort en même temps que le don de sa libéralité ; que son assistance dans le combat ne me fera jamais défaut si je la lui demande, et que si je veux, comme il dépend de moi de vouloir, la victoire certaine est au bout. Je sais que la vie est ce combat et cette épreuve, et que la vraie vie, définitive et immortelle, commence où celle-ci finit. Je sais que Dieu a réglé lui-même les conditions de l'épreuve. Et si je ne suis pas dans le secret de chacune d'elles, leur mystère ne me trouble pas parce que je sais que, quelle que soit leur rigueur, elles viennent de sa main paternelle et que, réglées par son amour, elles s'adoucissent et se transforment si elles sont acceptées par le mien. Je puis souffrir, mais non comme ceux qui ne savent pas le pourquoi de la souffrance. Je puis être dans les angoisses de la tristesse, mais non comme ceux qui n'ont point d'espérance. Et c'est toujours mon droit et mon devoir de dire à Celui en qui je crois[1] : « Quand bien même je m'avancerais au « milieu des ombres de la mort, je ne craindrai point les « maux parce que vous êtes avec moi[2]. » C'est ainsi que tout est bien ou tourne à bien pour ceux qui adressent leur amour à l'objet suprême de l'amour : *diligentibus Deum omnia cooperantur in bonum.*

De ces deux conceptions opposées du monde et de l'homme, M. Taine a choisi la première et exclu la seconde. Il n'échappe pas aux conséquences de son choix.

Il y fait parfois quelque effort. S'arrêtant devant la grande figure de Marc-Aurèle, il s'éprend de l'idée stoïcienne de la vie et de la nature, telle que cet « excellent prince » l'a si noblement exposée dans ses *Pensées*. Dans une courte étude dont les seize pages sont parmi les plus belles qu'il ait écrites, M. Taine, après avoir dépeint les temps sombres où vécut le grand empereur, les tristesses dont sa vie fut semée, les hautes vertus intérieures et publiques qu'il y pratiqua, la sérénité un peu mélancolique, mais toujours douce, qu'il y conserva, se demande « quelle est la puissante pensée qui a formé « toute cette vertu et soutenu toute cette conduite. » Et il répond : « Une seule idée, celle de la nature. Aux yeux de « Marc-Aurèle, le monde n'est point un monceau d'êtres, « mais un être unique. Il n'y a point d'événement qui ne « tire derrière lui et devant lui la chaîne infinie et indis- « soluble qui s'allonge jusqu'aux deux extrémités des « temps. Il n'y a point de corps qui ne tienne à la sphère « infinie et indestructible qui s'étend jusqu'aux confins de « l'espace. Tous les êtres et tous les changements se sup- « posent, et un fil ne peut se rompre sans remuer tout le « réseau. En sorte que tout l'univers est un individu « vivant qui subsiste par lui-même, se développe de lui- « même et manifeste par ses formes engendrées et visibles

---

1. *Scio cui credidi.* (II *Ep. à Tim.*, I, 12.)

2. *Nam et si ambulavero in medio umbræ mortis, non timebo mala; quoniam tu mecum es.* (*Ps.* XXII, 4.)

« la loi génératrice et invisible qui le soutient. De l'éten-
« due à la vie, de la vie à la sensation, de la sensation à
« la pensée, s'ordonne une série de puissances dont la pre-
« mière appelle la seconde, dont la seconde nécesssite la
« première, liées entre elles comme la fleur, le fruit et la
« graine d'une plante, états différents qui révèlent une
« même force, paroles successives qui expriment une
« même idée. C'est un seul animal dont les événements
« sont les fonctions et dont les êtres sont les membres.
« *C'est une seule substance divisée en mille corps dis-*
« *tincts, une seule âme circonscrite en mille natures*
« *différentes. C'est un souffle artiste, un feu intelligent*
« *qui se transforme en toutes choses, qui s'assimile à*
« *toutes choses, qui, d'un cours réglé, engendre toutes*
« *choses,* Dieu prévoyant et régulateur, sorte de *raison*
« *séminale* et active, engagée dans la matière et occupée
« à la vivifier. Toutes ces images prises à la lettre par les
« premiers stoïciens, ne sont que des images pour Marc-
« Aurèle. Il pose seulement que le monde est un, qu'un
« ordre de lois le gouverne, et que cet ordre a l'harmonie
« d'une raison. Dès lors, quel spectacle ! La tristesse et le
« dégoût n'étaient que de fausses vues de l'esprit préoc-
« cupé d'un détail et oubliant l'ensemble. Tout est bien et
« tout est beau [1]. »

Dès lors aussi l'homme qui pense et s'associe en pensée
et en actes à l'œuvre de la Nature se considère comme
un avec elle, veut ce qu'elle veut, aime ce qu'elle aime.
Noyant ses étroites préoccupations personnelles dans l'idée
de l'ensemble et dans le sentiment d'une solidarité universelle, il embrasse tout le genre humain dans sa sollicitude, comme la Nature tout l'univers dans la sienne. Et
comparant sa propre petitesse à l'immensité des choses,
sa durée d'un moment à leur durée éternelle, il se détache
sans regret et sans peine de ce point qui s'écoule. —
« Nous avons beaucoup appris depuis seize siècles, » conclut M. Taine ; « mais nous n'avons rien découvert en

---

1. *Nouveaux Essais*, p. 308-310.

« morale qui atteigne à la hauteur et à la vérité de cette
« doctrine. »

Eh! bien, non, la doctrine de Marc-Aurèle n'est point
celle de son panégyriste. Elle contient, elle garde précieusement un élément auquel M. Taine interdit jalousement
tout accès dans la sienne, l'élément du divin. Et cet élément, tout altéré qu'il est par la grande erreur panthéistique qui fait le fond de la métaphysique stoïcienne, lui
suffit pour jeter sur le monde un autre regard que celui du
découragement amer. Le Dieu de Marc-Aurèle n'est pas,
il est vrai, indépendant du monde; mais, du moins, dans
ce monde dont il est l'âme et avec lequel il constitue un
être unique et impersonnel, il est pensée et providence; il
l'a formé d'après un plan excellent, à la réalisation duquel
il veille sans cesse; et l'âme humaine qui occupe dans ce
plan le rang suprême ne quitte, après un court passage,
son corps tombant en ruines que pour rentrer dans ce
principe universel et divin d'où elle a été un moment détachée. Conception fausse sans doute et métaphysiquement
contradictoire, mais qui, soutenue par ce qu'elle garde de
vérité, peut encore soutenir à son tour les âmes vigoureuses et nobles contre la tentation du découragement.
Doctrine incomplète, incapable d'apporter à l'humanité la
force, la consolation, l'espérance, l'amour, condamnée par
conséquent à n'exercer aucune action sociale étendue, mais
qui, si vous y joignez la pensée, stoïcienne aussi, de l'honnête qui est presque le devoir, de la liberté morale, de la
puissance de la vertu pour assurer la vie heureuse, présente, en somme, l'univers comme une belle œuvre d'art,
la destinée humaine comme belle aussi par sa place privilégiée dans le plan de la nature et par la volontaire conformité de notre vouloir avec le vouloir divin.

De là chez Marc-Aurèle un sentiment et un accent religieux beaucoup plus profonds et sincères que ne l'a cru
M. Taine. De là ses actions de grâces aux dieux, — elles
remplissent le premier livre des *Pensées*, — pour les beaux
exemples et les sages leçons dont ils ont entouré sa jeunesse. De là les innombrables passages où la Providence

est affirmée et exaltée, et où « le génie qui est en nous » est honoré comme une participation à la nature divine. Il y a là un esprit et une doctrine; et c'est les défigurer entièrement de n'y voir que des images [1]. »

La doctrine de M. Taine lui interdit cet accent et cet

1. Il faudrait citer la moitié du livre. Voici seulement quelques lignes prises presque au hasard :

« Les œuvres des dieux sont pleines de providence. Les événements
« fortuits ne sont pas en dehors de la nature, c'est-à-dire de cet ordre
« dont la Providence règle l'enchaînement et le concert. C'est de la
« Providence que découlent toutes choses. A ce principe se rattachent
« et la nécessité et ce qui est utile à l'harmonie de l'univers dont tu
« es une partie. Le bien pour chaque partie de l'univers, c'est ce qui
« est conforme au plan de l'univers, et ce qui tend à la conservation
« de ce plan. » (L. II, 3.)

« Il est possible que tu sortes à l'instant de cette vie. Or s'en
« aller d'au milieu des hommes, s'il y a des dieux, n'a rien qui
« doive t'effrayer, car ils ne te jetteront pas dans le malheur. Si, au
« contraire, il n'y en pas, ou s'ils ne prennent nul souci des choses
« humaines, que t'importe de vivre dans un monde vide de dieux et
« vide de providence? Mais il y a des dieux et qui prennent souci
« des choses humaines; et ils ont donné à l'homme un pouvoir effi-
« cace qui peut le garantir de tomber dans les maux véritables. »
(L. II, 11.)

« Tout ce qui t'accommode, ô Monde, m'accommode moi-même.
« Rien ne m'est prématuré ni tardif qui est de saison pour toi. Tout
« ce que m'apportent les heures est pour moi un fruit savoureux, ô
« Nature! tout vient de toi; tout est en toi; tout rentre dans toi.
« Quelqu'un disait : *Bien-aimée cité de Cécrops!* mais toi, ne peux-
« tu pas dire : *Bien-aimée cité de Jupiter?* » (L. IV, 2-3.)

« Honore ce qu'il y a dans le monde de plus excellent : l'Être qui
« se sert de tout et administre toutes choses. Pareillement honore ce
« qu'il y a de plus excellent en toi; c'est un être de la même famille
« que le premier; lui aussi se sert des autres choses qui sont en toi
« et gouverne ta vie. » (L. V, 21.)

« Mets toute ta joie, toute ta satisfaction à passer d'une action
« utile à l'État à une autre action qui lui soit utile, en te souvenant
« toujours de Dieu. » (L. VI, 7.)

« L'aspiration vers l'Être suprême peut former un lien de mutuelle
« affection, même entre des êtres éloignés l'un de l'autre. » (L. IX, 9.)

« Si tu le peux, corrige-les, sinon, souviens-toi que c'est pour
« l'exercer envers eux que t'a été donnée la bienveillance. Les dieux
« eux-mêmes sont bienveillants pour ces êtres. Dis-moi, qui t'empêche
« de faire comme eux? » (L. IX, 11.)

esprit ; et ce n'est qu'en l'oubliant un moment qu'il peut apprécier la vie humaine comme l'appréciait Marc-Aurèle. Dès qu'il redevient le philosophe qu'il est et qu'il veut être, ses jugements sont d'un pessimiste.

*Tout est bien et tout est beau*, disait-il dans un instant d'illusion et sous le charme des hautes pensées du grand stoïcien. Mais bien vite il s'éveille de ce rêve : « Un vieux
« texte d'histoire, une statistique indifférente rassemblent
« dans leur enceinte des années de souffrance, des milliers
« de morts, la fuite, les séparations, l'abrutissement.
« Certainement il y a trop de mal dans le monde.
« L'homme ôte chaque siècle une ronce et une pierre
« dans le mauvais chemin où il avance; mais qu'est-
« ce qu'une ronce et une pierre? Il en reste et il en
« restera toujours plus qu'il n'en faut pour le déchirer et le
« meurtrir. D'ailleurs d'autres cailloux retombent, d'autres
« épines repoussent. Son bien-être grandit sa sensibilité;
« il souffre autant pour de moindres maux ; son corps
« est mieux garanti, mais son âme est plus malade...
« Une seule chose s'accroît, l'expérience et, avec elle, la
« science, l'industrie, la puissance. Dans le reste on perd
« autant qu'on gagne, et le plus sûr progrès est de s'y
« résigner[1]. »

Rien n'est plus vrai, plus tristement vrai, du seul point de vue auquel on puisse se placer selon les principes que M. Taine a adoptés. Et d'après ces mêmes principes rien n'est plus vain que ce raisonnement : la nature humaine aspire invinciblement à tel bien, donc ce bien lui sera donné. Son aspiration n'aurait de valeur que si elle révélait une promesse et s'il y avait quelqu'un qui pût promettre et dût tenir. Mais il n'y a personne, il n'y a qu'une série de mouvements déterminés par des lois mécaniques ; voulez-vous, pouvez-vous sans ridicule implorer ces lois qui ne vous connaissent pas? Au vrai, de même que les hommes, généralement et naturellement fous, ne deviennent sages que par une chance exceptionnellement favorable, de même,

---

1. *Voyage aux Pyrénées*, p. 174.

généralement et naturellement malheureux, ils ne cessent de l'être que par rare bonne fortune. M. Taine explique cela tout au long dans une page humoristique et triste, qu'on dirait sortie de la plume de Swift et qu'il faut citer toute entière :

« Dans le monde, on souffre, et cela est raisonnable ;
« veux-tu demander aux grandes puissances de la nature
« de se transformer pour épargner la délicatesse de tes
« nerfs et de ton cœur? On s'y tue et on s'y mange, et cela
« n'a rien d'étrange ; il n'y a pas assez de pâture pour tant
« d'estomacs. — Si tu veux comprendre la vie, que ceci
« soit le commencement et comme l'assiette de tous tes
« jugements et de tous tes désirs : tu n'as droit à rien, et
« personne ne te doit quelque chose, ni la société, ni la
« nature. Si tu leur demandes le bonheur, tu es un sot ; si
« tu te crois injustement traité parce qu'elles ne te le
« donnent pas, tu es plus sot. Tu voudrais être honoré,
« ce n'est pas une raison pour qu'on t'honore. Tu as
« froid, ce n'est pas une raison pour qu'un habit chaud
« et commode vienne de lui-même se poser sur ton dos.
« Tu es amoureux, ce n'est pas une raison pour que
« l'on t'aime. Il y a des lois immuables qui gouvernent
« la possession de la gloire, comme la rencontre de
« l'amour, comme l'acquisition du bien-être. Elles t'en-
« veloppent et te maîtrisent comme l'air méphitique ou
« sain dans lequel tu es plongé, comme les saisons qui, sans
« s'inquiéter de tes cris, tour à tour te gèlent ou te brûlent.
« Tu es parmi elles, pauvre être débile, comme un mulot
« parmi des éléphants; aie l'œil vigilant, prends garde où
« ils vont poser le pied; ne te hasarde pas sur leurs
« sentiers accoutumés; grignotte avec précaution quelque
« petite parcelle des provisions qu'ils accumulent ; mais
« surtout ne sois pas à ce point ridicule que de t'étonner s'ils
« ne sont pas à ton service et si leurs redoutables masses
« se meuvent sans songer à toi. Ce que tu auras de vie est
« un don gratuit ; mille qui valaient mieux que toi ont été
« écrasés dès leur naissance. Si tu trouves dans ton trou
« quelques grains amassés d'avance, remercie ton père qui

« est allé les chercher au péril de ses membres. Quand tu
« attraperas une minute de jouissance, regarde-la comme
« un accident heureux; c'est le besoin, l'inquiétude et
« l'ennui qui, avec la douleur et le danger, accompagne-
« ront tes gambades de rat ou te suivront dans ta taupi-
« nière. Tu t'y complais, elle te paraît solide; cela est vrai
« jusqu'au premier flot d'eau lancé par une de ces grosses
« trompes, jusqu'à l'approche de ces lourdes pattes. Après
« tout, au vingtième jour, au cinquantième ou un peu plus
« tard, l'effet sera pareil. Le monstrueux galop rencon-
« trera ton petit corps, un soir que tu mettras le nez dehors
« au soleil couchant, un matin que tu sortiras pour aller à
« la pâture. Plaise à la chance que, du premier coup, la
« patte s'appuie sur toute ta carcasse! A peine si tu
« la sentiras, c'est ce que je puis souhaiter de mieux à
« mes amis, à toi, à moi-même. Mais il est probable que
« la mort te prendra par parcelles et que, cette fois, tu ren-
« treras au logis avec un membre écrasé, laissant une traî-
« née de sang sur le sable. Ainsi éclopé et boiteux, le pre-
« mier galop aplatira ta tête et ta poitrine, et le lendemain
« ce sera le tour des autres. Contre ces sortes de maux
« l'expérience et le raisonnement de tous les rats et de
« toutes les taupinières n'ont point trouvé de remèdes;
« tout au plus, après tant de siècles, la race trottinante a
« su découvrir quelques habitudes des éléphants, marquer
« leur sentier, prévoir d'après leur cri leur rentrée ou leur
« sortie; elle est un peu moins écrasée qu'il y a cinquante
« siècles, mais elle l'est encore, elle le sera toujours. Aug-
« mente ton adresse, si tu veux, pauvre rat; tu n'augmen-
« teras pas beaucoup ton bonheur; essaie plutôt, si tu
« peux, d'endurcir ta patience et ton courage. Habitue-toi
« à subir convenablement ce qui est nécessaire. Évite les
« contorsions et les agitations grotesques; quel besoin as-tu
« de faire rire tes voisins? Garde le droit de t'estimer,
« parce que tu ne peux te soustraire à la nécessité de souf-
« frir. A la longue les gros pieds des éléphants et les
« incommodités qui s'ensuivent te paraîtront dans la règle.
« Le meilleur fruit de notre science est la résignation

« froide qui, pacifiant et préparant l'âme, réduit la souffrance
« à la douleur du corps[1]. »

Mais le progrès ? mais l'effet bienfaisant et infaillible de cette loi d'évolution grâce à laquelle il est certain, selon Herbert Spencer, que le mal et l'immoralité disparaîtront de la terre et que l'homme deviendra parfait ? M. Taine répond que c'est ici la plus dangereuse des illusions, et que la loi d'évolution doit être interprétée d'une toute autre sorte : « L'homme est un animal par nature et par
« structure, et jamais la nature ni la structure ne laissent
« effacer leur premier pli. Il a des canines comme le chien
« et le renard, et, comme le chien et le renard, il les a
« enfoncées dès l'origine dans la chair d'autrui. Ses des-
« cendants se sont égorgés avec des couteaux de pierre
« pour un morceau de poisson cru. A présent il n'est
« point transformé, il n'est qu'adouci... Il n'y a qu'une
« provision bornée de bonnes choses, et, de toutes parts,
« les convoitises déchaînées s'élancent pour s'en emparer...
« Le gibier est rare et les chasseurs sont nombreux. Lève-
« toi plus matin que les autres et couche-toi plus tard,
« aie plus de flair, assemble plus de chiens, de filets,
« d'amis et d'armes ; ferme soigneusement ta carnassière
« au retour, et garde ton arme chargée ; qu'on te sache
« brave et capable de te défendre ; même, à la première
« attaque, défends-toi trop fort ; qu'on te respecte ; à ce
« prix, et à ce prix seulement, tu dîneras. Ceci est un
« conseil pour tout le monde[2]. »

En d'autres termes : soyez les plus forts. Et parce que le nombre des plus forts est toujours petit, la masse du genre humain est condamnée non pas par la faute de tel régime politique, mais en vertu de la constitution même de l'homme, à l'oppression et à la misère, à la situation du mulot en face de l'éléphant. Qu'importe, après tout? Ne savons-nous pas que les hommes n'ont droit à rien et que personne, ni la nature ni la société, ne lui doit quelque

---

1. *Notes sur Paris, Vie et opinions de Th. Graindorge*, p. 264-267.
2. *Ib.*, p. 267-268.

chose ? Et ne voyons-nous pas que la condition des plus forts eux-mêmes n'est guère plus enviable que celle des autres, d'abord parce qu'on est toujours plus faible que quelqu'un, ensuite parce que, si l'on peut à la rigueur être plus fort que la société, on est toujours plus faible que la nature? La philosophie n'a rien de plus à offrir au genre humain que ce *conseil pour tout le monde.*

Mais elle a un conseil *pour quelques-uns*; car elle est aristocratique de sa nature : « Ne demande rien ; un men-« diant est un demi-voleur. Accepte rarement; un obligé « est un demi-serf. Es-tu si mou de corps et de cœur qu'il « te faille vivre du travail d'autrui ? Estime-toi beaucoup, « et, à cause de cela, ne sois pas un simple goinfre. Quand « tu auras fait ton coup de fusil et gagné ton repas du soir, « laisse les mercenaires battre la plaine; qu'ils se chargent, « et qu'au retour ils se gorgent. Pourquoi amasserais-tu « plus que tu ne peux manger ? Te convient-il d'accapa-« rer, sans profit pour toi, du gibier dont tu priveras un « pauvre diable [1] ? »

Et pour une élite dans cette élite il y a encore un autre conseil : « Regarde autour de toi, voici une occupation « moins animale, la contemplation. Cette large plaine « fume et luit sous le soleil généreux qui l'échauffe ; ces « dentelures des bois reposent avec un bien-être délicieux « sur l'azur lumineux qui les borde ; ces pins odorants « montent comme des encensoirs sur le tapis des bruyères « rousses. Tu as passé une heure, et pendant cette heure, « chose étrange, tu n'as pas été une brute ; je t'en félicite ; « tu peux presque te vanter d'avoir vécu [2]. »

Voilà tout ce que la vie peut donner à ses rares élus : bonne chasse dès le matin pour les dispenser de peiner tout le jour en quête de leur dîner du soir, et, pendant le *far niente* de l'après-midi, une heure ou deux enchantées par la contemplation des œuvres de la nature ou de l'art. Même dans ces conditions privilégiées, — combien plus

---

1. *Notes sur Paris, Vie et opinions de Th. Graindorge*, p. 268-269.
2. *Ib.*, p. 269.

pour l'immense multitude à qui elles ne sont point accessibles! — il est trop évident que la vie ne vaut pas la peine de vivre. La « minute de jouissance » n'y est qu'un accident heureux, une broderie clairsemée; le tissu tout entier en est fait « de besoin, d'inquiétude et d'ennui, de dangers et de douleurs. » M. Taine a raison de reconnaître qu'elle est mauvaise, et de recommander « la résignation froide » comme réponse à la brutalité de ses coups. Schopenhauer a plus raison encore en recommandant de se désintéresser d'elle, de renoncer au *vouloir vivre*, de pratiquer le dépouillement, comme ce qui s'approche le plus de l'anéantissement. Hartmann a plus raison que tous lorsque, allant jusqu'au bout, il propose au suffrage universel de l'avenir un universel suicide qui sera l'universelle délivrance.

C'est, disait Bossuet, une belle manière de réfuter une erreur que de montrer les inconvénients où l'on tombe quand on la soutient. M. Taine, on l'a vu, n'accepte pas ce genre de réfutation. Il veut bien qu'on démontre qu'une doctrine est fausse, il lui déplaît qu'on fasse voir qu'elle est funeste. Pour nous, nous estimons qu'en effet il convient de commencer la réfutation de toute fausse doctrine en montrant directement qu'elle est fausse, qu'elle contredit des faits réels ou se contredit elle-même. Mais, cette tâche achevée, nous estimons aussi qu'on fait œuvre légitime et utile de montrer que la doctrine démontrée fausse est, de plus, funeste. C'est un moyen indirect et sûr de montrer que la vérité, en même temps qu'elle est vraie, est bienfaisante et féconde.

SECONDE PARTIE

# LITTÉRATURE ET ART

# SECONDE PARTIE

# LITTÉRATURE ET ART

## CHAPITRE I

### LE STYLE

M. Taine fut un artiste en même temps qu'un penseur. Sa plume, qui est un admirable instrument de précision pour analyser les idées, est aussi un pinceau qui reproduit avec une extraordinaire fidélité les images des objets, leurs contours, leur relief surtout et leur couleur, et qui fait revivre avec une intensité rare l'impression rude ou caressante, sombre ou lumineuse, violente ou délicate que ces objets produisent. C'est ici, semble-t-il, le lieu de l'étudier de près sous cet aspect esthétique qui est aussi, comme on va le voir, un aspect scientifique.

Analyser et peindre, ce sont, d'ordinaire, deux opérations tout à fait distinctes et qui exigent d'un écrivain des qualités presque opposées. L'analyse appartient à l'esprit pur, et la première chose qu'elle fait c'est de retirer aux objets, qu'elle dissèque par l'abstraction, la vie et les couleurs de la vie. La peinture appartient à l'imagination ; elle n'atteint son but que si elle nous rend, par une illusion à laquelle nous nous prêtons volontiers, les objets tels qu'ils sont, tels qu'ils parlaient à nos sens quand ils étaient là devant nous, dans la complexité de leur physionomie, dans la varité vivante de leurs formes et de leurs mouvements, dans la dégradation de nuances qui répond à leurs plans plus rapprochés ou plus éloignés, en un mot, dans la synthèse naturelle de leur réalité.

La marque propre du style de M. Taine est d'unir ces *res dissociabiles*. Je ne veux pas dire qu'il soit tour à tour analyste et peintre, chose déjà rare et notable parce qu'elle suppose l'équilibre de deux qualités d'esprit dont chacune prétend être maîtresse. Je veux dire que chez lui les deux qualités sont liées l'une à l'autre et comme fondues l'une dans l'autre, qu'il peint en analyste et qu'il analyse en peintre. Cette fusion, plus complète et plus remarquable peut-être chez lui que chez aucun autre écrivain, tient à la nature même de son esprit et de sa méthode, et c'est le philosophe qui va nous expliquer le procédé de l'artiste.

« De tout petits faits bien choisis, importants, significa-
« tifs, amplement circonstanciés et minutieusement notés,
« voilà aujourd'hui la matière de toute science; chacun
« d'eux est un spécimen instructif, une tête de ligne, un
« exemple saillant, un type net auquel se ramène toute
« une file de cas analogues. » Ainsi parle M. Taine dans la préface du livre *De l'Intelligence;* ainsi fera-t-il dans le livre tout entier. Et déjà vous voyez la peinture dans l'analyse. Car ces petits faits significatifs, il s'agit de les présenter non pas dans une formule abstraite que sa généralité rendrait vague, mais dans une image vivante, dans un tableau qui mette chacun d'eux sous notre regard avec les circonstances qui l'accompagnent et l'éclairent, comme les accessoires et le milieu accompagnent et éclairent une scène ou un portrait.

Ne cherchons pas loin *l'exemple saillant.* Voici la première page du livre *De l'Intelligence :*

DES SIGNES EN GÉNÉRAL. — *Sommaire.* — *Divers exemples de signes.* — *Un signe est une expérience présente qui nous suggère l'idée d'une expérience possible.* Voilà la formule abstraite, et voici les faits significatifs dont chacun est un tableau.

« Lorsque vous montez sur l'arc de triomphe de l'Étoile,
« et que vous regardez au-dessous de vous du côté des
« Champs-Élysées, vous apercevez une multitude de
« taches noires ou diversement colorées qui se remuent
« sur la chaussée et sur les trottoirs. Vos yeux ne dis-
« tinguent rien de plus. Mais vous savez que sous chacun
« de ces points sombres ou bigarrés il y a un corps vivant,
« des membres actifs, une savante économie d'organes,
« une tête pensante conduite par quelque projet ou désir
« intérieur, bref une personne humaine. La présence des
« taches a indiqué la présence des personnes. La première
« a été le signe de la seconde.

« Des associations de ce genre se rencontrent à chaque
« instant. — On lève, la nuit, les yeux vers le ciel étoilé,
« et l'on se dit que chacune de ces pointes brillantes est
« une masse monstrueuse semblable à notre soleil. — On
« marche dans les champs, vers le soir, en automne; on
« remarque des fumées bleues qui montent tranquillement
« dans les lointains; et à l'instant on imagine sous chacune
« d'elles le feu lent que les paysans ont allumé pour brû-
« ler les herbes sèches. — On ouvre un cahier de musique,
« et pendant que le regard suit les ronds blancs et noirs
« dont la portée est semée, l'ouïe écoute intérieurement le
« chant dont ils sont la marque. — Un cri aigu d'un certain
« timbre part d'une chambre voisine, et l'on se figure un vi-
« sage d'enfant qui pleure parce que, sans doute, il s'est fait
« mal. — La plupart de nos jugements ordinaires se com-
« posent de liaisons semblables. Dans tous ces cas, une expé-
« rience présente suggère l'idée d'une autre expérience pos-
« sible; ayant fait la première, nous imaginons la seconde. »

Cinq exemples, cinq tableaux. Remarquez, outre l'heureuse sélection, la gradation ou plutôt la dégradation
savante. Dans le premier tout le détail est donné; la hauteur d'où l'on voit se mouvoir les taches n'est point quelconque; c'est l'arc de triomphe de l'Étoile; il suffit d'y
être monté une fois pour se souvenir du spectacle que
l'auteur rappelle et qui, de nulle part ailleurs, ne s'offre
aussi frappant. Le choix vague ne nous est pas laissé entre

tant de magnifiques avenues qui sont les rayons de l'étoile ; l'auteur nous en montre une seule, celle qui, première en date, est restée première en mouvement et en splendeur. Les taches ne sont pas non plus quelconques et ne sont pas seulement noires, l'image ne serait qu'à-demi fidèle ; elles sont « sombres ou bigarrées. » Grâce à ces coups de pinceau si précis, nous avons tout le tableau. — Les autres exemples sont plus courtement esquissés ; mais encore avec quelle fidélité pittoresque ! Ne voyez-vous pas d'ici « les fumées bleues monter tranquillement dans les « lointains ? » et les verriez-vous sans l'adjectif qui donne la couleur et sans l'adverbe qui donne le mouvement?

On pourrait faire la même analyse sur toutes les pages où l'auteur s'est proposé de familiariser le lecteur avec l'ordre de faits dont il veut indiquer la genèse ou déterminer la loi. Il peut ensuite employer à son aise les formules générales ; elles sont des résumés sous lesquels désormais nous mettons un contenu réel. Et encore, même à ce degré d'abstraction, ne renonce-t-il pas à peindre, c'est-à-dire à présenter la loi générale sous une image grandiose comme elle, et où le degré de généralité est pour ainsi dire symbolisé par le degré de grandeur.

Par exemple, il a énuméré les causes qui plongent et retiennent dans l'oubli, sauf les cas exceptionnels de reviviscence soudaine, des portions croissantes de notre passé. Et il continue ainsi[1] : « Des lacunes se font dans la trame « des souvenirs, et vont s'élargissant comme des trous « dans un vieux manteau. On voit sans peine combien « ces destructions doivent être continues et vastes ; tous « les jours nous perdons quelques-uns de nos souve- « nirs, les trois quarts de ceux de la veille, puis d'autres « parmi les survivants de la semaine précédente, puis « d'autres parmi les survivants de l'autre mois, en sorte « que bientôt un mois, une année, ne se retrouvent plus « représentés dans notre mémoire que par des images

---

1. Nous avons déjà cité cet admirable passage comme document psychologique. Nos lecteurs ne se plaindront pas de le retrouver ici comme document esthétique.

« saillantes, semblables aux sommets épars qui appa-
« raissent encore dans un continent submergé, destinées
« elles-mêmes, du moins pour le plus grand nombre, à
« disparaître, parce que l'effacement graduel est une inon-
« dation croissante qui envahit une à une les cimes pré-
« servées sans rien épargner, sauf quelques rocs soulevés
« par une circonstance extraordinaire jusqu'à une hauteur
« que nul flot n'atteint. » La majesté de l'image et l'ampleur de la période, — ampleur très rare chez M. Taine,
— égalent celles des ruines de la mémoire ; le niveau
toujours montant de l'inondation est bien la représentation
la plus fidèle des croissantes conquêtes de l'oubli, les cimes
préservées celle des grands souvenirs qui survivent les
derniers, les rocs soulevés celle des images qui, par un
heureux concours de circonstances, font des réapparitions
imprévues dans la conscience. Et le tableau tout entier,
loin de retirer quoi que ce soit à la précision de la loi
générale, fixe celle-ci dans l'esprit par une impression
puissante. On ne saurait mettre plus utilement l'imagination au service de la pensée, et le plaisir littéraire au service de la vérité scientifique.

Voilà la peinture dans l'analyse, et voici l'analyse dans
la peinture. Ici, le processus mental est plus frappant
encore parce que les exemples surabondent et, en venant
au-devant du lecteur, lui épargnent la peine de les rechercher. Il y a assurément dans les œuvres de M. Taine,
dans celles surtout qui ont pour objet la littérature ou les
arts, plus de cent paysages à la plume ; et des cent, vingt
au moins sont des œuvres d'un travail achevé dont chacune
peut être considérée à part, ainsi qu'une toile de Ruysdaël
ou de Claude Lorrain. Nous ne savons pas ce qu'elles ont
coûté de peine à cette plume, s'il y a eu beaucoup de mots
raturés, beaucoup de traits surajoutés ou déplacés, beaucoup d'ordonnances modifiées, ou si cette perfection dans
les termes, dans le choix des détails, dans la savante disposition des parties a coulé de source. Mais ce que nous
saisissons sur le vif, c'est le procédé et le moule ; il n'y en
a qu'un, toujours le même : la peinture analytique.

Il faut encore prendre un exemple. Je ne le choisis que pour son exquise beauté ; la méthode du pinceau n'y est ni plus ni moins visible qu'ailleurs. M. Taine termine son étude sur Stuart Mill, un des plus subtils et des plus laborieux à lire entre ses écrits, par la peinture d'Oxford :

« Nous sortîmes. Comme il arrive toujours en pareil
« cas, chacun des deux avait fait réfléchir l'autre, et aucun
« des deux n'avait persuadé l'autre. Mais ces réflexions
« furent courtes ; devant une belle matinée d'août tous les
« raisonnements tombent. Les vieux murs, les pierres
« rongées par la pluie souriaient au soleil levant. Une
« lumière jeune se posait sur les dentelures des murailles,
« sur les festons des arcades, sur le feuillage éclatant des
« lierres. Les roses grimpantes, les chèvrefeuilles mon-
« taient le long des meneaux, et leurs corolles tremblaient
« et luisaient au souffle léger de l'air. Les jets d'eau mur-
« muraient dans les grandes cours silencieuses. La char-
« mante ville sortait de la brume matinale aussi parée et
« aussi tranquille qu'un palais de fées, et sa robe de molle
« vapeur rose, semblable à une jupe ouvragée de la renais-
« sance, était bossuée par une broderie de clochers, de
« cloîtres et de palais, chacun encadré dans sa verdure et
« dans ses fleurs. Les architectures de tous les âges
« mêlaient leurs ogives et leurs trèfles, leurs statues et
« leurs colonnes ; le temps avait fondu leurs teintes, le
« soleil les unissait dans sa lumière, et la vieille cité sem-
« blait un écrin où tous les siècles et tous les génies
« avaient pris soin tour à tour d'apporter et de ciseler
« leur joyau. Au dehors, la rivière coulait à pleins bords
« en larges nappes d'argent reluisantes. Les prairies regor-
« geaient de hautes herbes, les faucheurs y entraient
« jusqu'au-dessus du genou. Les boutons d'or, les reines-
« des-prés par myriades, les graminées penchées sous le
« poids de leur tête grisâtre, les plantes abreuvées par la
« rosée de la nuit, avaient pullulé dans la riche terre plan-
« tureuse. Il n'y a point mot pour exprimer cette fraîcheur
« de teintes et cette abondance de sève. A mesure que la
« grande ligne d'ombre reculait, les fleurs apparaissaient

« au jour brillantes et vivantes. A les voir, virginales et
« timides dans ce voile doré, on pensait aux joues empour-
« prées, aux beaux yeux modestes d'une jeune fille qui,
« pour la première fois, met son collier de pierreries. »

Un commentaire purement littéraire de ce morceau, comme en faisaient autrefois les bons professeurs de belles-lettres et comme on a tort de ne plus en faire, serait assurément très instructif ; il montrerait ce que vaut un mot juste, comment le véritable écrivain serre la nature au plus près possible, comment l'épithète abstraite, qui n'apporte qu'une idée générale, doit être habituellement bannie et remplacée par l'épithète sensible qui apporte une image, et comment, cependant, elle peut être d'un merveilleux effet, quand elle arrive après les images pour en recueillir l'impression et leur donner une âme, comment... Mais voilà que nous allions faire le commentaire sous prétexte de regretter qu'on ne le fasse plus. Le lecteur l'achèvera à son gré ; mais ce qu'il ne manquera certainement pas de remarquer, c'est que ce tableau, — si on laisse de côté la comparaison finale qui n'est pas très neuve, — est proprement une analyse, une somme de détails choisis, rendus, enchaînés avec un art infini. Qu'ensuite, pour compléter l'étude, il lise dans le livre *De l'Intelligence* la peinture de la Seine vue le soir du quai de l'Arsenal [1], — dans le *Voyage aux Pyrénées*, celle de la Gironde [2], — dans les *Essais de critique* celle du Jardin des Plantes [3], — dans l'*Histoire de la littérature anglaise* celle de la mer du Nord et de la côte hollandaise [4], — dans la *Philosophie de l'art* celle des plaines de Flandre [5], — dans le *Voyage en Italie* celles de Naples [6], de Narni [7], de Venise [8], du lac Majeur et de l'Isola Madre [9] ; que, négligeant nos indications, il s'arrête sans guide là où il verra qu'une description s'annonce, il retrouvera toujours le même type, un ensemble fait de détails et chaque détail évoquant une vision.

---

1. T. I, p. 70-78. — 2. P. 3-5. — 3. P. 132. — 4. T. I, p. 2-3.
5. T. I, p. 278. — 6. T. I, p. 33-35. — 7. T. II, p. 6.
8. *Ib.*, p. 252-256. — 9. *Ib.*, p. 430-432.

Peut-être, cependant, après une lecture un peu prolongée, soit de ces analyses psychologiques qui sont des peintures, soit de ces peintures qui sont des analyses, éprouvera-t-il quelque fatigue comme après une tension trop longtemps soutenue. Peut-être aussi se demandera-t-il vaguement s'il ne manque pas quelque chose, et quelle chose, à ces diamants d'une si belle eau, à ces bijoux si finement ciselés. Et peut-être enfin cherchera-t-il à s'expliquer à lui-même ce sentiment d'un effort et ce sentiment d'une lacune.

Le premier a sa cause évidente dans le procédé d'accumulation invariablement employé par l'auteur. Il fatigue par sa monotonie et parce que, dans les sujets mêmes qui se prêtent aux libres caprices de la fantaisie, il ne varie jamais son pas ni son sentier. Mais il fatigue surtout parce qu'il impose à l'esprit une charge trop lourde, celle de conserver ensemble, dans sa mémoire, beaucoup de faits étiquetés par premier et dernier, s'il veut arriver à la conclusion qui ne se dégage que de leur total, et parce que la marche de l'auteur, au lieu d'être un mouvement large et continu, est une série de petites secousses et de petites saccades, dont la répétition indéfinie est presque énervante. Lisez, après dix pages de M. Taine, dix pages de Descartes ou de Malebranche, de Fénelon ou de Bossuet, et vous sentirez la différence.

J'ai ajouté qu'on éprouve le sentiment d'une lacune. Il y en a une, en effet, qui vient de la méthode elle-même. Les détails que cette méthode accumule ne sont point, sans doute, de simples inventaires comme il s'en trouve d'interminables chez le Balzac de notre siècle et comme Boileau en notait déjà chez plusieurs poètes du sien ; ils sont mieux que cela parce que chacun d'eux est « significatif, important » et pittoresque. Mais enfin ce sont des détails, et la vision de l'ensemble comme ensemble et comme unité ne résulte pas de leur somme. L'art suprême est de donner cette vision ; et cet art n'est pas chimérique, il y a telle page de G. Sand qui la donne toute entière. Elle n'est pas dans les tableaux de M. Taine ; si on l'y trouve, c'est qu'on l'y met.

Il manque encore autre chose, — quel que soit le sujet traité, philosophique, littéraire, esthétique, — à cette prose d'ailleurs magistrale : la chaleur communicative et la flamme. M. Taine a touché bien des sujets où l'émotion semble jaillir d'elle-même pourvu qu'elle ne soit pas comprimée à vive force; il n'est jamais ému. Il comprend l'émotion ; il la décrit en psychologue ; il rapporte, en l'approuvant, ce qu'on disait de Racine « qu'il était tout sentiment et tout cœur; » tout cela est pour lui (je parle, bien entendu, de l'écrivain et non de l'homme) objet de science et rien de plus ; tout cela doit être soumis à l'analyse mentale comme le sucre et le vitriol sont soumis à l'analyse chimique ; en présence de tout cela, il est et il veut qu'on soit impassible. Cette disposition voulue, réfléchie, conservée partout, a des suites même dans son style. Nous aimons à trouver en tout écrivain, surtout en celui qui nous parle presque uniquement de la nature humaine, non pas seulement un esprit qui ordonne les idées, mais, ce qu'on appelle une âme, c'est-à-dire un cœur où vibre quelque chose ; ou plutôt nous voulons que cet esprit ait du cœur et qu'après qu'il a scientifiquement décrit les *lacrymas rerum*, on puisse dire de lui : *mentem mortalia tangunt*. Quand cela manque, l'écrivain est incomplet.

Enfin, ce qui, manquant plus que tout au philosophe, manque et devait manquer plus que tout à l'écrivain, ce qui a donné aux littératures de tous les temps, et non pas seulement à celle des temps chrétiens, leurs pages souveraines, juste objet d'une admiration qui ne vieillit jamais, nous n'avons pas besoin de le décrire ; et il suffit de le signaler en lui donnant son nom platonicien d'ascension dialectique et sa belle formule chrétienne *ab inferioribus ad interiora, ab interioribus ad superiora*. Ce mouvement en haut, cet élan de la pensée et de l'amour vers le souverain intelligible et le souverain désirable ne sont pas seulement ce qui établit l'âme humaine dans la vérité pleine, et la volonté humaine dans le bien sans mélange ; ils sont encore ce qui donne à la parole humaine ses vibrations les plus pénétrantes et ses harmonies les plus belles. L'écrivain qui s'est fermé ce monde supérieur peut encore être un maître dans la sphère étroite où il s'est cantonné ; il n'atteindra pas le sommet de la montagne ; et tout en admirant ses dons et son art, nous nous souviendrons de ce que disait Joubert : « Plus une parole ressemble à une « pensée, une pensée à une âme, une âme à Dieu, plus « tout cela est beau. »

# CHAPITRE II

## LA THÉORIE LITTÉRAIRE

Expliquer les œuvres de l'esprit par des causes qui soient les vraies causes et, dans ce dessein, appliquer à l'histoire et à la critique littéraires les sévères méthodes de la science, telle est l'entreprise que M. Taine a persévéramment poursuivie pendant quinze ans sous tous les cieux et à tous les moments de la civilisation, principalement dans la Rome antique, dans la France au XVII$^e$ siècle, en Angleterre depuis l'invasion saxonne.

Ces facteurs forment deux groupes : l'un personnel et interne, constitué par une cause unique qui est *la faculté maîtresse*, l'autre collectif, en partie interne, en partie externe, constitué par trois causes qui sont *la race, le milieu, le moment*.

La pensée totale de M. Taine ne s'est pas dégagée du premier coup avec la netteté de cette formule. Il y a tel de ses livres où il semble expliquer tout par le facteur personnel, tel autre où tout semble être l'effet des influences collectives. On a pu croire et quelques-uns ont cru qu'il y avait là deux théories opposées l'une à l'autre ; et là-dessus ils se sont donné le plaisir de mettre M. Taine aux prises avec lui-même. En réalité ce ne sont pas deux théories qui se combattent : ce sont deux moitiés d'une doctrine unique qui se complètent. Et si M. Taine a eu le tort de les isoler l'une de l'autre, ne demandant la solution du problème qu'à la première dans son *Tite-Live*, qu'à la seconde dans son *Histoire de la littérature anglaise*, il les a réunies dans sa *Philosophie de l'art*, œuvre plus mûre et plus définitive.

La théorie de la faculté maîtresse a son expression la plus complète et la plus systématique dans l'*Essai sur Tite-Live* où elle est énoncée ainsi dans la préface : « Les « facultés d'un homme, comme les organes d'une plante, « dépendent-elles les unes des autres ? Sont-elles mesu- « rées et produites par une loi unique ? Cette loi donnée, « peut-on prévoir leur énergie et calculer d'avance leurs « bons et leurs mauvais effets ? Peut-on les reconstruire, « comme les naturalistes reconstruisent un animal fossile ? « Y a-t-il en nous une faculté maîtresse, dont l'action uni- « forme se communique différemment à nos différents « rouages et imprime à notre machine un système néces- « saire de mouvements prévus ? — J'essaye de répondre « oui, et par un exemple. »

Il n'y a pas à se méprendre sur la portée d'une doctrine qui se formule avec cette rigueur. Pour la préciser encore M. Taine la met sous le patronage de Spinoza et redit avec lui que « les mouvements de l'automate spirituel qui « est notre être sont aussi réglés que ceux du monde maté- « riel où il est compris. »

Il peut être très difficile de dégager la faculté maîtresse. Mais tout homme et, en particulier, tout écrivain a la sienne. Et si on la connaissait adéquatement, — ajoutons pour remplir la grande lacune que l'auteur laisse ici dans sa théorie, si on connaissait de même les trois facteurs collectifs, — tout serait expliqué dans une vie d'homme ou d'écrivain ; bien plus, tout y pourrait être prévu déductivement jusque dans le dernier détail, jusqu'à la physionomie d'une page, jusqu'au tour d'une phrase, jusqu'au choix d'un mot.

Ne dites pas que cela est ridicule à soutenir, et que les faits protestent. On ne prétend pas que ces détails soient prévus par notre esprit, ni même qu'ils puissent l'être, les choses et l'esprit étant ce qu'ils sont. On dit qu'ils sont *prévisibles* en soi, comme l'est une éclipse, parce que, comme l'éclipse, ils sont *déductibles* des causes qui les produisent. Si la prévision se fait dans le cas de l'éclipse, c'est que les causes y sont peu nombreuses et faciles à saisir, et qu'ainsi tous les éléments et tous les moyens de la déduction sont donnés. Si elle ne se fait pas dans le cas de la page, de la phrase et du mot, c'est que les causes y sont très multiples, très entrecroisées, très malaisées à suivre dans leur action et à calculer dans leur résultante. Mais de part et d'autre, avec des données différentes, là physiques, ici psychologiques, c'est le même problème de mécanique, c'est la même solution, trouvée ou non trouvée, toujours déterminée d'avance ; ce doit être la même méthode en vue du même résultat, là précis et complet, ici approximatif et partiel, mais scientifique encore dans ses parties positives.

La théorie des facteurs collectifs est largement développée dans la préface de l'*Histoire de la littérature anglaise*.

La *race* d'abord. Ce qu'on appelle ainsi, ce sont « ces
« dispositions innées et héréditaires que l'homme apporte
« avec lui à la lumière et qui ordinairement sont jointes à
« des différences marquées dans le tempérament et dans la
« structure du corps. Elles varient selon les peuples. Il y a
« naturellement des variétés d'hommes comme des varié-
« tés de taureaux et de chevaux, les unes braves et intelli-
« gentes, les autres timides et bornées ; les unes capables
« de conceptions et de créations supérieures, les autres ré-
« duites aux idées et aux conceptions rudimentaires ;
« quelques-unes appropriées plus particulièrement à cer-
« taines œuvres et approvisionnées plus richement de cer-
« tains instincts. Il y a là une force distincte, si distincte
« qu'à travers les énormes déviations que les deux autres
« moteurs lui impriment, on la reconnaît encore[1]. » — D'où vient-elle ? d'où tire-t-elle l'indestructible solidité des éléments qui la constituent ? D'accumulations héréditaires qui avaient déjà fait leur œuvre, peut-être pendant des

1. *Histoire de la littérature anglaise*, Préface (p. XXIII-XXIV).

myriades de siècles, au moment où la race apparaît dans l'histoire. « On peut donc à chaque moment considérer le
« caractère d'un peuple comme le résumé de toutes ses
« actions et de toutes ses sensations précédentes, c'est-à-
« dire comme une quantité et comme un poids dispropor-
« tionné au reste et presque impossible à soulever puisque
« chaque minute d'un passé presque infini a contribué à
« l'alourdir[1]. »

Le second facteur collectif, ou plutôt la seconde série de facteurs collectifs, est le milieu. « L'homme n'est pas seul
« dans le monde ; la nature l'enveloppe et les autres
« hommes l'entourent ; sur le pli primitif et permanent
« viennent s'étaler les plis accidentels et secondaires, et
« les circonstances physiques et sociales dérangent ou
« complètent le naturel qui leur est livré. Tantôt le climat
« a fait son effet. Quoique nous ne puissions suivre qu'obs-
« curément l'histoire des peuples aryens depuis leur patrie
« commune jusqu'à leurs patries définitives, nous pouvons
« affirmer cependant que la profonde différence qui se
« montre entre les races germaniques d'une part et les
« races helléniques et latines de l'autre, provient en
« grande partie de la différence des contrées où elles se
« sont établies, les unes dans les pays froids et humides,
« au fond d'âpres forêts marécageuses ou sur les bords
« d'un océan sauvage, enfermées dans les sensations mé-
« lancoliques ou violentes, inclinées vers l'ivrognerie et
« la grosse nourriture, tournées vers la vie militante et
« carnassière ; les autres au contraire au milieu des plus
« beaux paysages, invitées à la navigation et au commerce,
« exemptes des besoins grossiers de l'estomac, dirigées
« dès l'abord vers les habitudes sociales, vers l'organisa-
« tion politique, vers les sentiments et les facultés qui dé-
« veloppent l'art de parler, le talent de jouir, l'invention
« des sciences, des lettres et des arts[2]. — Tantôt les cir-
« constances politiques ont travaillé, comme dans les deux

1. *Histoire de la littérature anglaise*, Préface (p. xxv-xxvi).
2. *Ib.*, p. xxvi-xxvii.

« civilisations italiennes. — Tantôt enfin les conditions
« sociales ont imprimé leur marque, comme il y a dix-huit
« siècles par le christianisme et vingt-cinq siècles par le
« bouddhisme. »

Enfin le troisième facteur collectif est *le moment.*
« Avec les forces du dedans et du dehors, il y a l'œuvre
« qu'elles ont déjà faite ensemble, et cette œuvre elle-
« même contribue à produire celle qui suit ; outre l'impul-
« sion permanente et le milieu donné, il y a la vitesse
« acquise. Quand le caractère national et les circonstances
« environnantes opèrent, ils n'opèrent point sur une table
« rase, mais sur une table où des empreintes sont déjà
« marquées. Selon qu'on prend la table à un moment ou
« à un autre, l'empreinte est différente, et cela suffit pour
« que l'effet total soit différent. Il en est ici d'un peuple
« comme d'une plante : la même sève sous la même tem-
« pérature et sur le même sol produit, aux divers degrés
« de son élaboration successive, des formations différentes,
« bourgeons, fleurs, fruits, semences, en telle façon que
« la suivante a toujours pour condition la précédente, et
« naît de sa mort. Que si vous regardez non plus un court
« moment, mais quelqu'un de ces larges développements
« qui embrassent un ou plusieurs siècles, comme le moyen
« âge ou notre dernière époque classique, la conclusion
« sera pareille. Une certaine conception dominatrice y a
« régné ; les hommes, pendant deux cents ans, cinq cents
« ans, se sont représenté un certain modèle idéal de
« l'homme, au moyen âge le chevalier et le moine, dans
« notre âge classique l'homme de cour et le beau parleur ;
« et cette idée créatrice et universelle s'est manifestée dans
« le champ de l'action et de la pensée, et, après avoir cou-
« vert le monde de ses œuvres involontairement systéma-
« tiques, elle s'est alanguie, puis elle est morte, et voici
« qu'une nouvelle idée se lève, destinée à une domination
« égale et à des créations aussi multipliées[1]. »

---

1. *Histoire de la littérature anglaise,* Préface (p. XXIX-XXXI).

Toute cette théc--- ^^ductive est elle-même déduite d'un principe, et je ne \_\_\_\_\_ 'on puisse lui échapper si on accepte ce principe, à ..voir la négation de la liberté humaine. Si l'homme n'est qu'un « théorème qui marche, » si ces produits moraux qu'on appelle vice et vertu s'obtiennent au moyen de réactions infaillibles et nécessaires dans leur effet comme ces autres produits qu'on appelle sucre et vitriol, tout est déterminé et prévisible jusqu'au dernier détail dans le développement des littératures et dans l'œuvre personnelle de chaque écrivain, aussi bien que dans le cours des astres et dans la croissance de chaque plante ; et il ne reste plus qu'à admirer la puissance d'analyse avec laquelle M. Taine, utilisant les travaux de ses devanciers, a fait le compte des forces composantes qui ont pour effet un drame d'Eschyle ou un récit d'Hérodote, un discours de Bossuet ou un sonnet de Malherbe.

Aucune de ces influences, causes ou forces, comme on voudra les appeler, n'avait jamais été complètement méconnue, même au temps où la critique littéraire appréciait les choses de l'esprit comme *des choses en soi*, sans s'inquiéter du milieu historique où elles avaient pris naissance. La théorie de la *faculté maîtresse* ne fait que transporter du domaine de l'émotion et de l'action dans celui de la pensée, la doctrine, classique chez tous les moralistes, de la passion dominante. Horace célébrait les merveilleuses aptitudes esthétiques de la *race* des Hellènes :

*Graiis ingenium, Graiis dedit ore rotundo*
*Musa loqui.*

En exceptant les Béotiens de sa louange,

*Bœotûm in crasso jurares aere natum,*

il appliquait la théorie des *climats* que Fénelon a reprise avec mesure dans la Lettre sur les occupations de l'Académie française¹, et Montesquieu avec excès dans l'*Esprit des lois*. Enfin quant au *moment*, Voltaire lui-même, selon lequel « pour tout homme qui pense et qui a du goût il n'y a que quatre siècles qui comptent dans l'histoire de l'esprit humain » n'ignorait pas que les siècles précédents avaient du moins servi à les préparer. Et il était si loin de méconnaître l'importance des moments dans l'histoire des lettres qu'il l'exagérait jusqu'à tout sacrifier aux quatre moments privilégiés.

M. Taine n'a donc pas à proprement parler découvert les éléments dont est formée sa théorie des causes. Ce qui est nouveau, c'est d'abord leur réunion systématique, et c'est ensuite le détail ingénieux avec lequel il étudie chacun d'eux, la vigueur avec laquelle il le met en relief, l'art consommé avec lequel il le retrouve et le fait apparaître dans chacun des exemples qu'il produit comme pièces justificatives. Chacune de ses grandes études littéraires se présente ainsi dans un cadre large et vivant ; on sait à quel peuple on a affaire ; on sait sur quel sol et sous l'influence de quelle culture ont poussé les rois de la forêt sacrée. Tout cela appartient non à la théorie arbitraire, mais à la véritable critique et à la véritable histoire littéraire. Et c'est une justice à lui rendre que de constater la trace qu'à cet égard il a laissée dans l'une et dans l'autre.

Mais rien de tout cela ne prouve sa thèse de mécanique. Les documents de son vaste dossier montrent que chaque homme, — chaque écrivain puisqu'il s'agit de littérature, — apporte avec lui des aptitudes et des tendances propres qui constituent son individualité distincte, et que ce caractère personnel est, dans l'homme, ce qu'il y a de plus profond et de plus tenace. Ils montrent qu'il a sa part de l'héritage commun de sa race. Ils montrent qu'il reçoit l'influence de son milieu. Ils ne montrent aucunement

---

1. Fénelon dans le même passage n'oublie pas les *circonstances politiques* : « Les Grecs avaient une espèce de longue tradition qui « nous manque ; ils avaient plus de culture pour l'éloquence que notre « nation n'en peut avoir. Chez les Grecs, tout dépendait du peuple « et le peuple dépendait de la parole, etc. »

qu'il n'y ait pas en lui une libre puissance de direction et de réaction, qu'il ne dépende pas de lui de cultiver bien ou mal, en vue d'un but ou sans but, ses dons naturels et ses tendances héréditaires, que les idées se soient combinées en un Hamlet, en une Athalie, en un Faust dans la tête de Shakspeare, de Racine et de Goethe tout à fait comme l'hydrogène et l'oxygène se combinent en eau dans le ballon du chimiste.

L'argument général qui se dégage de toutes ces monographies revient toujours à l'un ou à l'autre de deux enthymèmes dont voici le premier, qui se réfute de lui-même : « Les causes énumérées expliquent dans une large « mesure la production littéraire ; donc elles l'expliquent « toute entière. »

Et voici le second : « Les résultats de la production « littéraire sont explicables dans l'hypothèse d'un détermi-« nisme absolu et universel qui exclut la liberté. Donc il « n'y a pas de liberté, et *les mouvements de l'automate* « *spirituel qui est notre être sont aussi réglés que ceux* « *du monde matériel.* »

L'argument pèche deux fois.

Premièrement la prémisse exprimée, à la supposer vraie, est moins étendue que la conclusion. De ce qu'un résultat est explicable sans l'intervention d'une certaine cause il n'en résulte aucunement que cette cause n'intervienne pas ; et il convient avant tout de rechercher si la question de son intervention ou de sa non intervention peut être résolue en fait ; car si elle le peut, c'est le fait qui décidera. Or la question du libre arbitre est une question de fait ; tant qu'elle n'est pas abordée et résolue sur ce terrain qui est le sien, la controverse piétine oiseusement sur un terrain étranger qui est celui de la conjecture, et les prétendues pièces à l'appui développent l'hypothèse comme hypothèse sans apporter même une présomption en faveur de sa vérité.

Secondement la prémisse d'où on tire cette conclusion illégitime ne tient debout qu'à condition d'être d'accord avec tous les faits ; et il se trouve que les faits se pressent en foule pour la démentir, tout au moins pour la présenter comme une explication violente et forcée à laquelle il ne serait permis de recourir qu'*in extremis* et à défaut de toute autre. Elle nous oblige à penser et à dire que l'écrivain est déterminé dans sa carrière, dans le choix de son sujet, dans la composition de son œuvre, dans l'exécution jusqu'à la dernière virgule, par une série de nécessités mentales, aussi inflexibles que les nécessités physiques qui déterminent le mouton dans son alimentation végétale et le lion dans ses chasses. Qui donc, à moins d'avoir subi depuis longtemps la violence d'un système préconçu, reconnaîtra dans ce portrait la véritable histoire d'un orateur ou d'un poète ? Quel poète ou quel orateur s'y reconnaîtra lui-même et consentira à croire que ses chants et ses discours sont les déductions fatales d'une formule sur laquelle il ne pouvait rien ? Après qu'on a fait la part aussi large qu'on voudra aux influences de la race, du milieu et du moment, il faut bien en venir au facteur personnel. Et si l'on soutient que celui-ci s'explique tout entier par des nécessités internes, non seulement on affirme le contraire précis de ce que la conscience du poète ou de l'écrivain lui affirme, mais on donne à sa vie, dont nous sommes les témoins, à ses écrits dont nous sommes les lecteurs une raideur géométrique totalement opposée à leur réalité telle qu'elle se présente. Partout, à côté de ce que l'homme et l'écrivain a été parce que les circonstances de toute sorte l'ont fait tel, nous trouvons ce qu'il a été parce qu'il a voulu l'être tantôt en se prêtant aux circonstances et tantôt en réagissant contre elles, tantôt en suivant le courant et tantôt en remontant sa pente. C'est là la véritable et sincère histoire des œuvres intellectuelles comme des actions morales. Celle que l'on raconte dans l'école à laquelle appartient M. Taine est ployée et faussée par les besoins d'une thèse et ne lui prête qu'à ce prix un appui apparent. De là souvent, dans ses livres d'histoire littéraire, une allure de plaidoirie qui met le lecteur justement en garde. De là toujours la tension d'un esprit vigoureux et systématique pour qui la peinture des caractères et l'analyse esthétique des chefs-d'œuvre ne sont que des arguments en vue d'une conclusion annoncée d'avance. On ne saurait dire ce que sa plume y perd de charme, ce que le lecteur y gagne de fatigue, et ce qu'il y éprouve parfois d'impatience. Cela ne va pas jusqu'à lui faire regretter La Harpe; mais avec quel agréable sentiment de détente il retrouve ensuite les lundis de Sainte-Beuve et les leçons de Saint-Marc Girardin !

# CHAPITRE III

#### TITE-LIVE

Nous l'avons dit, c'est surtout dans l'*Essai sur Tite-Live* qu'il faut étudier la doctrine de la faculté maîtresse.
Tite-Live est *un orateur*. « Ses défauts et ses mérites
« viennent d'une qualité dominante, l'éloquence ; il a de
« l'orateur le don et le goût des développements, la suite et
« la clarté des idées, le talent d'expliquer, de prouver et
« de conclure, l'art d'éprouver et de remuer toutes les
« passions, de ne penser et de ne sentir qu'au profit de sa
« cause, de revêtir ses raisons du plus ample et du plus
« noble style, en homme qui, tous les jours, parle au
« peuple assemblé des grands intérêts de l'État. Enfin, la
« droiture, la bonne foi, la sincérité, l'amour de la Patrie,
« toutes les vertus sans lesquelles un orateur n'est qu'un
« avocat, nourrissent sa pensée et soutiennent son accent[1]. »
Admettons qu'il en soit ainsi, que le génie de l'éloquence soit, dans l'esprit de Tite-Live, la faculté vraiment maîtresse qui se subordonne toutes les autres, le cœur et le foyer de son organisme intellectuel. Supposons plus ; supposons que le cas de Tite-Live soit celui de tout écrivain et même de tout homme, qu'en tous la vie de la pensée rayonne d'un foyer unique et converge vers lui, que la faculté poétique soit dominante dans celui-ci, la faculté raisonnante dans celui-là, la faculté métaphysique

---

1. Introduction, p. 2.

dans un troisième, la faculté observatrice dans un quatrième, et ainsi de suite sans une seule exception. De ce fait général, que peut-on conclure de plus que le fait lui-même ? Et quel rapport y a-t-il entre lui et la thèse de Spinoza et de M. Taine : « que les mouvements de l'auto-« mate spirituel qui est notre être, sont aussi réglés que « ceux du monde matériel ? » En résulte-t-il que nos actes moraux soient déterminés comme nos tendances ? que nous ne soyons pas libres dans la direction de notre vie ? que notre volonté n'exerce pas son empire sur cette faculté maîtresse elle-même pour la cultiver et la diriger bien ou mal ? En aucune façon. L'hypothèse de la faculté maîtresse s'accommode indifféremment de la doctrine fataliste et de la doctrine qui affirme le libre arbitre ; elle est simplement étrangère à l'une comme à l'autre. Et lorsque M. Taine annonce son étude sur Tite-Live comme une réponse déterministe à la question de la liberté, il lui fait dire ce qu'elle ne dit pas.

C'est tant mieux pour le livre ; et cela nous permet d'examiner, en elle-même, pour elle-même et sans préoccupation étrangère, dans l'exemple que M. Taine a choisi, la théorie de la faculté maîtresse.

A notre avis, il eût pu choisir un exemple plus favorable. Il ne manque pas, dans l'histoire des lettres, d'écrivains chez qui la domination impérieuse et exclusive d'une faculté, d'une tendance, au détriment des autres, se manifeste d'une façon moins contestable. De même que certains hommes, en qui un tour naturel d'esprit a été fortifié par une culture exclusive, sont mathématiciens et ne sont que mathématiciens, de même, et par des causes analogues, certains hommes sont poètes et ne sont que poètes. Les uns et les autres sont enfermés dans une sphère et n'en peuvent sortir. Tite-Live est-il du nombre ?

M. Taine le dit et redit sous toutes les formes ; il écrit son livre pour le prouver ; et, en vérité, il ne le prouve guère qu'en le redisant.

D'abord, Tite-Live est de Padoue. Les Padouans sont de braves gens. Padoue est un grand municipe où les affaires locales se traitent par la parole. Sa famille, qui est noble, exerce des charges municipales, et il grandit ainsi dans un milieu oratoire. Il avait quatorze ans quand Cicéron prononça ses Philippiques, et il recueillit ainsi les derniers échos de la grande éloquence. Il passa, ou dut passer, plusieurs années chez un rhéteur. « Il composa « plusieurs dialogues sur la philosophie et l'histoire, et « plusieurs traités de philosophie pure qui, après ceux de « Cicéron et de Pollion, passaient pour les plus éloquents « de la langue latine [1]. » Enfin, dernier trait, il prit un rhéteur pour gendre. — Il aurait bien voulu être orateur de profession. Mais la profession n'existait plus. Cependant, « son éloquence, comme une source trop pleine, « avait besoin de s'épancher. A défaut du présent, il l'ap- « pliqua au passé. Il se fit contemporain de la république « détruite et plaida dans l'antiquité ; l'éloquence étant « *pacifiée*, c'est-à-dire détruite, il fut historien pour rester « orateur [2]. »

Telle est la preuve préparatoire. Le tissu en est si mince que M. Taine se hâte d'en chercher d'autres. Et il en trouve partout.

Il en trouve déjà dans la belle préface que Tite-Live a donnée pour portique à son monument. Tous les lettrés la connaissent, et M. Taine témoigne pour elle une juste admiration. « Elle montre dans quels desseins et avec quels « sentiments écrit Tite-Live. C'est l'œuvre d'un moraliste « qui présente aux hommes des exemples de conduite, et « d'un citoyen qui veut louer la vertu de sa patrie. On recon- « naît le lettré dans cet amour du beau langage, l'honnête « homme dans ces promesses d'impartialité et dans ces « aveux d'ignorance ; et, dans les solennelles périodes et « les fiers accents d'orgueil national, on entend la voix de « l'orateur qui ouvre le récit des victoires romaines en « dressant un arc de triomphe au peuple-roi [3]. » Tite-

---

1. Introduction, p. 9.
2. *Ib.*, p. 10.
3. Première partie, ch. II, p. 38.

Live est moraliste et citoyen; il est lettré et honnête homme; il est patriote et orateur. L'éloge s'achève habilement par ce dernier mot; mais il reste encore à faire voir que ce dernier mot explique et résume Tite-Live tout entier.

M. Taine dresse ensuite la liste des qualités et des défauts de Tite-Live. La liste est généralement exacte; et le développement de chaque point concourt à former un portrait impartial et animé. Mais développement et portrait ne sont qu'un moyen; la fin est de montrer que l'esprit oratoire est, chez Tite-Live, la cause du bien comme du mal.

« Comme critique, il a les mérites que donnent l'hon-
« nêteté, l'amour de la patrie et *l'esprit oratoire :* le souci
« de ne rien avancer sans preuves et d'amasser des docu-
« ments importants et nombreux, la volonté d'être juge
« intègre, l'habitude de confesser ses ignorances, la pré-
« caution de confronter les auteurs, le choix prudent des
« témoignages [1]. » Mais il a le tort de ne pas remonter aux sources qui lui étaient cependant accessibles, de trop peu consulter les documents officiels, de n'être ni archéologue, ni géographe. Il a le vol trop haut pour s'abaisser aux petits faits qui, cependant, jettent tant de lumière sur l'état social, moral et politique d'un peuple [2]. « S'il connaît le jeu
« des passions humaines dans les grands faits saillants, il
« ignore souvent les mœurs étranges et oubliées qui ont
« fait les institutions, les révolutions obscures et lentes
« qui les ont défaites [3]. » Et il en résulte que dans ses récits et ses tableaux, la Rome de Romulus a presque la même physionomie et la même couleur que la Rome des Scipions [4]. En somme, « il est trop peu clairvoyant parce

---

1. Première partie, ch. II, p. 63-64.

2. « Sans les circonstances, les faits demeurent comme décharnés.
« Une circonstance bien choisie est un trait original et précieux
« dans l'histoire. » (Fénelon, *Lettre sur les occupations de l'Académie française.*)

3. P. 81.

4. « Notre nation ne doit point être peinte d'une façon uniforme;
« elle a eu des changements continuels. Un historien qui représentera

« qu'il est trop peu érudit. Il eût fallu qu'une génération
« de savants parût avant lui pour éclaircir, vérifier et
« ordonner les textes. Mais Rome, au lieu d'un Ducange,
« d'un Mabillon, d'un Fréret, n'eût que Varron, compila-
« teur crédule [1]. »

On ne saurait mieux dire. M. Taine touche ici la vraie cause des défauts qu'il signale. La mesure de critique qu'il reconnaît et loue chez Tite-Live est tout ce que l'on peut attendre, à très peu d'exceptions près, des historiens antiques. Ils n'ont guère recherché l'exactitude que pour les événements contemporains où ils avaient été acteurs ou spectateurs. Pour les temps plus reculés, ils s'en sont tenus à des traditions acceptées de confiance : et l'histoire, du moins dans ces périodes primitives, a surtout été pour eux une œuvre d'art. Mais *il faut*, — ainsi le commande la thèse, — que ce soit la faute de l'esprit oratoire. Et ce sera sa faute. « *L'orateur* lettré et citoyen évite les
« recherches érudites et n'étudie que ce qui peut être une
« matière d'éloquence [2]. » — Voilà pour l'érudition. Voici pour cette autre tâche, supérieure encore, de la véritable histoire, qui est la découverte des causes. Tite-Live y réussit en partie, *parce qu'il est orateur*; il n'y réussit qu'en partie, *parce qu'il est orateur*. « Moraliste parce
« que la morale est de toutes les parties de la philosophie
« la plus oratoire, il s'attache à décrire les anciennes
« vertus, le lent changement des mœurs, la corruption
« profonde où toutes les âmes s'engloutissent, et rencontre
« ainsi l'idée principale qui résume et gouverne l'histoire
« de Rome ; il trouve des explications parce qu'il donne

---

« Clovis environné d'une cour polie, galante et magnifique aura beau
« être vrai dans les faits particuliers ; il sera faux pour le fait prin-
« cipal des mœurs de toute la nation. Les Francs n'étaient alors
« qu'une troupe errante et farouche, presque sans lois et sans police,
« qui ne faisait que des ravages et des invasions ; il ne faut pas
« confondre les Gaulois, polis par les Romains, avec ces Francs si
« barbares. » (Fénelon, *ib.*)

1. 1ʳᵉ partie, ch. II, p. 86.
2. *Ib.*, p. 88.

« des renseignements et compose des harangues. Mais le
« goût et le don de l'éloquence ne sont pas l'amour de la
« science. Occupé à faire parler les personnages et à louer
« de belles actions, il ne montre les causes qu'en pas-
« sant [1]. » — Enfin, Tite-Live n'est pas toujours heureux
dans le choix des détails. Il en accumule d'inutiles ; il en
omet d'importants. Il raconte tel combat contre les Èques
et les Volsques, qui pouvait être négligé sans grand dommage ; il ne met point en relief l'alliance conclue entre les
Herniques et les Latins, qui soutint Rome débile. D'où
peut venir ce manque de discernement, sinon de l'esprit
oratoire et de ce qu'à ses yeux les faits sont importants
dans la mesure où ils prêtent à l'éloquence [2] ? Évidemment, — et quoi qu'on pût croire le contraire, — le combat
des Èques y prêtait, et l'alliance des Latins y était réfractaire. Et « tels sont les effets de l'esprit oratoire [3]. »

On voit aisément combien tout cela est arbitraire. L'affirmation échappe à la discussion parce que toute discussion suppose un commencement ou une apparence de
preuve qui fait ici totalement défaut. On sait que l'homme
qui a une idée fixe la retrouve partout ; si, par exemple,
il se croit persécuté, toute parole qu'il entend, tout geste
qu'il voit, tout événement auquel il assiste, font partie de
l'universel complot organisé contre lui. L'esprit oratoire
est l'idée fixe de M. Taine dans son essai sur Tite-Live.
Il le montre où il le voit, c'est-à-dire partout, et il le voit
où il n'est pas.

Il va sans dire qu'il le voit aussi où il est, où il devait
nécessairement être, dans ses harangues, et qu'il y rem-
porte un facile triomphe en faveur d'une thèse que, sur
ce terrain, personne ne songe à contester. Oui, les discours
de Tite-Live sont oratoires, c'est-à-dire éloquents ; pour
la valeur esthétique de son Histoire comme pour notre
plaisir, ce serait grand dommage qu'ils ne le fussent pas.

---

1. 1re partie, ch. II, p. 132-133.

2. *Ib.*, ch. V, p. 163.

3. *Ib.*, p. 164.

Ils sont instructifs en ce que, selon la conception antique de l'histoire, ils rapportent non pas avec une exactitude matérielle ce que les personnages ont dit, mais avec une exactitude morale ce qu'ils ont dû dire puisqu'ils ont dû le penser ; mettant à nu leurs ressorts intérieurs, ils nous révèlent à la fois les caractères des hommes, les causes et le sens des événements. Ils sont d'une souplesse merveilleuse. « Rien de si flexible que cette éloquence ; elle
« s'accommode à toutes les causes : Tite-Live plaide pour
« tous les partis, plébéiens, patriciens, Romains, Samnites,
« Grecs, Carthaginois, naturellement et sans peine, tant
« ses idées et ses émotions se changent d'elles-mêmes en
« discours [1]. » C'est plaisir d'entendre M. Taine développer en plusieurs pages brillantes et justes, cet aspect de l'éloquence du grand historien, et louer *l'art naturel* qui le fait entrer avec une si parfaite aisance dans les âmes les plus diverses jusqu'à devenir chacune d'elles, jusqu'à être tour à tour, à lui seul, les deux combattants dans les grands duels de la parole. C'est une qualité d'orateur, mais dont le véritable orateur, le *vir bonus*, qui ne veut parler qu'en faveur de sa conviction personnelle, doit se défier comme d'une tentation dangereuse ; il n'est plus qu'un rhéteur et un sophiste s'il est prêt, au gré d'un client ou d'un maître, à plaider le pour ou le contre. Et c'est encore plus une qualité d'historien, et dont le véritable historien doit faire un constant usage dans ses récits comme dans ses discours ; car il n'est tel qu'à condition de faire revivre ses personnages. Il doit, comme le véritable poète dramatique, disparaître derrière eux ; et le langage qu'il leur prête n'appartient à l'histoire qu'à condition d'exprimer avec fidélité leurs sentiments et leur caractère. Mais cette flexibilité ne fût-elle qu'une qualité d'orateur, on ne s'enrôle pas, en l'admirant chez Tite-Live, dans l'école de la faculté maîtresse. Tout au contraire, nous échappons visiblement ici à la tyrannie de l'idée fixe ; et nous pouvons, dans le domaine de l'éloquence, admirer

1. 2ᵉ partie, ch. III, p. 309.

tranquillement l'éloquence sans craindre qu'on ne vienne nous dire :

> Aimez-vous l'éloquence? on en montre partout.

La thèse de M. Taine ne s'est donc jusqu'ici prêtée à aucune vérification sérieuse. Si elle est fondée, sa vérité se manifestera surtout dans le corps même de l'histoire, dans les récits et dans les portraits qui complètent les récits. M. Taine consacre deux chapitres étendus à montrer que les narrations de Tite-Live et ses portraits sont oratoires.

Dans l'ensemble, il y échoue tout à fait [1]. Dans le détail, s'il semble y réussir, c'est à condition de se faire une idée étroite et intolérante de la narration historique par opposition à la narration oratoire. Il rejette impitoyablement de la première dans la seconde tout ce qui dépasse ce programme : « imprimer telles qu'elles sont, dans l'esprit du « lecteur, toutes les émotions, toutes les résolutions, toutes « les actions, toutes les attitudes de ses personnages, » toute phrase, tout mot où l'auteur se permettrait de faire ressortir, avant ou après le récit, la grandeur, ou l'atrocité, ou la beauté de la scène racontée. C'est être, en vérité, trop puriste ; et nous ne voyons pas au nom de quel principe d'art ou de science on voudrait dénier à l'historien le droit de satisfaire, par ces échappées, sa conscience d'artiste ou d'honnête homme, au lecteur le plaisir de retrouver, sous la plume de l'historien, l'expression vive et sobre de sa propre émotion. Voici, par exemple, le début du combat des Horaces : « L'épée à la main, les deux « groupes de trois, ainsi que deux lignes de bataille, « s'élancent l'un contre l'autre, comme portant le courage « de deux grandes armées. Les uns ni les autres ne songent « à leur péril personnel, mais à la domination ou à la « servitude de leur patrie et à sa fortune qui sera ce qu'ils

---

1. On nous pardonnera de ne nous occuper que des récits dans la discussion qui va suivre. Les portraits, chez Tite-Live comme chez tous les historiens, sont des annexes des récits et ont le même caractère.

« l'auront faite. » M. Taine ne veut pas que ce puissant tableau soit de l'histoire ; il sera, je pense, à peu près seul à ne pas le vouloir.

Qu'est-ce donc qu'un récit oratoire? En deux mots, c'est un récit orné des mouvements et des images propres à l'éloquence. Si vous y voyez des points d'interrogation et d'exclamation, des comparaisons et des métaphores, tenez pour certain que l'auteur a voulu, — y a-t-il réussi? c'est une autre question, — être orateur. La couleur et l'animation, qui font du récit un tableau, ne suffisent pas ; ce sont des qualités sans lesquelles aucune narration ne saurait nous satisfaire. Par exemple, rien n'est plus coloré et mouvementé que le récit de la bataille de Steinkerque dans Macaulay ; la charge de la Maison du roi y éblouit comme un éclair et, en quelques lignes, emporte le lecteur au galop de cette cavalerie illustre ; ce n'est point une narration oratoire. Mais le récit de la bataille de Rocroy, dans l'oraison funèbre de Condé, est oratoire ; les traits qui le font tel sont dans toutes les mémoires ; et ce caractère est mieux marqué encore par l'art incomparable avec lequel Bossuet a fondu en un bronze immortel les plus exacts détails de l'histoire avec les plus vifs mouvements et les plus frappantes images de l'éloquence.

Si l'on juge les récits d'après ces principes de discernement, on se demandera par quelle préoccupation systématique M. Taine veut absolument que ceux de Tite-Live soient habituellement et principalement oratoires. Ils devaient l'être, sans doute, pour les besoins de la thèse ; mais ils sont, en somme, si défavorables à celle-ci, qu'ils eussent suffi pour la faire abandonner à un esprit moins prévenu.

Comme il s'agit ici d'appréciation et non de démonstration, il faudrait, à la rigueur, pour prendre parti, relire Tite-Live tout entier. Mais voici deux expériences qui suffiront.

Lisez attentivement, dans le livre de M. Taine, — mieux encore dans Tite-Live lui-même, — l'histoire de Papirius et de Fabius. Il n'y a rien de plus romain. Le dictateur est parti pour Rome afin d'y reprendre les auspices, les rites ayant été mal observés la première fois. Il a défendu à son maître de la cavalerie de combattre les Samnites en son absence. Tenté par une occasion favorable, celui-ci a enfreint la défense et remporté une éclatante victoire. De retour au camp, le dictateur veut mettre à mort le vainqueur pour cette atteinte à la discipline. De là, tout un drame qui se prolonge avec des péripéties diverses jusqu'à un dénouement pacifique qui, grâce aux ressources du formalisme romain, sauve Fabius sans compromettre la majesté du commandement. — Ce vaste récit est très mêlé de harangues, comme le drame lui-même le fut dans la réalité ; et nous n'avons pas à redire que ces *orationes* sont oratoires. Mais pas un moment le récit lui-même n'a un autre ton et un autre mouvement que le ton et le mouvement historiques ; et il faut être hanté par le fantôme de l'éloquence pour y voir, comme fait M. Taine, un discours avec exorde et péroraison.

La seconde expérience, encore plus décisive, serait de prendre, dans les Histoires, quelque long fragment formant un tout assez étendu et assez important pour qu'on pût compter que *la manière* de l'auteur s'y révélera toute entière. J'ai pris cette prodigieuse épopée guerrière qui est la seconde guerre punique. Il n'y a point de partie de l'histoire romaine qui, par la grandeur des événements, par la tragédie répétée des désastres, par la splendeur du triomphe final, expose plus souvent l'historien à la tentation de l'éloquence, soit dans les récits, soit dans les portraits. Il n'y en a donc point qui doive apporter à la thèse de M. Taine un appoint plus considérable. Je suis bien trompé si les partisans les plus résolus de cette thèse ne reconnaissent pas, à mesure qu'ils avanceront dans ce grand récit, à quel point elle est artificielle. Ils y trouveront l'éloquence, mais à sa place, et ils s'associeront à ce jugement de Villemain dans son Rapport à l'Académie sur le concours où M. Taine fut couronné : « Plusieurs
« pages de son livre, destinées à justifier sa devise *in his-
« toria orator*, pourraient faire croire que, par ce titre

« d'orateur, dont il salue Tite-Live, il n'est pas dans la
« louange même assez juste pour le grand historien. Les
« discours que Tite-Live a mêlés à ses récits, peuvent être
« chez lui souvent une heureuse parure de la narration :
« ils n'en sont pas la substance et l'âme ; ils laissent dans
« toute sa supériorité originale un autre et plus constant
« mérite de l'historien, le naturel éclatant du récit, la
« vérité des caractères et des peintures. »

L'étude que nous venons de faire montre assez avec quelle plume discrète et presque caressante Villemain a mêlé cette critique aux louanges très libérales qui l'accompagnent. Sans rien contester de celles-ci, il est juste d'accentuer plus fortement celle-là et de dire, en manière de conclusion, que l'*Essai sur Tite-Live*, riche de beaux détails, de vives peintures, d'observations fines et pénétrantes, de grandes vues sur l'histoire et la philosophie de l'histoire, est un livre manqué comme livre, parce que tout, y compris les faits, y est mis violemment au service d'une idée systématique et fausse.

# CHAPITRE IV

## LA FONTAINE

Et le *La Fontaine* est réussi parce que l'esprit systématique s'y dissimule du moins, et n'impose pas à la marche du livre ses alignements inflexibles. S'il y a ici quelque recherche, c'est au contraire celle de la spontanéité qui va à l'aventure. L'auteur annonce, sur un ton de libre causerie, qu'il va flâner : « Je voudrais, pour parler
« de La Fontaine, faire comme lui quand il allait à l'Aca-
« démie, *prendre le plus long*. Ce chemin lui a toujours
« plus agréé que les autres. Volontiers il citerait Platon
« et remonterait au déluge pour expliquer les faits et
« gestes d'une belette ; et si l'on juge par l'issue, bien des
« gens trouvent qu'il n'avait pas tort. Laissez-nous prendre
« comme lui le chemin des écoliers et des philosophes,
« raisonner à son endroit comme il faisait à l'endroit de
« ses bêtes, alléguer l'histoire et le reste. C'est le plus
« long si vous voulez ; au demeurant, c'est peut-être le
« plus court. »

Son chemin est un voyage circulaire, comme les compagnies de chemin de fer nous en proposent, aux vacances, de Paris à Paris. Il s'en va par Calais et la mer du Nord, remonte le Rhin jusqu'à Strasbourg et revient par la Champagne. Ne vous y fiez pas cependant. Sa bonhomie de flâneur, comme celle de La Fontaine, cache une malice ; sa malice est une idée, et son idée est un système. De la mer violente et de la Flandre humide et grasse qui

répondent à l'esprit anglais, du Rhin féodal et austère, plein de légendes et de forêts, qui symbolise l'esprit allemand, il arrive à la Champagne qui est l'image de l'esprit français; et sur tout son parcours s'embusque la théorie des climats et des sols. Elle y a dépouillé sa physionomie impérieuse, paradoxale, un peu pédantesque et ne se présente plus qu'en costume de touriste. « Ce sont là des rai-
« sonnements de voyageur, tels qu'on en fait en errant à
« l'aventure dans des rues inconnues, ou en tournant le
« soir dans sa chambre d'auberge[1]. »

Traitons-la donc comme il veut qu'on la traite, et disons au touriste que son image de l'esprit français est choisie un peu trop au gré de ses pas et de ses raisonnements.

Il a bien saisi la physionomie de la province qu'il traverse. « Tout y semblait maniable et civilisé ; tout y était
« sur un petit modèle, en proportions commodes, avec un
« air de finesse et d'agrément. Les montagnes étaient de-
« venues collines, les bois n'étaient plus guère que des
« bosquets. De minces rivières serpentaient entre des bou-
« quets d'aulnes avec de gracieux sourires. Un bouleau
« frêle qui tremble dans une clairière de genêts, l'éclair
« passager d'un ruisseau à travers les lentilles d'eau qui
« l'obstruent, la teinte délicate dont l'éloignement revêt
« quelque bois écarté, voilà les beautés de notre paysage.
« Les grandes lignes, les fortes couleurs y manquent ;
« mais les contours sinueux, les nuances légères, toutes
« les grâces fuyantes y viennent amuser l'agile esprit qui
« les contemple, le toucher parfois sans l'exalter ni l'acca-
« bler. Si vous entrez plus avant dans la vraie Cham-
« pagne, ces sources de poésie s'appauvrissent et s'affinent
« encore. La vigne, triste plante bossue, tord ses pieds
« entre les cailloux. Les plaines crayeuses sous leurs
« moissons maigres s'étalent bariolées et ternes comme un
« manteau de roulier. Çà et là une ligne d'arbres marque
« sur la campagne la traînée d'un ruisseau blanchâtre. On
« aime pourtant le joli soleil qui luit doucement entre les

1. P. 7.

« ormes, le thym qui parfume les côtes sèches, les abeilles
« qui bourdonnent au-dessus du sarrazin en fleurs : beau-
« tés légères qu'une race sobre et fine peut seule goûter.
« Ajoutez que le climat n'est pas propre à la durcir ni à la
« passionner. Il n'a ni excès, ni contrastes ; le soleil n'est
« pas terrible comme au midi, ni la neige durable comme
« au nord. L'homme n'est point alourdi ni exalté. La
« terre, un peu sèche et pierreuse, ne donne guère que du
« pain et du vin, un vin léger qui ne met dans les têtes
« que la vivacité et la belle humeur. Ici, et à cinquante
« lieues autour de Paris, la beauté manque, mais l'intelli-
« gence brille, l'esprit leste, juste, avisé, malin, prompt à
« l'ironie, qui trouve son amusement dans les mécomptes
« d'autrui[1]. »

Oui. Mais est-ce là toute la France, et est-ce là tout l'esprit français ? M. Taine n'en voit pas d'autre ; il semble résumer tout notre sol dans ces départements crayeux où le vin pétille, et se représenter tout le génie de notre race à l'image des paysages champenois, lui accordant l'esprit, la grâce, toutes les qualités légères, lui refusant les dons poétiques et les qualités sérieuses.

Est-ce vrai pour le sol ? est-ce vrai pour le génie ? Ni pour l'un ni pour l'autre.

Faisons un autre voyage circulaire, vers l'Ouest. Voici des côtes où l'Océan est plus terrible que la mer du Nord, avec des sourires charmants que celle-ci n'a jamais, des falaises qui sont des forteresses de granit hautes et rouges, d'autres qui sont des écroulements comme d'une ville de géants et, tout à côté, des golfes paisibles où de belles verdures se prolongent jusqu'au rivage. Dans les terres, voici la région des grands chênes, puis des landes austères et tristes, puis des vallons écartés qui semblent un coin de l'Arcadie. C'est la Bretagne. — Repartons dans une autre direction. Voici le massif central ; vous y retrouvez des plaines aussi riches et plus amples que les deux rives du Rhin, encadrées elles aussi dans des montagnes vêtues

---

[1]. P. 4-7.

de forêts, mais avec des proportions plus grandioses; c'est la Limagne et c'est l'Auvergne. — Ou bien poussons jusqu'à cette « troisième partie de la Gaule » qui s'appelait l'Aquitaine au temps de César, ou jusqu'à la terre, bien gauloise aussi, des Allobroges ; ce sont les versants français des Pyrénées et des Alpes. Ils ne ressemblent guère aux ondulations champenoises. Et, n'était que M. Taine a pris soin d'écarter de son *La Fontaine* l'appareil de la science, on pourrait lui demander s'il est bien scientifique de juger *ce tout* qui est le grand sol de la France par *cette partie* restreinte qui est la Champagne.

Il avait besoin d'elle pour symboliser, tel qu'il le conçoit, l'esprit français. Mais de celui-ci il saisit un seul aspect pour le mettre en relief avec une finesse et une verve sans doute admirables; et il s'y complaît tellement qu'il n'a plus un regard ni une pensée pour les autres. De même qu'il met la prose de la Marne en contraste avec la poésie du Rhin, de même il oppose les qualités prosaïques et railleuses, légères et, en somme, frivoles de l'esprit français aux qualités poétiques et sérieuses de l'esprit germanique. Je sais bien qu'il a pour lui dans ce jugement partial, — partial parce qu'il est partial, — le sens que les mots *esprit gaulois* ont habituellement dans le langage ; ils y désignent bien la verve railleuse et le goût du propos leste. Mais l'*esprit gaulois* n'est pas tout l'esprit du grand peuple qui a les Gaulois pour principaux ancêtres. Il a inspiré les fabliaux et les contes frondeurs ; il n'a pas inspiré la chevalerie qui est sans doute une œuvre où toute l'Europe chrétienne a mis la main, mais où la part de la France est, comme dans les Croisades, de beaucoup la première. Et il n'a pas non plus inspiré les épopées françaises du moyen âge, où l'Allemagne du XIII° siècle a cherché des modèles.

Ces épopées gênent un peu M. Taine. Et il s'en débarrasse sommairement : « Quelle opposition entre notre lit-
« térature du XII° siècle et celle des nations voisines ! Quel
« contraste entre nos chansons de gestes et les Niebelun-
« gen, le Romancero, Dante et les vieux poèmes saxons !

« Au lieu des grandes conceptions tragiques, des rêveries
« sentimentales et voluptueuses [1], des générosités et des
« tendresses du vieux poème allemand, au lieu de l'âpreté
« pittoresque, de l'éclat, de l'action, du nerf des récits
« espagnols, au lieu de la farouche énergie, de la profon-
« deur lugubre des hymnes saxonnes, vous rencontrez
« des épopées prosaïques [2]. »

*Prosaïques* est bien vite dit, et ne suffit pas pour enlever à la France du moyen âge une suzeraineté épique attestée par l'hommage de toutes les littératures européennes qui ont imité nos trouvères. Il y a d'ailleurs dans le contraste que signale M. Taine, à côté d'une part de vérité, une part beaucoup plus grande d'inexactitude historique. Pour l'Espagne il est entièrement imaginaire. Le poème du *Cid*, qui est l'épopée nationale espagnole, et notre *Chanson de Roland* sont deux œuvres de même famille ; si le premier a parfois plus d'éclat, le second est incontestablement supérieur par la grandeur épique, par le pathétique des sentiments et des situations, par « l'âpreté pittoresque et le nerf du récit ; » et les chants dont se compose le *Romancero*, très divers de sujets, de dates et de provenances, ne s'écartent pas beaucoup, dans leurs parties épiques et narratives, du ton et du niveau du poème. — Pour l'Allemagne la différence entre le *Roland* et les *Niebelungen* tient surtout à ce que le poème allemand, peinture des époques et des mœurs barbares en même temps que des époques et des mœurs chevaleresques, conserve dans un cadre chrétien les farouches traditions du paganisme scandinave. Si on en détache ces légendes et leurs suites, l'air de famille avec notre épopée carlovingienne devient très frappant, et l'opposition qui paraît si profonde à M. Taine se réduit à peu de chose.

Il faut donc rejeter, non par sentimentalité patriotique,

1. En passant, il faut noter ce mot comme un contresens énorme. Rien absolument ne le justifie dans les Niebelungen.

2. P. 10.

mais par loyauté historique, cette antithèse qui accorde à la France, pour sa part de l'héritage, la prose légère et frondeuse, aux races germaniques la poésie grave et profonde.

Mais quittons ce chemin des écoliers et venons à La Fontaine.

M. Taine a peint son caractère, analysé son génie, marqué sa place à part dans le grand siècle avec beaucoup de pénétration et d'agrément. Il a donné la vraie théorie de la fable poétique et montré par quels dons privilégiés, par quelle sympathie heureuse pour ses humbles héros, pour les bêtes, pour tous les êtres vivants, pour toute la nature [1], par quelle culture aussi, par quel discernement et quel juste sentiment de l'art La Fontaine applique cette théorie et réalise cet idéal. Il s'est hasardé, comme il le dit spirituellement, « jusqu'à la critique de Batteux » pour faire ce qu'on appelait au XVIIe siècle l'anatomie exacte de plusieurs fables, choisies parmi les meilleures

---

1. M. Taine prend cette occasion d'apporter son vote en faveur de l'évolutionnisme : « La Fontaine, à force de naturel, comprenait la na« ture, et voyait l'âme où elle est, c'est-à-dire partout. Nous avons « fait comme lui à force de science et d'expérience. Depuis deux cents « ans les êtres qu'on séparait au XVIIe siècle se sont rejoints, et les « choses ont repris leur parenté naturelle. Elles sortent les unes des « autres, celles d'en haut de celles d'en bas. L'animal contient les « matériaux de l'homme, sensations, jugements, images; et de ces « matériaux assemblés par une loi nouvelle, naît la raison, comme « des corps minéraux liés par une loi nouvelle naît la vie. Nos théo« ries ne nous empêchent plus de nous intéresser aux bêtes. » (p. 167.) C'est à croire qu'il faut être évolutionniste pour s'y intéresser. Le moyen âge qui a pris tant de plaisir au roman du *Renard*, à *l'épopée des bêtes*, comme on dit en Allemagne, ne paraît cependant pas avoir reçu les leçons de Herbert Spencer et de Darwin. Un seul système tarit l'intérêt, c'est l'hypothèse cartésienne de l'automatisme des bêtes. M. Taine semble croire que tout le XVIIe siècle a tenu, — La Fontaine excepté, — pour les animaux-machines. C'est plutôt le contraire qui est vrai. Dans l'école même de Descartes, plusieurs refusaient de suivre le maître jusque-là. Mme de Sévigné écrivait à sa fille : « Des « machines qui aiment, des machines qui sont jalouses, des machines « qui craignent? allez, allez, vous vous moquez de nous. » Et Bossuet : « Cette opinion, jusqu'ici, entre peu dans l'esprit des hommes. »

d'entre les excellentes. Il a esquissé le portrait des principaux personnages de la galerie animale et humaine, faisant transparaître sous chaque peau de bête le type humain auquel répondent sa physionomie et ses mœurs, et montrant comment le bonhomme, qui observait d'un œil les bêtes et de l'autre les gens, a réuni dans sa ménagerie toute la société française du xvii<sup>e</sup> siècle depuis le Roi lion qui est le Roi soleil jusqu'à l'âne qui est le pauvre peuple; en passant par le renard qui est le courtisan, l'ours qui est le gentilhomme rustique et rustre dépaysé à Versailles, le chat qui est moine, la fourmi qui est bourgeoise, et quantité d'autres encore.

L'idée est ingénieuse et presque neuve. On savait bien, et La Fontaine l'avait dit après tous les fabulistes, que sous chaque animal et chaque plante se cachait et se montrait un homme; mais M. Taine mieux que personne avant lui a vu et fait voir que chacun de ces hommes est un Français du xvii<sup>e</sup> siècle, que leur collection forme un tableau de la société française de ce temps, et que cependant ce tableau, sous des traits qui ont une date et pourraient recevoir des noms propres, offre en même temps à nos yeux, dans leurs éléments permanents, toute la vie et toute la société humaines. « Un homme rentre chez lui le
« soir, cause avec ses amis, et s'amuse à leur peindre les
« gens qu'il a vus, les caractères qu'il a observés, les
« traits de mœurs qui l'ont frappé; il ne cherche point ses
« idées, il les trouve; elles sont nées d'elles-mêmes, par
« la seule présence des objets. Voilà l'origine des fables
« de La Fontaine. Chacune d'elles est le récit d'une jour-
« née. Il a vu tous les originaux qu'il copie. Ce sont les
« personnages de son temps, roi, clergé, seigneurs, bour-
« geois, paysans. Ils sont à côté de lui, il vient de les
« quitter dans la rue, il les désigne du doigt. — Avant lui
« la fable n'était qu'une moralité. Pour lui, il vient de la
« cour ou de la ville, raconte sans songer ce qu'il a vu, et
« sa morale s'applique aux contemporains. Il n'y a qu'à
« recueillir ces traits épars; on verra reparaître tout un
« monde, esquissé à la volée, mais sans que rien y

« manque ¹. » Et en même temps ce sont des types, « ce « sont les caractères principaux qui résument la société « humaine. C'est un monde, avec un jugement sur le « monde, que La Fontaine nous a donné ². »

M. Taine nous offre donc *une clé* des fables de La Fontaine, comme on en fabriqua tant au xviie siècle, — clé de la *Clélie*, clé du *Cyrus*, clé des *Caractères*, — avec cette différence que la sienne se compose de noms de groupes sociaux au lieu de noms propres. Le péril de ce genre d'explications est de vouloir à tout prix les pousser jusqu'au bout, de prétendre trouver dans un nom propre ou dans un nom de classe sociale le secret tout entier du caractère tracé par le moraliste, ou de la bête mise en scène par le fabuliste. La Bruyère et La Fontaine ne se sont pas retiré le droit de prendre des traits ailleurs; ils n'ont pas seulement *copié*, ils ont *composé*. Maître Renard offre un intéressant exemple de cette liberté du véritable artiste qui ne se laisse point enfermer dans un cadre. M. Taine voit dans le renard de La Fontaine le type accompli du courtisan, et il a raison. Il ne voit en lui que le courtisan, et il a tort. La Fontaine sait bien que la cour offre un terrain très favorable à la multiplication de l'espèce et au déploiement de ses ressources mentales. Son renard va donc à la cour; il y fait bonne figure, et sa dextérité y est incomparable. Mais il est aussi ailleurs, à la ville et au village; il est avocat et procureur; il est homme politique, passé maître en manœuvres électorales ³ ; il dit « monsieur du Corbeau » au bourgeois que la vanité gonfle; il excelle à rédiger le prospectus financier qui le remettra à flot en envoyant dans le puits à sa place l'actionnaire ébloui :

> Camarade,
> Voyez-vous cet objet? c'est un fromage exquis...
> Descendez dans un seau que j'ai là mis exprès ⁴;

---

1. P. 73-74. — 2. P. 159-161.
3. *Le Renard, le Singe et les Animaux.*
4. *Le Loup et le Renard.*

il est partout où il y a des dupes à faire ; et la cour n'est qu'un des théâtres de ses exploits.

Il y aurait bien aussi quelque chose à dire de l'âne, « bonne créature, » universel souffre-douleurs, image, dit M. Taine, du pauvre peuple. Il est cela, en effet, dans plus d'une fable ; il l'est par sa patience et par les coups qu'il reçoit. Mais il est autre chose encore : il est la vanité lourde [1], l'égoïsme [2], la braillerie [3]. Et il n'est pas le peuple tout entier, ce peuple de France en qui il y a toujours tant d'entrain et de ressort. Il lui manque un trait que La Fontaine a fidèlement rendu en mainte fable où il met en scène non plus les animaux, mais les hommes : la gaieté. Ce trait est presque entièrement méconnu par M. Taine qui ne fait du paysan et de l'artisan qu'un tableau triste, sombre, presque répugnant. Il ne veut voir le peuple que dans l'âne roué de coups et dans le bûcheron qui appelle la mort [4]. Le peuple est aussi ailleurs, dans les brillants et charmants récits qui s'appellent *la Laitière et le Pot au lait*, *le Meunier, son Fils et l'Ane*, *le Berger et le Roi*, *le Savetier et le Financier*. La belle humeur, la verve imagée, la répartie vive et leste, *le vivere parvo bene* de notre race y éclatent avec une grâce sans pareille, et c'étaient là des traits à ne pas omettre.

Ce qui était à omettre c'était toute la première partie du

1. *L'Ane portant des reliques*.
2. *L'Ane et le Chien*.
3. *L'Ane et le Lion chassant*.
4. *La Mort et le Bûcheron*. — M. Taine, à propos de cette fable, généralise avec excès. Il ne voit pas que pour l'effet du trait final, il fallait réduire le bûcheron aux derniers excès de la misère et faire de lui une exception. Il est vieux, il est très pauvre, son fardeau est plus gros que lui ; il est courbé, il n'en peut plus d'effort et de douleur. Si quelqu'un peut être las de la vie, c'est bien lui. Et cependant quand la Mort arrive et lui demande ce qu'il y a pour son service :

> C'est, dit-il, afin de m'aider
> A recharger ce bois, tu ne tarderas guère.

La peinture est chargée à dessein ; et elle est psychologique beaucoup plus que sociale.

chapitre intitulé *les Dieux*. Ce sont de pauvres pages, historiquement les plus fausses du monde, littérairement choquantes. L'auteur y développe cette thèse que tout siècle se fait un Dieu à son image et sur le modèle de sa constitution politique, que le xviie siècle a fait de même et s'est fabriqué un Dieu sur le modèle de Louis XIV, un paradis peu différent de Versailles, une cour céleste où l'on distribue beaucoup de cordons bleus, une monarchie divine fort semblable à la monarchie française, mais encore trop de son siècle pour ressembler au souverain moderne [1]. Si c'est un jeu d'esprit, il est déplacé. Si c'est une appréciation sérieuse, il est difficile de la prendre au sérieux tant elle manque de prétexte. Et la seule excuse de l'auteur pour soutenir que le xviie siècle chrétien a pensé de Dieu autrement que le xiiie ou le ve, c'est qu'il savait peu ce qu'en pensait Bossuet, et qu'il ignorait profondément ce qu'en pensaient saint Thomas et saint Augustin.

1. P. 211-215.

# CHAPITRE V

### HISTOIRE DE LA LITTÉRATURE ANGLAISE

L'histoire de la littérature anglaise est le plus important et le plus étendu des ouvrages littéraires de M. Taine, et c'est encore un ouvrage philosophique.

C'est déjà une entreprise hardie que d'expliquer par la faculté maîtresse et par les conditions climatériques et historiques de son développement, tout le génie et toutes les œuvres d'un écrivain. Déduire ou expliquer de même toute une littérature est plus hardi encore en apparence, et l'est peut-être moins en réalité ; l'action des causes générales se voit et se saisit mieux dans l'ensemble, où les différences particulières s'annulent les unes les autres, que dans les cas individuels où elles s'accusent ; et la théorie explicative y laisse plus de place au libre jeu des actions personnelles.

M. Taine a donc pu, sans trop sacrifier ici la vérité à un système préconçu, caractériser avec vigueur l'esprit saxon, encore tout germanique dans l'Angleterre du xie siècle, lui opposer l'esprit normand, depuis longtemps devenu tout français, puis montrer comment, peu à peu, par la force même de la juxtaposition et des événements politiques, ces deux esprits se fondirent en un seul qui fut l'esprit anglais et dans lequel, comme par une revanche de la conquête, la part des vaincus est restée incomparablement la plus grande.

Je ne sais si c'est pour l'agrandir encore que M. Taine

a jugé avec tant de sévérité malveillante, la chevalerie et la poésie chevaleresque qui furent, en Angleterre, une importation des vainqueurs. Ne revenons point sur les épopées, fort imparfaites sans doute, que la chevalerie a inspirées. Mais, écoutons ce que dit M. Taine de l'institution elle-même : « Qu'est-ce donc que l'homme a appris « dans cette civilisation ? En quoi s'est-il humanisé ? « Quelles maximes de justice, quelles habitudes de « réflexion, quel assemblage de jugements vrais cette « culture a-t-elle interposés entre ses désirs et ses actions « pour modérer sa fougue ? Il a rêvé, il a imaginé une sorte « de cérémonial élégant pour mieux parler aux seigneurs « et aux dames. Mais l'éducation véritable, où est-elle[1] ? »

Rien n'est plus injuste que cette exécution sommaire, et il suffit du plus rapide coup d'œil sur les siècles du moyen âge pour remettre à son rang d'honneur, l'institution que M. Taine a si peu comprise.

Représentons-nous donc l'état de la société chrétienne après la brillante et éphémère restauration de Charlemagne, à la fin de la seconde race et sous les premiers capétiens. Le pouvoir public se forme lentement et péniblement ; tout son effort se borne à *être* sans songer encore à *agir* ; toute initiative est laissée aux guerres privées par la loi elle-même qui ne peut garantir personne contre les violences individuelles ; la condition des petits, libres aussi bien que serfs, est sans cesse exposée à devenir, en fait, infiniment plus dure que ne la font, en droit, le servage et l'organisation féodale ; ceux qui ne possèdent point de fief ne peuvent acquérir quelque sécurité qu'en s'associant, s'armant et se murant, comme firent les Communes du $xi^e$ et du $xii^e$ siècle ; il semble, en un mot, que le genre humain se partage en deux groupes ; d'un côté, le groupe des oppresseurs superposés les uns aux autres aux divers degrés de l'échelle féodale ; de l'autre, le groupe des opprimés, comprenant tout le reste, sauf les agglomérations communales à peine naissantes.

[1]. T. I, p. 123

L'Église seule est debout, refuge indestructible des faibles, mais faible elle-même, désarmée et souvent victime. En de tels siècles, sous l'influence de cette Église et par un retournement prodigieux de l'esprit d'aventure et de guerre, une institution prend naissance, dont le but avoué est de défendre les faibles opprimés, de rétablir par les armes la paix sociale que les armes troublent sans cesse et qu'aucun pouvoir public n'est capable de maintenir ; de la rétablir, dis-je, en tenant suspendue sur quiconque abuse de la force au profit de son orgueil, de sa cupidité ou de sa luxure, la menace d'une force partout présente et partout au service de la justice.

Or cette institution, greffée sur un vieil usage purement militaire des tribus germaines, prend naissance dans la classe même des oppresseurs ; c'est exclusivement parmi eux qu'elle se recrute ; et elle est si belle, et si contagieuse par sa beauté, que bientôt il n'est homme de haut lignage qui ne se sente incomplet tant qu'il ne lui est pas affilié. Même cet universel élan est ce qui, en la généralisant, l'altèrera peu à peu et finira par la perdre. Après avoir été une mission, elle deviendra une distinction et un titre dont le vrai sens sera oublié ; son esprit s'affaiblira, puis s'évanouira ; les magnifiques cérémonies de son initiation deviendront de vaines pompes, ses vœux admirables des formules. Mais, avant de disparaître, elle aura fait son œuvre ; pendant les siècles d'impuissance des gouvernements, elle aura lutté avec succès contre les abus du pouvoir privé ; elle aura fait honte aux forts d'une force qu'aucune règle morale ne contient, qu'aucune idée généreuse ne conduit ; elle aura fait grandir dans les consciences le sentiment de la justice, dans les cœurs la douceur, la pitié, le tendre respect de toutes les faiblesses ; elle aura introduit jusque dans le langage une courtoisie qui sera comme une belle fleur civilisée éclose sur une terre à demi sauvage, et qui donnera à toutes les grandes littératures européennes un accent jusque là inconnu.

Cette institution est la chevalerie. En dehors du christianisme, rien ne se rencontre, je ne dis pas d'égal, mais seulement d'analogue fût-ce de la façon la plus lointaine, à ce point que prêter au plus humain, au plus généreux, au plus héroïque des grands hommes de l'antiquité les sentiments, les allures, le langage d'un chevalier, serait, chez un historien, le plus ridicule des anachronismes.

Assurément la chevalerie parfaite, — comme toute chose parfaite, — était un idéal et laissait en dehors de son rayonnement un très grand nombre d'âmes méchantes ou faibles, égoïstes ou violentes. Mais n'était-ce rien que d'avoir conçu et proposé, en de tels temps, un tel idéal, rien que de l'avoir fait universellement accepter et admirer, rien que d'avoir mis dans la mémoire et dans le cœur des hommes bardés de fer des maximes comme celle-ci :

> Il doit la povre gent garder,
> Ke li riches ne l'puist foler ;
> Et le füble doit soustenir
> Ke li fors ne lo puist honir ?

Et n'était-ce pas beaucoup que d'avoir formé sur cet idéal un grand nombre de vies humaines, et d'en avoir montré, sous tous les cieux, à tous les rangs de la hiérarchie, et jusque sur les trônes, la réalisation presque achevée ?

M. Taine, au cours de son *Histoire de la littérature anglaise*, rencontrera, chez les écrivains qu'il cite avec admiration, plus d'un hommage rendu par des bouches non suspectes à cet esprit chevaleresque qu'il a si maltraité. Ce sera le protestant Spenser dont le grand poème est inspiré tout entier par les traditions et les maximes de la chevalerie. Ce sera le républicain Milton, enseignant « que tout esprit libre et noble doit être né chevalier. » Tant l'idée que ce mot exprime est entrée dans notre sang, et tant elle demeure capable d'inspirer les plus beaux dévouements comme la plus noble poésie.

M. Taine pense encore plus de mal de la scolastique que de la chevalerie ; il est vrai qu'il la connaît moins encore. Dans presque aucun de ses livres il ne laisse échapper l'occasion de la présenter comme ayant arrêté pour plusieurs siècles la marche de l'esprit humain. Dans celui-ci, comme s'il se fût précédemment contenu et qu'il se décidât enfin à dire tout ce qu'il a sur le cœur, il éclate, beaucoup moins en raisons qu'en outrages : *science verbale, conception byzantine, fosse noire, bout de la sottise humaine, enceinte de niaiseries où l'imbécilité apparaît vite, radotage et néant* [1]. Une telle éloquence ne se discute pas ; si elle atteint quelqu'un, ce n'est pas celui qu'elle vise. Mais il est intéressant d'examiner pour quelles raisons M. Taine se juge autorisé à y recourir.

Il y a d'abord celle-ci : que le moyen âge, ayant un dogme fixe, ne pouvait appliquer la recherche scientifique à des questions résolues d'avance. — L'objection n'est pas nouvelle ; elle va beaucoup plus loin que la scolastique, elle atteint toute philosophie qui ne commence pas par le doute absolu. Il suffit de répondre, sans s'engager dans un débat à fond qui demanderait un livre, qu'aucune philosophie n'a commencé par le doute absolu, aucune, sauf celles qui, commençant par lui, n'en ont pas pu sortir ; aucune, pas même celle de Descartes dont le doute est fictif comme il en convient lui-même. Toute recherche a un point de départ qui précède la recherche ; toute philosophie, sous peine de ne pouvoir prendre naissance, est une *fides quærens intellectum ;* et prétendre que l'esprit est dans une fosse noire lorsqu'il ne commence pas par éteindre la lumière qui éclaire tout homme venant en ce monde, est une absurdité pure et simple. La seule chose qu'on soit en droit d'exiger de l'esprit qui se sait en possession de certaines vérités, c'est qu'il se pose et qu'il examine avec une loyauté scrupuleuse les objections qui les combattent ; et sur ce point les scolastiques, de saint Thomas à Suarez, sont des modèles. Ils n'ont peur de rien, ils vont jusqu'au bout des difficultés, dût la réponse laisser des points obscurs et inexpliqués, estimant, comme dira Bossuet, « que nous ne devons pas rejeter la lumière « même sous prétexte qu'elle n'est pas infinie, mais nous

---

[1]. T. I., p. 223-227.

« en servir de sorte que nous allions où elle nous mène
« et sachions nous arrêter où elle nous quitte, sans oublier
« pour cela les pas que nous avons déjà fait sûrement à sa
« faveur. » Et ils poussent le scrupule si loin que, très
souvent, avant de prendre la parole, ils la donnent à
l'adversaire. C'est la marche constante de saint Thomas
dans la *Somme théologique.* Exemple : *Quest.* II, *art.* III,
*Utrum Deus sit. — Videtur quod Deus non sit :* 1° *quia...*,
2° *præterea...* Et toujours ainsi.

La seconde raison est que la scolastique s'est enfermée
dans un cercle de questions frivoles et y a « piétiné sur
place. » M. Taine en expose un certain nombre à la risée
de ses lecteurs. En quoi son procédé n'est pas de bonne
guerre.

D'abord plusieurs de ces questions sont inintelligibles
lorsqu'on les isole ainsi de ce qui les précède ; remises
à leur place, elles y prendraient un sens et une valeur.

D'autres appartiennent à la haute métaphysique ; le
littérateur qui les lit n'y peut rien entendre ; et, quand on
lui dit qu'elles sont ridicules, il le croit sur parole. Telle
d'entre elles, résolue dans un certain sens, donnerait une
des maximes fondamentales de la philosophie de Hegel,
si chère à M. Taine ; résolue dans le sens opposé, elle
donne une des thèses principales par où le théisme s'oppose au panthéisme.

D'autres sont du domaine de la théologie positive ; elles
viennent solliciter spontanément la curiosité de l'esprit à
propos du dogme spécial auquel elles se rapportent ; et
il n'y a pas de raison *a priori* pour ne pas les regarder,
pas plus que pour fermer les yeux à un problème subtil
de géométrie qui se poserait à propos d'un théorème.

M. Taine les jette toutes en pâture, caractérisées d'avance comme autant de produits de la sottise humaine, au
rire d'un public incompétent, sachant combien il est facile
de l'égayer à propos de tout ce qui lui apparaît avec une
physionomie insolite. Serait-il de bonne guerre de traiter
de la même façon la psychologie contemporaine parce
qu'elle étudie des questions du genre de celle-ci : « Si la

sensation croît comme le logarithme de l'excitation? »

Mais surtout ce qui n'est pas de bonne guerre, c'est de laisser croire, de faire croire, de dire équivalemment que ces questions, qui sont pour la plupart de simples curiosités scientifiques bonnes à occuper un superflu de loisirs, ont été l'*enceinte* où s'est parquée l'activité de la scolastique. Ceci est beaucoup plus qu'un travestissement, et la seule réponse à donner, c'est « que cela n'est pas vrai. » La preuve n'est pas loin. Prenez le premier venu de ces *manuels*, comme les appelle dédaigneusement M. Taine, qui servirent de base à l'enseignement à partir de saint Thomas, la *Somme théologique*, par exemple, et lisez la table.

Voici les « niaiseries » traitées dans les vingt premières questions de la première partie :

Si l'existence de Dieu est évidente ou a besoin d'être démontrée ;

Si Dieu est ; comment nous le connaissons ; à quoi répond la variété des noms que nous lui donnons ;

Si Dieu est simple, — parfait, — infini, — immense, — éternel ;

De la vérité et de la fausseté ;

Des idées ;

Si Dieu est pensée, — volonté, — amour, — toute-puissance, — justice, — miséricorde, — providence.

C'est toute la théodicée.

Et voici seize autres questions du même livre :

L'âme humaine, — son union avec le corps, — ses facultés, — les sens et la connaissance sensitive, — l'intelligence et la connaissance intellectuelle, — l'appétit, — la volonté, — la liberté, — comment nous connaissons les corps et que connaissons-nous des corps, — comment nous nous connaissons nous-mêmes, — comment nous connaissons ce qui est au dessus de nous.

C'est toute la psychologie générale ; et c'est en particulier tout ce que M. Taine en traitera dans son livre *de l'Intelligence*.

Dans la *prima secundæ* les soixante-dix-huit premières questions traitent :

De la fin de l'homme, — du bonheur, — des actes humains, — des motifs et des mobiles, — de la délibération, — du consentement, — du bien et du mal moral, — de la passion en général et de chaque passion en particulier, — des habitudes, — des vertus et des vices, — du péché. Puis huit autres traitent des lois, — de la loi naturelle, — de la loi humaine.

C'est toute la psychologie morale et toute la morale générale.

Voilà *l'enceinte* où s'est enfermée la grande philosophie du moyen âge. Avec quelle vigueur et quelle liberté d'esprit elle s'y est mue, il faut, pour le savoir, s'être donné la peine de l'étudier dans ses maîtres. Notre temps, pour son honneur et son profit, commence à s'y remettre. M. Taine, pour toute cette partie de l'histoire de l'esprit humain, en était resté à la science de Voltaire.

C'est grand dommage que le devoir d'arrêter de telles erreurs au passage interrompe si souvent dans ce livre le plaisir littéraire qu'on y voudrait goûter sans mélange, le plaisir du bien dire, des tableaux puissants, des portraits tracés de main de maître avec des traits délicats ou violents, nobles ou familiers, où revit tout entier chaque homme et chaque écrivain. Spenser, le poète chevaleresque, Swift le sanglant satirique, Addison le sage paisible, — pour n'en citer que quelques-uns, — sont vraiment *évoqués* dans les pages que M. Taine leur consacre. On ne saurait guère imaginer trois esprits, trois œuvres, trois styles plus dissemblables ; l'habile critique les pénètre tous trois à une égale profondeur ; on pourrait presque dire qu'il devient tour à tour chacun d'eux, dérobant au premier les magnificences de son imagination et la haute spiritualité de sa pensée ; au second sa misanthropie amère et sa brutale éloquence ; au troisième, chose plus difficile encore, l'agrément discret de son style, le demi-sourire de sa physionomie et le bon sens tempéré, bourgeois, pratique, un peu terre à terre, tout à fait anglais, de sa morale.

Pourquoi faut-il que dans ce domaine de la littérature

d'où nul n'a droit de bannir la morale, M. Taine oublie ou dédaigne si souvent le très beau vers où Boileau avertit les écrivains français de tous les temps

Que le lecteur français veut être respecté?

Quelles que soient les légitimes libertés de la critique, elles ne vont pas jusqu'à l'affranchir entièrement de ce respect ; et il y a des limites, aussi larges qu'on voudra, que l'écrivain ne doit pas dépasser, qu'il n'a pas besoin de dépasser pour dire tout ce qui est à dire. Nous savons bien que la Renaissance a été partout païenne et sensuelle jusqu'aux dernières audaces, et que la brutalité des mœurs nationales a rendu plus énormes en Angleterrre qu'ailleurs ces excès de la bête humaine. Nous savons que le règne de Charles II a été semblable, pour la licence des mœurs et des écrits, à notre Directoire. Mais à quoi bon tant étaler cette fange ? A quoi bon le luxe des descriptions et des citations les moins voilées là où des indications plus sobres suffisaient pour la vérité historique ? M. Taine *s'y abandonne de parti pris;* le mot est de la plume très mesurée de Caro, et n'est pas trop fort. Le même critique ajoute *que c'est un tort grave*[1], et nous estimons qu'il a tout à fait raison.

Pour finir, arrêtons-nous un instant devant deux figures, et d'abord devant Shakspeare.

« A proprement parler, l'homme est fou, comme le
« corps est malade, par nature ; la raison, comme la
« santé, n'est en nous qu'une réussite momentanée et un
« bel accident [2]. » — *Durus est hic sermo.* Peut-être cependant n'est-il que l'expression à dessein violente d'un fait vrai, et qui seul explique la grande lutte morale de la vie humaine. « Encore que nous ayons quelque chose au-
« dessus de l'animal, » dit Bossuet, « nous sommes ani-
« maux, et nous avons l'expérience de ce que fait en nous
« l'animal. » Et l'on peut dire que l'animal en nous est

---

[1] *L'idée de Dieu*, p. 258. — 2. T. II, p. 158.

fou par nature dès que nous lui lâchons la bride ; car il n'a pas, comme chez la bête, sa règle et sa direction en lui-même, dans un instinct sûr, mais au dessus de lui, dans la raison ; si donc celle-ci abandonne les rênes, il n'y a plus de direction d'aucune sorte.

M. Taine ne l'entend point ainsi. « Il n'y a point dans « l'homme de force permanente et distincte, qui main- « tienne son intelligence dans la vérité et sa conduite dans « le bon sens [1]. » Sa folie est donc irrémédiable ; et si sa vie est rarement sage, ce n'est pas parce qu'il lui est difficile de se vaincre, c'est-à-dire de dompter la passion par l'effort de la raison et de la volonté, c'est parce que la folie, seule maîtresse, ne produit les effets de la sagesse que par d'heureux coups de hasard.

Tous les hommes sont donc fous, non par figure de rhétorique, mais *à proprement parler*. De ces fous, les plus fous, sans comparaison, sont les hommes d'imagination ; car dans notre logis intérieur, l'imagination n'est pas seulement une folle, mais *la folle*, comme disait très bien Malebranche. Et dans cette élite la souveraineté de la folie appartient à ceux chez qui la toute-puissance de l'imagination est plus absolue et plus universelle, aux hommes *d'imagination complète*. Tout le génie de Shakspeare est dans ce seul mot. Il a été un incomparable artiste parce qu'il a été un fou incomparable et qu'à ce titre il a mieux que personne compris ou rendu la vie humaine, « série « d'impulsions précipitées et d'imaginations fourmillantes, « secousses, heurts, emportements, parfois de loin en loin « un demi-équilibre passager, vie d'insensé qui par inter- « valles simule la raison, mais qui véritablement est de la « même substance que ses songes [2]. »

Telle est chez Shakspeare la faculté maîtresse. « Une « fois qu'on l'a saisie, on voit l'artiste se déployer tout « entier comme une fleur [3]. Quelle âme ! quelle étendue « d'action et quelle souveraineté d'une faculté unique ! « que de créatures diverses, et quelle persistance de la

1. T. II, p. 157. — 2. *Ib.*, p. 159. — 3. *Ib.*, p. 185.

« même empreinte! Les voilà toutes réunies et toutes
« marquées du même signe, dépourvues de volonté et de
« raison, gouvernées par le tempérament, l'imagination ou
« la passion pure, privées des facultés qui sont contraires
« à celles du poète, douées des habitudes d'esprit et de la
« sensibilité violente qu'il trouve en lui-même. Parcourez
« ces groupes, et vous n'y trouverez que des formes
« diverses et des états divers d'une puissance unique.[1] »

Est-ce bien là tout Shakspeare, et la faculté maîtresse
l'est-elle à ce point chez lui qu'elle soit unique? Unique,
eût-elle suffi à produire ce prodigieux théâtre où fourmillent les incohérences, les invraisemblances énormes, les
absurdités, les excès de la brutalité barbare à côté des
excès du maniérisme le plus raffiné, mais où rayonnent
avec une incomparable splendeur les conceptions dramatiques les plus puissantes et les mieux suivies, les caractères les plus profondément observés, les types de la
pureté la plus exquise? A qui fera-t-on croire que cette
folle en qui la folie est à sa plus haute puissance a été la
créatrice unique d'un tel art qui, dans ses chefs-d'œuvre,
nous offre, à défaut de la sereine eurythmie de l'art grec,
une unité si vraie, une beauté si haute dans son inépuisable
variété? L'imagination a fourni *les images* en surabondance; elle a donné non pas des matériaux morts, mais
tout un peuple vivant; elle a fait passer cette vie intense,
ces couleurs éclatantes, sombres, délicates, dans le style
du poète; elle a fait flotter Ariel et Puck dans le demi-jour mystérieux de la féérie; elle a évoqué le spectre de
Banquo à la table de Macbeth et l'ombre du vieil Hamlet
sur les remparts d'Elseneur; elle a mis sur la scène les
foules romaines et les foules anglaises avec leurs impulsions aveugles et leurs enthousiasmes voisins de leurs
fureurs; elle a donné aux citoyens d'Athènes les noms et
les mœurs des rustres anglo-saxons et à Bottom une tête
d'âne; elle a inventé les tours bouffons des joyeuses commères de Windsor; elle a fait passer dans de fraîches pein-

---

[1]. T. II, p. 278-279.

tures la senteur des fleurs sauvages et les clartés naissantes du « matin aux yeux gris. » C'est là sa part, plus ample chez Shakspeare que chez aucun autre poète. Mais elle apportait tout pêle-mêle, en charretées ; l'art n'a commencé qu'avec le triage. C'est un vrai contresens psychologique de prêter à l'imagination le don de choisir, c'est-à-dire d'éliminer, sous une loi esthéthique ; et c'en est un plus grand de la croire capable de suivre les caractères avec une logique intérieure qui explique leur continuité ou leur développement progressif, un Macbeth, un Hamlet, un Iago, une Cornélie, une Desdémone, une Catherine d'Aragon. Je me figure madame de Grignan, qui était systématique, soutenant devant sa mère la thèse de M. Taine ; et j'entends madame de Sévigné lui répondre : « Une folle qui choisit ! une folle qui compare ! « une folle qui fait des tragédies où le caractère du héros « se soutient pendant cinq actes ! Allez, allez, vous vous « moquez de nous. »

De la renaissance païenne et de Shakspeare passons à la renaissance chrétienne et à un chaudronnier du nom de Bunyan.

Sur cette renaissance M. Taine a ses idées à lui. Ce fut une renaissance morale. Comme telle, elle devait s'opérer en Allemagne ; car « ce qui distingue le génie des peuples « germains du génie des autres peuples, ce sont ses préoc- « cupations morales. Tels leur climat les a pétris[1]. » Et elle s'opéra par la réforme de Luther. Grâce à elle, « la « toute-puissante idée de la justice déborde l'âme, couvre « le ciel et y intronise un *nouveau Dieu*, juge impeccable « et rigide, qui exige de l'homme un compte exact de sa « conduite visible et de tous ses sentiments invisibles. Désor- « mais quand on parle de justice, ce n'est plus une phrase « morte qu'on récite, c'est une conception vivante qu'on « produit... La conscience a retrouvé l'idée du modèle « parfait. Et aussitôt les moindres manquements lui sem- « blent des crimes, et l'homme condamné par ses propres

1. T. II, p. p. 289-290.

« scrupules tombe consterné d'horreur. Or ce n'est pas sa
« nature corrompue qui, toute seule et sans secours, sor-
« tira de cet abîme. Un seul peut m'en tirer, le Dieu pur,
« le Juste immolé, le Sauveur, le Réparateur, Jésus. —
« Austère et libre religion qui, instituée par l'éveil de la
« conscience, ne pouvait s'établir que chez des races où
« chacun trouve naturellement en soi-même la persuasion
« qu'il est seul responsable de ses œuvres et toujours
« astreint à des devoirs [1]. »

Si résolu qu'on soit au *nil admirari* d'Horace, on
éprouve, en lisant ce que je viens de transcrire, un étonnement profond, jusqu'à se demander si l'on rêve. Quoi !
le Dieu juste, le Juge infaillible des actions visibles et
des sentiments invisibles est *un Dieu nouveau*, créé par
la Réforme ! Quoi ! c'est au xvie siècle qu'on a découvert
que notre nature est corrompue par le péché originel,
qu'elle ne peut par elle-même sortir de l'abîme, qu'elle
ne peut être sauvée que par les mérites de Jésus-Christ !
Quoi ! ce n'était pas là, depuis la fondation du christianisme, l'enseignement constant de l'Église catholique ?
Quoi ! c'est Luther qui a composé ce *Dies iræ* où quiconque
a assisté une fois dans sa vie à un enterrement catholique
a pu entendre retentir ces paroles :

> ... *Judex est venturus,*
> *Cuncta stricte discussurus!*
>
> *Judex ergo cùm sedebit,*
> *Quidquid latet apparebit,*
> *Nil inultum remanebit.*
>
> *Recordare, Jesu pie,*
> *Quod sum causa tuæ viæ;*
> *Ne me perdas illa die.*
>
> *Quærens me, sedisti lassus,*
> *Redemisti crucem passus,*
> *Tantus labor non sit cassus.*

1. T. II, p. 289-301.

Non, les nouveautés ne sont pas là, dans ces doctrines fondamentales de la responsabilité et de la Rédemption que Luther a emportées avec lui en se séparant de la vieille Église. Elles sont ailleurs ; elles sont surtout dans la doctrine du serf arbitre qu'il y a jointe et qui, supprimant du même coup la responsabilité et l'effort personnel, supprimerait en bloc, si elle était suivie jusqu'au bout, la vie morale tout entière.

Ajoutons, sans insister, que la Réforme en Allemagne n'a pas plus été une renaissance dans les mœurs que dans les idées. C'est l'aveu, souvent renouvelé, de Luther. « A peine, » écrivait-il dans son exposition du psaume II, « avions-nous commencé à prêcher notre Évangile, que « l'on vit dans le pays une effroyable révolte, des schismes, « des sectes, et partout la ruine complète de l'honnêteté, « de la moralité et de l'ordre. La licence et tous les genres « de vices et de turpitudes sont portés bien plus loin « aujourd'hui qu'ils ne le furent jamais sous le Papisme. « Le peuple, maintenu autrefois dans le devoir, ne con- « naît plus maintenant ni liens, ni freins, et vit comme le « cheval sauvage, sans retenue ni pudeur, au gré de ses « plus grossiers désirs. »

Il en fut autrement en Angleterre où nous revenons avec M. Taine après l'avoir suivi en Allemagne. Là il y eut une véritable renaissance morale et chrétienne ; mais elle ne se produisit pas au XVIe siècle, contre l'Église catholique et par les premiers réformateurs ; elle se produisit au XVIIe, contre la première réforme et par de seconds réformateurs. Elle constitue un très intéressant épisode de l'histoire religieuse en Angleterre.

L'Église anglicane, *the established Church*, n'avait pas lieu d'être fière de ses origines et de son royal fondateur. Elle portait les marques et le joug de son asservissement à l'État. Arrêtée à mi-côte entre l'insurrection protestante et la soumission catholique, également incapable d'imposer l'obéissance à titre d'institution divine et d'abdiquer loyalement l'autorité spirituelle à titre d'institution humaine, elle ne pouvait ni réclamer ni exercer un empire efficace sur les âmes ; elle était une administration plutôt qu'une Église ; et si elle fournissait d'utiles auxiliaires aux *justices of the peace*, elle ne donnait aucune satisfaction sérieuse au besoin religieux de l'humanité dans ce qu'il a de plus profond et de plus haut. Son christianisme officiel allait se desséchant et se stérilisant de plus en plus.

De là deux phénomènes, l'un individuel, l'autre collectif.

Quand une âme élevée dans cette Église a de puissantes aspirations religieuses, ne trouvant pas dans l'établissement auquel elle appartient des ressources pour les satisfaire, elle ne compte plus que sur l'inspiration individuelle ; et cela peut la conduire, pour peu qu'elle ait l'imagination vive, à prendre pour voix d'en haut ses inspirations les moins sages, pour signe et avertissement de Dieu les événements les plus insignifiants de la vie ordinaire. Ou bien, se défiant un peu plus d'elle-même, elle cherche la lumière dans les Livres saints ; et les premiers mots qu'elle y trouve, détachés de leur contexte, interprétés au gré de son impression du moment, de son état mental et physique, lui deviennent un mot d'ordre. D'une façon comme de l'autre, elle se fait une vie religieuse solitaire, arbitraire, suspecte d'illuminisme.

Voilà le phénomène individuel. Le phénomène collectif a besoin d'être mis en regard du phénomène correspondant dans l'Église catholique.

Lorsque, dans certains temps et certains pays catholiques, le niveau de la foi, de la piété et de la vertu chrétiennes a baissé, on voit naître, pour le relever, des saints qui agissent à la fois comme exemples et comme apôtres. Ils s'appellent Bernard, Dominique, François d'Assise, Ignace de Loyola. Ils restent dans l'Église, la relèvent, la défendent, la rajeunissent, l'embellissent. Leur apparition et leur influence sont pour elle le point de départ d'un renouvellement et d'un accroissement de fécondité.

Dans les pays séparés de l'unité, particulièrement en Angleterre et aux États-Unis, il y a des mouvements qui répondent à ces renaissances. On les appelle *réviviscences* (*revivals*). Mais la forme qu'ils prennent presque toujours est celle d'une rupture avec l'établissement officiel et d'une fondation de secte nouvelle, qui se sépare en apparence à cause de quelque dissentiment doctrinal, en réalité pour chercher en dehors de cet établissement stérile et stérilisant les conditions d'une vie chrétienne plus vraie et plus intense.

En un mot les renouvellements religieux et moraux dans le catholicisme resserrent les liens qui attachent les âmes à l'Église ; dans le protestantisme, ils détachent les âmes des Églises.

Voilà ce qui se passe en général. Quel champ cela ouvre aux illusions et aux hallucinations de toute sorte, aux dangereux fanatismes, à l'exploitation de la crédulité par la fourberie, l'histoire le dit assez. Mais elle dit aussi que dans les sectes qui se séparent, comme dans les établissements dont elles se séparent, il se rencontre des âmes de choix qui, s'attachant avec force aux vérités qu'elles conservent, portent tout l'effort de leur esprit et de leur cœur vers ces vérités et non pas vers les négations qui les séparent du christianisme intégral tel qu'il subsiste et vit dans l'Église catholique. Ces âmes subissent toujours à un degré quelconque les conséquences de la séparation, lacunes et erreurs également inévitables. Mais les vérités qui leur restent, la foi aux mérites infinis du Dieu rédempteur, le devoir de l'aimer par dessus toutes choses, l'aspiration aux biens éternels, la délicatesse de la conscience chrétienne en présence du devoir, gardent toujours quelque chose de leur fécondité divine. Et si de tels hommes ont le don d'écrire, il se pourra qu'ils écrivent des livres où l'esprit catholique, tout en y signalant bien des *addenda,* ne rencontrera que peu ou point de *corrigenda*.

De ce nombre fut notre chaudronnier, auquel M. Taine consacre vingt-cinq pages qui comptent parmi les plus intéressantes de son second volume.

Sa vie obscure, toute de travail, de sacrifice et de zèle, souvent et longtemps persécutée par l'Église établie, fut assombrie pendant bien des années par une torture intérieure qui devint une idée fixe et paraît ne s'être usée qu'à la longue, la crainte obsédante d'être prédestiné à la damnation éternelle. N'y avait-il là qu'une défiance de lui-même, que l'incertitude sur sa propre persévérance, c'est-à-dire sur sa correspondance finale à la grâce qui ne manque à personne, — épreuve douloureuse qui fut celle de saint François de Sales et dont il sortit par des actes d'héroïque abandon, d'amour *quand même* pour le Dieu sauveur, de filiale confiance dans l'intercession de la mère de Dieu, devenue au Calvaire la mère de tous les hommes ? Il y avait autre chose : l'effroyable fatalisme calviniste, d'après lequel Dieu prédestine expressément à la damnation le plus grand nombre des hommes, l'accablait de tout son poids et le décourageait de l'effort en lui faisant croire qu'en vain on lutte et travaille pour le salut si l'arrêt réprobateur est déjà signé. Bunyan nous a laissé le récit poignant et très détaillé de cette longue crise où plus d'une fois l'idée fixe confine à la folie; et on ne saurait dire à quel point son implacable analyse est instructive quand on la compare au chapitre correspondant de l'histoire du grand évêque.

Cet homme sans lettres a fait le livre le plus lu peut-être de l'Angleterre, un des rares livres de piété vivante que le sentiment chrétien ait inspirés dans l'Europe protestante, le *Pilgrim's progress* (*voyages* ou *étapes d'un pèlerin*).

C'est, sous le voile et dans le cadre d'une allégorie perpétuelle, un tableau du voyage de la vie humaine en tant que ce voyage est un acheminement vers le salut éternel.

Les personnages y sont des abstractions qui marchent, et le mérite particulier de cet ouvrage est que, cependant, ces abstractions sont vivantes, vivantes de cette vie et de cette conviction puissantes qui, animant l'auteur lui-même, se sont répandues sur elles et les ont pénétrées. « Bu-
« nyan, » dit très bien Macaulay, « est décidément le
« premier des allégoristes. D'autres ont fait preuve d'es-
« prit ingénieux, mais nul n'a réussi comme lui à toucher
« le cœur et à faire que des abstractions devinssent des
« objets de terreur, de pitié et d'amour. »

Il faut noter ici ce détail, que Bunyan a été fort aidé, non dans la conception, mais dans l'exécution, par la facilité avec laquelle la langue anglaise se plie à former des mots doubles ou triples qui constituent une véritable unité, bien que chacun des composants garde sa physionomie et sa structure. Cela lui permet de donner à ses personnages allégoriques des noms propres qui les individualisent et qui, cependant, sont en même temps des noms généraux : *M. Œil-de-chauve-souris*, *M. Avide-d'avoir*, etc. Il y a surtout un groupe où chacun de ces noms est une trouvaille. *M. Vient-à-ses-fins* est de la ville de *Beaux-discours* ; il a pour curé le révérend *Deux-Langues*, pour cousins lord *Retombe-sur-ses-pattes* et *M. N'importe-quoi*. Ils ont fréquenté l'école de *M. Grippe-sous*, dans la paroisse de *Aime-le-Gain*, où ils ont eu pour camarades le jeune *Passion-de-l'or* et le petit *Retient-tout*. — D'ailleurs, ce chaudronnier manie sa langue avec une aisance et un bonheur d'expressions qui ont frappé tous les critiques. Racontant un voyage, il est descriptif ; et ce qu'il décrit, c'est ce qu'il a vu, le paysage anglais.

L'ouvrage a deux parties, dont la première forme un tout complet. La seconde est une suite et n'est pas, chose rare, inférieure à la première.

La première raconte comment Chrétien, quittant femme et enfants après les avoir en vain pressés de le suivre, a fait le pèlerinage qui, de la cité de *Destruction*, l'a conduit à la cité divine à travers mille périls et mille obstacles, dont le dernier est la *rivière de la mort*. — La seconde raconte comment Chrétienne, sa femme, enfin touchée, a suivi les traces de son mari désormais bienheureux, et a refait, avec ses jeunes enfants, le même pèlerinage dans les conditions différentes où elle se trouve placée comme femme et comme mère, responsable d'une nombreuse famille.

Un tel cadre promet beaucoup. Le livre tient plus encore ; et on peut dire que, grâce à la sincérité profonde d'un sentiment religieux et moral servi par une imagination vive, cette production d'un plébéien sans lettres est une de celles qui font le plus d'honneur aux lettres anglaises.

Arrêtons-nous dans cette revue de peur d'écrire un livre à propos d'un livre. Et ne poussons pas plus loin cette longue étude d'un long ouvrage. L'*Histoire de la littérature anglaise* clôt à peu près la période aggressive de la carrière de M. Taine et met dans le plus vif relief ses qualités et ses défauts comme critique. Il a du véritable critique un rare don d'assimilation, l'aptitude à se mettre à la place des écrivains, à les comprendre et à les faire comprendre en entrant dans leurs sentiments et leurs pensées, en saisissant chez eux le trait principal et ce qu'il appelle la faculté maîtresse, la recherche des causes, la peinture vigoureuse des grands ensembles et des grandes époques, l'heureuse et souple faculté d'admirer les beautés des ordres les plus divers. Et il a du critique partial les partis pris, les préjugés, la tendance à plier les faits aux systèmes, l'audace à formuler sur les choses qu'il ignore des jugements doublement injustes en ce qu'ils sont incompétents et en ce qu'ils sont injurieux.

Plus tard il reparlera des choses anglaises, dans un livre intitulé *Notes sur l'Angleterre*. Il avertit, dans sa préface, que les notes ont été prises en 1861 et en 1862, mais que la rédaction définitive n'a été faite qu'après un troisième voyage, en 1871. Ses idées, au fond, sont restées à peu près les mêmes. Mais *la manière* est autre ; l'observation est plus large, les affirmations moins tranchantes, le ton plus grave, l'esprit de système plus voilé dans son expression, au fond même moins absolu. Le caractère anglais, la vie anglaise, les mœurs anglaises, les institutions anglaises, les types anglais à tous les degrés de la hiérarchie sociale y sont décrits avec une manifeste intention d'impartialité sincère qui atteint habituellement son but. Et peut-être est-ce faire l'éloge de ce petit volume que de dire que les lecteurs déjà familiarisés avec les choses anglaises n'y trouvent rien de bien nouveau ; c'est un témoignage en faveur de la fidélité du portrait.

Quelques idées sont bonnes à noter au passage. M. Taine s'exprime sur le compte de l'aristocratie en des termes et avec un accent que ses écrits antérieurs, particulièrement son *La Fontaine* et son *Voyage aux Pyrénées*, ne laissaient pas prévoir. Il ne la tolère plus seulement comme un décor. Il la loue du rôle social qu'elle remplit généreusement en Angleterre avec sa bourse, avec son temps, avec sa participation à toutes les bonnes initiatives, avec sa résidence sur ses terres, avec son patronage rural qu'il nomme « un reste du bon esprit féodal. » Il voit en elle, grâce à l'éducation qu'elle reçoit, une pépinière d'hommes d'état, d'hommes publics dans toutes les sphères, une force qui concourt pour une part bienfaisante à soutenir le niveau moral de la nation. C'est presque, avec des vues politiques moins profondes et un moins grand syle, le langage de Montalembert dans un beau chapitre de son célèbre livre *De l'avenir politique de l'Angleterre*.

Cela le conduit à apprécier tout au moins avec bienveillance la loi anglaise des successions, sur laquelle, d'ailleurs, il se trompe en la prenant pour un droit d'aînesse. Elle n'est telle que pour les biens fonciers des successions *ab intestat*. Mais « elle laisse pleine liberté au « père de famille de disposer, par testament, de son bien « comme il l'entend, de partager également entre ses « enfants, comme aussi d'en avantager un ou plusieurs, « s'il n'a les mains liées par une substitution, œuvre d'un « testateur antérieur dont il n'est que l'usufruitier[1]. » Dans l'aristocratie seule, cette liberté, par une tradition qui va plus loin que la loi, a pour effet la transmission héréditaire du patrimoine entre les mains de l'aîné. M. Taine, sans la juger théoriquement, constate le puissant stimulant qu'elle apporte à l'effort personnel chez les jeunes gens des hautes familles, prévenus d'avance qu'il ne leur suffit pas, pour être quelque chose, de s'être donné la peine de naître.

Enfin M. Taine a très bien compris l'effet composé de deux éléments du caractère politique anglais qui, au lieu d'être, comme ailleurs, violemment en conflit l'un avec l'autre, se tempèrent mutuellement et combinent spontanément leurs forces. « Il me semble, » dit-il, « que ce

---

1. Montalembert, *de l'Avenir politique de l'Angleterre*.

« gouvernement a pour ressort non telles ou telles institu-
« tions, mais certains *sentiments* très énergiques et très
« répandus. S'il est solide et se contient, c'est que le res-
« pect est universel et profond pour plusieurs choses.
« S'il est actif et avancé, c'est que, ces choses exceptées,
« tout le reste est livré à la discussion, au contrôle, à
« l'initiative des individus [1]. » En vertu du second sentiment, le gouvernement anglais, qu'il soit au pouvoir des
conservateurs ou des libéraux, accomplit résolument et
largement les réformes que l'expérience a montrées nécessaires et sur lesquelles, après une discussion suffisamment
prolongée dans le pays, l'opinion publique s'est nettement
prononcée. En vertu du premier, les réformes ne vont
point au-delà, ne se font que dans les limites et à l'heure
où il faut qu'elles se fassent, et laissent intact le reste de
l'édifice. On estime, en Angleterre, que les constitutions
faites tout d'une pièce, après destruction préalable de tout
ce qui les a précédées, peuvent être fort belles sur le
papier et au point de vue esthétique, mais que, pratiquement, les plus anciennes sont les meilleures moyennant
les rajeunissements indispensables, et que, suivant un
mot célèbre, elles sont assez belles si elles sont assez
bonnes, *fine enough if they be good enough* [2]. « Ainsi, la
« génération suivante ne rompt pas avec la précédente ; les
« réformes se superposent aux institutions, et le présent,
« appuyé sur le passé, le continue. »

Nous avons dit et on peut voir que le portrait est fidèle.
Nous n'avons pas dit qu'il fût complet. Il ne pouvait, sans
doute, l'être dans le détail ; mais il a voulu l'être dans
l'ensemble et quant aux traits principaux. En voici cependant un qu'il a omis et qui mériterait de ne pas l'être.

M. Taine revient à plusieurs reprises sur l'état religieux de l'Angleterre. Il visite et décrit Oxford qui fut
longtemps la citadelle de l'orthodoxie anglicane. Et il est
entièrement muet sur le mouvement qui, prenant sa source

---

1. P. 238.
2. Goldsmith, *Vicar of Wakefield*.

à Oxford, a eu ce double effet de ramener au catholicisme les plus illustres représentants de cette orthodoxie, et de créer, au sein même de l'Église établie, une tendance très puissante à faire revivre dans cette Église les doctrines, la discipline, les rites mêmes de l'Église catholique. La page de Montalembert à ce sujet est si belle qu'on nous permettra de l'employer à remplir cette lacune des *Notes sur l'Angleterre*.

« Il y a une merveille plus noble encore que toutes les
« merveilles d'Oxford : c'est le courage moral de ceux
« qui ont su abandonner les jouissances d'un tel séjour,
« sortir de ces collèges où ils occupaient le premier rang,
« quitter ces lieux enchanteurs, briser les liens les plus
« tenaces du cœur de l'homme pour rentrer dans l'unité
« catholique. On sait que c'est à Oxford que s'est formé
« le noyau de ces hommes éminents qui ont en vain tenté
« de régénérer l'anglicanisme, et ont fini par confesser la
« vérité catholique en lui immolant leurs bénéfices, leurs
« positions laborieusement acquises, leurs légitimes ambi-
« tions, leur popularité, leurs joies de famille ou de
« confraternité, leur bien-être et trop souvent leurs plus
« chères amitiés. Manning, Newman, Faber, Wilber-
« force étaient, de l'aveu même de ceux qui ne les ont pas
« suivis dans leur glorieux exode, les premiers d'entre
« tous, les premiers par la vertu comme par le talent, la
« science et l'éloquence. Ce sera l'éternel honneur de l'É-
« glise catholique au XIX° siècle que d'avoir su conquérir
« de si belles âmes par le seul fruit de la conviction et de
« l'étude, sans aucune contrainte, sans aucun secours du
« pouvoir ou de l'opinion publique; et ce sera aussi l'éter-
« nel honneur de la race anglaise que d'avoir enfanté de
« telles recrues à la vérité [1]. »

1. *De l'Avenir politique de l'Angleterre*, p. 201-202.

# CHAPITRE VI

**VARIA**

Les travaux littéraires, et toujours philosophiques, de M. Taine sont trop variés pour qu'on puisse les étiqueter tous. De là ce chapitre élastique qui réunit un certain nombre d'écrits très dissemblables d'objets, plus dissemblables d'allures.

I. — Les deux volumes d'*Essais de critique et d'histoire* contiennent, comme le titre l'indique, des morceaux qui se rattachent à la troisième partie de notre étude. A plusieurs autres nous avons déjà fait des emprunts. Sur d'autres enfin nous n'aurions qu'à nous répéter parce qu'ils répètent eux-mêmes, sous une autre forme, des idées que nous avons déjà discutées. Glanons à travers le reste, et bornons-nous à quelques citations qui compléteront le *La Fontaine* en nous donnant, sous des aspects divers, le jugement persistant de M. Taine sur notre XVIIe siècle littéraire.

Suivant lui, la littérature du grand siècle se déduit de son état social et l'exprime. Toute la vie de la France se concentre à Versailles ; toute sa littérature a la cour pour foyer et pour modèle ; et comme la cour est un salon où l'art suprême est celui de la conversation, les qualités de la conversation parfaite sont les qualités suprêmes des œuvres de l'esprit.

« On ne pense plus à résister au Roi; on n'a point à

« résister au peuple ; on n'a point à défendre ni à com-
« battre le clergé ; on n'a point à conquérir son opinion ni
« son rang. Dans cette oisiveté et dans cette liberté d'es-
« prit, que peut faire un homme riche et noble? Se diver-
« tir ; il se divertit. — Le premier amusement est la ga-
« lanterie ; au XVII<sup>e</sup> siècle, il faut être un peu galant pour
« être tout à fait honnête homme, et l'urbanité ne va point
« sans l'art de *dire des douceurs*. Avec une demi-émotion,
« avec un sourire, on glissait dans une oreille complai-
« sante quelque sonnet exagéré et calme, ou la fine ana-
« lyse d'un sentiment délicat, et l'on finissait par une révé-
« rence. Nul amour ne raffinait mieux la politesse et ne
« convenait mieux à la vie des salons. — Cette politesse
« faisait le style ; le devoir prescrivait d'être toujours, en
« parlant, agréable et jamais rude ; au lieu d'exagérer la
« sensation comme aujourd'hui, on l'atténuait ; au lieu de
« heurter des contrastes, on notait des nuances. Quand on
« essaye de se représenter les sentiments de cette littéra-
« ture, il semble que l'on respire le faible et suave parfum
« d'une rose-thé, flétrie et conservée depuis cent ans. —
« Le grand style oratoire l'évapore encore davantage ; tout se
« délaye et s'efface dans la longue phrase périodique ; le
« talent consiste à développer ; on analyse et on explique
« à l'infini tout ce qu'on touche [1]. »

« Involontairement, pour entendre la *Princesse de*
« *Clèves*, on se transporte dans quelque grand hôtel aux
« environs de la place Royale, et l'on aperçoit dans un
« haut salon, entre les panneaux sculptés et ornés de pein-
« tures, la noble et aimable conteuse entourée d'une cour
« d'amis. Elle parle, mais en grande dame ; et son style
« imite sa parole. — De ces habitudes de salon naissait le
« style noble que nous admirons et que nous avons perdu.
« En tout le langage copie la vie ; les habitudes du monde
« forment les expressions des livres ; comme on agit, on
« écrit. — Ce style est aussi mesuré que noble. M<sup>me</sup> de
« La Fayette n'élève jamais la voix. D'un bout à l'autre

---

[1]. *Essais*, t. I, p. 15-19 (*Fléchier*).

« de son livre brille une sérénité charmante. C'est que
« l'excessif choque comme le vulgaire ; une société si polie
« repousse les façons de parler violentes ; on ne crie pas
« dans un salon. D'ailleurs, même à demi-mot, surtout à
« demi-mot, ses hôtes l'entendent. Ici les émotions sont
« aussi délicates que la manière de les dire ; et cette déli-
« catesse fait le caractère et le charme de l'amour ; et les
« fines nuances d'émotion dévoilent toute la force du sen-
« timent intérieur ; il conserve toute sa pureté sans rien
« perdre de sa grandeur[1]. »

« Comme Shakspeare et Sophocle, Racine est un poète
« national. Rien de plus français que son théâtre ; nous y
« trouvons l'espèce et le degré de nos sentiments et de nos
« facultés. Le talent de bien dire, voilà l'esprit de cette
« race, esprit moyen entre la haute spéculation et l'obser-
« vation minutieuse. Son travail est de fixer le sens des
« mots généraux ; son œuvre est d'établir l'ordre des idées
« générales ; son nom est la raison oratoire, et sa gloire
« est de composer de beaux discours. C'est ce genre d'es-
« prit qui a formé le siècle de Racine ; on l'y découvre
« tout entier, *et on n'y découvre que lui.* La religion
« n'y a produit aucune œuvre originale. Il en est de
« même en philosophie. Comme l'une et comme l'autre,
« les lettres ne se sont trouvées qu'une branche de l'élo-
« quence. Elles sont nées dans les salons ; ce sont des
« conversations écrites. Un seul goût a régné, le désir de
« parfaitement parler[2]. »

C'est là presque tout Racine. « A quoi s'attache d'abord
« la raison oratoire ? au plan. Quand Racine avait com-
« posé le sien, il disait : *Ma tragédie est faite.* Quelle dis-
« tance entre cette sorte d'esprit et celui de Shakspeare
« qui découpe en scènes des romans ou des histoires telles
« qu'il les trouve, laisse le dénouement arriver comme il
« pourra et ne s'attache qu'aux caractères et aux passions !
« La raison oratoire demande à la tragédie l'équilibre et

1. *Essais*, t. I, p. 254-263 (*Madame de La Fayette*).
2. *Nouveaux essais de critique et d'histoire*, p. 200-211 (*Racine*).

« la structure d'un bon raisonnement. Ce qu'elle impose
« en tout, c'est la règle. — Pareillement ses personnages
« sont des êtres abstraits plutôt que des hommes réels ; elle
« esquisse un contour ; elle n'approfondit pas une physio-
« nomie ; elle développe une vertu, elle ne construit pas
« un caractère, Elle s'est partout employée en ce siècle à
« déduire les suites d'une qualité pure. C'est pour cela
« qu'elle aboutit naturellement aux personnages héroïques
« et beaux ; elles les compose de raison pratique, c'est-à-
« dire de noblesse, de générosité, de vertu ; elle n'admet
« la passion que comme une puissance secondaire et
« vaincue[1]. Enfin le dernier trait, et cela va sans dire,
« est l'éloquence[2]. »

Racine a eu toutes ces qualités dans la dernière perfection. Il les a appliquées à reproduire sur la scène les mœurs nobles de son siècle, c'est-à-dire de ce que ce siècle met en vue, c'est-à-dire de la cour. De là ses amoureux qui sont toujours, même quand il les dit farouches, des gentilshommes de Versailles avec des noms grecs, romains ou turcs. — De là ses confidents, pris sur le vif du courtisan qui met tous ses soins à effacer sa personnalité et à écouter avec grâce. — De là les femmes de son théâtre en qui l'on reconnaît les duchesses et les marquises qui donnaient le ton à la conversation. — De là les bienséances si délicatement observées même dans les situations les plus violentes, et si opposées au débraillé du drame shakspearien. Chez le poète anglais, aucun personnage, si grand ou si vertueux soit-il, ne se doute de ce que c'est que les convenances. Chez Racine, tous, même les plus affreux scélérats, ont de la tenue ; elle est d'uniforme, on n'entre pas sans elle sur la scène. Pareillement tous ont de l'esprit. « Quand on en a, on en a partout, et dans
« la vertu même. Ce n'est pas tout de faire une belle action,
« il faut encore la bien faire, sans emphase, sans raideur,
« avec une générosité qui coule du cœur comme d'une

---

1. *Nouveaux essais de critique et d'histoire*, p. 214-217 (*Racine*).
2. *Ib.*, p. 218.

« source abondante et ouverte [1]. » Tel est Hippolyte. Telle est Monime, la perle de ce théâtre, « modèle accom-
« pli de vertu et de naturel, de passion et d'adresse, de
« modestie et de fierté, que l'habitude de la mauvaise for-
« tune embellit encore d'une expression plus touchante [2]. »

Ce sont là assurément de fines analyses, avec des traits de délicatesse et même de sensibilité morale qu'on ne rencontre pas souvent chez M. Taine. Il a saisi d'une prise puissante et il nous présente, avec une précision qu'on pourrait dire scientifique, un trait saillant de la vie et de la littérature françaises. Il en a déduit, comme d'un principe, toutes ses suites et toutes ses applications, et il reconstruit logiquement, sous cet aspect unique, une époque littéraire à l'image d'une époque sociale.

Et il a tout gâté, tout faussé, parce qu'il a voulu à tout prix que ce trait saillant de l'esprit français, agrandi et perfectionné par la culture classique et par l'ensemble des circonstances favorables, fût le trait unique.

Tout de bon, croyez-vous avoir dans ce que vous venez de lire la physionomie complète de la littérature française du XVIIe siècle, telle qu'elle s'incarne dans ses princes incontestés ? M. Taine a-t-il pu le croire lui-même ?

Essayons, si vous le voulez bien, de faire le compte avec des noms propres.

M. Taine, tout d'abord, a pris la peine de faire un livre que nous connaissons pour montrer que La Fontaine ne rentre pas dans le cadre du système. *En voilà un.*

A l'occasion, il en dit presque autant de Molière. *En voilà deux.*

Expressément, dans une longue étude, il présente Saint-Simon comme la vivante et violente antithèse du type que le système déclare universel. Lisez seulement cette phrase : « Saint-Simon a des fureurs de haine, des rica-
« nements de vengeance, des transports de joie, des folies
« d'amour, des abattements de douleur, des tressaillements

---

1. *Nouveaux essais de critique et d'histoire*, p. 248-249. (*Racine.*)
2. *Ib*, p. 252.

« d'horreur que nul, sauf Shakspeare n'a surpassés[1]. »
*En voilà trois.*

Voici maintenant La Bruyère : « Les paradoxes simu-
« lés, les alliances de mots frappantes, les contrastes calcu-
« lés et saisissants, les petites phrases concises et entas-
« sées, qui partent et blessent comme une grêle de flèches,
« l'art de mettre un mot en relief, de résumer toute la
« pensée d'un morceau dans un trait railleur, les expres-
« sions inattendues et inventées, les phrases heurtées, à
« angles brusques, à facettes étincelantes, les allégories
« soutenues et ingénieuses, l'imagination, l'esprit jetés à
« profusion par le travail le plus assidu et le plus habile,
« tel est le style de La Bruyère, et l'on voit combien il
« s'écarte de la simplicité et de l'aisance que conservent
« les autres écrivains du siècle. Il touche au nôtre, et il ne
« serait pas difficile de montrer dans Victor Hugo et dans
« Balzac beaucoup de façons d'écrire semblables aux
« siennes. Si l'on veut une preuve, il suffit de remarquer
« qu'il emploie perpétuellement le mot propre, tandis que
« le goût classique et les habitudes littéraires du XVIIe
« siècle ne s'accommodent que des traits généraux et des
« expressions nobles[2]. » On ne saurait mieux dire, *et en
voilà quatre.*

Et que dites-vous de Pascal ? Est-ce qu'il est dans le
moule ? est-ce que les bouts de papier sur lesquels il écrivait ses *Pensées*, dialogues passionnés, cris de l'âme,
angoisses du doute, raisonnements qui sont des batailles,
images d'une grandeur formidable et d'une familiarité
audacieuse, est-ce que ces bouts de papier sont d'un
homme qui, une fois son plan composé, dit : *mon œuvre
est faite ?* et lequel de ces salons bien réglés, où l'on cause
si discrètement, avec tant de grâce et de mesure, d'un ton
si paisible, revendiquera la paternité d'un esprit de cette
taille et d'un style de cette trempe ?

Et Descartes, ce méditatif « enfermé dans un poêle, »

---

1. *Essais de critique et d'histoire*, p. 228.
2. *Nouveaux essais*, p. 58.

qui s'en va chercher la solitude « au milieu d'un grand peuple plus occupé de ses propres affaires que curieux de celles d'autrui ? » Et Malebranche, que l'amour de l'étude et de la retraite conduisirent à l'Oratoire, Malebranche qui se retirait à la campagne et fermait les volets de sa chambre pour que rien ne troublât son commerce avec les idées pures ? Et Bourdaloue qui « frappait comme un sourd, » Bourdaloue dont l'austère éloquence ne faisait grâce à rien ni à personne, et écartait de parti pris tout ce qui charme dans le discours pour n'y laisser que ce qui éclaire et prouve, ce qui secoue et terrasse ? est-ce que ce sont aussi des fleurs de salon, et vous font-ils penser à la rose-thé du critique ?

Décidément la littérature du xvii<sup>e</sup> siècle brise le moule et déborde le système. Celui-ci n'a que le tort d'être un système et de prétendre tout expliquer quand il ne peut rendre compte que d'un aspect et d'un groupe. Ce groupe est le plus en évidence parce qu'il est de la cour qui alors attirait tous les regards. Mais il n'est pas le seul, et le système ne l'explique pas tout entier. Il n'explique presque rien des grands écrivains que nous avons cités. Il n'explique que la moindre partie de Corneille et de Bossuet, et il s'en faut qu'il explique tout Racine.

II. — Le *Voyage aux Pyrénées* a été l'ouvrage le plus lu de M. Taine, à en juger par le nombre des éditions qui, en 1891, atteignait la douzaine. Cela ne veut pas dire qu'il soit le meilleur. Et quoique cela ne prouve pas non plus le contraire, c'est, je l'avoue, vers ce contraire que j'incline.

Les qualités descriptives y étincellent et en font le principal mérite. Mais il n'en a guère d'autre ; c'est peu pour un esprit de la valeur de M. Taine. Il était d'ailleurs, lorsqu'il l'écrivit, en pleine période agressive ; cela ne favorisait chez lui ni la rectitude du jugement, ni la délicatesse de l'esprit.

Ce n'est pas qu'il y disserte beaucoup. Comme il parle pour le grand public, — j'allais dire pour le gros public,

— il s'abstient des théories qui le mettraient en fuite. Deux lignes lui suffisent parfois pour donner une formule sans l'alourdir d'une raison, celles-ci par exemple : « Un « degré de chaleur dans l'air et d'inclinaison dans le sol est « la cause première de nos facultés et de nos passions. » Ou bien encore c'est sous forme de rêverie dans la montagne qu'il explique à sa manière l'origine de toutes les mythologies, y compris le christianisme. Mais s'il s'abstient habituellement d'attaques trop directes contre les croyances religieuses, il prend sa revanche *con amore* sur les temps chrétiens et la philosophie chrétienne.

Il était hanté, — c'est lui qui le dit, — par *le spectre du moyen âge*, de ce temps où « les hommes sortaient en « fourmillières de leurs taudis, de leurs rues sans pavés, « larges de six pieds, cloaques d'immondices qui exha- « laient la lèpre et la fièvre ; où leur corps sans linge, « miné par les famines, envoyait un sang pauvre à leur « cerveau brut ; où les guerres, les lois atroces, les « légendes de sorcellerie emplissaient leurs rêveries « d'images éclatantes et lugubres [1]. » Et là-dessus, sans qu'on puisse savoir pourquoi, sinon que la pluie tombe et qu'il s'ennuie à Bayonne, il conte une horrible histoire de guerre privée entre les Bayonnais et les Basques, avec autant de massacres qu'on en peut souhaiter pour rendre « tout à fait réjouissante cette belle pastorale du moyen âge [2]. » Elle est longue, et il y en a d'autres. — Entendez bien que cette description et ces histoires sont tout le moyen âge, et que les choses ne se sont passées que sur ce modèle depuis la mort de Charlemagne jusqu'à la prise de Constantinople, sous Philippe-Auguste, saint Louis et Charles V comme sous Jean le Bon et Charles VI.

Et puis, outre les massacres, il y avait la scolastique, pire encore. M. Taine, qui la rencontre à propos de Froissart, saisit cette occasion de prouver que si Froissart n'a été qu'un charmant conteur, « un enfant, quelquefois un

---

1. P. 130.
2. P. 12-13.

vieil enfant, » et non un Hérodote, c'est elle qui en est cause. Froissart, et Hérodote aussi, en seraient bien étonnés[1]. « La cause est là tout près ; regardez ce gros docteur « cornificien aux yeux mornes. Il tient à la main son ma- « nuel de droit canon, Pierre Lombard, un traité du syl- « logisme. Dix heures par jour il dispute en Baralipton « sur l'hiccéité. Une fois enroué, il replongeait son nez « dans son in-folio jaune ; les syllogismes et les quiddités « achevaient de le rendre stupide [2]. » Ces jolies choses ont dû mettre en liesse plus d'un lecteur du *Siècle* de ce temps-là. Mais dès ce temps-là elles étaient fort défraîchies à force d'avoir servi. La signature de M. About leur eût mieux convenu que celle de M. Taine, et nous passerions plus aisément à l'un qu'à l'autre le mot d'*hiccæité* qui n'a jamais été prononcé dans aucune langue.

Vers la fin du livre nous trouvons la « philosophie d'un chat. » Elle est renouvelée de *l'oyson* de Montaigne. Mais la thèse du chat est sensiblement différente de la thèse de l'oison. Celui-ci, grand *cause-finalier*, comme dit Voltaire, expliquait tout l'ensemble de l'univers par *le bien des oies*, fin suprême du gouvernement de ce monde, et concluait modestement : « Je suis le mignon de nature. » Celui-là, plutôt positiviste et utilitaire, concentre ses réflexions sur la question du bonheur, et refait le traité de Sénèque *de Vita beata*. Étant analyste, il distingue le bonheur d'été, qui est de sommeiller près de la mare, enivré par l'odeur délicieuse du fumier qui fermente, rêvant les yeux demi-fermés, et ne souhaitant plus rien parce qu'on ne pense plus guère, — et le bonheur d'hiver, qui est d'être assis au coin du feu de la cuisine, respirant dans une grave extase les divines émanations du lard qui enveloppe le rôti, et attendant la part que donnera la cuisinière quand elle aura débroché la bête. Et comme il a l'esprit de synthèse et le sentiment des rapports des choses, il conclut, en généralisant : « Celui qui mange est heureux ; celui qui « digère est plus heureux ; celui qui sommeille en digérant

---

1. P. 14. — 2. P. 50.

« est plus heureux encore. Tout le reste est vanité et im-
« patience d'esprit [1]. » — Enfin, il s'élève jusqu'à une
métaphysique immanente ; et il a, comme un physicien
d'Ionie, son idée sur le principe interne de l'univers ; on
la trouvera dans son traité. De savoir à quelle fin M. Taine
lui a servi d'éditeur, et quelle a été sa pensée de derrière
la tête, — s'il a voulu prouver que la digestion sommeil-
lante est le souverain bien de l'homme comme du chat, —
ou que les pensées de l'homme, comme celles du chat,
sont déterminées par sa structure, — ou que l'homme est
plus sage que le chat, — ou que le chat est plus sage que
l'homme, c'est un problème obscur que je ne me hasarde
pas à résoudre.

III. Je confesse que je n'avais pas lu les *Notes sur Paris,
— Vie et opinions de M. Frédéric-Thomas Graindorge,
docteur en philosophie de l'Université d'Iéna, principal
associé commanditaire de la maison Graindorge and C°
(huiles et porc salé, à Cincinnati, États-Unis d'Amérique),
recueillies et publiées par H. Taine, son exécuteur testa-
mentaire.* Je me souvenais seulement d'un compte rendu
assez dur qui suivit de près la publication du volume. Le
critique, qui n'était pas le premier venu, — je ne voudrais pas jurer que ce ne fût pas M. Caro, — disait que
le livre était assez mal fait et assez malsain, que l'auteur
y avait la main lourde en même temps que le propos leste,
et qu'il y manquait tout à la fois de finesse et de tenue.

L'autre jour, quelqu'un, voyant l'ouvrage sur ma table
de travail, me dit : « Vous lisez Thomas Graindorge ? Le
charmant livre ! et comme il m'a diverti il y a vingt-cinq
ans ! »

A mon tour, je dois dire ce que j'en pense.

Je pense qu'en effet le fond des idées est malsain,
comme tout ce qui est faux. Je pense que plusieurs pages
sont malsaines comme tout ce qui manque de décence. Je
pense que plusieurs autres sont charmantes par l'esprit et

1. P. 308-309.

par le style. Je pense surtout que le livre est, au plus haut point, suggestif et instructif, autant et plus que les *Odeurs de Paris*, de Louis Veuillot, auxquelles, par endroits, il ressemble d'une manière inattendue.

Les deux ouvrages peignent un certain état des idées et des mœurs tel que l'a fait une certaine éducation. Tous deux font voir que ces idées sont basses et que ces mœurs sont laides. La différence est que Veuillot les juge et les stigmatise en adversaire résolu qui va jusqu'aux dernières racines du mal et sait par quelle plante bienfaisante il faudrait remplacer la plante vénéneuse, tandis que M. Taine les constate et les décrit en naturaliste, et n'a rien à proposer qu'on puisse mettre à la place. On peut donc soupçonner de partialité hostile la peinture du premier ; on n'a pas les mêmes raisons pour se défier du second qui n'est ni ami ni ennemi et qui, s'il était ennemi de quelque chose, le serait encore plus du remède que du mal.

Tous deux se sont enfermés dans l'étude du même Paris, celui que je viens de dire. Mais Veuillot avait soin de prévenir que les *Odeurs* ne seraient point des parfums ; M. Taine, en intitulant son livre *Notes sur Paris*, nous donnait cette illusion qu'il nous ferait respirer les parfums après les odeurs.

En quoi donc spécialement son livre est-il suggestif et instructif ? Essayons de le faire comprendre.

Il y décrit beaucoup de choses : le Casino de la rue Cadet, Mabille, et un autre endroit de ce temps-là qui s'appelait le bal Perron, à la barrière du Trône (entrée, 35 centimes), — les théâtres et leur personnel, — les salons, — les mariages, — les jeunes gens, — les jeunes filles, — les ménages, — la conversation, — le monde, et ce qui est au vrai monde comme la demi-lune du marquis de Mascarille était à la lune tout entière du vicomte de Jodelet.

Les jeunes gens sont empaillés ou gâtés [1]. Les jeunes filles sont moitié actrices et moitié princesses [2]. La

---

1. P. 123. — 2. P. 80.

vraie Parisienne veut s'amuser, vivre parmi les choses brillantes, et elle l'avoue. Pour elle, la vie ne commence qu'aux lumières, à onze heures du soir [1]. Dans le monde le ton courant est la raillerie positiviste. Quand on voit défiler le flot des habits noirs, on pense malgré soi à la vieille Rome de la décadence [2]. Les trois quarts des conversations, à Paris, ont le tour sceptique : quelles sont les diverses façons de gagner cinquante milles livres de rente en exploitant la bêtise humaine? comment s'y prennent le financier, la lorette, le politique? La conversation déprave et rend cynique parce qu'il faut paraître expert, capable d'aller au fond des choses, exempt d'illusions [3]. Dans les ménages bourgeois, la tracasserie ; chez les gens du monde, l'adultère; dans les ménages bourgeois qui sont du monde, l'un ou l'autre, et parfois l'un et l'autre [4].

Voilà le tableau composé, suivant la méthode de M. Taine, de petits faits significatifs glanés dans le champ des « opinions de M. Thomas Graindorge. » Et voici maintenant les éducations successives qui ont formé le jeune homme, pour ne parler que de lui.

« Premièrement l'éducation du catéchisme : je n'en
« parle que pour mémoire. Il était en jaquette et récitait
« des définitions théologiques ; cela lui a passé aussitôt
« qu'il a mis des bottes. »

Cela prouve l'utilité du catéchisme de persévérance ; c'est la seule réflexion que je veuille faire.

« Secondement, l'éducation de la famille. On lui a ensei-
« gné à ne pas mettre les doigts dans son nez, à ne point
« porter la main au plat, à ne point faire trop de bruit avec
« ses mâchoires en mangeant, à ne point se traîner sur les
« genoux à terre, à ne point prendre pour lui seul toutes
« les conversations à table. De tout cela il a gardé quel-
« que chose.

« Troisièmement l'éducation du collège. Celle qu'il a reçue
« de ses maîtres est assez maigre ; sitôt qu'il a pu mettre

1. P. 178. — 2. P. 146-147. — 3. P. 274-275. — 4. P. 314.

« deux idées ensemble, il s'est moqué d'eux. En principe,
« il a établi dans sa tête que toute administration et tout
« gouvernement se composent de cuistres désagréables.
« Néanmoins, il a pris là quelque idée de la justice ; au
« collège, quand on est premier, on le mérite. En
« outre, il a conçu quelque estime pour la littérature ; il
« est disposé à croire qu'il est bon de savoir l'orthographe,
« et qu'il ne faut pas prendre Horace et Virgile pour des
« moines du moyen âge. — Ses camarades l'ont mieux
« servi. Il était douillet, on lui a donné des taloches ; il
« est devenu un peu plus résistant et plus homme. Il a pris
« aussi parmi eux le sentiment de l'honneur. Les écoliers
« admettent en principe qu'ils sont naturellement en ligue
« contre le maître, qu'en aucun cas il ne faut dénoncer
« un camarade, ce serait caponner ; si la punition tombe
« à côté du coupable, c'est à lui de se dénoncer lui-
« même. D'autres acquisitions sont moins bonnes. Il s'est
« cru obligé de devenir polisson avant l'âge.

« Puis il a commencé à voir le monde. Autour de lui
« on prêchait le désintéressement et on pratiquait l'égoïsme.
« En pratique, les hommes et les femmes cherchaient à
« s'amuser, chacun avec sa petite manie et dans son petit
« monde.

« Pendant ce temps, il contractait l'habitude de mettre
« la main dans sa poche. Et, comme il y trouvait toujours
« de l'argent, il a fini par se convaincre que l'argent et les
« poches de pantalon ont une affinité naturelle. En sorte
« qu'à vingt ans, lorsqu'il est entré dans le monde, il y
« avait en lui, sans qu'il le sût, au-dessus de toutes ses
« opinions et de toutes ses croyances, cette persuasion
« fixe que le monde et la société lui devaient de bons
« dîners, un logement convenable, ameublements, habits,
« gants frais et cinq cents francs par mois pour sa poche [1]. »

Le tableau est fidèle. Il n'y manquera rien si l'on ajoute
à la liste des heureux « qui ont toujours trouvé de l'ar-
« gent dans leur poche, » la liste de ceux qui ont réussi à

[1]. P. 255-263.

mettre de l'argent dans leur poche vide, par l'emploi savant
« des divers moyens d'exploiter la bêtise humaine. »
Pour les uns comme pour les autres, le souverain bien
est de jouir, et leurs vues sur la vie ne diffèrent pas sensiblement de celles du chat philosophe, si ce n'est qu'à
*jouir* ils ajoutent *paraître*, qui est le glorieux privilège de
l'homme en général et du Parisien en particulier.

Le tableau est instructif ; il donne les causes du mal en
même temps que le mal. Les éducations que décrit M. Taine
ont porté leurs fruits ; elles n'en pouvaient pas porter d'autres.

Le tableau est philosophique. Ces éducations sont nécessairement telles qu'il les décrit, étant donnés le milieu,
les idées qui y ont cours, les habitudes qui y règnent. Ce
milieu, ces idées, ces habitudes sont exactement, — avec
la réflexion en moins, — ce que les doit faire une philosophie qui supprime d'une part la réaction personnelle du
libre arbitre, d'autre part la notion du devoir, l'idée de
Dieu et le sentiment de l'idéal moral, c'est-à-dire tous les
facteurs de la moralité et du dévouement.

Or cette philosophie est celle de M. Taine. C'est pourquoi il peut bien regarder cette orgie parisienne avec le
dédain des deux stoïciens que Couture a mis dans son
orgie romaine ; mais il ne peut rien proposer qui ressemble
à un remède, parce que le premier remède serait de rétablir dans les consciences toutes les clartés et toutes les
flammes que sa philosophie y éteint et y glace.

Mais le tableau est incomplet.

Il y a une éducation du catéchisme qui, dès le début,
met dans les âmes d'enfants autre chose que des formules,
je veux dire les délicatesses de la conscience et les générosités de l'amour, et qui, prolongée au-delà de l'enfance,
donne à la jeunesse l'intelligence de sa foi.

Il y a une éducation de la famille où on apprend autre
chose que les bonnes manières, où les traditions des aïeux,
où l'exemple des parents et des aînés, où le ton habituel
des entretiens intimes, où l'atmosphère morale qu'on respire concourent à donner une idée juste et haute de la vie
humaine et du devoir social.

Il y a une éducation du collège où l'esprit frondeur de la jeunesse est efficacement combattu par le respect qu'inspire le dévouement des maîtres, où l'autorité, à force d'aimer et de prouver qu'elle aime, réussit à se faire aimer, où la fleur de la vertu trouve une sauvegarde pour chaque péril.

Il y a une éducation de la société, d'une société qui n'est ni le monde où l'on s'amuse, ni le monde où l'on s'ennuie, mais d'une société ou l'on fait bravement et joyeusement son devoir, où l'on pense à autre chose qu'à la jouissance avouable et inavouable; où le ton est tout l'opposé du scepticisme positiviste, où la légitime ardeur à suivre une carrière n'étouffe pas le sentiment des intérêts et des devoirs publics, où on s'occupe d'être plutôt que de paraître, et où l'on veut être ce que l'on doit être.

Et parce qu'il y a ces éducations, il y a, grâce à Dieu, une jeunesse, une société, une vie de famille, un Paris. une France qui ne ressemblent point à ce qu'a vu et décrit M. Thomas Graindorge.

# CHAPITRE VII

## THÉORIE ESTHÉTIQUE

M. Taine fut longtemps professeur à l'École des Beaux-Arts, et les deux volumes qu'il a publiés sous le titre de *Philosophie d'art* ne contiennent que la moindre partie de l'enseignement qu'il y donna. Il nous a lui-même expliqué les raisons qui le guidèrent dans son choix ; elles sont telles qu'on les pouvait attendre de son esprit toujours généralisateur. « Le cours d'où sont tirées les leçons qui « suivent a été professé à l'École des Beaux-Arts ; s'il « était rédigé, il remplirait onze gros volumes. Je n'ai pas « osé infliger au lecteur une si longue lecture ; je n'extrais « de l'ouvrage que les idées générales. En toute recherche, « ces idées sont l'objet principal, et, ici plus qu'ailleurs, « il importe de les dégager. Car parmi les œuvres hu- « maines, l'œuvre d'art semble la plus fortuite; on est « tenté de croire qu'elle naît à l'aventure, sans règle et « sans raison, livrée à l'accident, à l'imprévu, à l'arbi- « traire : effectivement, quand l'artiste crée, c'est d'après « sa fantaisie, qui est personnelle ; quand le public « approuve, c'est d'après son goût, qui est passager ; « inventions de l'artiste et sympathie du public, tout cela « est spontané, libre et, en apparence, aussi capricieux « que le vent qui souffle. Néanmoins, comme le vent qui « souffle, tout cela a des conditions précises et des lois « fixes ; il serait utile de les démêler [1]. »

1. *Philosophie de l'art*, Préface.

Il a donc donné à ces deux volumes le titre qui leur convient. Des cinq parties dont se compose l'ouvrage, la première et la dernière, intitulées « Nature et production de l'œuvre d'art, — de l'idéal dans l'art » sont une théorie esthétique ; les trois autres intitulées « La peinture de la Renaissance en Italie, — la peinture dans les Pays-Bas, — la sculpture en Grèce, » éclairent et vérifient la théorie par l'histoire.

Qu'est-ce qu'une œuvre d'art ? c'est la première question qui se pose. M. Taine répond que toute œuvre d'art s'explique par son auteur ; que l'auteur n'est point isolé, mais fait partie d'une famille ou école, que cette famille elle-même est en corrélation, en concordance, en harmonie avec un ensemble plus vaste dont le goût est conforme au sien ; d'où « l'on arrive à poser cette règle que, pour com-
« prendre une œuvre d'art, un artiste, un groupe d'artistes,
« il faut se représenter avec exactitude l'état général de
« l'esprit et des mœurs du temps auquel ils appartenaient.
« Là se trouve l'explication dernière [1]. » Si on réussit à trouver cette explication pour les différentes espèces d'art, pour chacun des pays et chacun des temps où chacune de ces espèces a été cultivée, « on aura une explica-
« tion complète des beaux-arts et de l'art en général, c'est-
« à-dire une philosophie des beaux-arts : c'est là ce qu'on
« appelle une *esthétique* [2]. » — Tel est le portique de son édifice.

J'ose dire que cette entrée en matière est visiblement insuffisante, parce qu'elle ne conduit pas à résoudre la question première et qu'on dissertera vainement sur les diverses œuvres d'art si on ne sait pas dire pourquoi, en présence de deux objets faits par l'homme, on donnera à l'un et on refusera à l'autre ce nom d'œuvre d'art.

Il est vrai que cette question mène loin. Elle mène à se demander au nom de quelle idée, de quel principe de distinction, on dit d'un maçon : « c'est un ouvrier, » et

1. T. I, p. 8. — 2. P. 13.

d'un sculpteur : « c'est un artiste. » Et comme on est bien forcé de répondre que l'ouvrier est ouvrier parce qu'il fait des choses utiles, et que l'artiste est artiste parce qu'il fait des choses belles, finalement la question du beau est inévitable.

Or M. Taine se refuse à nous dire ce qu'il entend par le beau. « Notre esthétique est moderne et diffère de l'an« cienne en ce qu'elle est historique et non dogmatique. « L'ancienne esthétique commençait par la définition du « beau. La méthode moderne consiste à considérer les « œuvres d'art comme des faits et des produits dont il « faut marquer les caractères et chercher les causes[1]. »

Hâtons-nous de dire qu'il fera d'heureuses infidélités à la méthode moderne, et que son esthétique sera pleine de préceptes dont plusieurs sont excellents. Mais ici, au début, il la suit, et il entre en matière sans nous donner la lumière dont nous aurions besoin pour éclairer nos premiers pas.

J'avoue que mon esprit se refuse à marcher ainsi les yeux bandés. Je poserai donc la question que M. Taine a évitée, et j'essaierai d'y répondre.

Puisque l'art a pour but la production des choses belles comme l'industrie la production des choses utiles, il faut rechercher quels caractères communs permettent de dire de tant de choses d'ailleurs si dissemblables qu'elles sont belles, en d'autres termes quelles sont les conditions générales de la beauté.

Ces conditions sont au nombre de deux : l'harmonie et l'expression.

Pour entendre ce que c'est que l'harmonie, il faut entendre que la perfection absolue est dans l'unité, non pas dans l'unité abstraite et vide, mais dans l'unité infinie, vivante, féconde, source de toute réalité, laquelle est Dieu. Si donc les choses finies ne sont belles que par une certaine ressemblance avec la perfection, elles ne sont belles qu'à condition d'une certaine unité. D'où le mot

---

1. P. 13-14.

profond de saint Augustin : *Omnis pulchritudinis forma unitas est.* Mais en toutes il y a une multiplicité incurable : les unes sont multiples par la pluralité de leurs éléments constituants, ce sont les corps ; les autres le sont par la double pluralité de leurs facultés et des phénomènes simultanés ou successifs dont leur vie se compose. L'unité qu'elles peuvent atteindre est donc l'unité dans le multiple, celle qui résulte soit de la relation des parties les unes avec les autres et avec le tout, soit du concours de toutes les forces ou de tous les organes à une fin commune ; c'est une unité de plan, d'ordre, de *concentus*. C'est ce qui s'appelle harmonie. Les choses, à ce point de vue, sont donc d'autant plus belles qu'elles sont plus harmonieuses. De là la beauté d'une vie morale où le corps est subordonné à l'âme, la passion à la volonté, la volonté à la raison, la raison à Dieu, et où tout marche du même pas vers un même but divin. De là la beauté d'une cité où tous ne font qu'un cœur et qu'une âme, et où la multiplicité des fonctions sociales concourt à un effet unique : la prospérité générale. De là la beauté d'une science où tout se tient, où toutes les vérités particulières se réunissent dans un petit nombre de vérités générales qui elles-mêmes se rattachent les unes aux autres par un lien ou clairement aperçu, ou du moins deviné. De là la beauté d'une mélodie où les sons, au lieu de se succéder au hasard, s'appellent et se rangent d'eux-mêmes à leur place comme éléments d'une seule et même pensée musicale. De là la beauté des corps vivants où le principe *un* qui est le lien et le centre de la multiplicité des organes coordonne toutes leurs fonctions dans une mutuelle dépendance et les ramène toutes à une résultante unique sous la loi d'une pensée directrice.

En second lieu les choses sont belles par l'expression. L'expression est la vertu qu'ont les objets de faire penser à quelque chose qu'ils ne montrent pas. Un objet, à ce point de vue, est beau, quand ce qu'il exprime et dont il devient le signe par sa vertu expressive est plus grand que lui, plus grand, c'est-à-dire plus parfait et plus haut placé dans la hiérarchie de l'être et de la pensée. Par exemple la symétrie est belle en soi parce qu'elle exprime une pensée ordonnatrice. Elle ne la montre pas; car si nos sens perçoivent les objets matériels symétriquement rangés à certaines distances les uns des autres, ils ne perçoivent ces relations que comme phénomènes et ne nous disent rien de la cause qui les a faites telles ou telles. Mais la symétrie, apparaissant à un esprit qui a la faculté de *penser* ce que ses sens lui présentent, suggère ce qu'elle ne montre pas, à savoir l'intelligence qui a conçu ces relations et, s'emparant de la matière, les y a réalisées. — Un lion, un cheval, un cygne sont beaux parce que tout dans leurs formes, dans leur attitude, dans leurs mouvements, exprime quelque chose de supérieur aux molécules matérielles dont ils sont composés, une vie riche et puissante, la force, l'agilité, la grâce. — Le visage humain est la plus belle des choses visibles parce qu'il exprime l'âme, c'est-à-dire la pensée et l'amour. — Les cieux sont beaux parce qu'ils expriment la puissance infinie qui les a créés et qui les gouverne. — La science de la nature est belle parce que de son mieux elle exprime le plan divin. — L'âme vertueuse est belle parce qu'elle exprime Dieu, et qu'à sa ressemblance initiale avec son auteur elle ajoute une ressemblance volontaire qui, jour par jour, fait d'elle une plus fidèle image de son modèle incréé.

Mais à y regarder de plus près, ces deux caractères n'en sont qu'un.

Car en premier lieu l'harmonie exprime quelque chose de supérieur aux éléments multiples qui concourent à la former. Elle exprime l'unité en qui ces éléments se rassemblent et qui y est conçue par l'esprit pendant que la multiplicité y est perçue par les sens. Et elle exprime aussi la pensée; car là où les éléments sont aveugles, ce que leur agrégation nous offre d'ordre, de dépendance réciproque, de concert dans l'action, de concours vers un but, tout cela ne vient pas des éléments eux-mêmes, mais d'une pensée qui les domine, qui s'imprime et rayonne dans leur arrangement.

En second lieu, nous savons tous qu'à chaque degré d'ascension dans l'échelle des êtres on voit l'unité dominer de plus en plus la multiplicité, que la nature vivante est plus une que la nature minérale, l'homme plus un que l'animal, Dieu infiniment plus un que l'homme. Par conséquent, toutes les fois qu'un objet exprime quelque chose de plus parfait que lui et est rendu beau par cette vertu expressive, il exprime quelque chose de plus *un* que lui ; et si ce quelque chose le domine et le transfigure, c'est en y faisant régner l'unité supérieure qu'il possède en lui-même.

L'harmonie et l'unité sont donc expression : l'expression est harmonie et unité ; et les deux caractères, distincts à la surface, sont *un* dans une réalité plus profonde d'où se dégage, avec une signification désormais claire pour nous, cette formule qui contient toute une théorie métaphysique du beau : « La beauté d'une chose créée, c'est la manifestation en elle d'*un* principe qui lui est supérieur. »

Qu'on accepte ou qu'on repousse cette métaphysique, on ne saurait échapper, — et M. Taine n'échappe pas, — à la nécessité d'avoir une idée sur le beau et de la faire entrer dans la définition de l'art et de l'œuvre d'art.

Il commence par exposer la doctrine qui fait consister l'art dans l'imitation. Il la réfute ensuite d'une façon d'autant plus décisive qu'il l'a d'abord fortifiée par des arguments plus spécieux ; il y a là quinze pages magistrales dont il faut recommander la lecture à tous les partisans de l'art réaliste. Mais sous toutes les raisons excellentes que M. Taine donne contre lui il y a cette raison fondamentale et latente que les produits de cet art ne sont pas beaux et ne nous donnent pas l'émotion esthétique.

Puisque les arts, même ceux qu'on appelle d'imitation, n'imitent pas tout dans l'objet qui pose devant eux, il faut rechercher ce qu'ils imitent. M. Taine répond, et répond bien : « Les rapports et les dépendances mutuelles des « parties, la logique du corps s'il s'agit de corps, la lo- « gique du caractère s'il s'agit de l'homme moral. » Pourquoi, si ce n'est parce que là, dans cette forme (au sens aristotélicien du mot), et non pas dans la matière que cette forme organise et domine, réside essentiellement la beauté?

Ce n'est pas tout. Le véritable artiste n'est pas le reproducteur servile de ces rapports et de ces dépendances. « Les plus grandes écoles sont celles qui altèrent le plus « les rapports réels. L'artiste modifie les rapports des par- « ties avec intention et dans un même sens, de façon à « rendre sensible un certain caractère essentiel de l'objet « et l'idée qu'il s'en fait. » A l'appui de cette thèse M. Taine apporte l'exemple des célèbres statues de la chapelle des Médicis à Florence. Je le cite pour son éloquence et sa vérité suggestive : « Aucun homme, aucune « femme n'a ressemblé aux héros indignés, aux vierges « colossales et désespérées que Michel-Ange a étalés dans « la chapelle funéraire. C'est dans son propre génie et « dans son propre cœur que le grand homme a trouvé ces « types. Il a fallu pour les atteindre l'âme d'un solitaire, « d'un méditatif, d'un justicier, âme emportée et géné- « reuse, égarée au milieu d'âmes amollies et corrompues, « parmi les trahisons et les oppressions, sous les ruines de « la liberté et de la patrie. »

L'exemple est d'autant mieux choisi que Michel-Ange nous a lui-même mis dans son secret. Un agréable poète de cour avait composé en l'honneur d'une de ces statues représentant *la Nuit* (c'est la seule achevée avec le *Penseroso*, les autres étant restées à l'état d'ébauches sublimes) l'ingénieux quatrain que voici :

> De cette Nuit qui dort que la pose est charmante !
> Seul le ciseau d'un ange a pu la dévoiler :
> Elle dort ! doutez-vous qu'elle ne soit vivante !
> Éveillez-la ; soudain elle va vous parler [1].

Michel-Ange aurait répondu en prose au rimeur agréable : Vous n'y entendez rien, et ne m'avez pas compris ;

---

1. La Notte che tu vedi in si dolci atti
  Dormir fù dà un Angelo scolpita
  In questo sasso, e, perchè dorme, ha vita.
  Destala, se nel credi, e parleratti.

ce que vous appelez *pose charmante* est l'attitude de la tristesse désolée et fière qui veut dormir pour ne pas être témoin des laideurs morales qui l'entourent. Il répondit en vers :

> Dormir, être de pierre, est pour moi joie extrême,
> Tant que honte, et douleurs, et deuils ne cessent pas.
> Ne pas voir ni sentir est mon bonheur suprême.
> Donc ne m'éveille point. De grâce, parle bas [1].

C'était donc dans la valeur de signe et dans la puissance d'expression que le grand sculpteur faisait consister la beauté supérieure de son œuvre ; l'expression, telle qu'il l'avait voulue, n'était pas seulement dans les traits du visage, elle était dans tout le corps et dans toute l'attitude ; et la pensée morale était le *caractère dominateur*, qui, transparaissant à travers les formes sensibles, leur donnait du même coup leur signification et leur harmonie.

Nous sommes, on le voit, d'accord avec M. Taine, et nous n'avons point d'objection à faire à sa formule définitive : « L'œuvre d'art a pour but de manifester « quelque caractère essentiel ou saillant, partant, quelque « idée importante, plus clairement et plus complètement « que ne font les objets réels. Elle y arrive en employant « un système de parties liées dont elle modifie systé- « matiquement les rapports [2]. » Mais il nous semble qu'on peut déjà voir ce qu'il aurait gagné à aborder de front, dès le début, la grande idée esthétique à laquelle il lui faut, en fin de compte, emprunter subrepticement sa lumière.

II. — Après avoir étudié la nature de l'œuvre d'art, M. Taine étudie les causes de sa production. Ici, nous avons lieu d'admirer combien son esprit s'est assagi et

---

1. Grato m' è 'l sonno, e più l' esser di sasso,
Mentre che 'l danno e la vergogna dura;
Non veder, non sentir m'è gran ventura;
Però non mi destar; deh! parla basso.

2. P. 47.

s'est relâché de la rigueur systématique qui l'avait mal servi à propos de Tite-Live et de La Fontaine. Comparant ingénieusement la production des œuvres d'art à celle des plantes, il se demande pourquoi il y a, par exemple, des orangers à Sorrente et pourquoi il n'y en a pas à Chamounix. Et il l'explique par les circonstances favorables là, défavorables ici, du sol et du climat. Mais il ajoute le *facteur personnel* dont ses précédents écrits semblaient ne tenir aucun compte ou qu'ils expliquaient lui-même par ces circonstances : « A proprement parler, ce ne sont point « elles qui ont produit l'oranger. Les graines étaient don- « nées, et toute la puissance vitale était dans les graines « seules. Mais les circonstances décrites étaient néces- « saires pour que la plante pût croître et se propager, et « si elles avaient manqué, la plante eût manqué comme « elles [1]. » De même pour les œuvres de l'esprit. Supposez un artiste d'un tempérament joyeux, placez-le dans un siècle généralement sombre et mélancolique comme ceux de l'invasion barbare ; et vous verrez que tout concourt à l'empêcher de produire les œuvres auxquelles l'inclinait sa primitive constitution mentale. Il aura sa part des souffrances communes ; il grandira dans un milieu triste, sombre, découragé, sous cette impression pessimiste que la vie est un mal et qu'il vaudrait mieux ne pas être né, au milieu de spectacles effroyables ou lamentables, qui agiront d'autant plus sur lui qu'il est plus artiste. Enfin, supposez que l'énergie de son tempérament résiste à tant de causes d'atrophie, et qu'il s'essaie à des œuvres joyeuses et souriantes, le manque absolu de sympathie de la part du public l'arrêtera net dès les premiers pas. Et encore « manque de sympathie » n'est pas assez dire ; « répugnance » serait le mot propre ; sa belle humeur, au milieu de la mélancolie générale, fera désagréablement explosion avec autant d'inconvenance qu'un éclat de rire dans une chambre de deuil [2].

M. Taine n'avait plus qu'un pas à faire pour se remettre

1. P. 59. — 2. P. 64-69.

dans une mesure tout à fait juste : c'était de reconnaître que le génie lui-même est une des circonstances, — et non pas la moindre, — qui déterminent la direction des goûts littéraires et artistiques d'un temps et d'un pays comme de leurs idées morales. Le génie ne peut, sans doute, lutter victorieusement contre une coalition unanime de circonstances comme celle qu'on vient de rappeler ; mais pour peu qu'il trouve un point d'appui, il en peut combattre et vaincre plusieurs. Dans ces cas, il est le père de son temps après en avoir été le fils ; il le dirige encore plus qu'il ne le suit ; au lieu d'exprimer un état, il incarne et accélère une tendance, un besoin de changer d'état. Il faut ajouter cela pour conserver, dans la théorie de l'art, l'équilibre qui existe dans la réalité entre les initiatives personnelles et les influences collectives.

III. — Le progrès que nous venons de signaler permet à M. Taine d'avoir une théorie de l'idéal et, par conséquent, une croyance à l'idéal, presque inattendue pour ceux qui ne le connaissent que comme philosophe. Voici les lignes principales de cette théorie.

« L'œuvre d'art ayant pour but de manifester quelque
« caractère essentiel ou saillant, plus complètement et
« plus clairement que ne font les objets réels, il faut que
« l'artiste se forme l'idée de ce caractère ; et c'est d'après
« son idée qu'il transforme l'objet réel. Cet objet ainsi
« transformé se trouve *conforme à l'idée*, en d'autres
« termes *idéal* [1]. »

Cela est vrai, mais un peu obscur et, de plus, incomplet. Autant que je le puis comprendre, l'objet réel transformé d'après l'idée et devenu l'œuvre, voilà ce qu'il entend par idéal ; or il n'est conforme ni aux bonnes habitudes du langage, ni à la pensée des grands artistes, ni à celle de quiconque accepte le mot idéal comme répondant à quelque chose, de dire que l'œuvre d'art *est* idéale, mais seulement qu'elle *tend* à l'idéal, et que son auteur s'est

1. T. II, p. 258.

efforcé de réaliser cet idéal, non pas adéquatement, mais du moins imparfaitement qu'il a pu. Or d'où vient que nos pensées ont plus de puissance pour concevoir que le génie du plus grand artiste pour exécuter? D'où vient que Cicéron, admirateur passionné de Démosthène, avoue cependant que Démosthène lui-même *ne remplit pas toujours ses oreilles?* D'où vient que Raphaël, pour peindre sa Galathée, se replie sur lui-même et cherche son modèle dans *une certaine idée intérieure?* D'où cela vient-il, sinon de ce que l'homme ne comprend et ne réalise le beau, comme le bien moral, qu'à condition d'avoir une loi parfaite qui le règle, un type de perfection vers lequel il puisse tendre par des copies qui ressemblent le plus possible au modèle? Ainsi faisait Phidias. « Quand il travaillait à son Jupiter ou à
« sa Minerve, cet artiste souverain n'avait pas seulement
« sous ses yeux le modèle vivant. Mais il portait dans sa
« pensée le type d'une beauté plus qu'humaine ; et tout
« entier à cet objet d'une contemplation intime, c'est à en
« reproduire les traits qu'il consacrait son art et son
« ciseau [1]. »

La notion d'idéal est donc inséparable de la notion de perfection, qui n'apparaît pas dans la définition de M. Taine. Son absence y laisse un vide que sentiront les vrais artistes.

Sa doctrine de l'idéal lui permet cependant de poser et de résoudre les questions suivantes qui n'ont pas de sens dans l'esthétique réaliste : « Parmi les idées que les
« artistes impriment dans leur œuvre, y en a-t-il de supé-
« rieures? Peut-on indiquer un caractère qui vaille mieux
« que les autres? Y a-t-il pour chaque objet une forme
« idéale, hors de laquelle tout soit déviation et erreur?
« Peut-on découvrir un principe de subordination qui
« assigne des rangs aux diverses œuvres d'art [2]? » Résolument et justement, malgré des apparences contraires qu'il commence par mettre en vive lumière, à chacune de ces questions il répond : *oui.*

1. Cicéron, *Orator*, ch. I. — 2. T. II, p. 259.

Il y a des rangs divers parce qu'il y a des valeurs diverses. En fait, la postérité a prononcé des jugements définitifs qui, réunissant en un seul faisceau l'appréciation des contemporains et celle des temps suivants, si divers entre eux, place certains artistes et certaines œuvres à un sommet suprême.

Secondement, puisque l'objet de l'art est de rendre dominateur un caractère notable, l'œuvre vaudra d'autant mieux que le caractère choisi sera plus notable, plus important et mieux approprié au rôle souverain que l'artiste lui donne. « Or les caractères sont plus ou moins impor-
« tants selon qu'ils sont des forces plus ou moins grandes ;
« et l'on trouve la mesure de leur force dans leur degré
« de résistance à l'attaque. Partant, leur invariabilité plus
« ou moins grande leur assigne dans la hiérarchie leur
« place plus ou moins haute. Enfin, leur invariabilité est
« d'autant plus grande qu'ils constituent dans l'être une
« couche plus profonde. » — Toutes ces propositions se vérifient dans l'histoire des lettres, et l'on y voit que toutes ont servi de base plus ou moins inconsciente aux arrêts par lesquels la postérité a assigné les rangs aux productions de l'esprit. Certains écrits expriment la mode du jour, et leur succès est aussi éphémère qu'il a été vif ; c'est qu'ils ne traduisaient qu'un caractère du moment, le moins fort et le moins résistant de tous. D'autres, exprimant un goût qui a régné pendant un demi-siècle, répondaient à un caractère un peu moins superficiel, mais que l'évolution des circonstances a ensuite remplacé par un autre ; ils *datent*, ils sont vieux au bout de leur demi-siècle et ne répondent plus à rien parce que le trait particulier auquel ils répondaient n'existe plus. Continuez la revue, et vous rencontrerez dans les idées et les mœurs des caractères de plus en plus résistants, dans la littérature des œuvres de plus en plus durables, jusqu'à ce que vous arriviez à ce que la nature humaine a de plus profond et de plus immuable, la littérature de plus perpétuellement jeune et de plus immortel. — Appliquez la même méthode à l'histoire des beaux-arts, les résultats seront

identiques dans la mesure où elle leur est applicable. Là où elle cesse de l'être, employez pour l'appliquer à l'homme physique et à l'homme moral le principe scientifique de la subordination des caractères, et vous trouverez que ce principe assigne leur rang aux œuvres d'art selon qu'il y est plus fidèlement suivi.

Rien n'est mieux conduit que toutes ces études. Les principes de critique qu'elles nous donnent sont aussi sûrs en pratique qu'ils sont fondés en raison. Et s'il arrive, comme cela arrivera, que nous ayons de graves réserves à faire sur l'esprit dans lequel M. Taine les applique, elles s'adresseront à sa psychologie qui nuit a son esthétique, non à son esthétique qui vaut mieux que sa psychologie.

Mais le degré d'importance du caractère ne fournit que la moitié du critérium. Les œuvres d'art se jugent en même temps par le degré de bienfaisance du caractère. « Dans le courant tempétueux de la vie les caractères « sont des poids ou des flotteurs qui, tantôt nous font « couler à fond, tantôt nous maintiennent à la surface. « Ainsi s'établit une seconde échelle ; les caractères s'y « classent selon qu'ils sont pour nous plus ou moins nui-« sibles ou salutaires, par la grandeur de la difficulté ou « de l'aide qu'ils introduisent dans notre vie ou pour la « détruire ou la conserver [1]. »

Or la vie humaine est une vie de connaissance et d'action. Par conséquent on devra considérer comme bienfaisant tout caractère de l'intelligence qui tend à accroître la connaissance, tout caractère de la volonté qui tend à rendre l'action plus énergique et plus ferme [2]. S'il s'agit non plus de la vie d'un individu mais de la vie d'une société, le caractère bienfaisant sera la disposition qui tend à rendre la connaissance et l'action utiles à autrui. Cette disposition est l'amour, c'est-à-dire le don de soi à ses divers titres, à ses divers degrés, sous ses dénominations diverses. Et comme ce qui est bienfaisant pour une société, ou en général pour autrui, vaut plus que ce qui l'est pour

---

1. T. II, p. 329-330. — 2. *Ib.*, p. 330-332.

l'agent seul, la valeur morale d'un caractère est proportionnelle au degré de la bienfaisance désintéressée [1].

De là, toutes choses égales d'ailleurs, l'inégale valeur des œuvres littéraires, suivant que les types humains qu'elles représentent valent plus ou moins à ce point de vue de la bienfaisance désintéressée. Et de là, pour arriver tout de suite au sommet, la valeur suprême de celles qui représentent les véritables héros. De même que le vrai héros est au faîte dans la vie morale et sociale, « ainsi au « faîte des œuvres de l'art se placent les œuvres sublimes « et sincères qui ont porté son idée sans fléchir sous son « poids [2]. »

Ce sont là encore des idées justes autant que hautes. Elles établissent entre l'art et la morale une heureuse jonction, toujours bonne à rappeler aux écrivains. Elles ne suppriment pas la peinture des caractères ou plats ou criminels, parce que les uns font ressortir avec plus d'éclat la beauté de la vertu, surtout de la vertu héroïque, par leur contraste avec elle, et que les autres donnent naissance à la lutte tragique où le bien finalement triomphe alors même qu'il semble vaincu. Mais elles bannissent de l'art véritable toute peinture de la vie humaine où n'est pas respectée cette échelle des valeurs morales qui est en même temps une échelle des valeurs littéraires, où les laideurs morales sont atténuées de parti pris et ne laissent pas dans le cœur du lecteur

> ... ces haines vigoureuses
> Que doit donner le vice aux âmes vertueuses,

où elles sont présentées sous des couleurs séduisantes, de telle sorte que la lecture agisse comme poison au lieu d'agir comme antidote ; où enfin, par un renversement de l'ordre vrai des choses, les caractères malfaisants sont présentés comme bienfaisants.

1. T. II, p. 332-334. — 2. *Ib.*, p. 335-345.

Reste à savoir comment et dans quelle mesure l'application de ces principes, si logique et si simple quand il s'agit des œuvres littéraires, peut être étendue aux arts du dessin qui sont en même temps arts d'imitation, la sculpture et la peinture.

Ici le signe visible prend évidemment plus d'importance. Nous n'avons plus affaire à la parole, signe presque spirituel, représentation immédiate des sentiments et des pensées, mais à des représentations qui ont pour objet immédiat les corps et principalement le corps humain. Pour l'art plastique le signe n'est donc plus seulement un moyen, il est déjà une fin ; et les caractères importants que l'œuvre d'art doit mettre en relief sont avant tout les caractères du corps vivant.

Et c'est encore en tenant compte de la même différence que les caractères dans les arts du dessin, peuvent être classés au point de vue de leur bienfaisance. Il s'agit avant tout de leur bienfaisance pour le corps lui-même:
« Le premier de tous sans conteste, est la santé intacte et
« même florissante. — Pour la même raison il faut ranger parmi les caractères bienfaisants l'intégrité du type
« naturel, et cette remarque nous conduit fort loin dans la
« conception du corps parfait ; car elle en exclut non seulement les grosses difformités, mais encore les altérations plus légères que le métier, la profession, la vie
« sociale introduisent dans les proportions et les dehors de
« l'individu. — En troisième lieu nous compterons parmi
« les caractères bienfaisants pour le corps toutes ses capacités de mouvement physique : il faut qu'il soit apte et
« préparé à tous les exercices et emplois de sa force, qu'il
« ait la structure de charpente, les proportions de membres, l'ampleur de poitrine, la souplesse d'articulations,
« la résistance de muscles nécessaires pour courir, sauter,
« porter, frapper, combattre, résister à l'effort et à la
« fatigue. Nous lui donnerons toutes ces perfections corporelles sans faire prédominer l'une aux dépens de
« l'autre ; elles seront toutes en lui au plus haut degré,
« mais avec équilibre et harmonie ; il ne faut pas qu'une

« force entraîne une faiblesse, et que pour être développé,
« il soit amoindri [1]. »

Est-ce tout ? Nous avons conçu et réalisé dans la mesure du possible un idéal de beauté physique, nous avons fait un bel animal, nous n'avons pas fait un homme. A cet animal il faut donc ajouter une âme humaine, c'est-à-dire une volonté, une intelligence et un cœur. Si l'âme faisait défaut, le corps même serait incomplet, « la plante serait « avortée, elle n'aurait pas sa couronne suprême ; un corps « si parfait ne s'achève que par une âme parfaite [2]. Nous « montrerons cette âme dans toute l'économie du corps, « dans l'attitude, dans la forme de la tête, dans l'expres- « sion du visage. » Et comme cette expression traduit tous les états intérieurs, toutes les dispositions, toutes les qualités de l'âme, toutes ses vertus si elle est vertueuse, les arts plastiques d'imitation, par un dernier effort, se rangent sous les mêmes principes que l'art qui a pour instrument et pour signe la parole parlée et écrite. Au premier regard, ils semblent n'avoir pour objet que la beauté physique ; un second regard plus profond montre que le domaine de la beauté morale ne leur est point fermé, et que par conséquent les lois morales qui règlent l'art de parler et d'écrire leur sont applicables dans les conditions larges qui résultent de leurs objets et de leurs procédés spéciaux.

Pour achever cette esthétique il reste à ajouter que dans l'œuvre d'art tout doit converger à mettre en relief les caractères que l'artiste a choisis pour leur importance et leur bienfaisance. C'est ici que l'art, si irrémédiablement inférieur à la nature en tant d'autres points, peut sortir vainqueur de la lutte qu'il engage avec elle. Car « cette convergence qui manque souvent dans la nature ne « manque jamais chez les grands artistes ; et c'est ainsi que « leurs caractères, quoique composés des mêmes éléments « que les caractères réels, sont plus puissants que les carac- « tères réels [3]. » M. Taine montre en quelques pages excellentes, que je regrette de ne pouvoir citer tout entières et

---

1. T. II, p. 346-348. — 2. *Ib.*, p. 348-349. — 3. *Ib.*, p. 369-374.

dont rien ne se laisse détacher, comment ici l'art l'emporte sur le réel ; dans celui-ci l'insignifiance des situations et la platitude des événements tiennent souvent, longtemps, peut-être toujours dans l'ombre ce qu'il y a de plus original et de plus puissant dans un caractère ; dans celui-là, l'artiste, maître des situations et des événements, les dispose de façon à ce que chacun d'eux contribue à ouvrir au caractère une libre carrière où il donnera toute sa mesure[1].

A tout prendre et tant qu'on ne sort pas du domaine des idées générales où nous avons voulu nous enfermer, c'est là un bel enseignement, très incomplet sans doute à sa base par esprit de système et vice de méthode, moins incomplet toutefois dans son ensemble que cette énorme lacune ne le faisait pressentir, surtout incomparablement plus élevé et plus sain qu'on ne pouvait l'attendre du philosophe dont nous connaissons la doctrine. C'est qu'on n'habite pas impunément les hautes régions de l'art ; c'est que le philosophe positiviste, quand il est doublé d'un artiste, ne réussit jamais à se couper définitivement les ailes. Elles repoussent et elles prennent leur vol. A défaut de l'ascension dialectique dont on s'est fermé les chemins, il s'opère, en dépit de la doctrine et de ses négations, une ascension esthétique. C'est un des côtés bienfaisants de l'art. Par là il est, si seulement on voulait suivre l'itinéraire jusqu'au bout, un *itinerarium mentis in Deum*.

---

1. M. Taine ne s'est occupé que très accessoirement et presque incidemment, dans sa *Philosophie de l'art* de l'architecture et de la musique. Ce qu'il en dit n'appelle point de remarque spéciale. Qu'il nous soit seulement permis de constater que ce qu'il en dit est pleinement d'accord avec les idées générales que nous avons exposées et avec la définition du beau qui les résume.

# CHAPITRE VIII

#### APPLICATION DE LA THÉORIE

Mais il s'en faut que l'application tienne tout ce que la théorie promettait. Sur ce nouveau terrain où nous ne pouvons nous dispenser de suivre M. Taine, nous allons le retrouver avec toute sa puissance descriptive sans doute, tout l'éclat de son style, toute la couleur vénitienne de ses tableaux, mais aussi avec tous les préjugés et toutes les lacunes de son esprit, avec une disposition trop rarement combattue à désintéresser l'art de la morale et à plaider la cause de la chair aux dépens de l'esprit.

### I — LA SCULPTURE EN GRÈCE

J'en demande bien pardon au lecteur, mais il m'est impossible d'apprécier les jugements de M. Taine sur ce côté, le plus brillant peut-être et le plus achevé, de la civilisation hellénique, sans lui parler d'*entéléchie*. Il trouvera le mot, — et même en grec, ἐντελέχεια, — dans la *Philosophie de l'art*[1].

*Entéléchie*, dans la langue d'Aristote, c'est, dans un être vivant, le principe de son organisation, de son unité et de sa vie, c'est sa *forme*, son principe informateur par opposition à sa matière. Cela posé, on comprend la définition aristoté-

1. T. II, p. 349.

licienne de l'âme, — de l'âme en général, de l'âme dans tous les êtres animés : « l'entéléchie d'un corps naturel organique. » M. Taine, qui la rapporte et en admire justement la profondeur, l'applique, sans modification ni addition, à l'âme humaine, et croit, — en quoi il se trompe tout à fait, — qu'Aristote l'entend de même.

Qu'importe, direz-vous, cette question d'école, et quel rapport peut-elle avoir avec la sculpture en Grèce ?

Elle importe si bien que M. Taine en déduit tout le jugement qu'il porte de cet art illustre et de toute la civilisation grecque. « Cette définition, » dit-il, « aurait pu « être écrite par tous les sculpteurs grecs ; elle est l'idée « mère de la civilisation hellénique [1]. »

Voyez en effet. Si l'âme humaine, qui est bien l'entéléchie du corps humain, n'est pas quelque chose outre cela et par dessus cela, sa fonction unique, dans l'homme comme dans tout autre animal, est *d'informer* le corps qu'elle anime, d'être le principe de sa vie et de sa perfection. Les opérations de l'intelligence et de la volonté ne sont que les plus hautes des fonctions organiques ; « l'être « moral n'est plus que le terme et comme la fleur de l'ani- « mal physique [2]. » Il n'y a pas lieu de marquer les rangs entre l'âme et le corps, de concevoir la première comme une souveraine qui a sa fin propre à poursuivre, de concevoir le second comme un serviteur qu'il faut tenir dans la dépendance et châtier lorsqu'il se révolte, c'est-à-dire lorsque, ne se contentant plus d'être instrument et moyen, il réclame le droit de poursuivre lui aussi sa fin propre. Si on les conçoit ainsi, c'en est fait de la paix intérieure qui règne chez les autres animaux ; le conflit naît entre l'âme et le corps ; « la vie spirituelle s'oppose dans « l'homme à la vie corporelle ; quand il monte haut dans « la première, il néglige ou subordonne la seconde. » Cette subordination, selon M. Taine, est un désordre et une erreur. La vraie situation est celle « où l'âme n'a point encore « relégué le corps à la seconde place, où la pensée est une

1. T. II, p. 349. — 2. T. II, p. 348.

« fonction et non une tyrannie, où l'esprit n'est pas encore
« un organe disproportionné et monstrueux, où l'équilibre
« subsiste entre toutes les parties de l'action humaine, où la
« vie coule ample et mesurée, comme un beau fleuve, entre
« l'insuffisance du passé et les débordements de l'ave-
« nir [1]. » L'insuffisance du passé, c'est la barbarie primitive où l'entéléchie, enfoncée dans sa matière, est exclusivement appliquée aux fonctions les plus basses. Les
débordements de l'avenir, c'est la vie de l'esprit reléguant
la vie du corps à la seconde place. C'est le christianisme.

Ainsi l'entend M. Taine. Platon, expression si parfaite
de l'esprit grec, l'entendait autrement. Toute sa doctrine
morale est une doctrine de lutte où il s'agit de réduire le
corps, par vive force, à sa fonction de serviteur; et si elle
excède en quelques points, c'est par une tendance à exagérer le conflit. Et Aristote, en qui ne se retrouve aucune
trace de la même tendance, n'est pas moins net à considérer
les opérations de la pensée et de la vertu comme autre chose
que la fleur terminale de cette tige qui est le corps humain.
Il les déclare au contraire essentiellement hyperorganiques,
il les attribue à l'âme en tant qu'elle est autre chose que
la forme du corps, en tant qu'elle a une fin propre à poursuivre, en tant qu'elle subsiste immortelle après la mort
et que la ruine du corps est impuissante à l'atteindre.

Il n'est donc pas vrai que l'entéléchie de M. Taine, si
différente de celle d'Aristote, explique toute la civilisation
grecque. Mais il est presque vrai qu'elle explique toute la
sculpture grecque, du moins après Phidias dont la *Pallas*,
le *Jupiter*, l'*Aphrodite céleste* chastement vêtue expri-
maient assurément autre chose que la perfection et l'épanouissement du corps humain agrandi.

M. Taine détaille une à une, en tableaux dont plusieurs
sont exquis, les circonstances privilégiées qui ont formé,
esprit et corps, les grecs des temps antiques, qui ont fait
d'eux le peuple artiste par excellence, et ont amené la
naissance de leur sculpture, le plus grec des arts. Climat

---

1. T. II, p. 350.

merveilleusement tempéré qui réduit à un minimum les exigences du vêtement et du logement; air élastique et léger, favorable à la vivacité de l'esprit; sol accidenté et peu propice aux grasses cultures, qui fait des montagnards sveltes, actifs, sobres, nourris d'air pur; grand développement de côtes invitant à la navigation et la rendant facile par l'exiguïté des distances dans une mer semée d'îles où la terre reste presque toujours en vue; accroissement de la provision des idées par la nouveauté et la multiplicité changeante des spectacles et des hommes qui s'offrent aux regards du navigateur; ouverture et activité de l'esprit s'élevant bientôt à la science pure et aux idées générales, se complaisant à la recherche, à la dispute pour la dispute; eurythmie et proportions heureuses du paysage qui n'a ni la platitude terne des pays de plaines, ni l'énormité écrasante des grandes montagnes; netteté et relief de l'horizon grâce à la transparence exquise de l'atmosphère; division du pays en petits états, rendue inévitable par sa structure même; religion accessible, où les dieux rapprochés de l'homme, hommes eux-mêmes avec des proportions plus grandes, une sérénité plus parfaite, une jeunesse plus persistante, n'imposent point de mystères à l'esprit, point de sacrifices pénibles à la volonté; cités libres où l'État ne déforme pas l'individu, et lui offre au contraire l'occasion de déployer une activité qui l'élève sans le surmener; conception souriante de la vie humaine que les institutions, les mœurs, les fêtes embellissent à l'envi et que ne trouble aucune sombre préoccupation de l'au-delà; éducation gymnastique qui amène le corps humain à la perfection de sa force et de sa beauté, l'offre sans voile à l'admiration d'un peuple artiste dans les jeux solennels de la Grèce et dans les gymnases de chaque cité, et inspire la pensée de reproduire dans une œuvre d'art ce « bel animal [1] » qui

---

1. « L'idée de l'homme qui a gouverné la civilisation antique est « de faire *un bel animal*, dispos, sobre, brave, endurant, complet, et « cela par l'exercice corporel et le choix des bonnes races. » (*Voyage en Italie*, t. I, p. 65.)

est déjà une œuvre d'art. Tels sont les traits principaux de cette peinture analytique. La doctrine de l'entéléchie s'y épanouit tout entière.

M. Taine excède sa propre doctrine quand il dit « qu'aux yeux des Grecs le personnage idéal fut non pas « l'esprit pensant ou l'âme délicatement sensible, mais le « corps nu, de bonne race et de belle pousse, bien propor- « tionné, actif, accompli dans tous les exercices [1]. » Mais ce personnage fut bien leur idéal dans le domaine particulier de la sculpture. La sculpture a été pour eux « un art qui manifeste l'homme physique [2]. » De là, à côté d'une incomparable perfection plastique, une absence presque complète d'expression intellectuelle ou morale. « La tête « n'est point significative ; elle ne contient pas, comme les « nôtres, un monde d'idées nuancées, de passions agitées, « de sentiments enchevêtrés ; le visage n'a pas beaucoup « de traits, il n'a presque pas d'expression ; il est presque « toujours immobile. La tête n'excite pas plus d'intérêt « que le tronc et les membres ; ses lignes et ses plans ne « font que continuer les autres plans et les autres lignes ; « sa physionomie n'est point pensive, mais calme, presque « terne ; on n'y voit aucune habitude, aucune aspiration « qui dépasse la vie corporelle et présente. »

La description est, en somme, exacte. Je ne veux pas discuter la valeur de cette conception de la sculpture ; je me contente de penser que le sculpteur qui joindrait à la perfection plastique et à l'eurythmie des Grecs le don d'éclairer le visage de ses statues par le rayon de l'intelligence, et de l'animer par quelqu'un des sentiments élevés et purs qui excitent l'admiration ou la sympathie, ferait des œuvres plus belles et plus vraies, plus idéales et plus humaines que les œuvres des Grecs.

Mais ce qu'il faut constater à regret, ce qu'il faut bien appeler le paganisme de M. Taine, c'est l'approbation sans réserve qu'il donne à l'idée de la nature et de la vie

---

[1]. T. I, p. 79.
[2]. *Ibid.*, t. II, p. 346.

humaine qui eut, dans la sculpture grecque, sa traduction esthétique. Sauf une ombre au tableau, qui encore n'est pas marquée avec la vigueur de flétrissure qu'on souhaiterait [1], cette conception lui paraît de tout point *saine* [2], sensée et vraie. Et ce qu'il en approuve surtout, c'est que la pensée de l'au-delà en était absente ou n'y apparaissait point assez pour qu'on s'en troublât beaucoup. « Les « Grecs sont exempts des déformations morales que la « grandeur de la religion impose à la nature humaine. « Partout ailleurs la civilisation a rompu l'équilibre natu- « rel des facultés, elle a opprimé les unes pour exagérer « les autres, elle a sacrifié la vie présente à la vie future. « Le Grec a pu fêter ses dieux sans se courber sous la « tyrannie d'une puissance surhumaine. Il semble qu'ayant « arrêté le contour perceptible et précis de l'homme et de « la vie, les Grecs aient omis le reste et se soient dit : « Voici l'homme réel, un corps actif et sensible avec une « pensée et une volonté ; et voici la vie réelle, soixante « ou soixante-dix années entre les vagissements de l'en- « fance et le silence du tombeau. Songeons à rendre ce « corps le plus alerte, le plus fort, le plus sain, le plus « beau qu'il se pourra, à déployer cette pensée et cette « volonté dans tout le cercle des actions viriles, à orner « cette vie de toutes les beautés que des sens délicats, un « esprit prompt, une âme vive et fière peuvent créer et « goûter. — Au delà, ils ne voient rien ; et s'il y a un au- « delà, il est pour eux comme ce pays des Cimmériens « dont parle Homère, pâle contrée des morts, enveloppée « de brouillards mornes [3]. »

1. T. II, p. 231. — Je fais allusion au monstrueux désordre des mœurs grecques. M. Taine reconnaît expressément que l'éducation grecque a contribué pour une large part à le répandre et à le faire non seulement tolérer, mais accepter ouvertement comme chose légitime, et cela non seulement par le vulgaire, mais par les sages. Dans son *Voyage en Italie*, il reconnaît qu'à cet égard les dialogues de Platon sont exorbitants. (T. I, p. 149.)

2. *Ib.*, p. 182.

3. *Ib.*, p. 133-134.

Épicure, et Lucrèce son grand interprète, s'étaient fait une autre idée de la religion hellénique. Ils lui reprochaient précisément de courber les âmes sous la tyrannie d'une toute-puissance surhumaine et de troubler la quiétude sereine de la vie présente par la perspective redoutable de la vie future. On connaît les vers du *De natura rerum* :

> *Humana ante oculos fœde quum vita jaceret*
> *In terris, oppressa gravi sub relligione...*

M. Taine, qui pense comme eux sur le fond des choses, estime, et avec raison, que, pour amplifier le service rendu et la liberté conquise, ils ont exagéré à plaisir la tyrannie et assombri le caractère du culte officiel qui, en réalité, n'empêche point les Grecs *de prendre la vie comme une partie de plaisir* [1]. « Ils n'imaginent pas que pour hono-
« rer les dieux il faille se mortifier, jeûner, prier avec trem-
« blement, se prosterner *en déplorant ses fautes*; mais
« qu'il faut prendre part à leur joie, leur donner le spec-
« tacle des plus beaux corps nus, parer pour eux la cité,
« élever l'homme jusqu'à eux, en le tirant pour un instant
« de sa condition mortelle, par le concours de toutes les
« magnificences que l'art et la poésie peuvent assembler.
« Pour eux, cet *enthousiasme* est la piété et, après avoir
« débordé par la tragédie du côté des émotions grandioses
« et solennelles, il s'épanche encore dans la comédie du
« côté des bouffonneries folles et de la licence volup-
« tueuse. »

Je sais bien que décrire n'est pas approuver, et qu'un peintre fidèle peut entrer dans les sentiments de son modèle sans les partager. Mais M. Taine approuve ici ce qu'il décrit et partage les sentiments dans lesquels il entre.

Il y a, dans la *Philosophie de l'art*, un chapitre où M. Taine compare à la conception grecque, telle qu'elle vient d'être décrite, la conception chrétienne de la vie, avec les luttes qu'elle impose à l'homme contre lui-même,

---

1. T. II, p. 141.

avec son regard détourné de la terre qui est l'exil et le pèlerinage, vers le ciel qui est la patrie et le terme, avec ses renoncements et ses croix. Incarnant l'une dans *l'Iliade* et *l'Odyssée*, l'autre dans *la Divine Comédie*, il s'écrie : « Combien plus naturel et plus sain est le spec-
« tacle que nous présente Homère ! Il se renferme dans le
« cercle visible qu'à chaque génération retrouve l'expé-
« rience humaine ; il n'en sort pas ; ce monde lui suffit ; il
« est seul important [1]. »

La pensée de M. Taine est sans doute assez claire. Mais elle peut et elle va devenir plus explicite encore.

Le fond de la religion grecque, tel qu'on le retrouve sous l'ingénieuse broderie des mythes et des légendes, c'est la divinité de la nature [2]. Comme la religion des Védas, elle est, par un côté, un panthéisme naturaliste, par un autre un polythéisme également naturaliste. Le premier des deux a, de bonne heure, pris la prépondérance chez les Aryas de l'Inde. Le second, chez les Aryas de l'Hellade, a rejeté l'autre dans l'ombre ; et l'évolution dans le sens du polythéisme est déjà entièrement accomplie aux temps homériques. Pour eux, chaque grande force, chaque grand objet de la nature est par soi-même une divinité. Et, selon M. Taine, en jugeant ainsi, ils jugent bien. « Pour une âme
« simple et saine, un fleuve, surtout s'il est inconnu, est, par
« lui-même, une puissance divine ; l'homme, devant lui, se
« sent en présence d'un être un, éternel, toujours agis-
« sant [3]. — Si l'on suit, dans la théogonie d'Hésiode, la
« confusion demi-réfléchie, demi-involontaire, qu'il établit
« entre les personnages divins et les éléments physiques,
« si l'on remarque qu'il compte *trente mille dieux gar-*
« *diens sur la terre nourricière*, si l'on se souvient que
« Thalès, le premier physicien et le premier philosophe,
« disait que tout est né de l'humide et en même temps que

---

1. *Ib.*, p. 169-172.

2. Non pas cependant le dernier fond ; chez les Grecs, comme dans l'Inde védique, comme partout, le fond est monothéiste.

3. T. II, p. 241.

« tout est plein de dieux, on comprendra le profond sen-
« timent qui soutenait alors la religion grecque, l'émotion
« sublime, l'admiration, la vénération avec laquelle le
« Grec devinait les forces de la nature vivante sous les
« images de ses dieux [1]. Et plus on y regarde de près,
« plus on trouve cette religion justifiée et ce culte bien
« fondé [2]. »

On se demandera comment M. Taine, qui bannit si rigoureusement de sa propre doctrine l'idée même du divin, à plus forte raison de la religion et du culte, semble ici décerner à la religion des Hellènes un brevet de vérité. On cessera de s'étonner si l'on veut bien entendre que la vérité qu'il reconnaît en elle n'est pas une vérité scientifique, mais une vérité d'imagination, c'est-à-dire de symboles représentant, sous une forme poétique et artistique, la réalité des choses. Or ici le symbole, sans doute, est religieux, et, comme symbole, il implique et contient le divin ; mais la réalité, représentée par le symbole, exclut au contraire le divin. La divinité des êtres dont l'ensemble compose la nature, c'est-à-dire leur existence éternelle et indépendante, la divinité des forces et des lois qui constituent le mouvement de la nature, c'est-à-dire leur nécessité inflexible et aveugle, c'est la négation d'un principe qui gouverne le monde par raison et volonté, c'est la négation de Dieu. Et c'est ainsi que M. Taine a pu reconnaître et saluer, dans la religion des Grecs, l'enveloppe brillante de sa propre irréligion.

## II — LA PEINTURE EN ITALIE

Deux grands chapitres de la *Philosophie de l'art* ont pour objet la peinture de la Renaissance en Italie et la peinture dans les Pays-Bas. Ils sont construits sur le même modèle que le chapitre de la sculpture en Grèce. C'est le même moule et c'est le même esprit. Les circons-

---

1. *Ib.*, p. 243-244. — 2. *Ib.*, p. 247.

tances qui ont favorisé l'épanouissement de la peinture sous deux climats et chez deux peuples si différents sont accumulées avec la même précision analytique et peintes avec la même vigueur. Là encore M. Taine retrouve un paganisme dans l'art, correspondant à un paganisme ressuscité dans les idées et dans les mœurs. Il se complaît à le décrire avec une hardiesse de citations et de détails qui dépasse vraiment le nécessaire et atteint jusqu'au luxe. Insister sur ces nouvelles applications d'une méthode et d'une doctrine que nous avons déjà examinées en détail, serait nous condamner à d'inutiles redites.

Mais nous trouvons dans le *Voyage en Italie* une étude plus importante et plus neuve qui nous permettra de compléter la physionomie de M. Taine comme historien de l'art et critique esthétique.

Ce livre est surtout un livre d'artiste et de touriste. Il est aussi, par malheur, un livre politique et philosophique sur la question romaine et sur la question religieuse ; l'une et l'autre y est traitée avec un excès de légèreté, d'incompétence et de partialité.

M. Taine visita l'Italie en 1864, à l'époque où Pie IX, dépouillé par la Révolution de la plus grande partie de ses états, abandonné par la diplomatie européenne, menacé par la conspiration permanente qui n'avait pas désarmé un seul jour depuis l'assassinat de Rossi et l'exil de Gaëte, réduit, depuis le guet-apens de Castelfidardo, à l'impossibilité de se défendre, voyait se resserrer autour de lui le cercle des baïonnettes piémontaises, et pouvait déjà prévoir l'issue vers laquelle tout s'acheminait. Pour se former un jugement sur les choses romaines, sur le présent et l'avenir du catholicisme dans le monde, M. Taine, — cela est visible à tous les lecteurs de son livre, — consulta surtout les adversaires de la papauté, et ses propres idées préconçues. On peut deviner quels jugements et quelles impressions il puisa à ces deux sources. La Rome chrétienne des premiers siècles lui était un livre fermé ; et il n'y a point trace chez lui des émotions solennelles que le Colysée, les Catacombes, la prison

Mamertine, les souvenirs partout présents des martyrs font naître chez tant d'âmes d'ailleurs peu religieuses. La Rome chrétienne du xixe siècle ne lui est pas plus ouverte et n'obtient pas même de lui cette justice élémentaire qui consiste dans l'exactitude des faits [1].

[1]. J'indique quelques points :
1° M. Taine reproche au gouvernement papal de favoriser l'ignorance ; « elle est bien venue, elle rend docile. Si quelqu'un est érudit, il le cache. » (T. I, p. 318.) Laissant ce dernier trait, qui est une contre-vérité presque plaisante, nous rappellerons qu'à la date où écrivait M. Taine, Rome comptait au moins 400 écoles primaires, fréquentées par 23,000 enfants, et que l'enseignement supérieur de l'État pontifical avait proportionnellement plus d'étudiants que la France.
2° M. Taine blâme les impôts et les emprunts. — Il ignorait sans doute que, jusqu'à la fin du dernier siècle, la population romaine était presque exempte de charges publiques. Mais avait-il le droit d'ignorer que les emprunts de 1864 étaient, pour près d'une moitié, absorbés par le service de la dette, que celle-ci avait sa principale source dans la double nécessité de liquider les frais de la République de 1848 et d'entretenir, comme une faible sauvegarde contre les malfaiteurs du dehors, la petite armée pontificale, et que néanmoins le contribuable romain était beaucoup moins chargé que le contribuable français ?
3° M. Taine, répétant une prophétie qui avait cours à la date de son livre, annonce comme une chose dont personne ne doutait, que « le jour où les Français partiront sera le dernier jour de la souve- « raineté papale. » On aurait pu prophétiser avec autant d'assurance que, le jour où il n'y aurait plus de police dans une ville, les voleurs entreraient avec effraction dans les maisons. Le nouveau royaume italien avait déclaré qu'il lui fallait Rome ; il l'a eue dès que personne n'a plus été là pour l'empêcher de la prendre. Il y avait quelque hardiesse à présenter cette inévitable issue comme une preuve de mauvais gouvernement.
4° M. Taine est muet sur deux traits de ce gouvernement que tous les voyageurs ont remarqués : l'admirable et large organisation des établissements de bienfaisance, en particulier des hôpitaux, et les magnifiques encouragements accordés aux beaux-arts.
5° M. Taine constate que la population rurale de l'État pontifical est, en majorité, *papaline*. Il s'agit de rendre *libéraux* les paysans qui ont le tort de ne pas l'être encore. Il n'y a pour cela qu'à les rendre propriétaires, chose très facile, puisqu'il y a, tout près, quelqu'un à dépouiller à leur profit, le clergé. « Les biens qu'on peut leur « donner sont tout trouvés. Avant les derniers événements, le clergé « possédait 535 millions de biens-fonds. Le gouvernement italien les

Mais dans ce livre, si païen et si sensuel à Venise, si Piémontais à Rome, il y a sur les vieux maîtres italiens et sur le sentiment qui les a inspirés, des pages vraiment exquises. On n'osait pas les espérer ; on ne s'attendait pas qu'Assise et Sienne diraient tant de choses et des choses

« vendra. Ce sera là le grand levier. » (T. I, p. 354.) Il est intéressant de comparer cette politique au jugement que M. Taine portera, dix ans plus tard, de la spoliation du clergé français en 1790.
Voilà pour le côté politique et social du *Voyage en Italie*. Il y en aurait plus à dire au sujet du côté religieux. Nous y apprenons « que, « véritablement, la Sainte Vierge est, à Rome, la troisième personne « de la Trinité et qu'elle remplace le Saint Esprit. » Nous y lisons que, depuis le Concile de Trente, « l'Église laisse tomber sa métaphysique sauf dans les écoles. » Si on entend par *métaphysique* le dogme, l'assertion est tellement surprenante qu'on est tenté de se demander si l'on a bien lu. Si on entend par *métaphysique*... la métaphysique, on se demande où la métaphysique pourrait bien être enseignée, sinon dans les écoles. Tout cela est de quelqu'un qui parle de ce qu'il ignore.
Un détail est particulièrement curieux. Ce que M. Taine pense et dit des Jésuites, on pourrait l'écrire d'avance parce qu'on l'a lu partout chez les ennemis des Jésuites. Mais il adresse aux célèbres *Exercices spirituels* de saint Ignace de Loyola, un reproche inattendu dans sa bouche. « Il faut les lire pour savoir comment sans poésie, « sans philosophie, sans aucun emploi des forces nobles de la reli- « gion, on peut s'emparer de l'homme. Ils ont une recette pour « rendre les gens dévots et l'appliquent dans leurs retraites ; l'effet est « immanquable. Le premier point, disent ces savants psychologues, « est de construire le lieu en imagination. »
Par une mutilation vraiment impardonnable, M. Taine réduit toute la méthode, tout l'esprit, toute la doctrine des *Exercices* à ce premier point purement préparatoire, et persuade ainsi à ses lecteurs que cette méthode substitue le travail de l'imagination à celui de la pensée et de l'amour. On ne saurait travestir plus audacieusement ce livre prodigieux tout animé d'un souffle héroïque, livre guerrier qui est tout le plan de campagne d'une lutte de l'homme contre lui-même (*ut homo vincat se ipsum*), livre profond qui va à la racine même du mal et enseigne que les actions extérieures ne valent que par la pureté, la droiture et la hauteur des motifs qui les inspirent.
Quant au premier point préparatoire, il n'y a rien de plus raisonnable et de plus sage. Ignace savait que, pour rétablir dans la cité intérieure cet ordre que Platon appelle la justice et que tant de causes tendent sans cesse à troubler, il faut faire appel à toutes les puissances de l'âme. Il avait deviné, en particulier, sans avoir jamais lu Aristote, cette grande loi psychologique formulée par Aristote, que

si délicates au touriste à qui le Colysée n'avait rien dit. C'est que le touriste est aussi un artiste, et que la beauté de l'art chrétien l'élève, pendant qu'il la contemple, au-dessus de ses préjugés positivistes et au-dessus de son culte idolâtrique de la forme sensuelle et païenne.

Cet art est d'abord l'architecture. Elle a laissé à Sienne, à Pise, à Florence, à Assise des monuments incomparables qui ne ressemblent point à nos cathédrales, mais qui ressemblent encore moins aux temples païens et qui sont, comme *la Divine Comédie*, de magnifiques épanouissements de la pensée chrétienne. La description que M. Taine en donne est digne d'eux parce qu'il en comprend et qu'il en fait comprendre la signification haute et profonde.

Mais cet art est surtout la peinture. De Cimabué à Giotto, de Giotto à Fra Angelico, à Pérugin, à Raphaël, la peinture italienne arrive par de lumineuses étapes à un moment trop court de perfection presque idéale où la beauté de la forme complète, sans l'absorber encore, la beauté sereine et touchante du sentiment chrétien et de la pensée chrétienne. On ne saurait mieux parler que n'a fait M. Taine de cette radieuse histoire.

l'homme ne pense pas sans images, et que réciproquement la pensée s'envole du côté où l'imagination s'éveille ; il comprenait que l'imagination *détournera* infailliblement l'esprit du but que la méditation lui propose, si on ne la maîtrise elle-même en l'appliquant à des objets qui secondent, au lieu de le contrarier, le travail de la pensée. De là cette recommandation de faire la *construction du lieu*, c'est dire, s'il s'agit des mystères de la vie et de la mort du Sauveur, d'en reconstituer en imagination la scène, et, s'il s'agit des grandes réalités invisibles auxquelles on veut appliquer son esprit, de se représenter les images sensibles qui ont le plus d'analogie avec elles, de telle sorte que les images distrayantes, trouvant la place prise, ne puissent plus s'y installer au grand détriment de la pensée. Il n'y a rien de plus sensé et de plus utile. M. Taine lui-même n'eût pu manquer d'en convenir s'il eût su de *quoi* il s'agissait, et s'il eût connu les *Exercices* autrement que par les critiques ennemies qui les défigurent.

Mais le reproche qu'il leur adresse est surprenant, venant de lui. Sa psychologie, on l'a vu, réduit la pensée aux images. Et c'est lui qui se plaint que les *Exercices* accordent *trop* aux images, lui qui leur accorde *tout!*

Voici d'abord Giotto, qu'on ne connaît bien qu'à Assise :

« Il n'y a point de monument chrétien où les pures idées
« du moyen âge arrivent à l'esprit sous tant de formes, et
« s'expliquent les unes les autres par tant de chefs-d'œuvre
« contemporains. Au-dessus de l'autel gardé par une
« grille ouvragée de fer et de bronze, Giotto a couvert la
« voûte surbaissée de grands personnages calmes et d'allé-
« gories mystiques. Ce Giotto qui, au-delà des monts, ne
« nous semble qu'un maladroit et un barbare, est déjà un
« peintre complet ; il fait des groupes, il sait des airs de
« tête : ce qui lui reste de roideur ne fait qu'ajouter à la
« sévérité religieuse de ses figures. Un relief trop fort, un
« mouvement trop humain dérangerait notre émotion ; il
« ne faut pas des expressions trop variées ni trop vives
« pour des anges et des vertus symboliques. Ici les per-
« sonnages, les grandes femmes rangées en procession
« hiératiques ressemblent aux Mathilde, aux Lucie de
« Dante ; ce sont les sublimes et flottantes apparitions
« du rêve. Leurs beaux cheveux blonds sont chastement
« et uniformément relevés autour de leurs fronts ; pres-
« sés les uns contre les autres, ils contemplent ; de grandes
« tuniques à longs plis, blanches ou bleues, ou d'un rose
« pâle, tombent autour de leur corps ; ils se serrent autour
« du Christ, silencieusement, comme une troupe d'oiseaux
« fidèles. — Ce moment est unique. Le XIIIe siècle est la
« fleur du christianisme vivant[1]. »

M. Taine s'étend plus longuement sur Fra Angelico
dont il esquisse d'abord la vie et le caractère, modèles
d'obéissance et de simplicité, de bonté et de piété. Puis il
caractérise son génie et son œuvre. « Ce qu'il sait peindre,
« ce qu'il a répété partout, ce sont les visions d'une âme
« innocente et bienheureuse. Au milieu de l'uniformité
« réglée de sa vie, se déploie devant son regard la ma-
« gnificence du jour éternel, et désormais tout l'effort du
« peintre s'emploie à l'exprimer. Des escaliers de jaspe et

1. T. II, p. 24-25.

« d'améthyste étagent leurs dalles luisantes jusqu'au trône
« où siègent les personnages célestes. Des auréoles d'or
« luisent sur leurs têtes, leurs robes scintillent comme des
« gloires; tout est lumière; une seule teinte domine,
« celle du soleil et du ciel. D'autres fois des bienheureux
« approchent du paradis parmi de riches gazons parsemés
« de fleurs rouges et blanches, sous de beaux arbres fleu-
« ris; les anges les conduisent, et, fraternellement, la
« main dans la main, ils forment une ronde; la tête étoilée
« de rayons, ils glissent dans l'air jusqu'à la porte flam-
« boyante; tout en haut, le Christ, dans une triple rose
« d'anges serrés comme des fleurs, leur sourit sous son
« auréole. Les personnages sont dignes du lieu. La figure
« du Christ, belle et idéale, est pâle, pensive, légèrement
« creusée; c'est l'ami éternel, le consolateur de l'*Imitation*.
« Près de lui, à genoux, les yeux baissés, la Vierge semble
« une jeune fille qui vient de recevoir l'hostie. On n'ima-
« gine pas, avant de l'avoir vue, une modestie si immacu-
« lée, une candeur si virginale. Et les autres personnages
« sont pareils [1]. Voilà des délicatesses que les peintres
« ultérieurs ne retrouveront pas. Un sentiment est une
« chose infinie et incommunicable; aucune érudition et
« aucun effort ne peuvent le reproduire tout entier; il y a
« dans la vraie piété des pudeurs, des réserves, par suite
« des arrangements de draperies, des choix d'accessoires
« que les plus savants maîtres, un siècle plus tard, ne
« connaîtront plus [2]. »

Avec Pérugin, dernier représentant de l'école om-
brienne, un nouveau progrès s'est accompli. Il est allé à
Florence, il a étudié les œuvres de l'art antique, il a rapporté de cette étude un sentiment plus ample et plus vivant
de la forme. Les prophètes, les guerriers, les sybilles, les
philosophes dont il a décoré le Cambio des marchands de
Pérouse « sont des chefs-d'œuvre de force et de noblesse
« corporelle. Le sérieux, l'élévation de toutes ces figures
« sont incomparables. » En même temps, dans les sujets

---

1. T. II, p. 153-155. — 2. *Ibid.*, p. 12.

religieux, l'art chrétien n'a rien perdu de sa pureté. Là
« chaque personnage, enfermé dans sa contemplation
« propre, a l'air de rêver en Dieu ; chacun semble retenir
« son souffle, de peur de déranger sa vision intérieure.
« Voici encore au Cambio une *Nativité* sous un haut por-
« tique, avec un paysage d'arbres légers comme il les
« aime. C'est un tableau aéré et recueilli, propre à faire
« sentir la vie contemplative. On ne peut trop louer la
« gravité modeste, la noblesse silencieuse de la Vierge
« agenouillée devant son enfant. Trois grands anges
« sérieux sur un nuage chantent d'après un cahier de
« musique, et cette naïveté reporte l'esprit jusqu'au
« temps des mystères [1]. »

Ainsi cette noble école avait su conquérir ce qui, au début, lui manquait du côté de la vérité et de la beauté plastique, et conserver intacte sa vertu expressive et l'inspiration supérieure que lui donnait la pensée chrétienne. Raphaël, élevé dans ces traditions hautes et délicates, la continue, puis la complète et la dépasse, puis en dévie. Il la continue dans les œuvres exquises de fraîcheur et de grâce dont la plus belle est le ravissant *Sposalizio* de Milan. Il la complète et la dépasse dans plusieurs de ses *Saintes Familles*, surtout dans cette incomparable *Chambre de la signature* du Vatican où la Dispute sur le Saint-Sacrement fait face à l'École d'Athènes, et où les grandes figures symboliques du plafond justifient par leur magnifique essor la devise de l'une d'elles : *Numine afflatur*. La perfection de la forme y est au degré suprême, et à travers ces merveilleuses enveloppes rayonne une âme qui leur est supérieure encore. C'est le faîte de l'art. Mais le péril est proche, le péril que l'artiste ne devienne trop amoureux de la forme qu'il a su rendre si harmonieuse et si vivante, que, dans cette ivresse et cette adoration, il ne perde de vue le principe intérieur et supérieur au service duquel il faut la maintenir, et que, dans la *Transfiguration* par

---

[1]. *Ibid.*, p. 13-15.

exemple, la scène humaine, avec ses mouvements tout physiques et ses musculatures presque sculpturales, n'enchaîne le regard et ne l'empêche de s'élever jusqu'à la scène divine qui occupe le sommet du tableau. Est-ce à dire que la forme y est trop belle et que la perfection peut être un défaut? Non sans doute ; mais cela veut dire au contraire que la forme n'a pas toute sa perfection quand elle ne manifeste pas quelque chose qui vaut plus qu'elle. Et ainsi tout nous ramène à la notion du beau qui seule explique nos émotions esthétiques et nos jugements esthétiques et à laquelle M. Taine finit par se ranger par ce cri du cœur : « Comme il est vrai de dire que l'art n'est « qu'expression et qu'il s'agit avant tout d'avoir une « âme[1] ! »

1. T. I, p. 277.

# TROISIÈME PARTIE

# HISTOIRE

# TROISIÈME PARTIE

# HISTOIRE

## CHAPITRE I

#### M. TAINE HISTORIEN

M. Taine est historien partout, sauf dans la philosophie pure. Il l'est dans la critique littéraire ; il l'est dans la critique esthétique. Il l'est nécessairement, étant donné son système. Si l'œuvre littéraire et l'œuvre d'art s'expliquent par la race, le milieu et le moment, l'explication consiste tout entière dans la solution des trois problèmes d'histoire que ces trois mots indiquent.

Cependant M. Taine n'avait abordé que rarement, et sans s'y arrêter beaucoup, ce qu'on est convenu d'appeler proprement l'histoire, c'est-à-dire l'étude de la vie politique et sociale d'un peuple dans ses évolutions ou révolutions successives. Ceux de ses *Essais* qui appartiennent à cette branche de la connaissance humaine sont en très petit nombre et ne sont guère que des comptes rendus dont chacun est éclairé par une idée générale. C'est ainsi que, dans son article sur l'*Histoire de la révolution d'Angleterre*, de Guizot, il s'attache à distinguer « la curiosité et l'art en histoire d'avec le sens politique et philosophique en histoire. » Ainsi encore dans un article sur l'*Histoire de France* de Michelet, il étudie « les effets de l'imagination scientifique en histoire. » Ou bien, dans un article sur l'*Anabase et la Retraite des dix mille*, il présente le récit de ce grand épisode comme un modèle accompli de la simplicité en histoire, et Xénophon comme un miroir « qui réfléchit les objets sans ajouter, sans omettre, sans rien changer. » Ce sont plus que des travaux d'amateur, ce sont des travaux de connaisseur ; ce ne sont pas, à proprement parler, des travaux d'historien.

L'histoire cependant devait être sa dernière vocation et occuper presque exclusivement la seconde moitié de sa vie littéraire. C'est à elle qu'il doit son illustration principale. Si les philosophes connaissent le livre *de l'Intelligence*, les lettrés le *La Fontaine* et la *Littérature anglaise*, les touristes le *Voyage aux Pyrénées*, les Parisiens les *Opinions de Thomas Graindorge*, toute la France connaît *les Origines de la France contemporaine*. Ce grand ouvrage, malheureusement inachevé, a soulevé des luttes passionnées ; il a causé une surprise presque universelle, joyeuse chez les uns, irritée chez les autres ; ceux-ci comme ceux-là s'étonnèrent qu'un écrivain si révolutionnaire en philosophie le fût si peu en histoire, qu'il parlât avec tant de respect du vieux passé de notre pays, qu'il portât une main si audacieuse sur les légendes républicaines et réduisît à une si petite taille les géants de la Convention, bref, qu'il fût si réactionnaire. Sans doute il avait pris la précaution de dire dans sa préface : « Ancien « régime, Révolution, Régime nouveau, je vais tâcher de « décrire ces trois états avec exactitude. J'ose déclarer ici « que je n'ai point d'autre but : on permettra à un historien « d'agir en naturaliste ; j'étais devant mon sujet comme « devant la métamorphose d'un insecte. D'ailleurs l'évé-« nement par lui-même est si intéressant qu'il vaut la peine « d'être observé pour lui seul, et l'on n'a pas besoin d'ef-« fort pour exclure les arrière-pensées. » On ne voulut point comprendre à quel point cela était vrai ; et pendant que les spiritualistes saluaient prématurément le retour de l'auteur à des idées presque chrétiennes, dans l'autre camp on jetait les hauts cris comme en présence d'un sacrilège. Ce que je vais dire est une pure hypothèse à l'appui de laquelle mon oreille n'a reçu aucune confidence. Mais quand l'immense effet produit par les *Origines de la France contemporaine* aurait été pour quelque chose dans le persévérant empressement du Conseil municipal de Paris à doter la Sorbonne d'une chaire d'histoire orthodoxe de la Révolution, je n'en éprouverais pas une extrême surprise.

De part et d'autre on se trompait. Les jugements portés par M. Taine sur la Révolution et son personnel ne provenaient point d'un changement dans ses idées et ses principes, mais d'une étude prodigieusement patiente et attentive des faits, d'une psychologie très pénétrante, d'une vue très juste sur la valeur des constitutions créées de toutes pièces à l'usage de l'homme en général, et des révolutions qui, rompant brusquement avec tout le passé d'un peuple, prétendent renouveler tout d'un coup par décret ses mœurs en même temps que ses lois. Ses appréciations plus équitables des services sociaux rendus par les idées religieuses témoignaient de sa loyauté d'historien mieux informé, elles ne laissaient entrevoir aucun commencement d'adhésion à leur vérité. Le conflit prétendu de la science et de la foi était de nouveau affirmé comme irréductible. Enfin et surtout l'absolu déterminisme que sa psychologie enseignait, que sa critique littéraire et sa critique d'art impliquaient et appliquaient, se retrouvait sans aucune atténuation. Non seulement, — ce qui est vrai *en général*, — les événements généraux étaient présentés comme les inévitables effets de leurs causes générales ; mais le caractère et les actes de chaque personnage se déduisaient avec la même rigueur premièrement de sa structure mentale, secondement de l'ensemble des circonstances multiples dont il avait subi l'influence, en sorte que, dans ce drame gigantesque et terrible, où il y eut tant de crimes et tant d'actes héroïques, la responsabilité n'apparaissait nulle part.

Tel est bien le sous-sol de ce grand livre, et il n'y a

là dessus aucune illusion à se faire. Cela supprime toute la moralité de l'histoire. Voilà pourquoi M. Taine, comme il le dit lui-même, agit en naturaliste et n'a pas plus besoin d'effort pour exclure l'émotion morale que pour exclure les arrière-pensées politiques.

Toutefois ce déterminisme, qui fausse l'histoire comme enseignement moral, ne la fausse point autant comme histoire. Les faits ne sont pas moins vrais, les causes moins réelles pour être rattachés à une doctrine fataliste ; et il suffit, pour corriger le livre, d'y rendre sa place à la liberté et à la responsabilité de l'individu. Cela peut se faire sans nier ni affaiblir l'influence très réelle des circonstances sur la marche des événements, et sans contester la loi d'après laquelle les principes posés dans les idées produisent leurs conséquences dans les faits. Il suffit que chaque personnage pris individuellement reste maître de choisir sa voie, digne par conséquent de l'éloge ou du blâme, des bénédictions ou des exécrations de la postérité, suivant qu'il l'a choisie bonne ou mauvaise, et suivant que ses actions ont été vertueuses ou scélérates. A quoi il faut ajouter encore que l'historien déterministe, si attentivement qu'il se surveille, oublie parfois qu'il est un philosophe et, redevenant simplement un homme, juge alors les actions humaines avec une conscience qui les absout ou les condamne comme des actions libres.

# CHAPITRE II

## L'ANCIEN RÉGIME

### I

L'ancien régime a été un régime de privilèges, et c'est contre les privilèges que la Révolution française a été faite. Ceux qui l'ont menée ont trouvé, en pratique, un puissant levier dans le sentiment envieux dont l'homme est naturellement animé contre toute hiérarchie qui le place à un rang inférieur. Mais, en théorie, ils ont commencé par poser ce principe abstrait que tous les hommes naissent égaux en droits, que toute inégalité est une injustice, et qu'en conséquence, aux yeux de la raison, tout privilège est injustifiable et doit, sur l'heure, être si bien déraciné que sa renaissance soit désormais impossible. Il ne leur est point venu à l'esprit de rechercher si ces privilèges n'avaient point dans leur origine historique quelque raison d'être qui légitimât leur existence passée et qui, même dans le présent, commandât de procéder avec eux d'une façon moins sommaire. Pour ces théoriciens à outrance un prêtre n'était et ne pouvait être que l'oppresseur des âmes, un noble que l'oppresseur des corps, un roi que l'oppresseur de la nation. Telle est la doctrine qu'enseigne le Contrat social et que la Révolution fit passer dans les faits par les rapides étapes dont la dernière porte la date du 21 janvier 1793.

Ce que les idéologues du XVIIIe siècle n'ont pas fait et n'ont pas voulu faire, ce qui eût dû être la première tâche d'un *réformateur*, mais n'eût été pour un *révolutionnaire* qu'un obstacle, M. Taine l'a considéré comme le premier devoir de l'historien, comme le point de départ nécessaire d'une étude complète et sincère sur l'ancien régime à la veille de la Révolution. De là le premier chapitre qui sert d'introduction à tout l'ouvrage et qui développe cette pensée fondamentale : « En 1789, trois sortes de personnes, « les ecclésiastiques, les nobles et le roi avaient dans « l'État la place éminente avec tous les avantages qu'elle « comporte, autorité, biens, honneurs, ou, tout au moins, « privilèges, exemptions, grâces, pensions, préférences, et « le reste. Si depuis longtemps ils avaient cette place, « c'est que depuis longtemps ils l'avaient méritée. En « effet, par un effort immense et séculaire, ils avaient « construit tour à tour les trois assises principales de la « société moderne [1]. »

Le développement est splendide et forme un des plus beaux tableaux d'histoire, et des plus vrais, qui aient jamais été composés. Il est la justice même, et il est, dans un court espace, toute une philosophie de l'histoire de France. Il n'était pas possible de donner un plus magnifique portique au grand monument dont M. Taine entreprenait la construction.

Ce tableau est, comme l'auteur l'annonce, lui-même, un triptyque. Et la plus belle partie du triptyque, la plus ample, la plus largement et délicatement traitée, la moins attendue aussi est, sans conteste, celle où l'auteur, suivant son procédé habituel, analyse et peint à la fois l'action sociale du clergé. Ici nous dirions volontiers avec Dante :

> Per correr miglior acqua alza le vele
> La navicella omai di tanto ingegno [2].

---

1. T. I, p. 3.

2. « La nef de ce grand esprit lève maintenant ses voiles pour « voguer sur une onde meilleure. »

Qui se souviendra du *Voyage en Italie*, du *Voyage aux Pyrénées*, du *La Fontaine* ne reconnaîtra pas la même plume. Et en effet ce n'est plus la même. Une connaissance plus exacte et plus profonde de l'histoire lui a donné des vues plus hautes et des appréciations plus équitables. M. Taine n'avait regardé l'Église qu'à travers des images qui la travestissent. Il la regarde maintenant d'un regard direct dans son action sinon dans sa doctrine ; et il s'incline au lieu de railler.

Le témoignage qu'il lui rend n'est pas, il faut le redire, celui d'un croyant ; c'est celui d'un spectateur qui rend hommage à la beauté de l'effet sans aller plus loin, sans se demander si une telle action, si féconde dans ses résultats quand ses moyens humains étaient si impuissants, n'est pas le signe d'une puissance intérieure plus qu'humaine. Son témoignage n'en a que plus de prix pour l'histoire ; et M. Taine le rend avec une loyauté parfaite et une admiration visible. On nous permettra de recueillir quelques traits de cette déposition capitale.

« Des trois assises superposées la plus ancienne et la
« plus profonde était celle du clergé ; pendant douze-cents
« ans et davantage, il y avait travaillé comme architecte
« et comme manœuvre, d'abord seul, puis presque seul.
« Dans un monde fondé sur la conquête, dur et froid
« comme une machine d'airain, il avait annoncé *la bonne*
« *nouvelle*, promis *le royaume de Dieu*, inspiré l'humi-
« lité, la patience et la charité, ouvert les seules issues
« par lesquelles l'homme étouffé dans l'ergastule romain
« pouvait encore respirer et voir le jour. Dans un État qui
« se dissolvait et fatalement devenait une proie, il avait
« formé une société vivante, seule capable de subsister
« sous le flot des barbares. A partir de l'invasion, il sauve ce
« qu'on peut encore sauver de la culture humaine. » Ses évêques et ses moines imposent le respect aux envahisseurs farouches ; ils deviennent leurs conseillers et leurs secrétaires ; c'est grâce à leur intervention que s'établit, dans le chaos et les violences de la conquête, quelque chose qui ressemble à l'ordre et à la justice. Avec les

anciennes acquisitions du genre humain dans la science
et dans l'art, « il conserve les industries qui donnent à
« l'homme le pain, le vêtement et l'habitation, surtout la
« meilleure de toute les acquisitions humaines et la plus con-
« traire à l'humeur vagabonde du barbare pillard et pares-
« seux, je veux dire l'habitude et le goût du travail. Avec ses
« compagnons le moine bénédictin défriche, construit, do-
« mestique les animaux demi-sauvages, établit une ferme,
« un moulin, une forge, des ateliers ; il recueille les mi-
« sérables, les nourrit, les occupe, les marie ; ainsi se
« forment des centres d'agriculture et d'industrie. — Au
« pain du corps ajoutez le pain de l'âme non moins néces-
« saire ; car, avec les aliments, il fallait encore donner à
« l'homme la volonté de vivre ou tout au moins la rési-
« gnation. Jusqu'au milieu du xiiie siècle, le clergé s'est
« trouvé presque seul à le fournir. Pendant plus de douze
« siècles il en a nourri les hommes, et par la grandeur de
« sa récompense on peut estimer la profondeur de leur
« gratitude ; l'excès de leur dévouement peut mesurer
« l'immensité de son bienfait[1]. »

Rien ne manque à cet admirable tableau... que le trait
principal, la plus haute des fonctions sociales de l'Église,
le salut des âmes. Le lecteur chrétien constatera cette
lacune non pas sans tristesse, mais sans surprise ; pour
tenir compte de ce service à la fois infini et invisible, il
faut croire aux âmes et croire au salut.

On comprendra moins que M. Taine, arrivant à la
seconde assise et décrivant les services sociaux de la classe
militaire qui devint la noblesse, passe sous silence la
grande institution qui y joua le rôle le plus beau et le plus
désintéressé, la chevalerie. Ce n'est pas, — on en peut
être assuré par ce qui précède, — son caractère chrétien
qui l'a empêché d'en tenir compte ; et nous ne savons, en
vérité, comment expliquer cette lacune qui laisse dans
la seconde partie du triptyque quelque chose de visiblement incomplet. Le service de défense sociale que ren-

1. T. I, p. 4-9.

dit l'aristocratie militaire, en repoussant par la force les violentes attaques auxquelles les populations désarmées eussent succombé sans elle, n'y est guère présenté que comme la conséquence accessoire du service qu'elle se rendait à elle-même. Il a été cela, sans doute, mais il a été souvent quelque chose de plus noble et de plus généreux ; et la maxime *ils doivent le peuple défendre*, n'est pas restée sans application directe. M. Taine a d'ailleurs le sentiment très vif et très juste des liens héréditaires que cette protection, quel qu'en fût le motif, forma et resserra entre le baron féodal et son humble clientèle. « En ce
« temps de guerre permanente, » dit-il, « un seul régime
« est bon, celui d'une compagnie devant l'ennemi, et tel
« est le régime féodal. Grâce à ces braves, le paysan est à
« l'abri ; il ose labourer, semer, espérer en sa récolte. Par
« degré, entre le chef militaire du donjon et les anciens
« colons de la campagne ouverte, la nécessité établit un
« contrat tacite qui devient une coutume respectée. Ils
« travaillent pour lui, cultivent ses terres, lui payent des
« redevances : il faut bien qu'il nourrisse sa troupe ; mais,
« ces droits acquittés, il a tort si, par orgueil ou avidité, il
« prend quelque chose de plus. A la fin, seigneurs, serfs,
« vilains et bourgeois, reliés par un intérêt commun, font
« ensemble une société, un véritable corps. On est fier du
« seigneur, on compte ses grands coups d'épée, on l'ac-
« clame quand il passe dans la rue, on jouit par sympa-
« thie, de sa magnificence [1]. »

Enfin, la troisième assise, l'unité nationale, a été construite par la royauté pierre à pierre. « Hugues Capet pose
« la première ; avant lui, la royauté ne donnait pas au roi
« une province, pas même Laon ; c'est lui qui ajoute au
« titre son domaine. Pendant huit cents ans, par mariage,
« conquête, adresse, héritage, ce travail d'acquisition se
« poursuit ; même sous Louis XV, la France s'accroît de
« la Lorraine et de la Corse. Parti du néant, le roi a fait
« un État compact qui renferme vingt-six millions d'habi-

---

1. T. I. p. 10-13.

« tants et qui est alors le plus puissant de l'Europe. Dans
« tout l'intervalle il a été le chef de la défense publique, le
« libérateur du pays contre les étrangers. Au dedans, dès
« le XII° siècle et toujours par chemins, il est le grand
« justicier, il démolit les tours des brigands féodaux, il
« réprime les excès des forts, il protège les opprimés, il
« abolit les guerres privées, il établit l'ordre et la paix,
« œuvre immense qui se continue jusqu'au XVII° siècle par
« l'édit contre les duels et les Grands Jours. Toutes les
« choses utiles exécutées par son ordre ou développées
« sous son patronage portent sa marque et le proclament
« bienfaiteur public. Le peuple, jusqu'en 1789, verra en
« lui le redresseur des torts, le gardien du droit, le protec-
« teur des faibles, le grand aumônier, l'universel re-
« fuge [1]. »

Ce tableau est la vérité même, j'entends la vérité d'ensemble et la résultante totale. Ni les défaillances, ni les folies, ni les vices individuels de tel ou tel roi n'empêchent que l'œuvre si magnifiquement résumée ici n'ait été l'œuvre de la royauté française. Si les évêques « ont fait la France comme les abeilles font la ruche, » c'est la royauté qui a fait l'unité vivante de tant de cellules distinctes et qui, ayant formé l'âme nationale, l'a personnifiée jusque dans les plus mauvais jours, quand Jean II était captif à Londres ou François Ier à Madrid, quand Charles VI délirait ou que Charles VII s'abandonnait lui-même. C'est ainsi que jusqu'à la veille de la Révolution on pouvait dire, en promenant les yeux sur le monde, que, de toutes les nations, la France était la plus attachée à ses rois. Et c'est ainsi qu'au commencement du règne de Louis XVI, « les cris de : Vive le roi! qui com-
« mençaient à six heures du matin, n'étaient presque
« point interrompus jusqu'après le coucher du
« soleil [2]. »

---

1. T. I, p. 14-15.
2. *Mémoires de Mme Campan*, I, 89, II, 215.

## II

M. Taine expose ensuite la situation des deux ordres privilégiés, en France, à la veille de la Révolution, en faisant remarquer que leurs avantages, ceux surtout de la noblesse, ne sont que les débris d'avantages plus grands, successivement réduits par les progrès de la royauté. Quant à la propriété, ils possèdent, déduction faite des terres publiques, la moitié du sol [1], et cette moitié « est « la plus riche ; car elle comprend toutes les grandes et « belles bâtisses, palais, châteaux, couvents, cathédrales, « avec leur précieux mobilier [2]. » Quant à l'impôt, ils jouissent d'exemptions multipliées. Quant aux droits, soit fructueux, soit honorifiques, quoiqu'ils en aient perdu une partie, il leur en reste beaucoup encore.

Et la thèse qu'il soutient et qui, selon lui, explique le soulèvement public contre les privilégiés, y compris le Roi dont le privilège est le plus énorme de tous, est que ceux-ci ne rendent plus les services publics qui justifiaient les privilèges. Une même cause agissant suivant une même loi aurait ainsi entraîné dans une même catastrophe les trois groupes, noblesse, clergé, royauté, auxquels l'ancienne organisation de la France faisait une place à part dans le reste de la nation.

---

1. Il est intéressant de noter que cette importance de la grande propriété a survécu à l'ancien régime. M. Rubichon (*Du mécanisme de la société en France et en Angleterre*, p. 31) constate que, vingt-cinq ans après la Révolution et après la confiscation des biens nationaux, sur 3,805,000 familles propriétaires de terres et possédant ensemble 44,750,000 hectares, 21,456 familles en possédaient à elles seules près de la moitié : 19,000,000. Ces familles représentaient un nombre d'individus inférieur à celui des nobles de l'ancien régime, lesquels ensemble ne possédaient qu'un quart du sol.

2. T. I, p. 18. On remarquera combien il est inexact, en fait, de présenter comme propriété privée du clergé des *bâtisses* élevées pour l'usage commun du peuple chrétien, comme les cathédrales. En tout cas, ce n'étaient point des propriétés de rapport.

Nous pensons qu'il a confondu là où il fallait distinguer, et que sa thèse, presque entièrement vraie pour la noblesse, en grande partie fausse pour la royauté, est entièrement fausse pour le clergé.

I. — On ne peut sans doute reprocher à la noblesse française de ne plus rendre, sous Louis XVI, le service social de *compagnie armée* qu'elle rendait sous les premiers Capétiens ; il n'a plus de place dans une société régulière où le pouvoir public s'en acquitte beaucoup mieux par ses armées permanentes contre l'ennemi du dehors, par sa police contre le brigand de l'intérieur. Mais, à défaut de ce service, il en est d'autres qui peuvent encore légitimer sa situation privilégiée. Les hautes classes rendent ces services en Angleterre ; elles sont à la tête de la vie locale par le patronage, par les magistratures gratuites, par les initiatives utiles, par la résidence qui les met en constant et bienveillant contact avec les classes populaires ; elles participent à la vie générale, et constituent, grâce à l'éducation et aux traditions qui les y préparent, une véritable classe politique qui remplit héréditairement une des deux Chambres et se fait, par l'élection, une place importante dans l'autre. La noblesse française, prise dans son ensemble à la fin de l'ancien régime, n'est rien dans la vie générale, le pouvoir royal ayant pris soin de l'annuler politiquement. Par la même raison, mais en partie aussi par sa propre faute, elle n'est presque rien dans la vie locale. « L'administration du village ne regarde pas le « seigneur, il n'en a pas même la surveillance ; répartir « l'impôt et le contingent de la milice, réparer l'église, « rassembler et présider l'assemblée de la paroisse, faire « des routes, établir des ateliers de charité, tout cela est « l'affaire de l'intendant ou des officiers communaux que « l'intendant nomme ou dirige. *Le noble ne se mêle de rien*, « dit l'assemblée provinciale de la Haute-Guienne [1]. » Il pourrait cependant se mêler de quelque chose *par son ascen-*

---

[1]. T. I, p. 47.

*dant,* dit encore la même assemblée. Mais la chose est d'autant plus difficile qu'elle est moins définie ; elle exige un dévouement ingénieux et inventif qui ne se rencontre que par exception. Le petit gentilhomme, d'autant plus fier souvent et plus entiché de ses distinctions qu'il a moins de puissance, est, de plus, besogneux ; et comme il se croit tenu de *vivre noblement,* c'est-à-dire sans accroître son revenu par le travail, il exige avec rigueur du paysan tous les droits fructueux que sa situation privilégiée lui donne. Mais le plus grand des maux, c'est l'absence ou plutôt l'absentéisme, surtout des plus qualifiés et des plus riches, de ceux qui pourraient par leur fortune, par leur influence, par le prestige de leur illustration héréditaire, exercer avec plus d'efficacité et d'étendue le patronage social et être, selon la belle image de Bossuet, ces fontaines publiques qu'on n'élève que pour les répandre. Ils joueraient volontiers ce rôle bienfaisant, s'ils résidaient ; car ils sont bons, et ils sont placés si haut qu'ils peuvent condescendre sans craindre qu'on ne prenne des libertés avec eux. Mais ils ne résident pas ; il ne veulent vivre qu'à Versailles où Louis XIV a tout fait pour les attirer. Ils se sentent exilés et disgraciés dans leurs terres ; ils sont pour leurs vassaux des étrangers ; ils ne s'intéressent que de très loin à leur sort ; ils ne communiquent avec eux que par des agents qui, souvent, les pressurent afin de s'enrichir eux-mêmes. Çà et là des restes subsistent « du bon esprit féodal, » et l'on peut voir alors jusqu'où va le dévouement réciproque du paysan et du seigneur ; dans quelques années la Vendée, où la plaie de l'absentéisme est rare, en offrira un héroïque exemple. Mais ce sont « les sommets épars d'un continent submergé [1]. » Et de plus en plus les cœurs *s'estrangent;* à la sollicitude presque paternelle, au respect presque filial ont succédé le dédain d'un côté, l'envie de l'autre. Le paysan commence à dire tout haut : *notre ennemi, c'est notre maître.* Que les liens du pouvoir se relâchent, que la maréchaussée

---

1. T. I, p. 41.

désarme ou mollisse, que la vision du partage ou du pillage prenne corps dans les têtes rustiques, la jacquerie ne sera pas loin.

Sauf une réserve que M. Taine fera lui-même, sauf une lacune que nous aurons à remplir, ce tableau, dont nous lui empruntons les traits principaux, est malheureusement trop vrai. Il ne justifie à aucun degré la confusion que l'on fait trop souvent entre la propriété et les privilèges. La première, avec tous les droits qui en sont les suites, n'est pas moins sacrée entre les mains du duc et pair de l'ancien régime qu'entre celles du bourgeois millionnaire de notre temps. Mais les seconds ont en grande partie perdu leur raison d'être. Dans ce qu'ils ont de fructueux, ils font injustement peser sur le reste de la nation toute la charge dont ils allègent les privilégiés. Dans ce qu'ils ont d'honorifique, ils blessent inutilement l'amour-propre du plus grand nombre au profit de l'amour-propre du petit nombre; ils développent l'envie chez les uns, l'impertinence chez les autres. Dans leur ensemble, ils sont la partie peut-être la plus considérable des abus qui appellent une réforme.

II. — Le pouvoir royal a, lui aussi, ses abus. Mais ils sont tout différents, presque opposés. On ne peut pas lui reprocher, comme au noble, de ne se mêler de rien. On doit lui reprocher de se mêler de tout parce que, très imprudemment, il a tout absorbé. Après avoir rendu à l'unité nationale l'inestimable service de briser le pouvoir politique d'une féodalité qui tendait à morceler la France en souverainetés indépendantes, il n'a pas su arrêter son mouvement et comprendre que, l'unité établie, les libertés, les institutions, les associations, les initiatives locales, municipales, provinciales lui sont un concours et non plus une menace, qu'elles font circuler la vie, qu'elles intéressent un plus grand nombre de personnes à la prospérité de la chose publique, qu'elles allègent, en le partageant, le double et écrasant fardeau de son travail et de sa responsabilité. Il n'est pas seulement devenu politiquement absolu, il est devenu administrativement centralisateur, et centralisateur à outrance. La vie s'est retirée de partout pour se concentrer en lui comme dans un cœur et un cerveau énormes. Mais le roi, fût-il travailleur comme Louis XIV, ne peut ni tout faire ni tout voir; plus la besogne devient infinie en étendue et en détail, plus il est obligé de s'en rapporter à des agents, et condamné à porter le poids et l'impopularité de leurs fautes. Ainsi, par la force des choses, la France est gouvernée au centre par les bureaux, dans les provinces par les intendants. « Sa-« chez, » disait Law au marquis d'Argenson, « que ce « royaume de France est gouverné par trente intendants. « Vous n'avez ni parlements, ni États, ni gouverneurs; « ce sont trente maîtres des requêtes commis aux pro-« vinces de qui dépendent le malheur ou le bonheur de « ces provinces. » L'intendant est donc l'incarnation du pouvoir royal; et comme il est un receveur encore plus qu'un administrateur, et comme l'impôt sous toutes ses formes, de la milice à la corvée et de la taille à la gabelle, est le cauchemar du paysan, la royauté, qui ne devrait se manifester au peuple que par ses bienfaits, se manifeste surtout par ses exigences. D'autre part, en attirant et en retenant la noblesse à la cour, le roi est devenu le grand maître de maison de France; la vie de château, avec les fêtes qu'il y faut bien donner pour divertir les hôtes, avec la splendeur qu'elle doit avoir pour que la royauté demeure hors de pair, avec le personnel et le matériel immense qu'elle comporte, est une source de dépenses infinies, même quand le souverain, comme Louis XVI, est personnellement économe. Enfin, comme les courtisans sont à la source des grâces, comme ils savent que le roi n'a qu'une signature à donner pour leur accorder des pensions, il est dans la nature humaine qu'ils deviennent solliciteurs. Et comme il n'est pas dans la nature humaine de se défendre jusqu'au bout contre les importunités qu'on peut satisfaire, comme le roi n'est pas dans l'heureuse impuissance de distribuer des faveurs, il en distribue, et une partie de la fortune publique y passe.

Est-ce à dire que la royauté ne réponde plus au but de son institution et ne rende plus les services dont ses vastes privilèges ont été, dans le passé, la compensation équitable? M. Taine, qui expose tout au long les abus que nous venons de rappeler, semble le croire, et en cela il se trompe. De ce qu'elle fait plus de choses qu'elle ne devrait, il n'en résulte point qu'elle ne fait pas les choses qu'elle doit faire. Elle n'a pas cessé de maintenir l'ordre public et la paix sociale, de pourvoir à la sécurité des citoyens, d'accomplir de grands travaux d'utilité générale, d'entretenir dans l'armée les traditions de la discipline et de la vaillance, de personnifier la France en présence des nations étrangères, d'être en un mot l'âme de ce grand corps. Malheureusement, ce service est presque invisible ; on en jouit sans y penser, comme de l'air pur et de la lumière, au lieu que les abus frappent tous les yeux comme un brouillard ou une tempête. Les bienfaits n'en sont pas moins réels, et ils appartiennent à l'essence de l'institution ; voilà pourquoi ils subsistent, même sous ce roi fainéant qui fut Louis XV. Les abus ne sont point des vices organiques, et s'ils appellent d'urgentes réformes, ils n'appellent point une révolution.

III. — Où la sentence de M. Taine devient tout à fait injuste, c'est quand il s'agit du clergé. Les considérants par lesquels il la motive sont des plus minces ; et les faits qui l'infirment sont amples et décisifs.

La question, telle qu'il la pose pour le clergé comme pour les autres privilégiés, est celle-ci : « Quels services rend-il encore qui puissent justifier ses privilèges? » Mais à peine l'a-t-il posée qu'il semble la perdre de vue, sauf sur un point particulier ; et se plaçant sur un terrain tout autre, il adresse au clergé des reproches qui, fondés ou non, sont étrangers à sa thèse.

Il lui reproche l'énergie qu'il mit, dans ses Assemblées périodiques, à défendre contre le fisc ses exemptions et privilèges. — Il ne s'agit pas de savoir s'il fit bien ou mal, mais s'il continuait de rendre les services que ces privilèges récompensaient.

Il lui reproche son intolérance à l'égard des protestants. — Croit-il qu'elle était moindre au moyen âge, dans les siècles où l'immensité du service public légitimait, de son aveu, les marques de la reconnaissance publique ?

Il lui reproche la mauvaise distribution de la fortune ecclésiastique, les revenus énormes de certains évêchés et de certaines abbayes, comparée à la situation souvent misérable des curés de campagne. — Quelque bonne volonté qu'on y mette, on ne voit pas quelle relation ce grief, en partie fondé, peut bien avoir avec sa thèse.

Enfin il lui reproche, ou plutôt il reproche à ces favorisés, la magnificence de leurs dépenses de luxe et l'exiguité de leurs dépenses de charité. — Ici, il est dans un des côtés de la question et nous ramène à la question toute entière.

Les admirables services que le clergé a rendus à la civilisation dans le cours du moyen âge en sauvant l'héritage des lettres, en défrichant les terres, en ouvrant des asiles contre la violence barbare ou féodale, étaient des services temporaires, répondant aux besoins d'un état social déterminé et transitoire ; ils n'étaient pas les services essentiels, fondamentaux, dont le clergé, en vertu de son institution même, a la dispensation perpétuelle.

Ceux-ci sont au nombre de trois : prêcher l'Évangile, administrer les sacrements, secourir les pauvres. Tous les autres qu'il peut rendre et qu'il rend se rattachent à l'une de ces trois fonctions fondamentales. Or, pas un mot dans le livre de M. Taine ne l'accuse d'avoir cessé de remplir les deux premières. Et quant à la troisième, s'il cite des abbés commandataires et des évêques non résidents qui la négligent, il cite loyalement, en beaucoup plus grand nombre, les seigneurs ecclésiastiques et les moines qui donnent les plus beaux exemples de charité. Il aurait pu ajouter tout l'ensemble du clergé paroissial et rappeler le magnifique témoignage que Châteaubriand, alors à peu près incrédule et tout rempli des préjugés du xviii° siècle contre les prêtres en général, lui rendait dans l'*Essai sur les révolutions*, son premier ouvrage [1].

Si donc, comme le dit et le redit M. Taine, les services justifient les privilèges, les privilèges dont le clergé jouissait encore à la veille de la Révolution étaient pleinement justifiés, car les services étaient pleinement rendus. Pareillement les biens ecclésiastiques, qu'il ne faut point confondre avec les privilèges, étaient la propriété la plus légitime dans son origine qu'il y eût sur le sol de France. A la différence de beaucoup d'autres qui ont pour premier titre la violence et ne se légitiment que par la prescription, ils avaient leur source dans la piété et la reconnaissance des peuples. Nulle part le droit de propriété n'était plus inviolable; nulle part il n'a été plus audacieusement violé.

Si l'on veut garder le droit de juger avec une sévérité équitable les abus qui s'étaient glissés dans une partie de l'ordre ecclésiastique, — de beaucoup la moins nombreuse, mais malheureusement la plus en évidence, — à la veille de la Révolution, il faut se placer à un tout autre point de vue que n'a fait M. Taine, au point de vue moral et au point de

---

[1]. Cette page, un peu emphatique, selon le goût du temps, mérite d'être citée. Elle vient immédiatement après un chapitre où le futur auteur du *Génie du Christianisme* décrivait « l'esprit dominant du sacerdoce » comme un composé « d'égoïsme, de fanatisme et de haine » (2ᵉ partie, ch. xlix).

« Quant aux curés, ils étaient pleins de préjugés et d'ignorance :
« mais la simplicité du cœur, la sainteté de la vie, la pauvreté évan-
« gélique, la charité céleste, en faisaient la partie la plus respectable
« de la nation. J'en ai connu quelques-uns qui semblaient moins des
« hommes que des esprits bienfaisants descendus sur la terre pour
« soulager les maux de l'humanité. Souvent ils se dépouillèrent de
« leurs vêtements pour en couvrir la nudité de leurs semblables ;
« souvent ils se refusèrent la vie même pour nourrir le nécessiteux.
« Qui de nous, superbes philanthropes, voudrait, durant la rigueur
« des hivers, dans l'épaisseur des ténèbres, se voir réveillé au milieu
« de la nuit pour aller porter au loin dans la campagne un Dieu de
« vie à l'indigent expirant sur un peu de paille ? Consentirions-nous à
« suivre le curé de la ville dans le séjour du crime et de la douleur pour
« consoler le vice et l'impureté sous ses formes les plus dégoûtantes,
« pour verser l'espérance dans un cœur désespéré ? » (*Ibid.*, ch. l.)

vue de l'esprit évangélique. Il y avait certainement de larges réformes à faire dans plusieurs communautés devenues trop riches et trop peu fidèles à l'esprit de leur institut. Il y avait l'énorme abus de la commande, si énergiquement décrit dans la préface des *Moines d'Occident*. Il y avait l'invasion, dans une partie du clergé, de l'esprit du monde et de l'incrédulité régnante. De tout cela, la persécution a été tout ensemble l'expiation et le remède.

## III

Le vieil édifice a donc besoin d'être visité, des fondations à la toiture, par d'habiles architectes. Ils y trouveront des poutres vermoulues qu'il faut remplacer, des constructions parasites, ajoutées peu à peu, qu'il faut faire disparaître avec précaution, des parties commencées et interrompues qu'il faut achever en les adaptant à des besoins nouveaux. Pour parler sans figures, de grandes réformes sont nécessaires.

Tout appelle ce travail et tout semble le favoriser. Deux circonstances, en particulier, lui prédisent une heureuse issue. La première est la bonne volonté des hommes, de ceux mêmes qui semblent avoir intérêt à perpétuer les abus; elle facilitera les réformes en leur offrant un concours là où on pouvait craindre une résistance. La seconde est le grand développement de la prospérité publique depuis l'avènement de Louis XVI; il détournera la France de suivre les fous qui veulent tout détruire sous prétexte que tout va mal; car tout ne va pas mal; la vieille organisation, si défectueuse soit-elle, ne l'est pas à ce point qu'elle ne puisse suffire provisoirement, telle qu'elle est, aux besoins de la vie nationale en attendant qu'on la corrige. Et la bonne volonté de ceux qui président à son fonctionnement lui apportera sur l'heure une correction pratique en la dirigeant dans l'esprit même qui devra présider aux réformes.

I. — La première circonstance frappe tous les yeux.

La France a le bonheur d'avoir un roi profondément chrétien, profondément pénétré du devoir social de la royauté, animé du plus tendre amour pour son peuple, accessible aux idées de réformes et de progrès. Louis XVI ne continue pas Louis XV, il continue le duc de Bourgogne.

Il ne se contente pas de rêver progrès ; il agit : « Au-« cun prince, » dit M. Taine, « n'a été plus humain, plus « charitable, plus préoccupé des malheureux. En 1784, « année d'inondations et d'épidémies, il fait distribuer pour « trois millions de secours. On s'adresse à lui même pour « les accidents privés. Pendant un hiver rigoureux, il « laisse chaque jour les pauvres envahir ses cuisines [1]. » Il travaille lui-même aux actes administratifs qui ont pour objet d'améliorer la situation des classes populaires [2]. Il inspire le même esprit aux hommes qui le représentent dans les provinces. « L'intendant de 1740, » dit Tocqueville, « ne ressemble point à l'intendant de 1780. Ils ont « les mêmes pouvoirs et le même arbitraire. Mais l'un ne « s'occupait guère que de maintenir sa province dans l'o-« béissance, d'y lever la milice, surtout d'y percevoir la « taille. La pensée de l'autre a pour principaux objets les « canaux, les routes, les manufactures, le commerce, sur-« tout l'agriculture. » Dans la perception des impôts, les anciennes rigueurs s'adoucissent. Le trésor royal multiplie les subventions destinées à soulager toutes les formes de la misère. « Tel intendant construit un hôpital, un autre « fonde des prix pour les laboureurs. M. de la Tour, en « Provence, a fait tant de bien pendant quarante ans que, « malgré lui, le Tiers-État lui vote une médaille d'or [3]. »

Les mêmes idées, avec leurs applications pratiques, ont de plus en plus gagné la noblesse. Comme nous le dirons

---

1. T. I, p. 397.

2. Voir un intéressant exemple dans Tocqueville (*L'ancien régime et la Révolution*, p. 253-254.)

3. T. I, p. 397.

plus loin, elles ne sont pas entrées par la meilleure porte, mais enfin elles sont entrées et ne restent point passives. Sans parler du clergé qui tient la tête, le nombre se multiplie des grands qui s'intéressent aux petits. « La pitié la « plus active, » dit un contemporain, « remplissait les « âmes. Ce que craignaient le plus les hommes opulents, « c'était de passer pour insensibles [1]. » M. Taine donne de nombreux exemples de leur bienfaisance et de leur sollicitude.

Et cela est vrai collectivement aussi bien qu'individuellement. Ici, nous avons un document important qu'on ne peut considérer sans une admiration douloureuse, l'histoire et les procès-verbaux des Assemblées provinciales. Cette institution décentralisatrice, destinée à rendre la vie aux provinces en les accoutumant à s'administrer elles-mêmes, avait été appliquée, à titre d'essai, dès 1778, aux deux généralités de Bourges et de Montauban ; et elle y avait été si bienfaisante qu'elle fut, en 1787, étendue à tout le royaume. Elle eut à peine le temps d'y naître et ne put s'y faire juger par ses fruits. Mais ce qu'on y pût voir et sentir, c'est l'esprit, c'est le souffle de zèle, d'émulation pour le bien, de concorde, de désintéressement qui y animait les représentants des divers ordres. M. Léonce de Lavergne a écrit là-dessus un livre qui semble n'être qu'une collection de procès-verbaux et une statistique, et qui cependant est une des plus belles et des plus décisives études qui aient été faites sur les derniers jours de l'ancienne France. « Aux Assemblées provinciales, » dit M. Taine, « les plus grands personnages de la province, « évêques, archevêques, abbés, ducs, comtes, marquis, « joints aux notables les plus opulents et les plus ins- « truits du Tiers-État, en tout un millier d'hommes, bref, « l'élite sociale, toute la haute classe convoquée par le « Roi, établit le budget, défend le contribuable contre le « fisc, dresse le cadastre, égalise la taille, remplace la « corvée, pourvoit à la voirie, multiplie les ateliers de

---

1. Lacretelle, *Histoire de France au dix-huitième siècle*, V, 2.

« charité, instruit les agriculteurs, propose, encourage et
« dirige toutes les réformes. On ne peut voir de meilleurs
« citoyens, des administrateurs plus intègres, plus appli-
« qués, et qui se donnent gratuitement plus de peine, sans
« autre objet que le bien public. La bonne volonté est
« complète. Jamais l'aristocratie n'a été si digne du pou-
« voir qu'au moment où elle allait le perdre [1]. » Ajoutons
un dernier trait, la renonciation spontanée aux exemptions
d'impôts. Celles-ci sont véritablement ce qu'il y a de plus
choquant dans les privilèges, parce qu'elles se traduisent
en un accroissement de charges pour le reste de la nation,
et que leur suppression serait un dégrèvement pour les
non-privilégiés. Dès 1787, les archevêques et évêques ont
déclaré ne prétendre à aucune exemption pour leur contribution aux charges publiques. « En mars 1789, dès l'ou-
« verture des assemblées de bailliage, le clergé tout entier, la
« noblesse presque tout entière renonce spontanément à ses
« privilèges en fait d'impôt ; et il faut voir dans les procès-
« verbaux avec quel accent généreux et sympathique [2]. »

II. — Quant au développement de la prospérité publique, il est simplement admirable. M. Taine, qui le
mentionne, ne l'a pas suffisamment fait ressortir ; dans un
si gros livre et qui entre si avant dans le détail une seule
page est trop peu pour un si grand phénomène. C'est dans
un chapitre du livre de Tocqueville et dans la très belle
préface des *Assemblées provinciales* de M. de Lavergne
qu'on le trouvera décrit d'une façon digne de lui. Citons
seulement quelques lignes de Tocqueville.

« La prospérité publique se développe avec une rapidité
« jusque là sans exemple. Tous les signes l'annoncent ; la
« population augmente ; les richesses s'accroissent plus
« vite encore. Les particuliers deviennent plus industrieux,
« plus entreprenants, plus inventifs. Les divers genres
« d'industrie en se développant agrandissent la matière de
« toutes les taxes de consommation. Le prix de la ferme

---

1. T. I, p. 392. — 2. *Ibid.*, p. 393.

« des impôts ne cesse de s'élever, à chaque renouvelle-
« ment, avec une rapidité croissante. Le bail de 1786
« donne 14 millions de plus que celui de 1780. Necker
« calcule que le produit des droits de consommation aug-
« mente de 2 millions par an. Si l'on veut faire attention à
« la différence des temps on se convaincra qu'à aucune
« des époques qui ont suivi la Révolution la prospérité
« publique ne s'est développée plus rapidement que pen-
« dant les vingt années qui la précédèrent.

« La vue de cette prospérité si grande et si croissante a
« lieu d'étonner si on songe à tous les vices que renfer-
« mait encore le gouvernement et à tous les obstacles que
« rencontrait encore l'industrie ; il se peut même que
« beaucoup de politiques nient le fait parce qu'ils ne peu-
« vent l'expliquer, jugeant, comme le médecin de Molière,
« qu'un malade ne saurait guérir contre les règles. La
« France cependant commençait à s'enrichir et à se déve-
« lopper de toutes parts, parce qu'en dehors de tous ces
« rouages mal construits et mal engrenés, qui semblaient
« destinés à ralentir la machine sociale plutôt qu'à la
« pousser, se cachaient deux ressorts très simples et très
« forts qui suffisaient déjà pour tenir tout ensemble et
« faire tout marcher vers le but de la prospérité publique :
« un gouvernement resté très puissant en cessant d'être
« despotique, qui maintenait l'ordre partout, une nation
« qui, dans ses classes supérieures, était déjà la plus
« éclairée et la plus libre du continent, et au sein de
« laquelle chacun pouvait s'enrichir à sa guise et garder
« sa fortune une fois acquise [1]. »

## IV

Il est à peine besoin de dire que dans cet accroissement de la fortune publique la part du Tiers-État est presque

---

[1]. *L'ancien régime et la Révolution*, p. 254-256.

la part du lion. Et cela légitimement, car cette richesse accrue est le prix du travail qui est presque tout entier entre ses mains. Voilà pour l'ordre économique. Quant à l'ordre politique, il n'est pas vrai que le Tiers-État n'y soit rien, comme le dira Siéyès. Le gouvernement lui est accessible ; Turgot et Necker sont des bourgeois, comme Colbert avant eux. Le sous-gouvernement lui est réservé ; c'est chez lui que sont pris tous les intendants. Au fond, les griefs de la bourgeoisie contre la noblesse sont beaucoup plus sociaux que politiques ; les privilèges qui la blessent le plus sont les privilèges honorifiques qui marquent une inégalité de rang sans produire une inégalité de richesse ou de puissance. Et quand ces privilèges sont accentués par les impertinences ou la morgue d'un grand seigneur ou d'une grande dame envers un bourgeois, cette blessure d'amour-propre se traduit en colère et en une haine de caste à caste, d'autant plus dangereuse que les lois n'y peuvent rien et les révolutions elles-mêmes peu de chose. Cette petite cause, — petite en apparence, très puissante en réalité comme tout ce qui tient à l'orgueil et à l'amour-propre, — produira de grands effets.

Restent les classes populaires, surtout la classe agricole, les paysans, qui forment les trois quarts de la nation. Esclaves sous le règne du paganisme, affranchis par le christianisme, serfs aux temps féodaux, pleinement libres aujourd'hui et maîtres d'eux-mêmes, quelle est leur situation vraie à la fin du XVIII<sup>e</sup> siècle?

Pour les écrivains et orateurs révolutionnaires, la question est vite résolue. C'est la Révolution qui a tout fait pour le peuple des campagnes. Avant, c'était la plus noire misère et la plus épouvantable oppression. Aujourd'hui, et par le bienfait de la Révolution, c'est l'aisance, ce sont les lumières, c'est la liberté.

On a même mis cela en images. Parmi les manuels civiques que les lois scolaires actuelles ont fait éclore, il y en a un de M. Paul Bert, qui nous offre, se faisant face dans le texte, deux « illustrations » dont l'une a pour titre : *les paysans d'avant la Révolution*, l'autre : *les paysans d'aujourd'hui;* elles sont tout à fait démonstratives. La première représente, sous un ciel noir, quelques cabanes couvertes de chaume, basses et délabrées, séparées par un chemin semé de fondrières; une vieille femme plie sous un fardeau de bois mort ; un arbre rabougri tord ses rameaux dépouillés de feuilles ; une neige épaisse couvre le sol ; un vol sinistre de corbeaux s'agite dans l'air ; à l'horizon, un château féodal, plus sinistre encore, dresse sa silhouette menaçante. La seconde nous offre, sous un ciel pur, un village composé de charmants cottages ; chacun a sa treille, son jardin parfaitement entretenu, clos d'une haie vive que les ciseaux de l'émondeur ont régularisée il y a peu de jours; de jeunes arbres étalent leur végétation luxuriante ; sur une route unie comme un parquet, un fermier, au repos dans sa voiture attelée d'un robuste percheron, devise avec un voisin de bonne mine comme lui ; à l'horizon, quelque chose qui a l'air d'un clocher, mais doit être plutôt un beffroi, car on ne comprendrait pas que les dessinateurs de M. Paul Bert eussent mis en si bon lieu ce vestige de la tyrannie cléricale. Tel est le contraste : il neigeait toujours sous l'ancien régime ; par le bienfait de la Révolution, le printemps est perpétuel dans la France moderne [1].

Les démonstrations de ce genre ne suffisent pas à l'historien qui veut faire œuvre de vérité et non de parti. Celui-ci ne se croit le droit de conclure qu'après une longue et minutieuse enquête. Il doit recueillir les témoignages, les contrôler les uns par les autres, y distinguer ce qui a été vu de ce qui a été inféré ou de ce qui a été soit grossi soit atténué pour soutenir une cause. Il doit distinguer les lieux, car ce qui est vrai en Provence peut ne pas l'être en Anjou ; et son enquête générale se décompose, pour le moins en autant d'enquêtes particulières qu'il y a de provinces. Il doit distinguer les temps ; car une année peut être l'aisance, et une autre la misère, suivant ce qu'a été la récolte ; et la rareté des voies de communication, la

---

1. *L'Instruction civique à l'école.*

difficulté et la lenteur des transports ne permettent pas, comme en notre siècle de chemins de fer, de combler rapidement le déficit d'une région par l'excédent d'une autre. Il doit descendre dans le détail, compulser les registres des paroisses, les inventaires des successions, les actes de vente des propriétés, comparer les prix de journée à ceux de tous les objets de consommation, etc., etc. Alors seulement il peut conclure. C'est un travail immense auquel l'historien ne pourrait suffire s'il n'était aidé par les monographies locales qui lui apportent de toutes parts les résultats des enquêtes partielles, éléments eux-mêmes de l'enquête générale.

M. Taine, dont le vaste ouvrage représente une somme prodigieuse de recherches et de travail, a fait son enquête sur la condition des populations rurales à la fin de l'ancien régime ; et elle l'a conduit à la peindre sous les couleurs les plus sombres. Aucun doute ne peut s'élever sur la sincérité de son effort ; il s'en élève de graves sur l'exactitude de ses résultats. On me permettra de dire ce qui, à une première lecture et avant tout contrôle, m'a mis en défiance.

Le livre cinquième de *L'ancien régime*, intitulé *le peuple*, s'ouvre par la célèbre page de La Bruyère : « On voit certains animaux farouches... » Cette page, composée à la manière antique, comme une œuvre d'art, offre un caractère trop visiblement littéraire pour être acceptée sans contrôle comme document historique. Elle a été ajoutée par l'auteur au texte primitif des *Caractères* et ne figure que dans la quatrième édition, de 1689. Le peuple de France, à cette époque, pliait sous le double et énorme fardeau des prodigalités de Versailles et de la grande lutte contre l'Europe qui aboutit à la glorieuse et stérile paix de Ryswick. Ni le texte, ni la date ne permettaient de mettre ce morceau au fronton du livre comme une inscription qui d'avance en annonçait le contenu.

En second lieu, je constatais de très fréquents appels au témoignage du célèbre voyageur anglais Arthur Young qui visita la France dans les dernières années de l'ancien régime. Et il ne me semblait pas que les jugements venus de cette source dussent être acceptés sans réserve. Si le voyageur étranger est impartial en ce qu'il est en dehors de nos querelles et de nos préjugés de parti, il est partial ou suspect de partialité en ce qu'il voit les choses à travers les préjugés de son amour-propre national, tout au moins à travers les idées et les habitudes de son pays, pour lesquels tout ce qui est autre paraît étrange et choquant, simplement *parce qu'il est autre.*

Troisièmement je ne voyais dans ce tableau si noir aucune trace d'un des traits les plus frappants de la physionomie nationale, de cette vieille gaieté française dont le souvenir était resté très vif chez ceux des survivants de la Révolution que les hommes de ma génération ont pu connaître dans leur enfance. Je savais bien que cet indice peut être trompeur, que parfois on chante pour s'étourdir et pour oublier, et que ce ressort, là où la nature l'a donné, résiste longtemps à la mauvaise fortune. Mais je ne me persuadais pas aisément que le peuple de France eût pu conserver jusqu'à la fin cette belle humeur qui frappait et charmait les étrangers s'il n'y avait pas eu quelque coin bleu dans son ciel.

Quatrièmement je savais par M. Taine lui-même avec quel zèle généreux, quelle intelligence, quel accord, pendant le règne de Louis XVI, les privilégiés eux-mêmes et le gouvernement avec eux avaient travaillé à améliorer la situation des classes agricoles. Et je répugnais à croire qu'un si grand effort fût resté absolument stérile.

Enfin et surtout trois grands faits sociaux appartenant à cette époque me paraissaient conduire à des conclusions moins douloureuses. Le premier est l'accroissement de la population ; de 1770 à 1789 le nombre des français monte de 24 millions à 26 ; il faut donc, tout au moins, que le pays produise de quoi nourrir cette population additionnelle. — Le second est l'accroissement plus rapide encore de la consommation ; nous avons vu que les taxes, selon le rapport de Necker en 1791, accusent de ce chef, une augmentation de droits s'élevant, d'année en année, à deux millions de livres. — Le troisième, qui est le plus important de tous et sur lequel M. Taine lui-même insiste beaucoup, est la division croissante du sol ; de plus en plus le paysan devient propriétaire foncier. Or le moins qu'on puisse dire c'est que cela est difficilement compatible avec l'excès de la misère. Le paysan qui ne vit que d'herbes et de racines n'a pas de quoi acheter des terres ; et s'il a de quoi, il ne tiendrait qu'à lui d'acheter du pain au lieu d'acheter des terres.

L'étude des documents a confirmé chez moi cette première impression.

J'ai lu très attentivement le *Voyage en France* d'Arthur Young ; et la conclusion d'ensemble que j'ai dégagée de cette lecture diffère très sensiblement de celle que laissent les passages cités par M. Taine. D'abord, outre que quelques-unes des choses qu'il blâme peuvent être défendues, plusieurs des reproches qu'il nous adresse n'ont pas cessé d'être mérités, et doivent en conséquence être considérés comme des défauts de la nation plutôt que comme des vices du régime[1]. Puis plusieurs de ses appréciations ou de ses peintures sont prises trop au vol pour être acceptées comme des sentences suffisamment motivées et contiennent non seulement des exagérations, mais des impossibilités manifestes[2]. Enfin à côté de ta-

---

[1]. Exemple : ses intarissables imprécations contre les mauvaises auberges. Il n'est pas sûr que, cent ans plus tard, il n'eût plus trouvé matière à ses malédictions. — Autre exemple : ses dissertations contre le système du métayage. On sait qu'il est encore en vigueur dans une grande partie de la France, et selon bon nombre d'hommes compétents, il y a beaucoup à dire en sa faveur. — Le récent traducteur d'Arthur Young, M. Lesage, signale avec raison « son dédain pour les choses du continent, pour tout ce qui, même « dans le Royaume-Uni, n'est pas strictement anglais, et pour les « formes les plus humbles de la propriété. »

[2]. Il est très frappé du manque de circulation sur les grandes routes qui aboutissent à Paris. Il est à peu près certain qu'il avait mal vu ou mal choisi son moment. Puisque Paris et Versailles attiraient et absorbaient tout, comment se pouvait-il qu'il n'y eût pas entre ce double centre de consommation et les régions qui l'alimentaient, un très actif mouvement de va-et-vient ?

bleaux très sombres et de jugements très sévères, nous trouvons chez lui, en assez grand nombre, des tableaux très riants et des jugements très flatteurs [1]. — On peut ajouter, suivant la règle *testis unus testis nullus*, qu'il eût été bon de placer en regard du témoignage d'Arthur Young celui de quelque autre voyageur, par exemple d'un autre agronome anglais le Dr Rigby. Les appréciations de celui-ci sont d'un lyrisme continu ; et s'il en faut beaucoup rabattre, du moins ont-elles une valeur de contre-poids.

Pour résoudre une question si complexe, il faudrait réunir des éléments d'information qui, par leur multiplicité, par leur diversité quant aux temps et quant aux lieux, permissent d'arriver à des moyennes. C'est ce que M. Albert Babeau nous semble avoir fait avec un discernement, un esprit scientifique et une sagesse qu'on ne saurait trop louer. Son livre intitulé *La vie rurale dans l'ancienne France* mérite d'être consulté dans toutes ses parties par quiconque veut juger sur pièces et non sur plaidoiries. Au début d'un important chapitre sur l'alimentation, il rapporte les témoignages auxquels s'était arrêté M. Taine, et il ajoute : « Tous « ces témoignages affligeants ne peuvent être niés ; « ils dépeignent dans les années mauvaises la situation du « paysan comme pire que ne l'est celle du paysan d'au- « jourd'hui dans des circonstances analogues. Mais quelque « nombreux, quelque accablants qu'ils soient, ils ne sau- « raient s'appliquer aux années beaucoup plus fréquentes « où la récolte a été abondante ou passable. Ils ont, il est « vrai, si vivement frappé l'imagination que beaucoup d'his-

---

1. Voir ses tableaux de la Flandre, de l'Alsace, de presque tout le midi, même du Limousin. On remarquera surtout le contraste qu'il signale, en rentrant de Catalogne ou Roussillon, entre le versant espagnol et le versant français des Pyrénées : « Nous nous trouvions « tout à coup transportés d'une province sauvage, déserte et pauvre « au milieu d'un pays enrichi par l'industrie de l'homme. Tout nous « disait qu'une cause active et puissante produisait ces contrastes : « le gouvernement, agissant avec une efficacité puissante et uni- « verselle. » (T. I, p. 53-54.)

« toriens ont été portés à présenter ces symptômes d'un
« état exceptionnel comme les manifestations d'un état
« normal. Grâce à Dieu, il n'en a rien été [1]. » Et à la fin
du chapitre il conclut ainsi sa consciencieuse enquête :
« En résumé la nourriture des cultivateurs et des manou-
« vriers de l'ancien temps, fournie directement par les
« produits du sol, participait de la nature de ces produits
« sans être excessive ou insuffisante dans les années
« ordinaires [2]. »

La vie rurale a d'autres aspects encore : la maison, le
mobilier, le vêtement, l'instruction. Soumis à la même
enquête, ils donnent des résultats analogues ; ils nous permettent de conclure :

Que la condition des classes agricoles, exposée à des
crises que la facilité et la rapidité des communications rend
moins violentes de nos jours, était toujours laborieuse et
modeste, souvent étroite et dure, mais non telle que la
dépeignent les appréciations pessimistes ;

Que son trait le plus fâcheux était la mauvaise assiette
de l'impôt et le mode vexatoire de leur perception ;

Qu'elle était en voie soutenue d'amélioration depuis
l'avènement de Louis XVI ;

Que la réforme fiscale, qui s'imposait, qui était dans les
vœux de tous, qui pouvait s'accomplir sans obstacle grâce
à l'abandon spontané que les privilégiés faisaient de leurs
exemptions, y eût apporté sans révolution le seul remède
immédiatement applicable ;

Enfin, — et sur ce dernier point les nombreuses monographies publiées dans la seconde moitié de notre siècle
ont fait la pleine lumière, — que la diffusion de l'instruction primaire y était très considérable, et que la Révolution, bien loin de l'activer, a eu pour résultat immédiat de
l'éteindre pendant une longue période.

---

1. *La Vie rurale en France*, p. 102.
2. *Ibid.*, p. 101.

## V

M. Taine termine son étude du vieil édifice social, qui semble si solide encore, par la description de la pièce qui, depuis le xvii⁰ siècle, y est devenue principale et centrale : le salon avec les gens qui le peuplent, l'air qu'on y respire et la vie qu'on y mène. La peinture est d'une fidélité charmante, avec une finesse de traits et de nuances qui ne peut être surpassée. Le peintre semble avoir vécu lui-même cette vie facile, ingénieuse, brillante, dont Talleyrand disait : « Qui n'a pas vécu avant 1789 ne connaît pas « la douceur de vivre. »

Les qualités naturelles à l'esprit français, la longue culture, l'annulation politique de la noblesse, tout favorisait, à la veille de la catastrophe, le suprême épanouissement de cette fleur de serre chaude. Pendant tout le règne de Louis XIV, les esprits s'étaient dégrossis et affinés, les manières s'étaient polies, les angles s'étaient émoussés par le frottement ; la conversation, encore un peu laborieuse et affectée à l'hôtel de Rambouillet, avait pris des ailes et gagné en aisance sans rien perdre en délicatesse. Toute cette éducation s'était donnée à Versailles ; et, sous le règne suivant Versailles restait le foyer principal de la grande vie mondaine devenue plus souple et plus enjouée sous un maître descendu de l'Olympe.

On s'est désintéressé de la chose publique ; à quoi bon s'en troubler, puisque le gouvernement fait tout et que, sous un pouvoir absolu tempéré par des chansons, on garde le droit de se dédommager, même des revers, par des mots heureux qui feront le tour des salons ? — On ne s'occupe guère plus de ses affaires privées ; il serait bourgeois de faire ses comptes, et l'important n'est pas d'équilibrer son budget, mais de dépenser avec grâce. Payer regarde l'intendant ; il vole, on s'en doute, et on lui en sait presque bon gré puisqu'il décharge son maître de ces soins vulgaires. — La vie domestique ne compte pas davantage ; entre le mari et la femme dont chacun, à charge de réciprocité, a toute sa liberté et en use, entre les parents et les enfants confiés à des gouverneurs et à des gouvernantes, la séparation est complète, avec tous les égards du monde. De tous ces retranchements c'est le salon qui profite, et la vie de salon. Avant tout la conversation ; les salons de France sont les seuls où l'on sache causer, parler une langue irréprochable qui n'ait rien du pédant, exprimer des pensées fines en termes délicats et qui n'appuient pas, conter vivement et courtement, écouter avec grâce, repartir à propos. Puis les passe-temps, mot profond qui peint tout un genre de vie ; il faut un esprit créateur pour les concevoir, un esprit de discernement pour les choisir agréables, un esprit d'organisation pour les mettre sur pied en y donnant à chacun un rôle dont personne ne se plaigne, un esprit d'à-propos pour les remplacer avant qu'ils ne soient usés. Enfin, et comme couronnement, la comédie de salon ; elle occupe plus que tout, elle passionne, elle ménage des succès ; elle prend des jours et des nuits sur l'ennemi, c'est-à-dire sur l'ennui qui rôde à la porte et qui va pénétrer.

Mais à la longue tout cela est sec, artificiel, sans émotion. Si, pour varier, on revenait à la nature? si le programme était d'être simple et d'avoir du cœur? « C'est
« alors que le caractère du siècle reçoit son trait final et
« que *l'homme sensible* apparaît. Ce n'est pas que le fond
« des mœurs devienne différent ; elles restent aussi mondaines, aussi dissipées jusqu'au bout. Mais la mode
« autorise une affectation nouvelle, des effusions, des rê-
« veries, des attendrissements, qu'on n'avait point encore
« connus. Il s'agit de revenir à la nature, d'admirer la
« campagne, d'aimer la simplicité des mœurs rustiques,
« de s'intéresser aux villageois, d'être humain, de goûter
« les douceurs et les tendresses des affections naturelles,
« d'être époux et père, bien plus d'avoir une âme, des
« vertus, des émotions religieuses, de croire à la Provi-
« dence et à l'immortalité, d'être capable d'enthousiasme,

« mais à la condition sous-entendue qu'on ne sera pas
« trop dérangé dans son train ordinaire et que les sen-
« sations de cette nouvelle vie n'ôteront rien aux jouis-
« sances de l'ancienne [1]. »

Cela est pris sur le vif. Et il est bien vrai que la *sensibilité* de cette fin de siècle est surtout une attitude, et que pour un grand nombre elle ne sera jamais autre chose ; cela est si vrai qu'après l'avoir trouvée chez les courtisans et les seigneurs, nous la retrouverons chez leurs bourreaux au plus fort de la Terreur. Mais, de même que l'hypnotiseur fait naître chez son « sujet » des émotions de colère, de terreur ou de pitié en lui donnant mécaniquement la pose et le geste qui en sont le signe habituel, de même plusieurs, en ce temps, finissent par la réalité après avoir commencé par l'affectation. Chez d'autres, qui prouvèrent leur sincérité par leurs œuvres, la mode n'avait comprimé que dans leur expression les sentiments sympathiques ; une mode nouvelle les mettait en liberté, y mêlant seulement dans la forme ce je ne sais quoi de convenu qui est la marque de fabrique de ses produits préférés.

Mais cet avènement de l'homme sensible ne change pas substantiellement le caractère de la vie de salon. Elle est plus frivole encore et plus inutile qu'elle n'est charmante. Elle prépare mal les hommes, même dans les temps les plus paisibles, aux devoirs de la vie sociale ; elle les dépayse et les désarme dans les grandes crises où l'on est perdu si l'on ne sait pas prévoir, pourvoir et agir. Ceux-ci ne savent ni l'un ni l'autre ; la Révolution les prendra par surprise, comme une tragédie interrompant brusquement une idylle. Ils n'auront rien préparé, rien concerté pour la défense, quand tout est prêt et combiné pour l'assaut.

« Il faut agir cependant, car le danger est là qui les prend
« à la gorge. Mais c'est un danger d'espèce ignoble, et,
« contre ses prises, leur éducation ne leur fournit pas les
« armes appropriées. Ils ont appris l'escrime et non la

---

[1]. T. I, p. 208.

« savate. Ils sont toujours les fils de ceux qui, à Fontenoy,
« au lieu de tirer les premiers, mettaient le chapeau à la
« main et, courtoisement, disaient aux Anglais : *Non,*
« *messieurs, tirez vous-mêmes.* Nombre d'actions et des
« plus nécessaires, toutes celles qui sont brusques, fortes
« et crues, sont contraires aux égards qu'un homme bien
« élevé doit aux autres, ou du moins aux égards qu'il se
« doit à lui-même. Jamais on ne verra un gentilhomme
« arrêté chez lui casser la tête du Jacobin qui l'arrête [1]. »

# VI

En face de cette mince ligne de défense, M. Taine place les forces de l'attaque dirigée par l'esprit révolutionnaire.

I. — Il compose cet esprit de deux éléments, dont le premier est ce qu'il appelle l'acquis scientifique. Ici sa pensée, je l'avoue, ne m'est pas assez claire pour que je la résume autrement qu'avec ses propres paroles.

« Pour la première fois dans l'histoire les sciences, au
« XVIII<sup>e</sup> siècle, s'étendent et s'affermissent au point de for-
« mer un système du monde définitif et prouvé; c'est celui
« de Newton. Autour de cette vérité capitale se rangent,
« comme prolongements ou compléments, toutes les dé-
« couvertes du siècle en mathématiques pures, en astro-
« nomie, en physique, en chimie, dans toutes les branches
« de l'histoire naturelle.

« C'est cette vaste provision de vérités démontrées ou
« pressenties qui a donné à l'esprit du siècle l'aliment, la
« substance et le ressort. Les chefs de la philosophie nou-
« velle sont tous, à divers degrés, versés dans les sciences
« mathématiques, physiques et naturelles.

1. T. I, p. 217-219.

« Or la conclusion où elles convergent c'est que l'homme
« dans la nature n'est qu'un atome dans l'espace immense,
« qu'un éphémère dans le temps » où des myriades d'autres
êtres le précèdent et le suivent durant des myriades de
siècles ; c'est « qu'il n'est pas dans la nature comme un
« empire dans un empire, mais comme une partie dans le
« tout ; c'est qu'il est un animal parmi les animaux et que
« ses actions sont déterminées comme les leurs.

« Dès lors la méthode des sciences morales est fixée.
« Elles se détachent de la théologie et se soudent comme
« un prolongement aux sciences physiques. » Pour l'historien il n'y a plus de Providence qui dirige la marche de
l'humanité, « plus d'intervention étrangère qui modifie le
« cours des choses ; » il y a des causes qui produisent
infailliblement leur effet. Pour le philosophe qui veut
connaître la nature humaine il ne s'agit que de découvrir
le fait primitif dont tous les autres ne sont que le développement. Ou plutôt le fait est tout découvert, il ne peut
être que la sensation. « Sur cette idée un esprit d'une pré-
« cision et d'une lucidité incomparables donne à presque
« toutes les grandes questions les réponses que le préjugé
« théologique renaissant et l'importation de la métaphysique
« allemande devaient discréditer chez nous au commence-
« ment de notre siècle, mais que l'observation renouvelée,
« la pathologie mentale instituée et les vivisections multi-
« pliées viennent aujourd'hui ranimer, justifier et complé-
« ter. Les sensations sont bien la substance de l'intelli-
« gence humaine.

« Et c'est bien ainsi qu'il faut procéder dans toutes
« les sciences, et notamment dans les sciences morales et
« politiques [1]. »

M. Taine nous rend ici avec une fidélité parfaite l'esprit
de l'*Encyclopédie*, l'esprit qui a eu son expression multiple dans la philosophie et la science libres-penseuses du
XVIIIe siècle ; et nous n'avions pas besoin de ces déclarations finales pour savoir que cet esprit est resté le sien.

1. T. I, p. 222-238.

Mais qu'il faille considérer cette direction particulière de la philosophie et de la science comme donnée par l'acquis scientifique et imposée par l'esprit scientifique, c'est une prétention qui n'est justifiée ni par les noms qu'il cite, ni par les idées qu'il croit enchaîner.

Newton, en qui il salue l'initiateur universel et le père de toute la science du xviii° siècle, est le plus résolu des croyants. Et dans son illustre postérité, un grand nombre de ceux qu'il nomme, Euler, Linné, Haüy, Jussieu, Haller, d'autres encore, sont des chrétiens à qui le divorce loué par M. Taine fait simplement horreur.

Et quant à la conclusion, qui est de ne plus voir dans les sciences morales qu'un prolongement des sciences physiques, la simple lecture des pages de M. Taine suffit à faire reconnaître qu'elle n'est pas contenue dans les prémisses qu'il invoque, c'est-à-dire dans les découvertes de la science, mais qu'elle leur est arbitrairement ajoutée.

La nouveauté, selon lui, la découverte commune à laquelle conduit le système du monde définitivement fixé pour la première fois, c'est que l'homme dans la nature est un atome. — En vérité? c'est une découverte? J'ouvre Pascal à la première page des *Pensées*, et je lis les premières lignes : « Que l'homme contemple donc la nature
« entière dans sa haute et pleine majesté ; qu'il éloigne sa
« vue des objets bas qui l'environnent; qu'il regarde cette
« éclatante lumière mise comme une lampe éternelle pour
« éclairer l'univers ; que la terre lui paraisse comme un
« point au prix du vaste tour que cet astre décrit ; et qu'il
« s'étonne de ce que ce vaste tour lui-même n'est qu'un
« point très délicat à l'égard de celui que les astres qui
« roulent dans le firmament embrassent. Mais si notre vue
« s'arrête là, que l'imagination passe outre; elle se
« lassera plutôt de concevoir que la nature de fournir.
« Tout ce monde visible n'est qu'un trait imperceptible
« dans l'ample sein de la nature. Nulle idée n'en
« approche ; nous avons beau enfler nos conceptions au
« delà des espaces imaginables; nous n'enfantons que
« des atomes au prix de la réalité des choses... Que

« l'homme étant revenu à soi considère ce qu'il est au
« prix de ce qui est. »

Voilà pour la nouveauté de la découverte. Ce qui est
nouveau, c'est la conclusion où elle conduit le xviii° siècle
et M. Taine avec lui : que l'homme, étant une très petite
partie de la nature, n'est rien autre chose qu'une partie de
la nature ; qu'étant animal, il n'est rien autre chose qu'a-
nimal ; et que, toutes les actions de l'animal étant déterminées, toutes les actions de l'homme sont déterminées.

Mais ce que M. Taine appelle une conclusion, il faut
l'appeler une question. L'homme, qui est une partie de la
nature, est-il seulement cela ? *Oui*, s'il n'est que matière ;
*non*, s'il est, de plus, esprit. L'homme, qui est animal,
est-il seulement animal ? *Oui*, si son intelligence n'est
qu'un épanouissement de la sensation ; *non*, si elle lui est
irréductible. Toutes les actions de l'homme sont-elles
déterminées ? *Oui*, si l'homme n'est qu'une partie de la
nature et qu'un animal ; *non*, s'il est autre chose et si cet
*autre chose* est libre. Les découvertes des sciences ne
conduisent pas plus à l'une des deux solutions qu'à l'autre,
et nous sommes en présence de questions à examiner en
elles-mêmes.

La seconde conclusion est que les sciences morales sont
désormais détachées de la théologie et se soudent comme
prolongement aux sciences physiques, pour lesquelles ce
détachement, — que Newton, *père du système*, considérait
comme le comble de l'absurde, — est sans doute déjà
opéré. Et la prétendue conclusion est encore une question
à laquelle il faudra répondre : *oui*, si Dieu n'est pas ; *non*,
si Dieu est.

La troisième conclusion est qu'il y a dans l'homme un
fait primitif dont tous les autres ne sont que le développement, et que ce fait est la sensation. Ici, la solution de
continuité est si visible, le rapport entre le prétendu principe et la prétendue conséquence si manifestement nul,
qu'on ne sait plus comment poser l'alternative du oui et
du non, sauf peut-être de cette manière : *oui*, si c'est
vrai ; *non*, si ce n'est pas vrai.

II. — Le second élément de l'esprit révolutionnaire, c'est l'esprit classique. M. Taine nous l'a fait étudier de trop près dans son *La Fontaine* et dans ses *Essais de critique* pour qu'il soit nécessaire d'y insister longuement ici. Montrons seulement par quelle analyse ingénieuse il découvre dans cet esprit d'ordre et de règle une force auxiliaire de la Révolution imminente.

Ce qui frappe tout d'abord dans cet esprit si bien adapté aux conditions de la vie sociale en France, c'est son influence sur le langage, l'emploi, si recommandé par Buffon, des termes généraux et nobles pour désigner les choses particulières et basses, la parfaite régularité de la syntaxe, l'enchaînement logique des idées, toutes les qualités d'un bon discours, tout ce qui fait de la parole écrite où parlée l'organe de la raison raisonnante ; en conséquence, le goût des lieux communs si favorables aux raisonnements clairs pour tous ; peu à peu une façon de plus en plus abstraite de concevoir et de présenter les choses et les personnes. On ne peint plus tel homme avec ses qualités individuelles, on peint l'homme en général, l'amour en général, chaque passion en général. En philosophie morale, en politique, avant et pendant la Révolution, c'est la même chose. « Parcourez les harangues de tri« bune et de club, les rapports, les motifs de loi, les pam« phlets, tant d'écrits inspirés par des événements présents « et poignants. Jamais de faits, rien que des abstractions, « des enfilades de sentences sur la nature, la raison, les « tyrans, la liberté [1]. »

De là, enfin, la méthode mathématique des idéologues de la fin du siècle : « Extraire, circonscrire, isoler « quelques notions très simples et très générales ; puis, « abandonnant l'expérience, les comparer, les combiner, « et du composé artificiel ainsi obtenu déduire par le pur « raisonnement toutes les conséquences qu'il renferme [2]. » Exercice ingénieux et inoffensif si on n'y cherche rien de plus que le plaisir de manœuvrer des idées. Méthode

---

1. T. I, p. 262. — 2. *Ibid.*

nécessairement trompeuse si l'on croit arriver par elle à la connaissance du réel, infiniment dangereuse et funeste si, prenant ces abstractions pour des réalités, on croit pouvoir faire manœuvrer les hommes vivants dont se compose un peuple comme on fait manœuvrer dans sa tête les hommes idéaux qu'on y a enfantés.

III. — Nous voici au terme, et quelques mots suffiront pour décrire le produit auquel la combinaison des deux éléments va donner naissance.

On donnerait une idée incomplète de l'esprit révolutionnaire en le définissant comme un esprit de destruction. Il est cela d'abord ; il veut tout détruire parce qu'à son avis tout est mauvais. Mais il est en même temps un esprit de construction ; et s'il veut tout détruire d'un coup, c'est pour pouvoir tout construire d'une pièce, et remplacer la vieille bâtisse sans unité et sans style par un monument où tout soit logiquement ordonné.

Comprenez-vous, maintenant, ce qui va passer dans une tête pensante où fermenteront en présence l'un de l'autre les deux éléments qu'on vient de décrire ? Le premier, qui est un esprit d'indépendance, de négation, d'insurrection contre tout ce qui est traditionnel et consacré, contre toute autorité qui prétend faire plier la raison individuelle, n'a pas tardé à passer du domaine de la spéculation scientifique dans le domaine pratique et social. Là, il a trouvé mille excitants nouveaux, mille raisons toujours présentes de s'insurger en pensée contre l'ordre établi ; cet ordre n'a pas seulement le tort d'être établi et d'exiger qu'on se soumette à lui sans avoir été préalablement consulté ; il a le tort de ne point être parfait, de ne point empêcher toutes les injustices, d'en favoriser au contraire et d'en faire naître quelques-unes, de choquer la raison par ses incohérences ; il n'est bon qu'à supprimer. Voilà la *pars destruens*.

Cependant il faut vivre, et vivre en société ; car notre penseur ne prétend pas revenir à la forêt primitive. Quoiqu'on soit très mal dans la masure actuelle, il faudrait donc s'en accommoder, si l'on n'avait que le choix d'y vivre ou de coucher à la belle étoile. Mais on n'est pas condamné à cette alternative cruelle. L'esprit classique, élevé par l'idéologie à sa plus haute puissance, entre en scène et bâtit en un instant, à l'aide de quelques idées et de quelques formules, un édifice de très belle apparence où tout se tient, où rien ne manque, où tous les droits de l'homme sont garantis, tous les devoirs de l'homme exposés et justifiés, tous les besoins de l'homme prévus et satisfaits. Qu'on ne perde donc pas son temps à étayer, à réparer, à agrandir l'habitation délabrée ; que plutôt on achève de la démolir. La maison neuve, élevée par enchantement, est prête à recevoir ses hôtes. Voilà la *pars ædificans*.

Maintenant incarnez ces deux éléments en deux écrivains puissants, dont l'un soit le prince des démolisseurs, par la plaisanterie intarissable, par toutes les qualités françaises d'une plume alerte et brillante, par le don de l'intrigue, par l'habileté à mentir ; et dont l'autre soit le prince des constructeurs abstraits, par l'apparence de la rigueur logique et par les entraînements d'une déclamation éloquente ; autour d'eux, mettez en sous-ordre d'autres hommes de talent et d'audace, qui s'entendent entre eux sur le but à poursuivre ; joignez à tous ces moyens d'influence les contes grivois, les chansons très légères, les poèmes licencieux qui servent de véhicules aux idées nouvelles. Ce que nous supposons dans une seule tête, mettez-le dans un classe d'hommes, dans celle qui, déjà forte par la richesse et l'intelligence, est mécontente parce qu'elle prétend n'être rien et aspire à être tout. Constatez en outre cette chose invraisemblable que l'esprit de Voltaire a gagné tout d'abord l'une des deux classes privilégiées, et a même fait dans l'autre quelques scandaleuses conquêtes. Considérez que l'esprit frondeur et mécontent, l'esprit d'insubordination contre toute autorité a gagné l'armée elle-même. Enfin, songez que rien n'est plus facile que d'exploiter la crédulité, l'envie, les souffrances des classes populaires, et qu'il y suffit de quelques mensonges et de quelques meneurs. Et vous vous ferez quelque idée du furieux assaut que la moindre occasion peut lancer sur la vieille société française, complice elle-même en partie de ses destructeurs [1].

IV. — Ces vues générales exposées en deux cents pages sont justes, et ces causes sont réelles. Dans tout le chapitre intitulé « Construction de la société future, » M. Taine suit la voie tracée par Joseph de Maistre, et juge comme lui la folie des constitutions abstraites, faites tout d'une pièce sur le papier pour les hommes en général. Mais il manque à sa philosophie de la Révolution française ce que Joseph de Maistre avait vu avec une perspicacité supérieure, ce qu'après lui notre histoire n'a cessé et ne cesse de confirmer, ce que M. Taine, étant le philosophe qu'il est, ne pouvait pas voir. Il lui manque d'avoir compris que le caractère dominant et le vice originel de la Révolution française, c'est ce que Tocqueville appelle sa passion d'irréligion, c'est son antichristianisme aboutissant sous nos yeux à l'antithéisme, et qu'ainsi seulement s'expliquent ses excès, les effondrements qu'elle a produits, le tort qu'elle a fait aux réformes nécessaires qui se sont accomplies violemment par elle et se seraient accomplies pacifiquement sans elle, enfin son impuissance déjà plus que séculaire à fonder en France un établissement qui offre des garanties d'avenir [2].

1. P. 221-429, *passim*.
2. Voir, pour le développement de cette pensée, mon volume intitulé *le Comte Joseph de Maistre*, p. vi-xi, 138-144.

# CHAPITRE III

## LA RÉVOLUTION

Joseph de Maistre écrivait, vers 1795 : « Nos contem-
« porains le croiront s'ils veulent ; mais la postérité n'en
« doutera pas : les plus insensés des hommes furent ceux
« qui s'arrangèrent autour d'une table et qui dirent : *nous*
« *ôterons au peuple français son ancienne constitution,*
« *et nous lui en donnerons une autre* (celle-ci ou celle-
« là, peu importe). La palme de la scélératesse appartient
« de droit aux Jacobins ; mais la postérité, d'une commune
« voix, décernera aux Constituants celle de la folie [1]. »

La prévision de Joseph de Maistre ne s'est point réalisée ; pour une partie de la postérité son jugement est un
blasphème ; et nous entendons souvent opposer aux furieux
et aux fous de la Convention les sages et les grands
hommes de la Constituante, aux atroces tragédies de 1793
le prologue aimable de 1789.

M. Taine a pris courageusement parti pour Joseph de
Maistre contre l'opinion courante ; et il faut l'en louer
parce que c'était prendre parti pour l'histoire contre la
légende.

Je ne sais s'il est vrai, comme il le dit, que la Constitution de 1791 est « le chef-d'œuvre de la raison spécula-
« tive ; » mais il est très vrai qu'elle « est le chef-d'œuvre

---

1. *Étude sur la souveraineté*, l. I, ch. VIII. Cet ouvrage, composé
de 1794 à 1796, est resté manuscrit jusqu'en 1870.

« de la déraison pratique, et qu'en tout ce qui regarde les
« institutions politiques et l'organisation sociale, l'Assem-
« blée constituante a opéré comme une académie d'uto-
« pistes, et non comme une législature de praticiens [1]. »

Et il est également vrai, — bien que les illusions de
plusieurs honnêtes gens de ce temps-là aient survécu au
14 juillet et même aux 5 et 6 octobre, — que, historiquement et en fait, l'avènement de la Terreur date de la
prise de la Bastille [2].

L'établissement de ces deux vérités, la première philosophique et politique en même temps qu'historique, la
seconde purement historique, est l'objet du second volume
des Origines de la France contemporaine, premier de la
série intitulée *La Révolution*.

## I

Mais nous devons nous arrêter d'abord à un premier
phénomène que M. Taine appelle *l'anarchie spontanée*,
et qui nous fait remonter au delà de la prise de la Bastille, au delà de l'ouverture des États-Généraux, jusqu'à
la période qui commence à la promesse officielle de leur
réunion (novembre 1787).

Cette période est, dit M. Taine, un temps *d'émeute
universelle*. Il serait peut-être plus exact de dire un temps
*d'agitation universelle*, traduite par de nombreuses
émeutes locales.

Deux causes font naître cette agitation.

La première n'est que trop commune dans le passé de
la France et ne commence, cette fois, à sévir qu'à la fin
de 1788. C'est la disette, conséquence d'une des plus

---

1. T. II, p. 277.

2. C'est le mot de Malouet, qui ajoute : *cela est vrai pour tout
homme impartial*.

mauvaises années du siècle. La misère est intense dans les campagnes et dans les villes ; et la faim, comme toujours, donne naissance à des désordres, pillages de grains dans les marchés et dans les fermes, rixes entre les localités qui font venir des blés et celles qui ne veulent point les laisser partir, fables d'accaparements et de pactes de famine aveuglément acceptées par la crédulité populaire et se traduisant en exaspérations contre ceux qui veulent « affamer le peuple. » Tout cela, par une suite inévitable, augmente le mal en forçant le blé à se cacher ; mais rien de tout cela n'est nouveau, si ce n'est que le désordre ne s'était jamais produit sur tant de points à la fois.

Ce qui est nouveau, c'est, en présence du désordre, l'état des esprits en haut et en bas, et l'impuissance, — disons mieux l'impossibilité morale, — de la répression.

Considérez, en effet, que, pour la première fois depuis plusieurs siècles, le gouvernement non seulement tolère que le peuple se plaigne, mais l'invite officiellement à se plaindre. Il a raison en principe. Il est convaincu qu'il y a de grands abus et de grandes souffrances ; il a la meilleure volonté d'y porter remède ; ne faut-il pas que le médecin interroge le malade ? et les *doléances* des États ne sont-elles pas dans les traditions de la monarchie française ? Le gouvernement, d'ailleurs, a procédé avec sagesse, d'abord par l'essai très heureux et très encourageant des assemblées provinciales sur deux points du territoire, puis, tout récemment, en étendant l'institution à tout le royaume ; on a pu la voir fonctionner partout sans trouble, avec le plus parfait concours des trois ordres en vue du bien public. Il ne reste plus qu'à donner à ces consultations partielles le caractère d'une consultation nationale. Ce ne sera point innover témérairement ; ce sera rentrer dans l'esprit de la vieille constitution française, mieux adaptée aux besoins des temps nouveaux que les innovations centralisatrices et despotiques de Richelieu et de Louis XIV.

Mais calculez l'effet qui va se produire. Dans le cours

ordinaire des choses, le paysan, si dure que soit sa vie, s'y résigne comme à l'inévitable ; il y pense le moins possible, et son fond de belle humeur reprend vite le dessus. Et voici qu'on l'invite à y penser *le plus possible*, à passer en revue toute sa vie, toutes ses conditions d'existence, et à dire de quoi il se plaint. Il y pense donc en ayant soin, comme on le lui recommande, de regarder le mauvais côté de chaque chose. Or chaque chose en a un ; et le voilà qui s'échauffe, s'apitoye sur lui-même, comprend que tout va mal, qu'il faut que cela change et change au plus vite. De plus, on lui promet implicitement que cela changera, car apparemment, si on provoque l'exposé de ses griefs, c'est pour leur faire droit. Le vieux sentiment héréditaire qui faisait de loin apparaître le Roi comme le grand redresseur de torts vit encore au fond des âmes ; et si les plus sages, c'est-à-dire le petit nombre, trouvent dans cette pensée une raison de patienter et d'avoir confiance, la masse, pressée de jouir comme sont les enfants, se persuade que ce qu'on lui promet peut et doit être accordé sans retard, qu'elle secondera les bonnes intentions du Roi en agissant tout de suite, en n'obéissant plus aux lois, aux règlements, aux autorités dont elle a à se plaindre, en ne payant plus les taxes dont le Roi promet de l'alléger ; à la première occasion elle va appliquer de cette manière la maxime : *aide-toi, le ciel t'aidera*.

M. Taine explique cela à merveille : « *Sa Majesté*, dit
« le règlement, *a désiré que des extrémités de son royaume*
« *et des habitations les moins connues chacun fût assuré*
« *de faire parvenir jusqu'à elle ses vœux et ses réclama-*
« *tions*. Ainsi la chose est bien vraie, tout à fait certaine.
« On les invite à parler, on les fait venir, on les consulte,
« on veut les soulager ; désormais leur misère sera
« moindre, des temps meilleurs vont commencer. Ils n'en
« savent pas davantage ; plusieurs mois après, en juillet,
« c'est tout ce que peut répondre une paysanne à Arthur
« Young : *On lui a dit qu'il y a des riches qui veulent*
« *faire quelque chose pour les malheureux de sa classe;*
« mais quoi, qui, comment, elle l'ignore. Une seule pen-

« sée se dégage, l'espérance d'un soulagement soudain, la
« persuasion qu'on y a droit, la résolution d'y aider par
« tous les moyens, par suite l'attente anxieuse, l'élan tout
« prêt vers le but inconnu qui se dévoilera tout d'un coup.
« Ce but tout d'un coup la faim le désigne : il faut qu'il y
« ait du blé sur le marché, il faut qu'il soit à bas prix,
« qu'on le taxe, que le boulanger donne le pain à deux
« sous la livre. Il faut que les denrées ne payent plus de
« droits. Le Roi est bon ; alors pourquoi ses commis nous
« prennent-ils tant d'argent? Il faut qu'il n'y ait plus ni
« redevances seigneuriales, ni dîmes ecclésiastiques, ni
« impôts royaux ou municipaux. Et sur cette idée
« l'émeute éclate [1]. »

Comment faire pour la réprimer? Elle a deux circonstances très atténuantes : la souffrance physique qui, portée à un certain degré, supprime presque la responsabilité, et la bonne foi des pauvres gens qui, cette fois-ci, croient entrer dans les idées du Roi ; n'est-ce pas au cri de Vive le Roi ! comme à celui de Vive la liberté ! qu'à Nantes, en janvier 1789, on a assiégé les boutiques des boulangers? — De plus, la puissance et la vigueur des représentants directs du gouvernement, intendants, subdélégués et autres, sont singulièrement amoindries par le partage qu'ils ont dû faire de leur autorité avec les assemblées provinciales, et par le caractère presque précaire de ce qui leur en reste à la veille des États-Généraux ; il leur faudrait, pour faire respecter la loi et maintenir l'ordre sur tant de points du territoire, plus d'ascendant moral et plus de forces matérielles qu'il n'en ont à leur disposition. — Enfin supposez qu'ils puissent sévir partout, le devront-ils ? les fusillades, les pendaisons, les galères dans toutes les provinces, quelle préface à ces grandes et bienfaisantes assises où le Roi va se concerter avec tous les ordres de la nation sur les moyens de rendre meilleure, plus douce, plus assurée la condition du plus grand nombre !

Il faut donc y regarder à deux fois avant de blâmer

1. T. II, p. 10-13.

sans réserve l'extrême longanimité dont le pouvoir royal fait preuve dans ces derniers mois de gouvernement officiellement absolu. Il est visible qu'il recule devant la responsabilité et les suites d'une répression sans merci ; qui osera affirmer qu'il ait tort ? D'ailleurs les troubles n'ont guère été violents que contre les propriétés ; tant de soulèvements n'ont occasionné qu'un ou deux meurtres. Et le mot de jacquerie est, grâce à Dieu, une exagération manifeste. C'est donc affaire de quelques mois de patience ; la réunion des États généraux va produire l'apaisement en satisfaisant le vœu universel de la France ; et elle permettra de réprimer vigoureusement ce qui restera de désordre en soutenant le pouvoir royal par le concours de la nation tout entière.

## II

Et c'est le contraire qui va se produire. Contre l'esprit des cahiers, contre tout bon sens et toute prudence élémentaire, contre l'intention même de ceux qui vont agir, c'est la Révolution qui va commencer. Dès le premier jour le Tiers-État va se poser en face de la souveraineté royale comme une souveraineté insurrectionnelle devant laquelle tout doit plier ; il va trouver dans ce qu'on appellera le peuple, dans ce qu'il faut appeler l'attroupement et l'émeute, d'abord un point d'appui, bientôt un maître qui sera le vrai souverain, anonyme, irresponsable, ne représentant rien que lui-même et ses meneurs. Devenu Assemblée constituante par la réunion des deux ordres privilégiés, il ne délibérera plus que sous cette pression et sous cette terreur. Par ses défiances affichées, par ses protestations violentes, par toute son attitude, il va faire tomber des mains du gouvernement la force répressive qu'il y devrait consolider ; et comme il ne saura ni n'osera la prendre entre les siennes, ce sera l'anarchie ; et cette anarchie elle-même sera, sous la forme de l'émeute dans les villes, de la jacquerie dans les campagnes, la terreur sanglante dans la France entière. C'est toute notre histoire sous le règne de la Constituante. « Ce n'est pas un « gouvernement qui tombe pour faire place à un autre, « c'est tout gouvernement qui cesse [1]. »

Toute la série des faits de cette histoire s'enchaîne logiquement à partir d'un fait générateur; et ce fait est l'asservissement de l'Assemblée à la foule anarchique qui, assiégeant les portes et présente aux séances, agit immédiatement sur elle par intimidation, menaces et violences. Nulle part peut-être il n'était plus nécessaire de rétablir l'histoire vraie défigurée par la légende révolutionnaire. Et le cas le plus notable, l'exemple le plus caractéristique de cet asservissement se rencontre à propos de l'acte décisif qui fut vraiment l'acte de naissance de la Révolution, je veux dire le décret par lequel les Communes se saisissent du pouvoir suprême en se déclarant Assemblée nationale.

Pour bien comprendre la formidable importance de cet exemple trop peu connu, il faut savoir que la foule n'était pas seulement autour des salles où délibéraient les États avant leur réunion en une seule Assemblée; elle était, — illégalement, — dans la salle du Tiers. « Quoique notre « salle fût interdite, » dit Bailly, « il y avait toujours plus « de six cents spectateurs, » non pas comme ceux d'aujourd'hui, gens bien élevés pour la plupart et qui savent d'ailleurs qu'à la moindre manifestation bruyante, le président ferait évacuer les tribunes, « mais actifs, bruyants, « mêlés aux députés, levant la main aux motions, en « tout cas prenant part aux délibérations par leurs applau« dissements et par leurs huées. Ils notent et prennent par « écrit le nom des opposants. Ces noms, transmis aux « porte-chaises qui se tiennent à l'entrée de la salle et « de là jusqu'à la populace qui attend les députés à la « sortie (vers le milieu de juin, ils étaient deux à trois « mille), sont désormais des noms d'ennemis publics. Des

---

1. T. II, p. 51,

« listes en sont dressées, imprimées, et, le soir, au
« Palais-Royal, deviennent des listes de proscription [1]. »
Tel est le cadre ; et voici le tableau.

« La veille du jour où fut voté le décret, Malouet avait
« proposé de vérifier au préalable de quel côté était la
« majorité ; en un instant tous les *Non*, au nombre de plus
« de trois cents, se rangent autour de lui ; là-dessus un
« homme s'élance des galeries, fond sur lui et le prend au
« collet en criant : *Tais-toi, mauvais citoyen*. On dégagea
« Malouet, la garde accourut ; *mais la terreur s'était
« répandue dans la salle ; les menaces suivirent les op-
« posants ; et le lendemain*, dit Malouet, *nous ne fûmes
« plus que quatre-vingt-dix* [2]. » La liste de ces hommes
intrépides courut dans Paris ; et trois jours après, au serment du Jeu de paume, un seul député, Martin d'Auch
(ou Dauch), resta ferme et osa écrire à la suite de son
nom : *opposant*. Ce vrai héros ne s'était pas contenté de
dire :

   Et s'il n'en reste qu'un, je serai celui-là.

Il avait été *celui-là*. Aussi dut-il se sauver par une porte
détournée pour éviter d'être mis en pièces [3].

Mais il ne suffit pas d'établir le fait général dont on
vient de voir un si instructif spécimen ; il faut l'expliquer.

---

1. T. II, p. 46-47. — 2. *Ibid.*, p. 47.

3. Il est intéressant de constater que M. Aulard, dans son article sur « le Serment du jeu de paume » (*Études et leçons sur la Révolution française*, p. 55-70), ne dit pas un mot des trois cents opposants de la première heure. Ce silence, quelles qu'en soient les raisons, prouve du moins qu'il ne conteste pas le fait.

Mais il convient de tout ce qui concerne Martin Dauch. Il y ajoute même ces deux circonstances : « qu'il y eut aussitôt contre « lui, » — évidemment dans la salle même, — « un mouvement de « douleur *et de fureur* ; et que Bailly, avant de le faire sortir par « une porte de derrière, pour le dérober à l'indignation du peuple, « l'adjura et lui fit des reproches. »

Ce détail donne une saveur particulière à la phrase qui suit : « On « délibéra si on effacerait la signature de Martin Dauch et le mot « *opposant*. Mais on décida de la maintenir *pour prouver la liberté* « *des opinions.* »

Il faut rechercher par suite de quelle aberration une assemblée délibérante, qui doit être maîtresse chez elle et sent qu'elle a besoin de l'être, se laisse ainsi envahir non pas une fois, par surprise et violence, comme il arriva le 15 mai 1848, mais dès la première fois et à perpétuité.

L'explication me paraît très simple, si l'on veut bien se reporter au *Contrat social* dont les doctrines avaient pénétré dans presque tous les esprits à la fin du xviii° siècle.

La théorie du *Contrat social* repousse absolument et par principe le système représentatif; elle n'admet pas qu'une assemblée élue, même par le suffrage universel, puisse faire plus que proposer des lois à la ratification du souverain qui est le peuple. « La souveraineté ne peut « être représentée par la même raison qu'elle ne peut être « aliénée ; elle consiste essentiellement dans la volonté « générale, et la volonté ne se représente point. A l'ins-« tant qu'un peuple se donne des représentants, il n'est « plus libre ; il n'est plus. Donc toute loi que le peuple « en personne n'a point ratifiée est nulle ; ce n'est point « une loi [1]. »

Mais comment faire ? « Chez les Grecs, tout ce que le « peuple avait à faire, il le faisait par lui-même. Il était « sans cesse assemblé sur la place ; sa grande affaire était « sa liberté [2]. » Malheureusement nous ne sommes pas des Grecs ; nous n'avons pas comme eux d'esclaves pour faire nos travaux ; et la France est bien grande pour fonctionner comme une cité antique. Le maître a dit : « Je ne « vois pas qu'il soit possible au souverain de conserver « l'exercice de ses droits si la cité n'est très petite [3]. » Encore une fois, comment faire ?

Un député du Tiers a résolu le problème. Il a dit à Malouet, un jour que celui-ci demandait le huis clos pour une délibération qui semblait exiger le secret : « Apprenez, monsieur, que nous délibérons ici devant nos « maîtres, et que nous leur devons compte de nos opi-

---

1. *Contrat social*, l. III, ch. xv.
2. *Ibid.* — 3. *Ibid.*

« nions. » Tenez pour certain que la majorité des députés, lecteurs de Rousseau, approuve ce collègue et sanctionne intérieurement cette fiction énorme qui voit le peuple français dans la populace qui fait tapage à la porte et dans les cinq ou six cents énergumènes qui remplissent les galeries. Et ainsi la peur se met sous la protection de l'esprit de système ; tel, qui vote contre sa conscience parce que la foule pourrait lui faire un mauvais parti, se persuade qu'il accomplit le plus saint des devoirs, qui est d'obéir à la volonté générale.

M. Taine a raconté l'histoire qu'engendrent ces principes avec une surabondance et une variété de documents devant lesquelles plus d'un historien eût reculé, avec une méthode qui était, à notre avis, la meilleure à suivre pour atteindre son but et faire sa démonstration. Il commence par accumuler les faits d'un certain ordre, les prenant partout et marquant chacun d'eux, comme il excelle à le faire, d'un trait caractéristique qui le rend vivant et significatif. Puis, quand il les a rassemblés en assez grand nombre pour que leur somme soit le signe certain d'une situation générale, il s'arrête à un ou deux, les plus intéressants et les plus instructifs, et il les analyse depuis leur préparation jusqu'à leur achèvement avec un détail qui tout à la fois les peint et les explique. Et la conclusion, enfoncée de plus en plus à coups de faits dans la conviction du lecteur, est toujours la même : que l'Assemblée constituante, après avoir arraché à la royauté pour se les attribuer à elle-même le droit et le pouvoir de gouverner, a été absolument impuissante à gouverner, à maintenir même un semblant d'ordre dans le grand pays qu'elle s'était chargée de régénérer, à réprimer avec quelque énergie et quelque suite les effroyables désordres qui ensanglantaient les provinces, à prêter main-forte aux autorités locales qui voulaient essayer quelque chose contre l'anarchie, à soutenir les majorités paisibles et bien intentionnées contre la populace capable de tout, à empêcher le lien social de se briser et les hommes de revenir à l'état de nature.

Il n'y a pas de lecture plus poignante; on y voit toutes les lies impures remonter à la surface, toutes les brutalités triompher grossièrement de toutes les générosités, le flot de la pire barbarie monter d'heure en heure et menacer de tout engloutir, et, au milieu de cet affreux chaos, une assemblée souveraine qui, responsable de tout parce qu'elle a tout attiré à elle, n'emploie d'autre arme de défense que des proclamations sentimentales.

## III

Telle fut son œuvre gouvernementale : assister, l'arme au bras, à une dissolution sociale qu'elle avait provoquée elle-même.

M. Taine expose ensuite et juge l'œuvre que l'Assemblée de 1789 considéra comme sa tâche principale, la Constitution qu'elle donna à la France.

Il ne mentionne qu'en passant son œuvre législative, et nous ne saurions lui en faire un grand reproche. Car cette œuvre est mince, si l'on retranche de la collection de ses lois celles qui eurent soit un caractère politique, soit un caractère de circonstance.

Non que ses lois civiles n'aient touché à des points importants. Mais, sur ces objets, l'Assemblée de 1789 revendiquerait difficilement l'honneur de l'initiative. La division de la France en départements était le développement d'un germe préparé par la monarchie [1], et les directoires départementaux, corps électifs, n'étaient qu'une fusion malheureuse de l'intendant et de l'assemblée provinciale. — La réforme financière, qui avait le grand avantage d'introduire l'unité dans l'administration de la fortune publique, était la conséquence naturelle de l'acte généreux par lequel la noblesse et le clergé avaient renoncé

---

1. L. de Lavergne, *Assemblées provinciales*, p. 491.

à leurs privilèges pécuniaires. — La réforme judiciaire, destinée à réduire le nombre des degrés de juridiction et à rendre ainsi la justice civile plus accessible et moins dispendieuse, ne faisait que reprendre, avec les modifications résultant de la suppression des parlements, l'idée fondamentale des édits du 8 mai 1788. En un mot, sur ces terrains où la Constituante a fait des choses qui ont duré en partie, tout s'imposait, tout était dans l'air et allait de soi; rien ne porte d'une manière spéciale l'empreinte de l'Assemblée qui a formulé législativement les institutions indiquées d'avance par l'opinion publique et préparées par les travaux antérieurs.

En revanche, la Constitution de 1791 est bien son ouvrage.

A distance, cette Constitution nous apparaît comme un mécanisme ingénieux et fragile qui peut marcher dans un cabinet de physique parce qu'il y est construit sur un petit modèle et qu'on y a réuni avec un soin extrême toutes les conditions nécessaires à son fonctionnement, mais un mécanisme qu'on se gardera bien de transporter dans une usine parce qu'il n'y ferait jamais ses frais et qu'il y serait sans cesse arrêté. Nous nous demandons avec une sorte de stupeur comment des hommes en possession de leur raison ont pu croire qu'un tel appareil pourrait marcher, étant construit en grand comme il doit l'être pour mettre en mouvement une nation de vingt cinq millions d'hommes. Et quand, regardant l'instrument de plus près, nous le voyons composé de deux pièces incohérentes, une monarchie et des institutions ultra-républicaines, nous nous demandons avec une nouvelle surprise comment ils ont pu, eux les logiciens et les mathématiciens, eux les hommes de théorie pure, mettre dans leur œuvre cette contradiction, aussi énorme spéculativement qu'elle est irréalisable en pratique.

M. Taine reprenant une pensée favorite de Joseph de Maistre, explique avec une lucidité parfaite la première illusion. Les constituants ont cru à leur Constitution abstraite parce qu'ils l'ont faite pour l'homme

abstrait. « Ces hommes abstraits, qui ne sont d'aucun
« siècle et d'aucun pays, sont de pures entités, écloses sous
« la baguette métaphysique. En effet, on les a formés en
« retranchant expressément toutes les différences qui
« séparent un homme d'un autre, un Français d'un Papou,
« un Anglais moderne d'un Breton contemporain de César,
« et l'on n'a gardé que la portion commune. On a obtenu
« ainsi un résidu prodigieusement mince, un extrait infini-
« ment écourté de la nature humaine. On a taillé sur ce
« patron plusieurs millions d'êtres absolument semblables
« entre eux. Puis, par une seconde simplification aussi
« énorme que la première, on les a supposés tous indé-
« pendants, tous égaux, sans passé, sans parents, sans
« engagements, sans traditions, sans habitudes, comme
« autant d'unités arithmétiques, toutes séparables, toutes
« équivalentes, et l'on a imaginé que, rassemblés pour la
« premières fois, ils traitaient ensemble pour la première
« fois. De la nature qu'on leur a supposée et de la situa-
« tion qu'on leur a faite, on n'a pas eu de peine à déduire
« leurs intérêts, leurs volontés, leur contrat [1]. »

Tous les utopistes ont donné dans ce travers ; et leurs
conceptions sont restées à l'état de chimères parce qu'ils
les ont formées en vue de l'homme qu'ils imaginaient, non
de l'homme qui est. Mais, pour le bonheur de leurs contemporains, les utopistes n'avaient jamais eu le pouvoir
officiel d'expérimenter leurs théories sur une grande nation;
et leurs rêveries avaient d'ordinaire un caractère poétique
qu'ils auraient modifié d'eux-mêmes s'ils étaient devenus
législateurs. Ces rêveurs-ci sont plus dangereux ; d'abord,
parce qu'ils ont un sujet soumis à leurs expériences, ensuite, parce qu'ils ne rêvent pas comme des poètes qui, souvent, quittent un songe pour un autre, mais comme des
mathématiciens et des philosophes pour qui leur chimère
est évidente dans son principe à l'égal d'un axiome,
démontrée dans ses conséquences à l'égal d'un théorème.

Quant à la contradiction fondamentale que les Consti-

1. T. II, p. 183-184.

tuants ont mise dans leur œuvre, M. Taine ne s'est point arrêté à l'expliquer. Il ne semble même pas en avoir été frappé puisque, comme nous l'avons dit, il voit dans cette œuvre pratiquement si déraisonnable « le chef-d'œuvre de la raison spéculative. » Il ne faut pas laisser ce mérite à la Constitution de 1791. Même sur le papier elle ne vaut rien parce que, étant dans toute sa charpente plus républicaine que la République, elle veut rester et reste monarchique à son faîte.

Comment rendre compte de cette incohérence ? Par l'incohérence même de l'état mental de ses auteurs. D'une part, en effet, ils sont saturés de Rousseau, ils ont lu et relu le *Contrat social* et ils s'en sont fait un Credo. Or l'article premier de ce Credo est que le peuple est le Souverain, que sa volonté (qu'il appelle la volonté générale) est souveraine, infaillible en un certain sens, que sa souveraineté ne peut être ni aliénée, ni partagée ni déléguée. D'où la conséquence logique que le seul gouvernement légitime est la république, et non pas toute république, mais celle où la souveraineté du peuple est toujours en exercice et où aucune loi n'est loi s'il ne l'a votée lui-même ou expressément ratifiée. D'autre part, les Constituants ne sont pas seulement des philosophes abstraits ; ils sont aussi, quoi qu'ils fassent, des Français ; ils ont reçu, par héritage douze fois séculaire, des traditions monarchiques auxquelles ils tiennent encore, bon gré mal gré, et dont ils n'arrivent pas à se déprendre. En conséquence, il n'y a peut-être pas plus de dix républicains aux États généraux. Ce dualisme est dans leur esprit, il sera dans leur œuvre ; et ce qu'il y va mettre, c'est la contradiction même. D'une part, la Constitution conserve non seulement la monarchie, mais l'hérédité monarchique, ce qui, selon les principes du *Contrat social*, est une hérésie par dessus une hérésie. D'autre part, non seulement, contre l'esprit même de l'institution monarchique, elle fait au roi une situation abaissée et impuissante, destructive de tout respect, mais on peut dire qu'elle est tout entière dirigée contre lui, qu'elle le considère comme en état permanent de complot contre la nation, qu'elle voit en lui un ennemi intérieur contre lequel il faut multiplier les moyens de défense, et qu'en conséquence après avoir limité ses attributions au pouvoir exécutif, elle lui retire tout moyen d'exécution. Et c'est une des raisons pour lesquelles la Constitution *ne marche pas*.

Regardons d'un peu plus près cet appareil de cabinet.

« Ce qu'on appelle un gouvernement, c'est un concert « de pouvoirs qui, chacun dans son office distinct, tra- « vaillent ensemble à une œuvre finale et totale. Que le gou- « vernement fasse cette œuvre, voilà tout son mérite ; une « machine ne vaut que par son effet. Ce qui importe, ce n'est « pas qu'elle soit bien dessinée sur le papier, mais c'est « qu'elle fonctionne bien sur le terrain. En vain les con- « structeurs allégueraient la beauté de leur plan et l'en- « chaînement de leurs théorèmes ; on ne leur a demandé « ni plan ni théorèmes, mais un outil. Pour que cet outil « soit maniable et efficace, deux conditions sont requises. « En premier lieu, il faut que les pouvoirs publics s'ac- « cordent, sans quoi ils s'annulent. En second lieu, il faut « que les pouvoirs publics soient obéis, sans quoi ils sont « nuls. La Constituante n'a pourvu ni à cette concorde, ni « à cette obéissance [1]. »

De la première condition, les gouvernements absolus n'ont point à se préoccuper. Là où toute la puissance appartient à un seul, — roi ou assemblée, peu importe, — l'accord des pouvoirs consiste dans l'assujettissement de tous les pouvoirs à ce maître unique et irresponsable. Le problème ne se pose que pour les gouvernements tempérés. Dès qu'on a compris que « toute puissance humaine « qui veut garder sa raison a besoin de répression et de « contrôle, » on est amené à placer en face l'un de l'autre deux pouvoirs qui se limitent, et à chercher les moyens de maintenir l'accord entre eux, — entre le roi et l'Assemblée dans les monarchies représentatives.

On peut s'en rapporter à la Constituante du soin de

---

[1]. T. II, p. 243-244.

limiter le pouvoir royal par le pouvoir de l'Assemblée. Le vote de l'impôt y suffirait amplement, et bien d'autres précautions y seront ajoutées. Mais limiter réciproquement le pouvoir de l'Assemblée par le pouvoir royal, c'est à quoi elle ne songe pas, ou plutôt c'est à quoi elle se refuse absolument comme à un attentat contre la Souveraineté de la nation.

Les plus sages proposent une Chambre haute, corps intermédiaire qui adoucira les conflits. — Y pense-t-on? Ce serait rétablir l'aristocratie. Or les ci-devant privilégiés, devenus aujourd'hui simples citoyens, sont des suspects contre lesquels il faut être vigilant; une Chambre haute où ils auraient accès serait une citadelle livrée à l'ennemi dans la place même qu'il s'agit de défendre contre ses regrets et ses entreprises.

On propose de donner au Roi le droit de dissolution; ce sera, en cas de conflit, un appel au peuple, très conforme au principe de la souveraineté nationale; car ce sera la nation elle-même qui terminera le conflit en choisissant de nouveaux représentants. — Oui, mais ce serait accorder au Roi un droit et une puissance contre ceux à qui la nation a donné mission de la représenter; la représentation nationale doit être intangible.

On propose de donner du moins au Roi « le droit de « prendre son ministère dans l'Assemblée. Le plus sou- « vent ce sont les chefs de la majorité qui deviennent « ministres; et par leur nomination l'accord se trouve fait « entre les deux pouvoirs; car ils sont tout à la fois les « hommes de l'Assemblée et les hommes du Roi. » Sans doute dans cet accord tout l'avantage est pour l'Assemblée, car c'est sa confiance en ses propres chefs qui dicte au Roi la composition de son ministère. Mais enfin c'est un accord où l'Assemblée, en même temps qu'elle triomphe, est jusqu'à un certain point contenue. « Placés au centre des « services, les ministres peuvent juger si la loi est utile ou « applicable; obligés de l'exécuter, ils en calculent les « effets avant de la proposer ou de l'accepter. Un conduc- « teur de train ne souffre pas volontiers qu'on ôte le char-

« bon à sa machine ni qu'on casse les rails sur lesquels il
« va rouler [1]. » — Oui, mais *l'atmosphère des cours* est
corruptrice, et nous n'y voulons point exposer nos chefs.
Le grand citoyen qui, à l'Assemblée, nous défendait avec
tant de vigilance contre les surprises des aristocrates dont
tout roi s'entoure, sera circonvenu et endormi dans le cabinet ; craignons qu'il ne devienne un traître. Les ministres
doivent rester ce qu'ils sont, les commis suspects d'un
pouvoir suspect ; le Roi les prendra donc partout, excepté
parmi nous ; nous serons d'autant plus libres de les sur-
veiller, de les sonner comme des domestiques à qui on
a un renseignement à demander ou une commission à
donner, de les faire comparaître à notre barre comme des
prévenus devant des juges.

Et tout cela montre que la Constituante entend établir
non un gouvernement tempéré, mais un gouvernement
absolu et sans contrôle, non deux pouvoirs qui se limitent
et s'accordent, mais un pouvoir unique avec un premier
commis auquel, pour le décor, elle conserve le nom et
l'apparence de la royauté, mais en lui retirant toutes ses
prérogatives, même le droit de grâce, même et surtout
toute participation au pouvoir législatif.

Car il ne faut point considérer comme telle la préroga-
tive royale du *veto* qu'un dernier effort des modérés a
réussi à introduire dans la Constitution. Ce *veto* n'est que
suspensif, et l'Assemblée, pourvu qu'elle tienne bon suivant son droit constitutionnel, est sûre du dernier mot.
D'ailleurs, il faut bien le reconnaître, ce veto, même
modestement suspensif, détonne ; l'esprit général de la
Convention le repousse ; et tout usage que le Roi en voudra
faire passera, aux yeux de l'opinion publique, pour une
tentative de contre-révolution, pour une résistance fac-
tieuse à la volonté nationale. Louis XVI en fera l'expérience à ses dépens. Résigné à laisser passer toute loi,
même déraisonnable, il ne refusera sa sanction qu'aux
mesures impérieusement repoussées par sa conscience,

---

[1]. T. II, p. 244-245.

par exemple à celle qui organise, contre les principes mêmes de la Constitution, la persécution officielle des prêtres insermentés. Dès ce jour on l'appellera M. Veto, et dès le lendemain les Tuileries seront envahies.

Le Roi n'est donc plus que l'*Exécutif*, selon le langage du temps. Est-il du moins l'Exécutif? a-t-il dans la main les instruments nécessaires de l'exécution, une hiérarchie d'hommes à lui, dont l'action soit le prolongement de la sienne, d'hommes par conséquent qui aient sa confiance, qu'il puisse choisir et qu'il puisse remplacer? Il n'a pas même cela. « Tous les agents d'exécution, tous les pou-
« voirs locaux sont électifs. Directement ni indirectement
« le Roi n'a aucune part dans le choix des juges, accusa-
« teurs publics, jurés, percepteurs de l'impôt, commis-
« saires de police, administrateurs de département et de
« district, maires et officiers municipaux. Tout au plus,
« lorsqu'un administrateur viole la loi, il peut annuler ses
« actes et le suspendre; mais l'Assemblée, pouvoir supé-
« rieur, a le droit de lever cette suspension. — Quant à
« la force armée, dont il est censé le commandant en chef,
« elle lui échappe tout entière : la garde nationale n'a pas
« d'ordre à recevoir de lui ; la gendarmerie et la troupe
« sont tenues d'obéir aux réquisitions des autorités muni-
« cipales qu'il ne peut ni choisir ni révoquer. Bref toute
« action effective lui est retirée. On a brisé, de parti pris,
« l'instrument exécutif, on a rompu le lien qui attachait
« les rouages des extrémités à la poignée du centre ; et,
« désormais incapable d'imprimer l'impulsion, cette poi-
« gnée, aux mains du monarque, reste inerte ou pousse
« dans le vide[1]. »

Donner le moins de pouvoir possible au chef sur le subordonné, rendre le subordonné aussi indépendant que possible du chef dans son action et dans son origine, tel est le principe que la Constituante applique dans la détermination des attributions royales. Le même principe règne à tous les degrés de la hiérarchie administrative. Par là à tous

---

1. T. II, p. 247.

ces degrés le pouvoir est impuissant puisqu'il n'a aucun moyen d'être obéi. Et il l'est encore pour cette autre raison qu'il est divisé. Partout il est exercé non par un homme, mais par une assemblée dans laquelle l'alternative est le plus souvent de ne point s'entendre ou de se décharger les uns sur les autres.

Finalement « de degré en degré dans la hiérarchie, le « pouvoir a glissé et, en vertu de la Constitution, il appar- « tient désormais aux magistrats qui siègent au plus bas de « l'échelle. Ce n'est pas le Roi, ce n'est pas le ministre, ce « n'est pas le directoire du département ou du district qui « commandent dans la commune ; ce sont les officiers mu- « nicipaux, et ils y règnent autant qu'on peut régner dans « une petite république indépendante. Seuls ils ont le droit « de requérir la force armée. Seuls ils ont le droit de « fouiller dans la poche du contribuable récalcitrant et « d'assurer le recouvrement de l'impôt. »

Leur tâche est immense ; elle n'a d'égale que leur incapacité et leur incompétence, — à quoi il faut encore ajouter leur prudence, c'est-à-dire leur désir de ne pas se faire d'ennemis dans la commune. Là dessus on peut se former une idée de ce que devient, au point de vue administratif, le gouvernement de la France sous un tel régime.

Au point de vue politique et social, c'est bien pis encore. Comme le fait remarquer M. Taine, pour trouver le vrai souverain, il y a encore un degré à descendre ; il faut atteindre, au-dessous de l'officier municipal, le garde national électeur ; c'est son fusil et c'est son vote qui décident de tout.

Ce souverain est appelé très souvent à faire acte de souveraineté. Tous les pouvoirs étant électifs et tous les mandats à courte échéance, voter devient une des grandes occupations de la vie ; peut-être prend-elle deux jours par semaine, et ainsi le citoyen français se rapproche de l'idéal de Rousseau, du citoyen d'Athènes qui vivait sur la place publique.

Maintenant voyez les suites. Nos constituants, qui ne

connaissent que l'homme en général, n'ont pas su les prévoir ; quiconque connaissait les hommes, les Français des divers états en 1790, pouvait les annoncer à coup sûr.

L'exercice de cette souveraineté est onéreux. Les gens établis, tranquilles, classés dans une profession ou dans un métier dont le labeur quotidien les nourrit et nourrit leurs familles n'ont pas le temps de se déranger si souvent ; le marchand y négligerait, puis y perdrait sa clientèle, l'artisan son métier, le paysan sa culture. Aussi, le premier attrait passé, ils votent de moins en moins, comme le chiffre croissant et énorme des abstentions en fait foi. Au contraire, les exaltés, les fanatiques, les déclassés, les gens toujours à la recherche d'une position sociale, les gens qui n'ont rien à perdre et vivent sur le pavé sont d'un zèle admirable ; on est sûr de les trouver dans la salle de vote, comme on les trouvait dans la rue, comme on les trouve au club. Tous ceux-là sont du parti extrême, les uns parce qu'étant sectaires, ils sont impatients de tirer toutes les conséquences de la Révolution, les autres parce que, n'ayant pu trouver dans l'ordre ancien une place en rapport avec leurs convoitises, ils espèrent s'en faire une dans l'ordre ou le désordre nouveau. Ainsi se forme, spontanément et par sélection naturelle, ce qui va devenir l'armée jacobine. Ainsi l'anarchie actuelle prépare la tyrannie future. La Constitution ne marche pas ; mais elle a des effets qui marchent, et qui porteront au pouvoir ceux-là même que, dans toute société réglée, le pouvoir surveillerait comme ennemis occultes ou frapperait comme ennemis publics de la société.

## IV

Reste l'œuvre ecclésiastique qu'il a plu à l'Assemblée constituante d'accomplir et que trois mots résument : spoliation, usurpation, persécution.

Ici le prétexte même faisait défaut.

Il faisait défaut pour la spoliation ; car avoir besoin d'argent n'est pas un prétexte pour en prendre dans la poche du voisin ; et le voisin d'ailleurs offre d'en prêter.

Les difficultés financières qui avaient été la cause déterminante de la convocation des États généraux n'avaient rien de très formidable ; Necker, à la séance d'ouverture, n'évaluait le déficit qu'à 56,150,000 de francs. Les événements qui avaient suivi, et en particulier les fautes de l'Assemblée elle-même, avaient sans doute fort aggravé la situation ; en mars 1790 la dette exigible était de 360 millions. On ne pouvait demander cette somme qu'à l'emprunt, et l'État, dont le crédit était mort, ne trouvait pas de prêteur, même à des conditions usuraires. Le clergé proposa de résoudre sur le champ la difficulté par une hypothèque de 400 millions sur ses biens. L'offre était magnifique et remettait à flot, d'un trait de plume, les finances de la France. L'Assemblée la repoussa et jugea plus avantageux de prendre que d'emprunter.

Or la propriété sur laquelle elle allait faire main basse était sacrée entre toutes, considérations religieuses à part. Elle était immaculée dans son origine, à la différence de beaucoup d'autres qui ont dans leur berceau la violence et la fraude ; elle avait été, suivant l'expression d'un des spoliateurs, accumulée par la piété des siècles. Elle était, incomparablement plus que toute autre, bienfaisante dans son usage ; la part des pauvres y atteignait une proportion qu'on eût vainement cherchée ailleurs. Rien de tout cela n'arrêta l'Assemblée ; comme si elle eût eu droit sur le bien d'autrui, elle décréta que « les biens du clergé étaient à la disposition de la nation, » donnant ainsi un exemple que les communistes et les partageux de notre siècle n'auront garde d'oublier.

Une résolution si énorme n'a pas de prétexte, mais il faut bien qu'elle ait des motifs. Elle en a de deux sortes.

Le premier est la haine sectaire contre l'Église catholique et le parti-pris de la détruire. Ce sentiment commun, cette volonté commune réunissent les disciples de Voltaire et ceux de Rousseau ; pour eux la religion, — la superstition, comme ils disent, — est l'ennemie ; et ils savent que le catholicisme est la religion à sa plus haute puissance, la religion organisée, la religion vivace et qui a résisté à tout, la religion enracinée dans les traditions et les habitudes du pays, la religion dont on n'aura pas raison par les seules armes « de la raison et de la science, » la religion qu'il faut frapper sur tous les points où elle est vulnérable. Celui-ci en est un ; en coupant les vivres à l'Église, en mettant à l'aumône cette grande aumônière, ils espèrent lui enlever son principal moyen d'influence sur les masses populaires.

Tous à la vérité n'ont pas au cœur cette haine farouche. Mais sur tous ou presque tous agit un second motif : c'est que l'Église propriétaire est un État dans l'État. Or cela ne se peut supporter. « Conformément au *Contrat social*, « ils établissent en principe que, dans l'État, il ne faut pas « de corps ; rien que l'État, dépositaire de tous les pou- « voirs publics, et une poussière d'individus désagrégés. « *Des sociétés particulières*, dit Mirabeau, *placées dans la « société générale rompent l'unité de ses principes et « l'équilibre de ses forces*[1]. » Si donc il paraît impossible, comme il l'est en effet, de détruire l'Église comme société spirituelle, si même cela répugne à plusieurs qui n'ont pas abjuré la foi chrétienne, du moins faut-il que le clergé, comme corps, cesse d'être, à un degré quelconque, indépendant de l'État ; il faut que de propriétaire il devienne salarié. Nous garantirons la perpétuité de ce salaire ; nous lui reconnaîtrons même le caractère d'une indemnité répondant à une expropriation pour cause d'utilité publique ; nous déclarerons ainsi d'avance que toute suppression de notre nouveau budget des cultes serait une violation de la parole de la France ; mais enfin ce sera un salaire ; le clergé salarié par l'État ne sera plus un corps indépendant, ce que les principes repoussent ; il sera, ce que les principes admettent, un corps de fonctionnaires.

1. T. II, p. 221-222.

Et c'est ainsi que l'Assemblée passe de la confiscation des biens ecclésiastiques à la *Constitution civile du clergé*, de la spoliation à l'usurpation.

Cette Constitution, quel qu'en soit le contenu, est nulle de soi ; car elle règle par un acte de bon plaisir unilatéral des relations qui ne peuvent être réglées que par un contrat bilatéral. Elle trouve une situation fixée par un concordat ; déchirant le concordat, elle crée de toutes pièces une autre situation qui exclut toute idée de concordat. Elle est donc foncièrement usurpatrice, usurpatrice du droit inhérent à la société spirituelle de régler son organisation intérieure, les rapports de son chef et de ses membres, sa hiérarchie, le mode d'accès à ses fonctions, la circonscription de ses juridictions, les associations qui peuvent se former dans son sein en vue d'une vie plus parfaite et d'un accomplissement plus généreux des conseils de l'Évangile. Tout cela c'est l'*encensoir*. La Constituante y porte brutalement la main ; et de ce coup, elle crée le schisme.

Elle l'a voulu peut-être ; car elle n'a pas pu croire que le Saint-Siège accepterait, fût-ce par son silence, cette pure et simple confiscation des libertés de l'Église. Les haines jansénistes ont ici donné la main aux haines philosophiques, et l'on a caressé l'espérance de constituer une Église nationale qui, libre d'attaches avec Rome, serait dans la main de l'État comme est l'Église anglicane. On a compté sur le vieil esprit qui avait dicté la déclaration de 1682, et l'on a cru qu'il n'y aurait pas loin de l'opposition gallicane à la séparation schismatique. Soudain on s'est trouvé en face d'une résistance inflexible, non seulement de la part des évêques, mais de la part des curés, si favorables jusque-là pour la plupart au nouvel ordre de choses. On a resserré les liens qu'on voulait rompre; il a suffi d'un signe de Rome pour amener la rétractation de tous les prêtres vraiment prêtres qui, mal éclairés, avaient cru pouvoir accepter en conscience la nouvelle Constitution civile du clergé. Et le résultat final est que 134 évêques, — la presque unanimité, — et 46,000 prêtres, — les deux tiers, — demeurent fidèles à l'unité catholique et sont déclarés réfractaires. Ainsi, de gaieté de cœur et comme obéissant à un mot d'ordre occulte qui la pousse plus loin qu'elle ne voulait aller, la Constituante creuse de ses mains entre la France chrétienne et le régime nouveau un abîme qu'un siècle suffira à peine à combler. Il n'y a pas de plus grand méfait législatif dans l'histoire.

Mais la pente sur laquelle elle glisse n'est pas de celles où l'on puisse s'arrêter. L'usurpation amène la persécution contre tous ceux qui ne l'ont point acceptée ; et la persécution va sévir contre les réfractaires.

Elle les atteint d'abord par la misère. La Constituante a promis d'indemniser par un salaire le clergé qu'elle spoliait ; cette pitance, qui est une dette reconnue, sera retirée par la Législative à tout prêtre non jureur, et voilà d'un coup le clergé de France condamné à mendier pour vivre, à mendier pour faire l'aumône à son tour, à mendier pour payer la location des salles ou des granges où il réunira les fidèles ; car tous les monuments religieux élevés par la foi des ancêtres, depuis Notre-Dame de Paris jusqu'à la moindre église de village, lui sont ravis pour être livrés au culte constitutionnel.

Mais il n'est pas possible qu'on en reste là ; car les mesures prises par l'Assemblée ont fait naître une situation irritante pour elle et qui a le caractère d'une insurrection pacifique. « Le départ s'est fait, comme dans un composé
« chimique. Autour de l'ancien curé, du réfractaire, se
« sont rangés tous ceux qui sont ou redeviennent croyants,
« tous ceux qui, par conviction ou tradition, tiennent aux
« sacrements, tous ceux qui, par habitude ou foi, ont envie
« ou besoin d'entendre la messe. Le nouveau curé n'a
« pour auditeurs que des sceptiques, des déistes, des indif-
« férents, gens du club, membres de l'administration, qui
« viennent à l'église comme à la société populaire et qui
« soutiennent l'*intrus* pour soutenir la Constitution. En
« qualité de gardien des âmes, le premier ne peut se dis-
« penser de dire à ses paroissiens que l'intrus est excom-
« munié et qu'on ne peut sans péché entendre sa messe.
« En qualité de fonctionnaire, le second ne peut manquer

« d'écrire aux autorités que le réfractaire accapare les
« fidèles, fanatise les consciences, sape la Constitution et
« doit être réprimé par la force. En d'autres termes le
« premier fait le vide autour du second, le second envoie
« les gendarmes contre le premier, et la persécution com-
« mence[1]. » Qu'elle soit exercée officiellement par les
directoires et les municipalités, ou officieusement par les
gardes nationaux et par l'émeute, la responsabilité de ses
débuts présents et de ses développements futurs remonte
tout entière à l'Assemblée constituante.

Le long chapitre où M. Taine a rassemblé et coordonné
les détails de ce tableau est, sans contredit, l'un des plus
importants et des plus beaux de son livre, bien qu'il
appelle encore quelques réserves sur lesquelles nous ne
voulons point insister. Il répare noblement quelques
injustices du premier volume ; d'un bout à l'autre il est
animé d'un souffle d'impartiale équité ; il a la hauteur de
vues du véritable historien, et l'on peut dire que son jugement sur cette partie de la Révolution est le jugement définitif de l'histoire.

## V

Le reste, c'est-à-dire toute l'histoire de la Révolution
jusqu'au 9 thermidor, peut-être jusqu'au 18 brumaire,
n'est guère que conséquences logiques. Non que la responsabilité personnelle et libre des individus disparaisse.
Mais les principes posés au début tendent d'eux-mêmes à
développer leurs suites et, prenant à leur service ceux qui
veulent s'y mettre, leur donnent, par leur vertu même de
principes, la puissance de réaliser ces suites dans les faits.
C'est ainsi que l'œuvre de la Constituante engendre la
Législative, et la Législative à son tour la Convention.

L'Assemblée constituante, avant de se séparer, n'avait

[1] T II, p. 238-239.

plus qu'une faute à faire. Elle la fit [1] : elle décréta qu'aucun de ses membres ne serait éligible à l'Assemblée législative qui allait lui succéder.

Elle était formée, après tout, de l'élite intellectuelle et sociale de la France ; ses membres, au contact des grandes affaires et des grands événements, avaient fini par apprendre quelque chose et acquérir quelque expérience ; beaucoup d'entre eux commençaient à sentir qu'on était allé trop vite et trop loin, qu'à force d'accumuler des garanties contre les abus du pouvoir arbitraire, on avait désarmé le pouvoir, même le plus modéré, contre les abus de la liberté, enfin que plus la théorie avait mis le gouvernement dans l'impuissance de mal faire, plus il fallait, par une pratique intelligente, lui rendre la puissance de bien faire et rétablir dans les faits, comme une réalité vivante et agissante, la royauté qui n'était plus qu'un nom ou une ombre dans la Constitution. Nul n'était mieux préparé, nul n'était plus impérieusement tenu à cette correction des lois par les mœurs que les Constituants assagis. Ils comprenaient, — un peu tard sans doute, — que le péril pour la France nouvelle n'était pas tant du côté de la Cour que du côté de la rue ; et le veto qu'ils avaient glissé dans la Constitution elle-même, comme un dernier fragment du pouvoir royal effectif, allait entrer dans leur programme comme une barrière opposée à toute nouvelle entreprise de l'esprit révolutionnaire. Ils avaient d'ailleurs conservé dans l'opinion publique un prestige qui leur permettait de compter sur une majorité dans la future assemblée ; et il y avait lieu de croire que cette majorité, nettement monarchique, serait un grand parti de gouvernement [2].

1. Le mot est de Malouet (XII, 161).

2. « Au mois de juin 1791, même après avoir retranché les irré-
« conciliables du côté droit, il restait encore dans l'Assemblée environ
« 700 membres qui, attachés à la Constitution, mais décidés à répri-
« mer le désordre, pouvaient, s'ils eussent été réélus, fournir une
« législature raisonnable. A tous ceux-là, sauf au groupe impercep-
« tible des révolutionnaires, la pratique a profité, et, dans les der-
« niers temps de leur session, deux événements graves, la fuite du

La Constituante aima mieux se suicider. Crut-elle donner un exemple de désintéressement patriotique ? Reculat-elle inconsciemment devant la tâche de mettre en mouvement une Constitution qui ne pouvait pas marcher, et devant l'humiliation de constater par une épreuve officielle le vice fondamental de son propre ouvrage ? Qui pourrait le dire ? Ce qui est certain c'est que, folie ou lâcheté, sa retraite en masse acheva de tout perdre.

Les élections de la Législative se firent dans ces conditions désastreuses qui écartaient les meilleurs candidats. En même temps, les électeurs les plus amis de l'ordre étaient éliminés par l'obligation légale de prêter le serment civique qui comprenait le serment ecclésiastique. « Ainsi, non seulement 40,000 ecclésiastiques insermentés, « mais encore tous les catholiques scrupuleux perdent « leur droit de suffrage. » Or, ils sont les plus nombreux dans beaucoup de départements, peut-être dans la moitié. Enfin, dans toute la France, grâce à la connivence, à la faiblesse ou à l'impuissance des autorités, la populace armée a pleine licence contre les électeurs « suspects d'incivisme. » Elle empêche, par intimidation, les clubs monarchistes de se former ou les dissout par violence ; et l'entente, qui est la condition du succès, est ainsi rendue impossible entre tous ceux qui ne sont point révolutionnaires. Pendant toute la période électorale ces menaces et ces violences sévissent partout ; et, le jour du vote, elles atteignent leur maximum. De telles élections sont nulles

---

« roi et l'émeute du Champ de Mars, leur ont montré les défauts de
« leur machine. Ayant eu en mains pendant trois mois l'instrument
« exécutif, ils ont constaté qu'il est brisé, que tout croule, qu'ils
« sont eux-mêmes débordés par les fanatiques et la populace. Là
« dessus, ils font effort pour enrayer ; plusieurs même font effort pour
« revenir en arrière. — Voilà, pour les amis de l'ordre, des candidats
« tout trouvés, et des candidats qui ont des chances ; car, depuis
« deux ans et davantage, chacun d'eux, dans son district, est l'homme
« le plus en vue, le plus accrédité, le plus important ; il est soutenu
« auprès de ses électeurs par la popularité de la Constitution qu'il a
« faite, et, très probablement, il pourrait rallier autour de son nom
« la majorité des voix. » (T. III, p. 76-78.)

de droit, et devant tout tribunal impartial elles seraient cassées par acclamation, sans qu'il fût besoin d'enquête, tant la notoriété publique est éclatante.

M. Taine, et il faut lui savoir le plus grand gré de sa consciencieuse patience, a réuni les éléments officiels de cette enquête. Ils sont stupéfiants au-delà de ce qu'on peut dire. Ils le sont d'autant plus qu'on n'est plus en période anarchique et provisoire, mais en plein et régulier fonctionnement des pouvoirs publics tels que la Constitution les a établis. Les élections de la Législative sont, dans le pays tout entier, la première et solennelle épreuve des institutions nouvelles ; et le résultat de l'épreuve est que l'anarchie, avec son cortège d'attentats et de massacres, est maîtresse partout où elle veut l'être.

En dépit de ces exclusions et de ces pressions, la composition de la nouvelle Assemblée est moins sectaire qu'on ne devait s'y attendre. Le niveau intellectuel a baissé, cela va sans dire ; et les éléments révolutionnaires se sont fortifiés. Mais ils ne réunissent guère que deux cents membres de gauche ; la droite compte une centaine de députés, et les quatre cents membres du centre sont encore en grande majorité des constitutionnels, disposés à prendre parti pour l'ordre contre le désordre. Preuve manifeste que le pays est demeuré conservateur, qu'il veut le maintien de la monarchie et l'établissement d'un gouvernement fort qui rassure les gens inoffensifs, qui retire aux perturbateurs la souveraineté qu'ils usurpent.

Mais on ne saurait attendre des honnêtes gens de ce centre plus d'héroïsme que n'en ont eu leurs prédécesseurs de la Constituante. Or il en faudrait pour tenir bon contre les manifestations de plus en plus violentes des tribunes, soutenues par l'évidente complicité du côté gauche, contre les cris menaçants de la populace massée aux abords de la salle, contre les insultes et les violences de la rue. Il y a là des arguments bien forts pour incliner *du côté du manche* les députés dont les opinions sont encore flottantes, pour décourager de la résistance les esprits sensés qui ne sont point soutenus par de grands courages. Et c'est ainsi que bientôt, à la Législative comme à la Constituante, la majorité des votes n'exprime plus la majorité des convictions, mais la majorité des peurs.

Les modérés sont donc devenus les prisonniers des avancés. Et c'est sur ceux-ci, maîtres désormais de la situation, qu'il convient de s'arrêter un moment pour comprendre ce que M. Taine appelle la conquête jacobine.

Ceux qu'on appelle les *Jacobins*, pour les désigner comme les plus intransigeants, les plus exaltés et les plus tyranniques des révolutionnaires, forment dans l'Assemblée une extrême-gauche peu nombreuse encore, forte surtout de ses appuis au dehors. La majorité du côté gauche appartient sans conteste, aussi bien que la supériorité du talent, au parti qu'on appellera Girondin sous la Convention. C'est lui qui, sous la Législative, a été le vrai maître et a eu la direction des affaires. Il n'est point encore républicain quoique tout prêt à le devenir. Par ses goûts distingués et sa culture intellectuelle, il répugne, semble-t-il, à chercher un point d'appui dans la populace anarchique. C'est sa responsabilité devant l'histoire, c'est son crime, de l'avoir pris là. Et ce fut son châtiment d'être frappé à son tour par l'instrument aveugle qu'il avait aveuglément fabriqué de ses propres mains.

On a coutume de ne voir dans les Girondins que les représentants d'une république chimérique peut-être, mais libérale, ordonnée, aimable et, pour tout dire, athénienne, par opposition à la république oppressive et brutale des Jacobins. Défenseurs généreux de cette conception idéale, ils en auraient été les martyrs; derniers champions de l'ordre, de l'humanité et de la justice, ils se seraient sacrifiés à ces saintes causes ; et ils auraient succombé, comme des chevaliers qu'écraserait une brute féroce, pour n'avoir pas voulu mettre leur main dans la main des hommes de sang et de terreur. Ce n'est là malheureusement, et encore avec des embellissements légendaires, que l'histoire de leurs derniers jours à la Convention ; ce n'est pas celle de leur règne sous la Législative et des prolongements de ce règne sous la Convention elle-même.

La vérité historique est que, pendant toute la durée de la Législative, ils ont rivalisé avec les Jacobins de violence dans leurs discours et dans leurs motions, de flagorneries envers la populace; qu'ils ont appliqué la Constitution dans le sens absurde d'un désarmement plus grand du pouvoir royal qu'elle avait déjà désarmé; qu'ils ont de gaieté de cœur organisé la persécution religieuse; qu'ils partagent, par leur complicité active, la responsabilité du 20 juin et du 10 août, et, par leur inexcusable inertie, celle des massacres de septembre; enfin qu'ils portent *seuls celle* de la guerre européenne qu'ils ont déchaînée par un pur intérêt de parti. Et la vérité est encore que, sous la Convention, lorsqu'ils y étaient la majorité, ils ont, contre leur conscience, concouru par leurs votes au crime du 21 janvier, à l'établissement du tribunal révolutionnaire et du Comité de Salut public, à toutes les mesures qui ont eu pour résultante finale le régime officiel de la Terreur; enfin que leur projet de Constitution mérite le premier prix de déraison entre tant d'autres qui ont des titres sérieux pour y concourir.

La plupart de ces jugements sont aujourd'hui unanimement acceptés par tous les hommes instruits. Sur ceux qui rencontrent encore des sceptiques, le livre de M. Taine, et, avant lui, la très intéressante monographie de M. Edmond Biré [1], font la pleine lumière. D'ailleurs, les actes législatifs sont là [2]; et pour qui en examine la série, aucun doute ne peut subsister : le parti girondin, dans l'ordre

---

1. *La Légende des Girondins.*

2. Décret du 29 novembre 1791 déclarant déchus de leurs pensions les prêtres insermentés, et les plaçant comme suspects sous la surveillance des autorités;

Décret du 19 mars 1792 amnistiant les massacreurs de la glacière d'Avignon;

Décret du 2 avril prononçant : 1° la suppression de toutes les congrégations religieuses, y compris celles qui sont vouées au soin des hôpitaux; 2° l'interdiction du port du costume ecclésiastique;

Décret du 27 mai prononçant la déportation de tout prêtre insermenté contre qui elle sera demandée par 20 citoyens du même canton, avec avis conforme du directoire du district;

religieux, a été ouvertement persécuteur; dans l'ordre politique, il a brisé une à une toutes les garanties de l'ordre, armé la démagogie contre le pouvoir royal, amené la situation à un point tel que le 20 juin et, après le 20 juin, le 10 août, et, après le 10 août, le 2 septembre étaient inévitables.

Les Girondins ont, après coup, revendiqué *l'honneur* du 10 août plus qu'ils n'avaient droit de le faire; ils l'ont appelé *le plus beau jour de fête de la France;* et ils se sont nommés eux-mêmes *les hommes du 10 août.* En revanche, ils ont décliné toute responsabilité dans les massacres de septembre. Et il est bien vrai qu'ils ne les ont point voulus. Mais cela ne saurait suffire à les excuser de les avoir laissé commettre. Ils ont su qu'on les préparait; ils étaient maîtres de l'Assemblée; ils avaient la mairie de Paris par Pétion, le ministère de l'intérieur par Roland. Et l'Assemblée n'a rien fait, sinon un décret prescrivant aux autorités municipales « de donner des ordres pour faire respecter la sûreté des personnes et des propriétés. » Et Pétion n'a rien fait, sinon apparaître à la Force le cinquième jour des massacres, pour « parler le langage austère de la loi. » Et Roland n'a rien fait, sinon écrire à l'Assemblée, le 3 septembre, une longue lettre pleine de son propre éloge et contenant à la fin cette mention : « Hier fut un jour sur les événements « duquel il faut peut-être laisser un voile; » puis le même jour, donner un grand dîner où Anacharsis Cloots fit ouvertement l'apologie du massacre; puis, le 4, adresser à Santerre des réquisitions dont il ne pouvait attendre aucun effet. Deux ans plus tard, au 9 thermidor, la Con-

Décret du 29 mai prononçant la dissolution de la garde constitutionnelle du roi;
Décret du 6 juin appelant à Paris les fédérés et les Marseillais, véritable armée de l'insurrection;
Honneurs de la séance accordés, le 25 juin, aux émeutiers qui, cinq jours auparavant, ont envahi les Tuileries;
Décret du 15 juillet éloignant les troupes de ligne en garnison à Paris;
Décret du même jour établissant la permanence des sections.

vention saura bien faire autre chose, se compromettre à fond, payer de sa personne et jouer le tout pour le tout. Mais chacun de ses membres avait senti sur son cou le froid de la hache ; et il valait la peine de se risquer pour échapper à la guillotine. Ici, il ne s'agit que d'un ou deux milliers de prêtres, d'aristocrates, de femmes et d'enfants ; et l'Assemblée girondine juge qu'elle ne doit point s'exposer [1].

Ce qui se fait à Paris ne reste pas sans imitateurs en province. M. Taine, dans une belle fiction dramatique, nous fait assister à une soirée que Roland, encore ministre de l'intérieur, et sa femme, compagne et inspiratrice de ses travaux, consacrent à dépouiller la correspondance qui les éclairera sur l'état du pays. « Les deux « époux, seuls sous la lampe, réfléchissent en voyant à « l'œuvre la bête féroce qu'ils ont lâchée en province « comme à Paris. » Ils font ainsi un horrible tour de France, retrouvant partout les mêmes scènes de meurtres sauvages, les mêmes bandes audacieusement installées à la place des autorités régulières : « Les vols et les assas-« sinats sans nombre qu'ils viennent de relever ne sont

[1]. Roland et Pétion ont eu tellement honte de leur inaction qu'ils ont essayé de la justifier en justifiant les massacres eux-mêmes.
Roland, dans une *Lettre aux Parisiens* affichée le 13 septembre, s'exprime ainsi : « J'ai admiré le 10 août ; j'ai frémi sur les suites « du 2 septembre. J'ai bien jugé ce que la patience longue et trompée « du peuple et sa justice avaient dû produire ; je n'ai point inconsidéré-« ment blâmé un terrible et premier mouvement ; j'ai cru qu'il fallait « éviter sa continuité. »
Sept jours avant, Pétion avait fait afficher une proclamation dont voici le premier paragraphe : « Peuple généreux, qui veux être « libre, et à qui ce sentiment inspire toutes les vertus, songe que des « ennemis étrangers menacent tes foyers. Tu as effrayé les traîtres, « les conspirateurs qui calculaient dans ton sein les maux dont ils « allaient t'accabler. *Déjà ils ne sont plus ! Lorsqu'on t'attaque, tu « peux bien te venger*. Mais, peuple bon, essuye promptement le sang « que tu as versé ; que tes yeux n'en soient plus souillés ; tourne ta « hache contre les soldats des despotes, et laisse au glaive de la loi « à faire couler le sang impur qui ne doit plus salir tes armes. » — Tout ce chapitre des massacres de septembre est à lire dans l'ouvrage de M. Biré.

« pas une explosion irréfléchie, un accès de délire passa-
« ger, mais le manifeste du parti vainqueur, le début d'un
« régime établi [1]. »

Suivons-le dans la *psychologie* de ce régime, car c'est ainsi qu'il l'appelle. Mais avant de quitter les Girondins, demandons-nous pourquoi ces hommes, que leurs instincts éloignaient à la fois de la violence sanguinaire et de la grossièreté populacière, ont fait ou laissé faire les choses que nous venons de rappeler.

Ils pouvaient chercher deux points d'appui opposés. Ils pouvaient se constituer en un parti libéral de gouvernement, également résolu à ne point abandonner ce qu'on appelait les conquêtes de la Révolution accomplie, et à donner aux institutions nouvelles une organisation raisonnable qui leur permît de vivre et de faire vivre le pays dans les conditions qu'exige toute société régulière. Cela convenait à leur éducation qui les mettait fort au dessus des exaltés de l'Assemblée comme des émeutiers de la rue. Mais cela ne convenait pas à leurs visées ambitieuses qui aspiraient aux premiers rôles. Car cette place était prise, et ce programme était le programme même des Feuillants ; en l'acceptant, ils se fondaient dans ce parti déjà constitué, et ils devaient se contenter du second rang.

Et ils pouvaient au contraire se constituer en un parti d'opposition systématique, de défiance hostile contre le pouvoir royal, en une gauche résolue à faire de nouveaux pas dans la voie révolutionnaire. Cela convenait à leur inexpérience, à leurs théories inspirées de Rousseau, à leur amour du discours et du pamphlet, pour tout dire à l'esprit antichrétien de la plupart d'entre eux. Mais là aussi la place était prise. Il y avait à côté d'eux un groupe plus extrême et plus révolutionnaire ; et ce groupe, petit par le nombre dans l'Assemblée, commençait, sous des chefs tels que Danton et Robespierre, à trouver au dehors de puissants concours et à y exercer une redoutable

1. T. III, p. 335-365.

influence. Comment leur ravir ces concours et cette influence ? *En les gagnant de vitesse*, comme a dit l'un d'eux, en confisquant la moitié pour le moins de leur popularité populacière par des discours, des propositions, des actes aussi démagogiques que les leurs. C'est pourquoi, entre les uns et les autres, c'est à qui captera au plus vite les faveurs du nouveau maître par une attitude plus servile, par des complaisances plus empressées, par un culte plus idolâtrique.

Calcul impie où le patriotisme était sacrifié à l'ambition sans avoir même, du côté des Girondins, l'excuse du fanatisme révolutionnaire. Et mauvais calcul de gens qui ne se connaissaient pas eux-mêmes ; ils étaient trop bien élevés pour être de puissants démagogues comme un Danton, trop pleins de sève méridionale, trop peu politiques pour lutter contre le fiel froid et la persévérance impitoyable d'un Robespierre. Ils devaient succomber ; et ils succombèrent sans avoir eu l'honneur de combattre toujours, comme ils l'auraient pu faire, pour la justice, l'humanité et la liberté.

## VI

I. — M. Taine, qui passe un peu trop vite sur quelques traits de la physionomie girondine, n'a pas consacré moins de huit cents pages aux Jacobins. Ils attiraient comme un phénomène tératologique, ou plutôt comme une espèce rare et curieuse, ses regards, ses goûts et sa méthode de naturaliste, ainsi qu'il le dit lui-même dans une page remarquable.

« *En Égypte*, dit Clément d'Alexandrie, *les sanc-*
« *tuaires des temples sont ombragés par des voiles tissus*
« *d'or ; mais si vous allez vers le fond de l'édifice et que*
« *vous cherchiez la statue, un prêtre s'avance d'un air*
« *grave, en chantant un hymne en langue égyptienne et*
« *soulève un peu le voile comme pour vous montrer le*

« *dieu. Que voyez-vous alors ? Un crocodile, un serpent*
« *indigène, ou quelque autre animal dangereux; le dieu*
« *des Egyptiens paraît, c'est une bête vautrée sur un*
« *tapis de pourpre.* »

« Il n'est pas besoin d'aller en Égypte et de remonter
« si haut en histoire pour rencontrer le culte du croco-
« dile : on l'a vu en France à la fin du siècle dernier. —
« Comme Clément d'Alexandrie, j'ai regardé de mon
« mieux, pendant douze ans, d'abord le temple, puis le
« Dieu. Regarder avec les yeux de la tête, cela ne
« suffisait pas, il fallait encore comprendre la théologie
« qui fonde le culte. Il y en a une qui explique celui-
« ci, composée des dogmes formulés par Jean-Jacques
« Rousseau. Une fois adoptés, ils ont, d'eux-mêmes,
« déroulé leurs conséquences pratiques; au bout de trois
« ans ils ont amené le crocodile dans le sanctuaire
« et l'ont installé derrière le voile d'or sur le tapis de
« pourpre; en effet, par l'énergie de ses mâchoires et
« la capacité de son estomac, il était désigné d'avance
« pour cette place ; c'est en sa qualité de bête malfai-
« sante et de mangeur d'hommes qu'il est devenu dieu.
« Cela compris, on peut l'observer comme un animal
« ordinaire, le suivre dans ses diverses attitudes, quand il
« s'embusque, quand il agrippe, quand il mâche, quand il
« avale, quand il digère. J'ai étudié en détail la structure
« et le jeu de ses organes, noté son régime et ses mœurs,
« constaté ses instincts, ses facultés, ses appétits. — Les
« sujets abondaient ; j'en ai manié des milliers et disséqué
« des centaines. Mais, faute de place, j'ai dû en aban-
« donner beaucoup. On trouvera ici ce que j'ai pu rappor-
« ter, entre autres une vingtaine d'individus de plusieurs
« tailles que je me suis efforcé de conserver vivants ; du
« moins ils sont intacts et complets. — Des livres de cui-
« sine authentiques nous renseignent sur les frais du culte :
« on peut évaluer à peu près ce que les crocodiles sacrés
« ont mangé en dix ans. Naturellement le dieu choisissait
« les victimes grasses ; mais sa voracité était si grande
« que, par surcroît, à l'aveugle, il engloutissait aussi les

« maigres ; d'ailleurs, en vertu de ses instincts et par un
« effet immanquable de la situation, une ou deux fois
« chaque année il mangeait ses pareils, à moins qu'il ne
« fût mangé par eux. — Voilà certes un culte instructif
« pour les purs historiens et les purs savants. Aussi bien
« ce volume, comme les précédents, n'est écrit que pour
« les amateurs de zoologie morale, pour les naturalistes
« de l'esprit, pour les chercheurs de vérités, de textes et
« de preuves [1]. »

Nous n'avons pas besoin de renouveler nos réserves contre la doctrine contenue dans ces dernières lignes. La psychologie de M. Taine supprime le plus grand des faits psychologiques ; son déterminisme n'est la négation de la moralité dans l'histoire que parce qu'il nie ce qu'il y a de plus spécifiquement humain dans l'homme, le libre-arbitre. Pour rétablir la moralité historique, il suffit donc de compléter la réalité psychologique, et de ne point oublier que les crocodiles de la Révolution furent libres et responsables.

Cela dit pour n'y plus revenir, il faut reconnaître que l'immense monographie de M. Taine, un peu monotone par le sanglant air de famille de tant de portraits et de tant de scènes, est une œuvre définitive, presque complète et contre laquelle aucune réhabilitation par les livres, par les discours, par les statues, par les noms infligés aux rues des grandes villes et des petites, ne saurait prévaloir. Il faut la lire, et on peut la contrôler par les apologies ; le jugement d'ensemble qui s'en dégage ne sera pas réformé, pas plus le jugement moral, dont M. Taine s'est systématiquement désintéressé, que le jugement historique et politique où il s'est renfermé.

II. — Son premier travail est d'analyser l'esprit jacobin, composé d'orgueil froissé et de dogmatisme abstrait. Dans tous les temps il y a des hommes que la hiérarchie sociale, quelle qu'elle soit, irrite parce qu'elle est une hiérarchie,

---

[1]. T. IV, Préface.

et parce qu'ils y ont à peine une chance sur mille de n'y point rester subalternes. Dans les temps affinés par une longue culture et par l'usage assidu du raisonnement, il y a des hommes, — et il se peut que ce soient les mêmes, — qui, déduisant d'un principe abstrait des conséquences également abstraites, rêvent l'application absolue de ces conséquences aux sociétés humaines. Mais dans les temps ordinaires et dans les sociétés solidement organisées, l'orgueil est contenu par son impuissance, et le mécontent finit par s'accommoder de sa place, surtout si, le tenant au-dessous de quelques-uns, elle le met au-dessus de quelques autres. Plus encore la prétention de refaire toutes choses d'après un principe est rendue pratiquement vaine par les fortes assises et la robuste structure de l'édifice existant ; et les réformateurs à outrance restent à l'état d'utopistes pacifiques. Il faut, pour ouvrir une carrière aux ambitions envieuses et aux rêveries constructives, un ensemble de circonstances que l'histoire réalise rarement, jamais au degré où la Révolution française les a réunies. A partir de 1789, quiconque n'était rien peut devenir tout; quiconque a un plan de constitution dans la tête peut le proposer ou l'imposer à la nation française et même à toutes les nations. Le Jacobin éclôt dans ce sol et dans cette atmosphère qui semblent préparés pour en multiplier l'espèce.

Le voilà donc, en vertu du *Contrat social*, « membre du souverain » et souverain pour sa quote-part. « Mais il
« l'est bien plus que pour sa quote-part s'il adhère à la
« doctrine. Car cette royauté qu'elle lui décerne, elle ne la
« confère qu'à ceux qui, comme lui, signent le contrat so-
« cial tout entier; tous les autres, par cela seul qu'ils en
« ont rejeté quelque clause, encourent la déchéance ; on n'est
« pas admis au bénéfice d'un pacte quand on en répudie les
« conditions. Bien mieux, comme celui-ci, institué par le
« droit naturel, est obligatoire, quiconque le rejette ou
« s'en retire est par cela même un scélérat, un malfaiteur
« public, un ennemi du peuple. On est hors de la loi quand
« on est hors de la secte. Ainsi le dogme qui proclame la

« souveraineté du peuple aboutit en fait à la dictature de
« quelques-uns[1] » Et ainsi s'opère, pour aboutir à la formation du vrai et parfait jacobin, la combinaison des deux éléments dont l'un est une maladie du cœur orgueilleux et jaloux, l'autre une maladie de l'esprit faussé par le dédain de l'expérience et par l'application exclusive du raisonnement mathématique au gouvernement des sociétés humaines.

Cette analyse est la vérité même ; et elle explique à merveille comment le jacobin, hégélien avant Hegel, accommode l'une avec l'autre ces deux contradictions : une doctrine qui proclame la souveraineté populaire absolue, une pratique qui est la plus étroite oligarchie dont l'histoire ait gardé le souvenir. Les Jacobins sont les bons, les purs, les vertueux, les seuls qui aient signé tout le contrat social; les autres sont des méchants qu'il faut exterminer ou des aveugles qui ne sont encore membres du souverain qu'*en puissance*, et qui ne le deviendront *en acte* que quand une éducation orthodoxe leur aura rendu la lumière.

III. — Les Jacobins ne seront donc nullement embarrassés pour faire une constitution très libérale, très purement démocratique et pour gouverner en même temps avec une rigueur très purement despotique.

Regardez la constitution qu'ils fabriquent au pas de course avec tout son cortège de lois organiques, en juin 1793 après la proscription des Girondins. « Jamais
« on n'a déclaré plus expressément que le gouvernement
« est la créature, le serviteur et l'instrument des gouver-
« nés. Jamais on n'a plus strictement limité son mandat.
« Jamais on n'a mis les citoyens plus en garde contre les
« empiètements et les excès de l'autorité publique. Le
« législateur multiplie les précautions pour maintenir les
« gouvernants dans la dépendance du peuple. Les Jaco-
« bins professent pour l'initiative populaire un respect qui

---

1. T. III, p. 27 (et tout le chapitre).

« va jusqu'au scrupule. Selon eux, il faut que le peuple
« soit souverain de fait, en permanence et sans interrègne,
« qu'il puisse intervenir dans toutes les affaires graves,
« qu'il garde non seulement le droit, mais la faculté d'im-
« poser sa volonté à ses mandataires [1]. »

Il semble que l'application de cette Constitution, — qu'on a fait ratifier, « pour achever la parade [2], » par les assemblées primaires, — va être, dès demain, la fin du gouvernement des Jacobins. Car ils ne sont, en France, même dans leurs plus beaux jours, qu'une minorité tout à fait infime qui gouverne par la peur et par la guillotine, cinq ou six mille à Paris, trois cent mille tout au plus dans les départements. La Convention, son mandat constituant achevé, va se retirer, et les premières élections libres balaieront la secte. La Convention joue la comédie du départ,... et se fait forcer la main pour rester par les délégués des assemblées primaires stylés *ad hoc* ; car Robespierre a dit la veille aux Jacobins : *La proposition qu'on a faite* (de la dissolution de la Convention) *ne tend qu'à faire succéder aux membres épurés de la Convention actuelle les envoyés de Pitt et de Cobourg*, — tant il est évident pour tous, pour les Jacobins plus que pour personne, que la France voudrait bien être délivrée du joug des Jacobins. La Convention restera donc, par pur dévouement à la patrie ; et deux mois après, elle décidera que la mise en vigueur de la Constitution est ajournée... à la paix avec l'Europe et que, d'ici là, le gouvernement restera révolutionnaire.

D'ici là on achèvera de régénérer le corps social par l'amputation des membres gangrenés, et on commencera à former l'homme social par une éducation orthodoxe qui ne sera confiée, dit Robespierre, « ni à l'orgueil des familles, « ni aux préjugés des particuliers, » mais à des maîtres dont le civisme soit au dessus de tout soupçon. L'éducation sera égale pour tous ; elle sera commune ; elle sera donnée aux frais de l'État. Les enfants apprendront à lire

---

1. T. IV, p. 9-11. — 2. *Ib.*, p. 11.

dans la Déclaration des droits et dans la Constitution de 1793. On les conduira aux séances des sociétés populaires où ils puiseront la connaissance de leurs droits et de leurs devoirs et les principes des vertus républicaines. Quand cette éducation aura porté ses fruits, le suffrage populaire pourra, sans risque de s'égarer, choisir librement entre des citoyens qui tous seront dignes de sa confiance. Jusque là il importe au salut de la chose publique et à la préparation de l'avenir que le pouvoir reste entre les mains pures qui l'ont su conquérir sur les Girondins fédéralistes et suspects de contre-révolution, sur les Indulgents qui ne sont point assez vertueux, sur les Hébertistes qui sont des ennemis de l'ordre et des anarchistes. Ainsi s'établit, ainsi se perfectionne par épurations successives, ainsi se consolidera par l'éducation le gouvernement de l'orthodoxie jacobine.

IV. — Tel est ce gouvernement dans ses principes avoués. Ses moyens de domination sont ce qu'ont été ses moyens de conquête, l'intimidation et l'annulation des gens paisibles, qui sont l'immense majorité, par le très petit nombre des gens capables de tout qui constituent le personnel des assemblées populaires. Mais on a compris, à Paris et dans les départements, que, si l'on voulait transformer les anarchies locales en une domination universelle, il fallait armer les Jacobins de chaque ville de toute la puissance des Jacobins de France ; les sociétés particulières de toutes les régions se sont donc liées par une affiliation étroite à la société mère qui siège à Paris ; la secte jacobine enveloppe ainsi tout le pays d'un réseau dont les mailles étroites communiquent entre elles et avec le centre ; et ce centre devient, beaucoup plus que la Convention, le gouvernement de la France.

Ses procédés sont très simples et iront se simplifiant de plus en plus par la suppression progressive des formes et des garanties judiciaires : délations, perquisitions, tribunal révolutionnaire, guillotine, sans parler ni des renouvellements partiels des massacres de septembre, ni des exécutions en masse, officiellement accomplies par noyades et mitraillades. La Convention, c'est-à-dire la secte qui la terrorise, la mutile et la fait voter à sa guise, envoie en mission des représentants munis de pouvoirs illimités, dont le principal est de couper les têtes de ceux qui sont suspects de conspirer, de se plaindre ou de penser mal. Et c'est dans ces missions qu'il faut voir jusqu'à quels excès de férocité sanguinaire, de lubricité abominable et de ripaille effrontée la nature humaine peut descendre quand tous ses freins sont lâchés et qu'elle est grisée par la soudaineté de la toute-puissance.

Ce qui, dans un pays livré à de telles bandes et à de tels proconsuls, se commet de gaspillages, d'extorsions, de rapines, de vols de toute sorte, ce qui s'y détruit de la fortune publique et des fortunes privées, ce qui s'y amasse de richesses inavouables passe en vérité toute croyance. Et ce que vaut, ce que fait le personnel inférieur de la secte, membres des sociétés populaires et des comités révolutionnaires, agents de la force publique, fonctionnaires invraisemblables nommés en considération de leur civisme, on peut le deviner d'avance. Mais non, on ne le peut pas, et dans le burlesque comme dans l'horrible, l'imagination la plus shakspearienne reste au-dessous de la réalité. Enfin ce que deviennent les caractères dans un temps où l'ambition de plusieurs millions d'hommes se borne à conserver leur tête sur leurs épaules, il faut pour s'en faire quelque idée remonter aux exemples de bassesse que donnait le sénat de Rome en présence d'un Caligula ou d'un Domitien qu'on adorait vivants jusqu'au jour où une sédition militaire livrait leur cadavre aux insultes des dévots de la veille.

M. Taine a reproduit ce tableau avec la précision d'un commissaire-enquêteur et le talent d'un peintre réaliste. Il ne s'est point borné à Paris où depuis longtemps l'enquête était faite, à Bordeaux, à Nantes, à Lyon, à Arras, à deux ou trois autres villes que l'atrocité privilégiée des spectacles avait déjà mises hors de pair. Sa revue s'étend sur tout le territoire, et nous savons, grâce à lui, ce qu'ont été, jusqu'au 9 thermidor, les gouvernants et les gouvernés, ce que les premiers ont osé, ce que les seconds ont supporté, ce qu'ils étaient prêts à supporter encore si cette date mémorable où, selon l'expression de Joseph de Maistre, *quelques scélérats égorgèrent quelques scélérats*, n'eût été, contre la volonté des vainqueurs, une ère de délivrance.

IV. — Ces peintures ne sont point chargées, et il a fallu, comme le dit très bien M. Taine, la disparition des derniers témoins oculaires pour qu'on osât entreprendre « de « démontrer au bon public que les crocodiles étaient des « philanthropes, et qu'ils n'ont guère mangé que des cou- « pables [1]. » Mais il y manque trois contrastes qui avaient droit de trouver place dans son livre et qui, en soulageant un peu l'âme du lecteur, eussent rompu la sinistre uniformité des scènes et des récits. Je les indiquerai en quelques lignes.

Le premier contraste est aux frontières, où l'armée est française et non pas jacobine. Dans un tableau qui voulait être complet, elle devait avoir sa place, non au point de vue technique des opérations militaires, mais au point de vue psychologique des sentiments, des idées et de l'esprit général. Certes ce n'est pas la faute de la secte si cet esprit n'est pas devenu le mauvais esprit jacobin de soupçon, de délation, de haine envieuse pour toutes les supériorités. Ce n'est pas sa faute si l'armée de ligne, coupable d'avoir été jadis l'armée du Roi, n'a pas été désorganisée pour faire place à des levées républicaines, munies du chant de *la Marseillaise* et du *Ça ira*, exercées au feu par la lecture du *Père Duchêne* et du *Journal de la Montagne*. C'est malgré elle qu'au lieu de disséminer les vieilles troupes dans les bataillons de garde nationale, on a, sur les réclamations instantes des gens du métier, encadré au contraire ceux-ci dans celles-là et transformé ainsi, peu à peu, les volontaires novices en soldats aguerris.

1. T. IV, Préface, p. IV.

Surtout il n'est pas vrai que les crimes de l'intérieur et la tyrannie jacobine aient contribué en quoi que ce soit à l'énergie et au succès de la Défense nationale, et que, par exemple, Carnot, cet infatigable travailleur, ait mieux réussi dans son immense effort d'organisation militaire pour avoir couvert de sa signature les actes les plus détestables du Comité de Salut public. Ce qui est vrai, comme on l'a souvent et justement répété, c'est que, dans ces temps honteux et sombres où les gouvernants étaient des bouchers et les gouvernés des troupeaux conduits à l'abattoir, les armées ont été le refuge de l'honneur national, des plus hautes vertus guerrières, souvent aussi des vertus morales qui en sont l'accompagnement naturel. Cela était à dire, et l'on éprouve une surprise pénible à chercher en vain dans le livre de M. Taine une page où cela soit dit.

Le second contraste est en Vendée où il y a aussi des âmes françaises combattant *pro aris* pendant qu'ailleurs on combat *pro focis*. Là la vieille société française et même, si l'on veut, la vieille société féodale jette, avant de disparaître, des clartés magnifiques. Les paysans, qui sont eux aussi des volontaires, sont, du premier coup, des héros, puisant dans leur foi chrétienne et dans le sentiment de la grande cause pour laquelle ils combattent le plus admirable mépris de la mort, et parfois, sous l'impulsion de leurs chefs, la plus généreuse humanité envers les vaincus. Ces chefs, qu'ils sont allés chercher eux-mêmes, ce sont leurs seigneurs qu'ils connaissent et qu'ils aiment, dont ils sont connus et aimés. Et le chef de ces chefs, celui que l'acclamation de ces fiers gentilhommes élève au rang de généralissime, est le plus humble des plébéiens, ce porte-balle qu'on appelle le saint de la Vendée et qui, du premier coup, se révèle grand général.

Et le troisième contraste est partout où il y a un prêtre réfractaire qui vient, au péril de sa vie, porter les sacrements aux populations chrétiennes, et que celles-ci cachent au péril de la leur, avec toutes les ingénieuses industries du dévouement. Le sommaire d'un des chapitres de M. Taine : *Conduite des ecclésiastiques de 1789 à 1800; leur courage; leur capacité de sacrifice* fait espérer au lecteur une courte enquête sur ces beaux épisodes qui font autant d'honneur aux troupeaux qu'aux pasteurs. Le livre ne dit que la moitié de ce qu'il devrait dire : « Les prêtres « s'étaient laissé dépouiller ; ils se laissaient exiler, empri- « sonner, supplicier, martyriser, comme les chrétiens de « l'Église primitive ; par leur invincible douceur, ils « allaient, comme les chrétiens de l'Église primitive, « lasser l'acharnement de leurs bourreaux, user la persé- « cution, transformer l'opinion, et faire avouer, même « aux survivants du xviii° siècle, qu'ils étaient des hommes « de foi, de mérite et de cœur [1]. » Ce beau témoignage, noblement rendu, est pourtant incomplet. Les vaillants cœurs dont je viens de rappeler le souvenir ont mérité qu'on leur appliquât, avec le changement d'un mot, la fière réponse que Tite-Live prête à Mucius Scevola : *Et facere et pati fortia christianum est*. Le *pati fortia* est loué ; le *facere fortia* n'obtient pas la mention à laquelle il avait droit.

V. — Enfin on ne peut quitter les huit cents pages consacrées à ces années terribles sans dire un mot des portraits que M. Taine y trace des personnages qui y ont joué les premiers rôles, Marat, Danton et Robespierre.

Marat est décrit, en traits d'une rare vigueur et presque en style médical, comme un homme qui confine à l'aliéné, comme un cerveau atteint du délire ambitieux qui a sa double source dans la perversion habituelle du jugement et dans l'excès colossal de l'amour-propre. Comme cet amour-propre n'a rencontré dans la vie que des déboires mérités, il se persuade que la seule cause possible de tant de mésaventures est un complot universellement formé pour étouffer son génie et lui ravir sa gloire ; et les blessures du délire ambitieux engendrent la manie des persécutions. Tous ses adversaires sont donc des scélérats et

[1]. T. IV, p. 415-416.

méritent d'être exterminés. « Quand un aliéné voit
« partout autour de lui, sur le plancher, sur les murs, au
« plafond, des scorpions, des araignées, un grouillement
« de vermine infecte et venimeuse, il ne songe plus qu'à
« l'écraser, et la maladie mentale entre dans sa dernière
« période : à la suite du délire ambitieux, de la manie des
« persécutions, la monomanie homicide s'est déclarée [1]. »
Sa grande médication sociale sera donc, — car il est médecin de son état, — de faire tomber des têtes. 500 auraient suffi après la prise de la Bastille. Mais, en septembre 1792, il lui en faut 40,000 pour guérir la France malade. Et, en octobre de la même année, il ne peut plus, comme homme de l'art, se contenter à moins de 270,000. — Ce sont d'horribles folies ; prouvent-elles que Marat était fou, ce qu'on appelle fou ? j'en doute. Prouvent-t-elles, s'il l'était, qu'il ne l'était pas devenu par sa faute ? je fais plus qu'en douter.

Le portrait de Danton est une merveille. M. Taine s'est pris, pour son monstrueux modèle, d'une sorte de sympathie mêlée de répulsion et d'horreur ; il le comprend, le pénètre et le décrit d'autant mieux. La lucidité de son esprit, son aptitude politique, son dédain pour la phraséologie vide et les théories abstraites le frappent d'une admiration accrue par le contraste : « Au milieu de tant de
« bavards et d'écrivailleurs dont la logique est verbale ou
« dont la fureur est aveugle, qui sont des serinettes à
« phrases ou des mécaniques à meurtres, son intelligence,
« toujours large et souple, va droit aux faits, non pour les
« défigurer et les tordre, mais pour s'y soumettre, s'y
« adapter et les comprendre. Avec un esprit de cette qua-
« lité, on va loin, n'importe dans quelle voie : reste à
« choisir la voie. Mandrin aussi, sous l'ancien régime,
« fut, dans un genre voisin, un homme supérieur ; seule-
« ment, pour voie, il avait choisi le grand chemin. —
« Entre le démagogue et le brigand la ressemblance est
« intime ; tous deux sont des chefs de bande, et chacun

[1]. T. IV, p. 169.

« d'eux a besoin d'une occasion pour former sa bande ;
« pour former la sienne, Danton avait besoin de la Révo-
« lution [1]. »

Demanderez-vous pourquoi Danton avait besoin d'être démagogue ? La réponse à ce pourquoi explique, en tous temps, bien des crimes. Entre sa situation mesquine d'homme sans naissance et sans fortune, pourvu à grand'peine d'une charge d'avocat au Conseil du Roi, embarrassé d'un ménage, vivant d'expédients, plus riche de dettes que de causes, et « ses goûts larges, ses besoins alternatifs de « fougue et d'indolence, ses appétits de jouissance et de « domination, ses rudes et violents instincts se sont « éveillés. C'est un *barbare*, un barbare fait pour com- « mander à ses pareils [2]. » Il faut qu'il arrive ; et de même qu'on arrive, dans une foule, en jouant des coudes, il arrivera en jouant de l'émeute, en jouant du tribunal révolutionnaire, en jouant du massacre. Car c'est très vainement que ses apologistes modernes entreprennent de prouver que ses mains sont pures de sang. Ses mains sont partout dans le forfait de septembre [3]. Ne les y retrouvât-on pas comme on les retrouve, c'est une bien misérable défense de dire « qu'il y assista en témoin attristé, » lui plus maître de Paris que Pétion, que Roland, que l'Assemblée, lui ministre de la justice, lui manifeste allié de la commune

---

1. T. IV, p. 177-178.
2. *Ibid.*, p. 178-179.
3. L'ensemble des faits est accablant ; on en lira les principaux dans le troisième volume de M. Taine, p. 283-288. J'y ajoute une pièce officielle. Le 1er septembre, veille des massacres, Danton adresse, comme ministre, une lettre d'intimidation au tribunal extraordinaire institué pour juger les Suisses du 10 août, coupables « de lèse-majesté nationale. » Elle se termine ainsi : *J'ai lieu de croire que le peuple outragé ne sera pas obligé de se faire justice lui-même, mais l'obtiendra de ses magistrats.*

Danton a-t-il reçu de l'argent de la cour et l'a-t-il dépensé contre la cour? M. Taine n'en doute pas, mais a le tort de ne point apporter de preuve. Je n'en connais pas d'autre qu'une ligne du comte de La Marck. Elle est très forte ; mais peut-être ne suffit-elle pas à elle seule.

insurrectionnelle, lui avec sa carrure d'athlète, sa voix de stentor, sa popularité alors à son maximum! Étant ce qu'il était, pouvant ce qu'il pouvait, il a fait, il a voulu ce qu'il a laissé faire.

Ce n'est pas qu'il ait, comme Marat, des goûts sanguinaires. Par nature il est violent, mais non cruel; il a des mouvements de sensibilité sincère, et même de générosité; mais il n'a ni principes, ni scrupules. Et c'est ainsi qu'avec une grande ambition, on devient ce qu'il a été, un grand criminel.

Le portrait de Robespierre est une minutieuse et impitoyable dissection qui n'occupe pas moins de trente-quatre pages. On voit bien qu'il est le plus notable et le plus instructif spécimen des « crocodiles sacrés. »

Ce portrait ne plaira point à ceux de nos contemporains qui ont fait revivre la dévotion à Robespierre. Chacun des traits dont il se compose n'en est pas moins exact et pris sur nature. La qualification célèbre d'*affreux petit rhéteur* est bien celle qui convient à Robespierre, si ce n'est que la taille de l'homme est grandie par le piédestal que lui fait l'énormité de ses crimes. Nul esprit plus étroit, plus fermé aux réalités pratiques, plus vide des idées qui font l'homme d'état, plus emprisonné dans les formules abstraites et vagues; nul parleur plus dépourvu de tout ce qui fait le véritable orateur, plus encombré des recettes et des procédés classiques de la rhétorique de collège; nul amour-propre plus infatué de lui-même, plus grisé par la vapeur de l'encens le plus grossier, plus bassement envieux de toute supériorité qui lui fait ombrage; nulle *pose* plus intolérable de juste et de martyr, de victime dévouée aux complots des méchants; nulles rancunes plus féroces de vanité blessée; nulles précautions plus perfides et plus lâches pour rejeter sur autrui la responsabilité des crimes qu'il inspire et qu'il commande sous peine de mort. Tout cela fait un esprit dont on ne saurait dire s'il est plus médiocre ou plus faux, un caractère dont on ne saurait dire s'il est plus haïssable ou plus méprisable.

Et le problème se pose de savoir comment un tel personnage, d'un tel niveau intellectuel, d'un tel niveau moral, a pu occuper une telle place, devenir l'universel vainqueur et infliger à la France la honte de sa tyrannie sanguinaire. M. Taine ne l'a pas pleinement résolu en disant « que la Révolution avait besoin d'un interprète « paré comme elle de dehors spécieux, et que tel était « Robespierre avec sa tenue irréprochable, ses cheveux « bien poudrés, son habit bien brossé, avec ses mœurs « correctes, son ton dogmatique, son style étudié et « terne ; et que dans la Révolution qui est une tragédie « artificielle et déclamatoire, le premier rôle devait appar- « tenir à ce suprême avorton et à ce fruit sec de « l'éducation classique [1]. » Ce sont là des dehors ; ils suffisent pour expliquer un applaudissement comme en reçoit un acteur favori ; ils ne suffisent pas pour expliquer l'avènement et le maintien au pouvoir, et à quel pouvoir !

Le scandale de cette prodigieuse domination a une cause plus profonde et cependant facile à saisir. Considérez d'une part, en vous éclairant des analyses de M. Taine, l'esprit jacobin ; considérez d'autre part, avec le même guide, l'esprit de Robespierre ; vous reconnaîtrez tout de suite que le premier a eu dans le second son incarnation la plus parfaite. On peut suivre le rapprochement dans le dernier détail ; jusqu'au bout on retrouvera le type tout entier dans sa copie fidèle ; et l'on ne s'étonnera plus que la Révolution jacobine, se mirant et s'admirant en Robespierre, se soit couronnée en lui, jusqu'au jour où les Jacobins survivants, pour sauver leurs têtes, coupèrent celle de Robespierre. Mais, ce jour-là, la Révolution jacobine se décapita elle-même.

1. T. IV, p. 189-190.

# CHAPITRE IV

### NAPOLÉON ET LE RÉGIME MODERNE

Je ne sais s'il y a rien de plus plaisant que les indignations de quelques historiens et de quelques poètes à propos du coup d'État du 18 Brumaire qui acheva de mettre par terre le régime directorial institué par la constitution de 1795. Sans parler des ignominies de ce régime qui fut une véritable décomposition morale et sociale, il était né et avait vécu de coups d'État ; il ne devait pas se plaindre d'en mourir. Coup d'État, l'escamotage, appuyé du canon de Vendémiaire, qui attribua aux membres de la Convention les deux tiers des sièges dans les nouveaux Conseils[1]. Coup d'État la journée de Fructidor où la majorité jacobine du Directoire se débarrassa de la représentation nationale par la baïonnette des grenadiers d'Augereau. Les coups d'État semblaient être devenus le mode normal de la transmission des pouvoirs. C'est par cette porte qu'étaient entrés les législateurs du Conseil des Cinq Cents ; c'est par cette porte, ou cette fenêtre, qu'ils étaient dignes d'en sortir.

Tous les témoignages attestent qu'un immense soupir de soulagement accueillit leur départ. Ruinée et démoralisée au dedans, menacée et presque entamée à la frontière, la France n'était sortie qu'à moitié de l'enfer convention-

---

1. Voir dans M. Taine les détails de cette « friponnerie » incroyable (T. IV, p. 560-563).

nel. La Terreur avait des regains ; son plus affreux personnel relevait la tête ; la société se sentait mourir de désorganisation et d'impuissance, de honte et de peur. Pour revivre elle avait besoin d'être gouvernée, rassurée, reconstituée. Elle le fut par le général Bonaparte ; et les années du Consulat sont restées dans la mémoire des contemporains comme le temps du retour à la vie et à la santé reste dans la mémoire du malade qui s'est cru désespéré.

M. Taine, rencontrant la figure, unique dans l'histoire, de Napoléon Bonaparte entre le régime révolutionnaire auquel il met fin et le régime moderne qu'il inaugure et qu'il marque d'une empreinte encore ineffacée, s'arrête devant lui comme devant un sujet psychologique hors de pair. Il entreprend d'en donner l'anatomie et la physiologie mentale selon une méthode scientifique. De là un portrait analytique où la multiplicité des détails, comme celle des coups de pinceau qui resteraient visibles et distincts dans un tableau, nuit un peu à la grandeur et à l'effet esthétique de l'ensemble.

Je ne puis éviter, en appréciant le portrait, de dire ce que je pense du modèle. Je voudrais le dire avec une impartialité paisible ; et j'espère y réussir sans trop de peine, me sentant aussi éloigné des ultras de 1816 pour qui Napoléon est *l'ogre de Corse*, et des Jacobins de 1793 pour qui il est l'*égorgeur de la République*, que des dévots du bonapartisme pour qui il est presque un dieu. Corneille, refusant de juger Richelieu, disait :

> Il m'a fait trop de bien pour en dire du mal,
> Il m'a fait trop de mal pour en dire du bien.

Je crois que, surtout à distance, il n'y a pas lieu de se récuser ainsi. Napoléon nous a fait trop de bien pour ne pas dire ce bien, trop de mal pour ne pas dire ce mal. Et c'est seulement après avoir loyalement exposé l'un et l'autre que nous pourrons décider lequel des deux semble emporter la balance.

# I

M. Taine, dominé jusqu'au bout par les idées systématiques qui inspirent toutes ses études de littérature et d'art, ne pouvait manquer de les vérifier sur le plus prodigieux spécimen humain qu'il eût jusque là rencontré. Il expliquera donc Napoléon d'un côté par la race, le milieu et le moment, de l'autre par la qualité maîtresse.

Napoléon n'est ni un Français, ni un homme du XVIII° siècle ; et c'est bien en partie pour cela qu'il apparaît à ses contemporains comme singulier et d'espèce unique. C'est un Toscan doublé d'un Corse. Il est toscan du côté paternel, puisqu'on peut suivre les Bonaparte, depuis le XII° siècle, à Florence, puis à San Miniato, et de là à Sarzana, petite ville écartée, arriérée, de l'État de Gênes, d'où enfin elle émigre en Corse, au moment où prennent fin en Italie « l'indépendance municipale, les guerres privées, le grand jeu des aventures politiques et des usurpations heureuses, le régime des principats éphémères fondés sur la force et sur la fraude[1]. » Il est corse par sa mère Letizia Ramolino ; et c'est justement pour cela qu'il conservera « l'énergie, l'ambition, la forte et « libre sève du moyen âge ; » car c'est au moment où celle-ci se tarissait dans l'Italie continentale que ses pères ont émigré pour s'établir « dans une île non moins italienne, « mais presque barbare, parmi les institutions, les mœurs « et les passions du premier moyen âge, dans une atmos- « phère sociale assez rude pour lui conserver toute sa vi- « gueur et toute son âpreté[2]. »

Le milieu a donc conservé la race telle qu'il l'a reçue, c'est-à-dire à ce moment où elle avait toute sa sève, une sève de condottiere. Napoléon est un condottiere italien du XV° siècle. Voyez-le en Vendémiaire, officier dispo-

---

1. T. V, p. 6-7. — 2. *Ibid.*, p. 7.

nible, à peu près disgracié. La veille au soir, voyant les
apprêts des sections, il dit à Junot : « Ah ! si elles me
« mettaient à leur tête, je répondrais bien, moi, de les
« mettre dans deux heures aux Tuileries et d'en chasser
« tous ces misérables conventionnels. » Et remarquez qu'il
le ferait par préférence malgré ses accointances passa-
gères avec Robespierre le jeune ; il juge ces gens-là à leur
valeur. Et dans la nuit « appelé par Barras, il prend trois
« minutes pour réfléchir, et ce sont les sections qu'il mi-
« traille, en bon condottiere qui ne se donne pas, qui se
« prête au premier offrant, au plus offrant, sauf à se
« reprendre plus tard et, finalement, si l'occasion vient,
« à tout prendre. — Condottiere aussi, je veux dire chef
« de bande, il va l'être, de plus en plus indépendant, et,
« sous une apparente soumission, sous des prétextes d'in-
« térêt public, faisant ses propres affaires, rapportant tout
« à soi, général à son compte et à son profit dans sa cam-
« pagne d'Italie, avant et après le 18 Fructidor, mais con-
« dottiere de la plus grande espèce, aspirant déjà aux
« plus grands sommets, voulant maîtriser la France et,
« par la France, l'Europe, toujours occupé de ses projets
« et cela sans distraction, dormant trois heures par nuit,
« se jouant des idées et des peuples, des religions et des
« gouvernements, jouant de l'homme avec une dextérité
« et une brutalité incomparables, le même dans le choix
« des moyens et dans le choix du but, artiste supérieur et
« inépuisable en prestiges, en séductions, en corruptions,
« en intimidations, admirable et encore plus effrayant,
« comme un superbe fauve subitement lâché au milieu
« d'un troupeau apprivoisé qui rumine. *Vous savez*, écri-
« vait Cacault, *que, tout en l'aimant beaucoup, ce cher
« général, je l'appelle tout bas le petit tigre, pour bien
« caractériser sa taille, sa ténacité, son courage, la rapi-
« dité de ses mouvements, ses élans, et tout ce qu'il y a
« en lui qu'on peut prendre en bonne part en ce sens-là.*
« — Il faut, pour le comprendre, remonter jusqu'aux pe-
« tits tyrans italiens du xive et du xve siècle aux Castruc-
« cio Castracani de Lucques, aux Malatesta de Rimini,

« aux Sforza de Milan. Et en fait, c'est une parenté posi-
« tive, il descend des grands Italiens, aventuriers mili-
« taires, usurpateurs et fondateurs d'États viagers [1]. »

Voilà certes une page écrite de main de maître, où la pensée est déduite et induite avec une habileté sans pareille. Si on y ajoute celle où M^{me} de Staël décrit la première impression que lui causa le jeune général à sa rentrée en France après Campo-Formio, on aura tout ce qui peut se dire de plus fort en faveur de la théorie de la race, et l'on sera tenté, pour voir jusqu'où va la ressemblance, de regarder de près quelqu'un de ces grands aventuriers dont il aurait recueilli l'héritage.

Cédons à la tentation, et considérons l'histoire et la physionomie du plus remarquable d'entre eux, Castruccio Castracani, dont Machiavel a écrit la vie, comme une sorte d'annexe à son livre du Prince. Ce morceau historique est écrit avec la même froideur voulue, la même imperturbable sérénité, la même précision scientifique qui nous font presque peur dans le livre. L'auteur place très haut son héros ; il estime que le milieu seul et le moment lui ont manqué pour prendre rang dans la mémoire des hommes, au-dessus de Philippe de Macédoine et de Scipion dont la vie fut de la même durée que la sienne [2].

Castruccio était un enfant trouvé, qui fut recueilli par une pieuse veuve de la noble maison des Castracani. Le frère de celle-ci, qui était chanoine, l'éleva et voulait le diriger vers l'état ecclésiastique. Mais l'enfant n'avait de goût que pour les exercices du corps où il excellait, prenant déjà sur ses jeunes compagnons l'autorité d'un chef. Un gentilhomme de Lucques, Messer Francesco Guinigi, qui était condottiere, le remarqua, obtint qu'on le lui confiât, et l'instruisit dans tous les arts d'un parfait cavalier.

1. T. V, p. 16-17, 21.

2. *E perchè vivendo ei non fù inferiore nè à Filippo di Macedonia padre di Alessandro, nè à Scipione di Roma, ei morí nell' età dell' uno e dell' altro ; e senza dubbio avrebbe superato l' uno e l' altro, se in cambio di Lucca egli avesse avuto per sua patria Macedonia o Roma.*

« A quoi s'ajouta une discrétion merveilleuse qui l'empê-
« chait de rien faire ou de rien dire qui pût déplaire, et le
« rendait respectueux envers ses supérieurs, modeste avec
« ses égaux, gracieux avec ses inférieurs. » Guinigi,
ayant été chargé d'une expédition pour rétablir les Gibe-
lins à Pavie, emmena avec lui Castruccio qui s'y acquit
une grande réputation. Quelques années après, son pro-
tecteur mourut, le laissant pour tuteur à son fils unique.
Déjà fort en crédit, il forma le projet de chasser de Lucques le parti guelfe avec l'aide du grand chef gibelin
Uguccione della Faggiuola alors capitaine des Pisans ;
et il y réussit avec l'accompagnement ordinaire de massacres et d'exils. Les *fuorusciti* furent accueillis à Florence, la grande cité guelfe de Toscane, et les Florentins
réunirent une grosse armée pour les rétablir. Uguccione
se porta contre eux et escarmoucha pendant quelques
jours ; mais, étant tombé malade, il dut quitter son armée
et en laisser la direction à Castruccio. Les Florentins,
rassurés par le départ du célèbre homme de guerre, se hâ-
tèrent d'attaquer ; mais le jeune lieutenant, avec le coup
d'œil d'un grand général, improvisa une savante manœuvre
qui lui assura une victoire éclatante ; dix mille ennemis
périrent, et les forces de Florence furent épuisées par ce
seul désastre. Uguccione en conçut une jalousie mortelle,
et saisit le premier prétexte pour se défaire du jeune vainqueur ; il le fit arrêter par trahison avec ordre de le mettre
à mort. On n'osa pas exécuter sur le champ ses instructions de peur d'un soulèvement populaire. Mais le soulèvement eut lieu quand même ; Uguccione fut contraint de
s'enfuir en Lombardie ; Castruccio, de prisonnier condamné à mort, devint capitaine élu des Lucquois et, avec
l'assistance de Pise, enleva aux Florentins et à leurs alliés
un grand nombre de places. Profitant du prestige de ces
victoires, il se fit lui-même prince de Lucques ; l'Empereur le nomma son lieutenant en Toscane et le fit accepter
comme prince aux Pisans. Il devint ainsi le chef du parti
gibelin dans toute l'Italie centrale, réunit une armée de
vingt mille hommes et méditait déjà de se rendre maître

de la Toscane tout entière. Pendant qu'il tenait la campagne contre les Florentins, à Lucques même le parti auquel il devait son élévation se souleva contre lui. A cette nouvelle il se hâta de revenir ; mais il trouva tout pacifié et soumis, de meilleurs conseils ayant prévalu. Il fit bon visage à tout le monde, invita gracieusement chez lui les chefs du mouvement, et les fit mettre à mort. Puis il conclut une trêve avec les Florentins ; et, tranquille de leur côté, il prit diverses occasions et divers prétextes pour se débarrasser par l'exil, par les confiscations, par la mort autant qu'il le pouvait, de tous ceux qui lui étaient suspects. En même temps il préparait tout pour accabler les Florentins à l'expiration de la trêve. Il lui importait surtout d'être maître de Pistoie, depuis longtemps divisée en deux factions, les Blancs et les Noirs. Il noua des pratiques avec les uns et les autres, se fit appeler en secret par les deux partis à la fois, tua les chefs des Blancs et ceux des Noirs et établit sa propre souveraineté. Enfin, appelé par le lieutenant de l'Empereur à Rome que l'absence des Papes livrait en proie à tous les désordres, il mit le comble à son prestige en y rétablissant la paix et reçut la dignité très enviée de Sénateur. — Il était dans l'ivresse de ces triomphes quand il apprit que Pistoie avait secoué son joug et que Florence armait contre lui tous les guelfes de Toscane au nombre de 40,000 hommes. Il n'en avait que 12,000 à leur opposer. En grand homme de guerre il trouva une position excellente ; mais on ne pouvait l'occuper qu'à condition d'avoir le château qui la dominait et dont le châtelain était neutre dans ces querelles. Il ne s'agissait que de le tuer par surprise, ce qui fut fait grâce à des ententes dans la place. Dans ces conditions la bataille se termina par la déroute sanglante des Florentins et eut pour suite la reprise de Pistoie. Castruccio campa à deux milles de Florence, et peu s'en fallut que la trahison ne lui en ouvrît les portes. Mais pendant que des complots formés contre lui à Pise détournaient son esprit ailleurs, les Florentins, reprenant courage et assistés par le roi de Naples, mirent sur pied une nouvelle armée et marchèrent sur Pise. Castruccio, qui les attendait au passage de l'Arno, remporta sur eux sa plus grande victoire ; il leur tua vingt mille hommes et s'empara de leur camp Mais ce fut aussi la dernière. Il prit froid à la fin de la journée, et mourut au bout de peu de jours d'une fièvre maligne. Avant de mourir il remit le pouvoir au jeune Guinigi qui était devenu son lieutenant après avoir été son pupille, et qu'il n'avait cessé d'aimer comme un fils en souvenir de son ancien bienfaiteur.

Je ne sais ce qu'on en pensera ; mais entre le *cas notable* du xiv° siècle et le cas beaucoup plus notable du xviii° et du xix° je n'aperçois pas ces ressemblances caractéristiques et frappantes que M. Taine prétend y trouver à l'appui de sa thèse. Tous deux, le petit prince et le grand empereur, ont été les artisans de leur propre fortune et, partis du plus bas échelon, se sont élevés au faîte. Tous deux ont été de grands hommes de guerre ; et les trois victoires de Castruccio, dues à la sûreté et à la rapidité de son coup d'œil militaire, permettent de croire qu'il en eût remporté de plus illustres sur un théâtre plus vaste. Tous deux ont été des politiques sans scrupule. Mais ce sont là les caractères communs d'une classe d'hommes qui se rencontre dans tous les temps et dans toutes les races, non les caractères spéciaux d'une famille héréditaire. Par contre les différences sont des plus saillantes. Castruccio est, on l'a vu, le plus aimable des hommes, le plus discret et le plus mesuré dans ses allures et dans son langage, le plus modeste avec ses égaux, le plus affable avec ses inférieurs. « Il avait tant de bonne grâce dans son accueil « que jamais personne ne le quitta mécontent, » même ceux qu'il allait faire assassiner. Il avait de l'esprit jusqu'au bout des ongles, de cet esprit sociable « qui aime à plaisan- « ter les gens et même à les mordre, mais en trouvant bon « qu'on lui rende la pareille [1]. » Cela ne ressemble guère

1. *Era di tanta grazia nello aspetto e con tanta umanità raccoglieva gli uomini che non mai li parlò alcuno che si partisse da quello mal contento. — Era ancora mirabile nel rispondere o mordere, o acutamente o urbanamente; e come non perdonava in*

à Napoléon, ses égaux et ses inférieurs en surent quelque chose; et ceux qui l'aimèrent jusqu'au bout avec le plus d'enthousiasme n'ont jamais dit qu'il fût un homme aimable. Quant à ce qu'on appelle *de l'esprit*, il avait trop de génie pour en avoir. S'il était un incomparable parleur quand il voulait, il était tout le contraire d'un agréable causeur; et quand il mordait, on ne se serait point risqué, et pour cause, à lui rendre coup de dent pour coup de dent. — D'autre part rien dans le portrait que Machiavel a peint *con amore* ne répond à cette hauteur et largeur de vues, à cette prodigieuse puissance d'organisation, de restauration, d'administration qui se révélèrent chez Napoléon dès la campagne d'Égypte et qui, dès le lendemain de Brumaire, frappèrent d'admiration et de stupeur tous les hommes de tous les métiers.

## II

Donc admettons que Napoléon, comme tout homme, a hérité quelque chose du sang qu'il avait dans les veines. Mais ne parlons pas trop des condottieri italiens du XIV$^e$ siècle à propos d'un homme qui ressemble à Wallenstein au moins autant qu'à Castruccio, à César plus qu'à tous deux, et qui, en somme, ressemble surtout à lui-même. Et continuons, sans parti pris, de comparer le portrait au modèle.

M. Taine analyse d'abord l'intelligence, — disons tout de suite le génie, — de Napoléon, comme instrument et source d'une pensée toujours tournée vers l'action; cette partie du tableau est d'une vigueur, d'une vérité, d'une plénitude insurpassables. C'est d'abord sa netteté d'esprit; même lorsqu'il ne sait pas et questionne pour s'instruire, comme il le faisait sans fausse honte dans les

---

*questo modo di parlare ad alcuno, cosi non si adirava quando non era perdonato a lui.*

premiers temps du Consulat, il éclaire par la précision lumineuse de ses questions ceux qui savent et à qui il demande la lumière. — C'est ensuite la force et la souplesse d'un esprit qui se concentre entièrement et autant qu'il le faut, sans distraction et sans défaillance, sur l'objet choisi, puis, au commandement, se porte avec la même plénitude sur un autre objet. — C'est une puissance, pour ainsi dire, infinie de travail qui ne donne aucun signe de lassitude après des séances de six ou huit heures soit de jour soit de nuit. En conséquence, « la quantité de faits « que son esprit emmagasine et contient, la quantité d'idées « que son esprit élabore et produit, semble dépasser la « capacité humaine ; et ce cerveau insatiable, inépuisable, « inaltérable, fonctionne ainsi pendant vingt ans [1]. » C'est le dédain du vague, de l'abstrait, du creux, de *l'idéologie*, comme on disait alors et comme il disait lui-même. Sa devise est : *res, non verba*. Voilà pourquoi sa tête au lieu d'être, comme celle d'un Constituant, un magasin de formules et un moulin à paroles vides, n'est peuplée que de réalités et de détails précis sur toutes choses, aussi bien sur toutes les branches de l'administration civile que sur l'emplacement, la composition, l'habillement, l'alimentation de ses troupes. « Ajoutez que si ses prévisions s'ac- « complissent, c'est que, comme les célèbres joueurs « d'échecs, il a évalué juste, outre le jeu mécanique des « pièces, le caractère et le talent de l'adversaire ; au calcul « des quantités et des probabilités physiques il a joint le « calcul des quantités et des probabilités morales, et il « s'est montré grand psychologue autant que stratégiste « accompli [2]. » — Il est cependant, par éducation première, un mathématicien ; d'où le péril de l'abstraction. Mais, à la différence de tant d'autres, il a gardé les mathématiques sous sa dépendance au lieu de se laisser dominer par elles. De bonne heure il est sorti de son cabinet pour vivre parmi les événements réels et les hommes de chair et d'os. Il a médité les uns, il a observé les autres, et s'il

1. T. V, p. 27. — 2. *Ibid.*, p. 33-34.

connaît l'homme, c'est à force d'avoir étudié les hommes. S'il tient à les comprendre, c'est pour les utiliser tels qu'ils sont et prendre chacun d'eux par où il est prenable. De là, malgré le caractère le plus entier et la volonté la plus inflexible, la merveilleuse souplesse de ses allures, de son langage et de son style. « Quand il veut imprimer
« de lui une grande idée dans le personnage qu'il a
« besoin d'éblouir, Pie VII ou l'empereur Alexandre, le
« ton courant de sa conversation est la familiarité cares-
« sante, expansive, aimable; il est alors en scène, et en
« scène il peut jouer tous les rôles, la tragédie, la comé-
« die, avec la même verve, tour à tour fulminant, insi-
« nuant et même bonhomme. Avec ses généraux, ministres
« et chefs d'emploi, il se réduit au style serré, positif et
« technique ; tout autre langage nuirait aux affaires. Pour
« les armées et le commun des hommes, il a ses procla-
« mations et ses bulletins, c'est-à-dire des phrases à effet
« et de l'emphase voulue, avec un exposé de faits simpli-
« fiés, arrangés et falsifiés à dessein, un vin fumeux,
« excellent pour échauffer l'enthousiasme, et un narcotique
« excellent pour entretenir la crédulité. En toute cir-
« constance, son style, fabriqué ou spontané, manifeste sa
« merveilleuse connaissance des masses et des individus ;
« sauf deux ou trois cas, sauf un domaine élevé, écarté et
« qui lui est demeuré inconnu, il a toujours touché juste,
« à propos, à l'endroit accessible, avec le levier approprié,
« avec la poussée, la pesée, le degré d'insistance ou de
« brusquerie qui devait être le plus efficace [1]. » — Enfin, c'est une *imagination constructive* qui produit en foule dans son esprit et offre au choix de sa volonté les combinaisons et les plans. Il a besoin de toute sa clairvoyance pour choisir entre tant de conceptions dont chacune se recommande par quelque mérite propre. Il a besoin surtout de tout son sens pratique pour ne pas se laisser entraîner à mille lieues du réel par cette imagination qui a des ailes gigantesques, et le jetterait, s'il n'y

[1]. T. V, p. 39-40.

prenait garde, dans des folies colossales. Elle l'y jettera quand, ayant reculé les bornes du possible vulgaire, il en viendra à les supprimer dans les rêves de son orgueil.

Penser ainsi, c'est déjà vouloir et agir. Mais entre sa pensée et son action la passion s'interpose ; et les premières impulsions de celle-ci sont, chez Napoléon, d'une violence extrême. Ses colères, par exemple, sont formidables, écrasantes à faire rentrer sous terre les malheureux qui les ont provoquées. Et quoiqu'on sache que souvent il les simule pour quelque raison à lui connue, on ne sait jamais si celle du moment actuel n'est pas terriblement réelle : « Nul homme plus irritable et si vite cabré, d'au- « tant plus que souvent il lâche exprès la bride à sa colère ; « car, débridée à propos, et surtout devant témoins, elle « imprime la terreur, elle extorque des concessions, elle « maintient l'obéissance ; et ses explosions, demi-calcu- « lées, demi-involontaires, le servent autant qu'elles le « soulagent. Dans le peuple et dans l'armée, on le suppose « impassible ; mais hors des batailles, où il s'est fait un « masque de bronze, hors des représentations officielles « où il s'impose la dignité obligatoire, presque toujours « chez lui l'impression se confond avec l'expression, le « dedans déborde dans le dehors, son geste lui échappe et « part comme un coup [1]. » Les mémoires du temps abondent en exemples de ces explosions soudaines. « Et « souvent la tension des impressions accumulées est trop « grande et aboutit à une convulsion physique. Chose « étrange chez un tel homme de guerre et chez un tel « homme d'état, il n'est pas rare, quand il est ému, de lui « voir répandre quelques larmes [2]. »

Ici, je ne saurais être de l'avis de M. Taine. Dans ces larmes où il ne semble voir que l'effet d'une convulsion physique, je vois le signe de sentiments sympathiques et nobles que l'énorme développement du moi n'avait point réussi à étouffer dans ce cœur qui, après tout, était un cœur d'homme ; et j'aime à voir se réaliser en lui le *men-*

---

1. T. V, p. 54-55. — 2. *Ibid.*, p. 58.

*tem mortalia tangunt* de Virgile. « Après qu'il eût quitté
« le maréchal Lannes mortellement blessé, je le vis, » dit
son valet de chambre, « pleurer pendant son déjeuner ; de
« grosses larmes lui coulaient sur les joues et tombaient
« dans son assiette [1]. » Pourquoi voir là autre chose
qu'une sincère douleur à la pensée de perdre un vieux et
fidèle compagnon d'armes ? « Devant l'émotion de Dan-
« dolo qui plaide pour Venise, sa patrie, vendue à l'Au-
« triche, il s'émeut et ses paupières se mouillent [2]. » Que
peut-il y avoir dans ces larmes sinon une émotion sympathique à la vue du sort d'une cité jadis si fière et si glorieuse, émotion stérile sans doute, puisque c'était lui-
même qui livrait Venise, mais émotion sincère et qui nous
touche parce que, sous le conquérant et le politique, elle
nous montre un homme, et qu'elle nous permet d'accepter
sans trop de réserves ce témoignage de Bourrienne :
« Hors du champ de la politique, il était sensible, bon,
« accessible à la pitié ? » Malheureusement, c'était un
champ dont il ne sortait guère. Et ces beaux accès de sympathie ont tenu bien peu de place dans sa vie ; ils n'en ont
tenu aucune dans sa conduite.

## III

Cette intelligence hors pair, cette volonté « plus formi-
« dable encore, maîtresse à domicile avant d'être la maî-
« tresse chez autrui [3], » ces impulsions véhémentes et
contenues, à quel service sont-elles ? vers quelle fin sont-
elles dirigées ? C'est la question suprême que l'historien
se pose quand, après avoir analysé et peint les hommes,
il entreprend de les juger. Et voici comment répond
M. Taine :

« Il y a chez Napoléon un instinct primordial, plus

1. T. V, p. 59. — 2. *Ibid., ibid.* — 3. *Ibid.*, p. 61.

« puissant que son intelligence, plus puissant que sa
« volonté même, l'instinct de se faire centre et de rappor-
« ter tout à soi, en d'autres termes *l'égoïsme*. L'égoïsme
« non pas inerte, mais actif et envahissant, proportionné à
« l'activité et à l'étendue de ses facultés, développé par
« l'éducation et les circonstances, exagéré par le succès
« et la toute-puissance, jusqu'à devenir un monstre, jus-
« qu'à dresser, au milieu de la société humaine, un *moi*
« colossal qui, incessamment, allonge en cercle ses prises
« rapaces et tenaces, que toute résistance blesse, que
« toute indépendance gêne, et qui, dans le domaine illi-
« mité qu'elle s'adjuge, ne peut souffrir aucune vie, à
« moins qu'elle ne soit un appendice et un instrument de
« la sienne [1]. »

Ce jugement a provoqué les protestations les plus vives et les plus indignées dans les milieux où le culte du grand empereur est une respectable tradition de famille, et dans les groupes politiques dont ce culte est le lien. Faire de Napoléon qui a tant aimé la France, qui a vécu et combattu, régné et succombé pour sa gloire un « monstrueux égoïste, » a paru dans ces milieux et dans ces groupes non seulement une erreur historique, mais un blasphème, un crime de lèse-patriotisme et, peu s'en faut, une génuflexion devant « l'étranger. » A plusieurs qui ne sont point enrôlés et jugent d'un esprit plus libre, la sévérité de l'arrêt a paru excessive. Essayons, à notre tour, de motiver une réponse à cette question qui ne doit point être de sentiment ou de parti, mais de morale, de psychologie et d'histoire.

A moins de fermer les yeux à la lumière, il faut bien reconnaître chez Napoléon *l'ambition*, une ambition qui est tellement lui-même, qui est tellement identifiée avec tout son être, qu'au premier moment *il ne la voit pas* en lui comme sentiment et principe distinct. Rien de plus sincère et de plus profond que son mot à Rœderer, et la correction de ce mot par lui-même : « Moi, je n'ai pas

[1]. T. V, p. 82.

d'ambition, » lui dit-il d'abord. Cela est si énorme à dire et à entendre, qu'un peu de surprise se peint inévitablement dans la physionomie de l'auditeur. Et Napoléon reprend tout de suite : « ou, si j'en ai, elle m'est si natu-
« relle, elle m'est tellement innée, elle est si bien attachée
« à mon existence, qu'elle est comme le sang qui coule
« dans mes veines, comme l'air que je respire [1]. » Elle est restée d'abord à l'état vague, un désir et une volonté de s'élever aussi haut que possible dans les conditions quelconques d'un avenir où rien ne se dessine encore. C'est à Lodi, comme il en fit confidence plus tard, qu'elle prend corps sous forme d'un rêve plus net. Un moment, en Italie, dès avant cette campagne d'Égypte qu'il a visiblement entreprise pour sa propre gloire, pour se grandir, se donner du prestige et s'ouvrir des issues, son ambition s'égare vers l'Orient, le seul pays où il y ait *quelque chose à faire* ; et elle trahit ainsi son caractère tout personnel. Pendant les enivrements de cette rapide épopée, le rêve devient tout un poème, et il se voit non plus seulement conquérant et fondateur d'empire, mais prophète et fondateur de religion. « Je créais une religion ; je me
« voyais sur le chemin de l'Asie, monté sur un éléphant, le
« turban sur ma tête, et dans ma main un nouvel Alcoran
« que j'aurais composé à mon gré. » De retour en France, son ambition se précise ; elle se résigne à l'Europe, à cette Europe qui, disait-il, n'est qu'une taupinière. Mais là elle n'accepte pas de limites. Elle monte et monte sans cesse, hantée par les visions de l'empire romain et de Charlemagne, ne pouvant se contenter à moins d'un monde, ne voyant dans chaque but atteint qu'une étape et non un terme, atteignant des hauteurs si abruptes qu'on ne peut ni s'y établir, ni les redescendre par une pente ; il faudra s'élever plus haut encore ou tomber brusquement. Sous cette impulsion il perd, lui si clairvoyant et si pratique, le discernement du possible et de l'impossible ; il ne voit pas ou il dédaigne l'obstacle qui se dresse devant lui comme

1. Rœderer, t. III, p. 495.

un mur ; il use, contre une résistance qu'il ne brisera pas, des forces qui, mises en réserve, l'eussent sauvé plus tard.

Une ambition si démesurée suppose un *orgueil* égal. Le sien est, comme son ambition, tellement lui-même qu'il n'a pas plus besoin de s'envelopper dans des périphrases que de s'afficher : « Mes peuples d'Italie, » écrit-il au prince Eugène, « doivent me connaître assez pour ne « point oublier que j'en sais plus dans mon petit doigt « qu'ils n'en savent dans toutes leurs têtes réunies [1]. » Si son règne est une centralisation à outrance où tout part de lui et aboutit à lui, ce n'est pas seulement par principe de gouvernement et par une idée exagérée des attributions du pouvoir central, c'est encore parce qu'il se tient pour le seul capable. Comparant les autres hommes à lui, il les juge d'espèce inférieure; il les méprise au point de vue intellectuel; il les méprise au point de vue moral, étant persuadé que les hommes ne sont conduits que par l'intérêt ou par quelque entraînement exalté et aveugle, et ne croyant, dit Chaptal, ni à la vertu ni à la probité, deux mots qui étaient pour lui des abstractions.

Il se considère donc « comme un homme isolé dans le « monde, fait *pour le gouverner et pour diriger tous les* « *esprits à son gré*[2]. » C'est le dernier trait et le plus en vue. Il est *dominateur et despote* ; il transporte dans la politique intérieure, dans la vie civile, dans la vie domestique les habitudes du commandement militaire; il n'admet pas qu'on résiste, qu'on discute l'ordre, qu'on y contrevienne en quoi que ce soit, qu'on se réserve un coin d'indépendance, qu'on ait d'autres amis ou d'autres ennemis que les siens, qu'on ait une initiative, qu'on pense autrement qu'il ne veut. Sa prétention est d'être maître des âmes et de les transformer en instruments dociles. Et sa prétention réussit dans l'ordre politique. Les semblants de liberté, de discussion et de contrôle que contenait la Constitution consulaire disparaissent ; il veut être le

1. Lettre du 14 avril 1806.
2. M. de Metternich, t. I, p. 284.

maître absolu, et il l'est. Il l'est, sauf dans un domaine que les Césars de tous les temps ont vainement essayé d'envahir, le domaine de la conscience chrétienne et de l'Église catholique. Là, il se heurte, à sa grande surprise et à sa grande colère. Et, tout de suite, il devient persécuteur.

Ambition, orgueil, despotisme, trois manières de se faire centre et de rapporter tout à soi, trois formes donc ou trois éléments de l'égoïsme. Quand ces trois instincts sont dans une âme, au degré surtout où nous les voyons dans celle-ci, il n'y a qu'un moyen de barrer le chemin au monstre : le sentiment du devoir, la distinction énergiquement maintenue entre le bien et le mal, en un mot la moralité. Or celle-ci est la chose du monde la plus étrangère à l'âme de Napoléon quand il s'agit de sa propre conduite. Il sait ce que c'est que la justice, et il en a eu souci quand il travaillait, dans les célèbres séances du Conseil d'État, à la rédaction du Code civil. Là, « il revenait toujours à « deux questions : cela est-il *juste* ? cela est-il *utile* ? et « il examinait chaque chose en elle-même sous ces deux « rapports[1]. » Mais lui, il est au-dessus des règles communes, de celles de la justice comme des autres. Il pratique systématiquement le mensonge avec autant de dextérité que d'audace. Il se fait aussi peu de scrupule de violer le droit des gens que le droit naturel. Il les viole à la fois l'un et l'autre dans l'enlèvement et l'exécution du duc d'Enghien. Accepté comme arbitre par le vieux roi d'Espagne et son fils, il renouvelle une scène de La Fontaine et

Met les plaideurs d'accord en croquant l'un et l'autre.

Il essaye, par un escamotage digne de Regnard, de faire signer au cardinal Consalvi, au lieu du Concordat convenu entre les deux puissances, une pièce fausse où le Saint-Siège accorde tout ce qu'il a refusé. Je ne cite que quelques cas ; ils révèlent tout un système, tout un ensemble de

---

1. Rœderer, t. III, p. 380.

maximes politiques que le Prince de Machiavel n'aurait pas désavouées et qui sont la suppression hardie de toute morale. Et si quelqu'un, pour lui résister, se retranche derrière sa conscience, il lui répond : « Votre conscience n'est qu'une sotte. »

La justice historique nous fait donc une loi de porter sur Napoléon un jugement moral plus sévère que celui de M. Taine, parce que nous voyons en lui ce que M. Taine ne peut pas voir, un agent responsable.

Et pourtant nous ne souscrirons pas sans réserve à sa formule qui explique Napoléon tout entier par l'égoïsme.

L'égoïsme est le plus ingénieux des sophistes à se dissimuler et à se parer, à nous donner cette illusion que nous faisons par dévouement ce que nous faisons par intérêt, pour autrui ce que nous faisons pour nous-mêmes. S'il arrive que nous nous servions en servant une cause, il n'a pas de peine à nous persuader ce que nous persuadons au public, à savoir que nous aimons la cause pour elle-même. Et il devient vrai en quelque mesure que nous l'aimons ainsi, parce que, outre qu'elle nous est un moyen pour atteindre nos fins personnelles, elle est devenue comme une partie de nous-mêmes. Et désormais tout ce que nous faisons pour nous, nous croyons, presque sincèrement, le faire pour elle. L'effet est bienfaisant tant que les deux intérêts, le sien et le nôtre, s'accordent. Mais dès qu'ils commencent à diverger, le *moi* qui semblait s'oublier commence à reparaître, à reprendre visiblement le premier rang, à se subordonner tout ce qui n'est pas lui. A mesure que la divergence s'accroît, il devient plus envahisseur et plus absorbant Finalement tout lui est sacrifié.

Il en fut ainsi pour Napoléon.

Les belles années du Consulat furent cette phase heureuse où les intérêts de sa propre grandeur ne faisaient qu'un avec les intérêts de la France, de son indépendance et de son rang en Europe, de sa paix religieuse et de sa réorganisation sociale. Lorsqu'il battait les Autrichiens à Marengo, lorsqu'il faisait la paix avec l'Angleterre, lorsqu'il signait le Concordat, lorsqu'il reconstituait les finances, la législation, l'administration, il travaillait pour elle en même temps que pour lui-même et pour la couronne impériale qu'il avait en perspective. A ce moment il n'est pas vrai de dire « qu'il ne l'aime que comme un « cavalier aime son cheval, pour se servir de lui et non « pour le servir [1] ; » car à ce moment *c'est tout un de lui et d'elle* [2], et la gloire d'être le pacificateur du monde, le sauveur et le régénérateur d'un grand peuple est mieux qu'une gloire égoïste.

On sait trop de quelle courte durée fut cet heureux accord. Dès avant la rupture du traité d'Amiens, le souci de la grandeur personnelle de l'homme, de son prestige, de sa puissance, de sa souveraineté impérieuse qui ne supporte en face d'elle aucune indépendance, prend le pas sur l'intérêt général. Et à partir de ce moment, d'année en année, l'écart devient plus sensible, l'orgueil plus intraitable, l'ambition plus chimérique, le despotisme plus pesant. Guerre après guerre et traité après traité, l'intérêt public commande plus clairement de s'arrêter dans ces agrandissements qui déjà passent la mesure, de laisser respirer la France, de la réconcilier une bonne fois, et de bonne foi, avec l'Europe qui voit en elle l'ennemie de la liberté du monde, de ne pas se lancer dans des entreprises dont le succès sera stérile, dont l'insuccès peut amener d'irréparables catastrophes, de ne pas commencer, de ne pas poursuivre le dessein d'asservir les âmes et d'être pape en même temps qu'empereur. Et l'intérêt public est constamment sacrifié, parce qu'il imposerait des sacrifices à cet orgueil, à cette ambition et à ce despotisme. La guerre d'Espagne, la campagne de Russie, la captivité de Pie VII, l'équipée des Cent Jours sont les exemples les plus éclatants, mais non pas les seuls, de ces conflits où l'égoïsme triomphe.

Et remarquez ici la « justice immanente » des choses.

---

1. T. V. p. 111.

2. C'est le mot charmant et vrai de saint François de Sales à propos du Pape et de l'Église.

Le dévouement au bien public est un sentiment élevé et calme qui trouve dans sa hauteur sa sérénité et sa lumière. Il ne garantit pas des fautes, mais il garantit des folies aveugles. Il n'obscurcit pas, il rend plus nette au contraire cette perception juste de la réalité qui est la condition première pour discerner le possible de l'impossible.
— La passion égoïste est un sentiment inférieur et troublant qui fausse la vue et le jugement des choses en les montrant non telles qu'elles sont, mais telles qu'il les veut. Elle grossit à l'infini les ressources, elle atténue à l'infini les obstacles ; elle fait entrer dans les calculs des valeurs imaginaires et en élimine des valeurs réelles. —
A égalité, même à infériorité de génie, l'homme d'État que le premier sentiment anime épargne donc à sa patrie et s'épargne à lui-même par contre-coup les catastrophes immenses qui tôt ou tard suivent les immenses folies politiques. A égalité, même à supériorité de génie, l'homme d'État que le second sentiment égare court à ces catastrophes ; il y fait périr la nation qu'il tient sous son éperon, haletante et épuisée, et, par contre-coup, il y périt lui-même. Il amène deux fois à Paris les armées étrangères, et il va mourir à Sainte-Hélène.

## IV

Il n'est pas interdit à l'historien et au moraliste de spéculer sur ce qui aurait pu être si les personnages qui ont joué un rôle prépondérant dans l'histoire avaient été autres qu'ils ne furent, je veux dire s'ils avaient agi par d'autres motifs que ceux qui les dirigèrent. Ce sont des rêves, mais des rêves instructifs parce qu'ils nous aident à comprendre l'importance du « facteur moral » dans les événements humains.

Prenons donc Napoléon à la paix d'Amiens ; donnons lui « la moralité qui lui manque ; » supposons-le animé uniquement ou principalement de l'amour du bien public, et voyons-le à l'œuvre. Il est le maître. Jamais assemblée constituante n'a eu plus que lui les pleins pouvoirs de la nation. Il lui a rendu en deux ans d'incomparables services. Il lui a donné la gloire et la paix ; il a remis chez elle l'ordre et la prospérité ; il lui a rendu son Dieu. Il veut consolider ces bienfaits, car il ne travaille pas pour lui-même et pour son propre intérêt viager, mais pour l'avenir et, s'il se peut, pour les siècles.

Avant tout, il va rayer de sa politique toute pensée d'agrandissement ultérieur ou d'ingérence au dehors ; la France est assez grande, et l'Europe a besoin d'être rassurée. Il se gardera donc d'annexer le Piémont et d'intervenir dans les affaires helvétiques ; il entretiendra ainsi avec les puissances continentales, dont aucune n'est tentée de lui chercher querelle, des rapports de confiante et loyale amitié ; et l'Angleterre, moralement isolée, n'aura plus un prétexte décent pour ajourner, en ce qui concerne Malte, l'exécution du traité d'Amiens.

En second lieu il appliquera le Concordat dans un esprit de cordiale entente avec le Saint-Siège et de respect sincère pour la distinction du spirituel et du temporel. Car il ne l'a pas signé pour asservir l'Église et s'en faire un *instrumentum regni*, mais parce que la France avait droit à la restauration de son culte séculaire et parce que la société civile est la première intéressée à ce que l'Église puisse remplir librement sa grande mission moralisatrice. Il jouera franc jeu avec elle, comme elle joue franc jeu avec lui ; il ne retirera pas d'une main ce qu'il a accordé de l'autre, et il n'édictera pas les Articles organiques.

Il a trouvé l'esprit public affaissé et éteint ; comment ne le serait-il pas au sortir des régimes meurtriers et des atmosphères délétères où il a vécu depuis dix ans ? Il se gardera bien de profiter de cette situation pour la prolonger et la rendre définitive en confisquant au profit du pouvoir central les libertés et les initiatives qu'on lui livre parce qu'on n'en sait plus faire usage. Il mettra tous ses soins à refaire l'esprit public, à rechercher et à encourager les concours, à convaincre la France que si, provisoirement, il fait tout, ce n'est pas par goût et par système, mais parce qu'il faut bien que tout se fasse ; que d'ailleurs, pour tout ce qui n'est pas fonction essentielle de l'État, il laisse toutes portes ouvertes à l'action individuelle ou collective des citoyens ; que par exemple il fonde l'Université officielle parce qu'il importe que l'enseignement, partout désorganisé ou détruit par la Révolution, soit reconstitué partout à la fois, ce que lui seul peut faire, mais que, loin de réclamer pour elle le monopole, il accepte et souhaite la concurrence comme une émulation à qui fera le mieux, et que, si les congrégations enseignantes d'autrefois parviennent à se reformer, il s'en félicitera comme d'un utile allègement à un fardeau trop lourd.

Enfin il sait bien que le coup d'État de Brumaire et la Constitution de l'an VIII n'ont pas résolu la question de savoir ce que sera, dans l'avenir, le gouvernement de la France. Il se la pose à lui-même en se demandant, comme au Conseil d'État, qu'est-ce qui est juste en soi et qu'est-ce qui est utile à la France.

Son lumineux esprit, pleinement dégagé des préjugés révolutionnaires, a compris que l'expérience de la République n'est point à renouveler, que, si la France refleurit sous une étiquette encore républicaine, c'est grâce à lui et à sa propre dictature, mais que toute dictature est éphémère, que la sienne a porté presque tous ses fruits, qu'il s'agit maintenant de faire du définitif, et que ce définitif ne peut être que la monarchie.

Quelle monarchie ? La sienne ? S'il le veut, c'est fait. Mais doit-il le vouloir ? Le fécond mariage qui, depuis huit cents ans, unissait le peuple de France à sa maison royale a-t-il été valablement dissous par les faits révolutionnaires ? Suffit-il de couper la tête d'un roi pour qu'une dynastie soit déchue ? Ne se souvient-il pas qu'avant le coup d'État de Fructidor, un mouvement national de plus en plus visible acheminait la France vers une restauration monarchique ? Ce que la violence empêcha alors, pourquoi sa toute-puissance ne l'accomplirait-elle pas aujourd'hui ?

Sans doute au lendemain de Brumaire il était trop tôt ; le poids de tant de ruines à relever à la fois eût été trop lourd, après dix ans d'exil, pour les mains royales. Mais aujourd'hui la France est refaite ; sa situation est reconquise en Europe ; les grandes questions sont résolues par le Concordat et le Code civil. Pourquoi le Premier Consul n'amènerait-il pas au-devant l'une de l'autre la nouvelle France et la vieille royauté pour les réconcilier l'une avec l'autre dans un embrassement qui serait son ouvrage et sa suprême gloire [1] ?

Oui, cela serait juste. Et cela serait utile aussi, car c'est la seule solution qui ne soit pas un expédient. Cependant le Premier Consul voit un obstacle possible, un obstacle formidable devant lequel il faudra s'arrêter s'il existe. A travers les violences et les crimes des dix dernières années, la France a contracté un nouveau mariage, non plus politique, mais social, avec un régime nouveau qui est celui de l'égalité civile. Il est certain qu'elle ne veut à aucun prix de l'ancien régime qui était celui des privilèges. Si la royauté ne revient qu'avec cet ancien régime, son retour est inutile parce que son maintien est impossible. Il faut donc avant tout éclaircir ce doute ; il faut que la vérité vraie soit dite et que la condition *sine qua non* soit posée et acceptée. Et comme il s'agit de tout l'avenir de la France, il faut, si, contre toute attente, la situation n'était pas comprise du premier coup, s'y reprendre et attendre. Car rien ne presse ; et le provisoire peut durer autant qu'il sera nécessaire, parce que l'homme qui est tout dans ce provisoire ne songe pas à l'éterniser à son profit. Mais il ne durera pas longtemps. La condition est d'une nécessité si manifeste, le retour au passé est si visi-

---

1. Cela a été dit dans un morceau des *Méditations poétiques* qui mérite de n'être pas oublié, malgré quelques expressions qui datent :

> Ah ! si, rendant ce sceptre à ses mains légitimes,
> Plaçant sur ton pavois de royales victimes,
> Tes mains des saints bandeaux avaient lavé l'affront,
> Soldat vainqueur des rois, plus grand que ces rois même,
> De quel parfum divin, de quel pur diadème
> La gloire aurait sacré ton front !

blement impossible, l'œuvre à accomplir est si magnifique, si digne des traditions toujours populaires de la monarchie française que l'obstacle s'évanouira bien vite. Et le Premier Consul, au moment de n'être plus que le premier Français, pourra dire avec plus de vérité qu'au 19 Brumaire : *La Révolution est finie.*

## V

Voilà le rêve, dont la réalité a été le contre-pied. Il y a eu dans l'histoire des hommes qui auraient fait cela, des hommes à qui l'occasion seule a manqué de le faire, des hommes qui, dans des circonstances différentes, ont montré qu'ils étaient capables de le faire, des hommes dont, à cause de cela, la gloire est immaculée et dont le nom ne traverse les lèvres humaines qu'accompagné d'un respect presque religieux. Et ces hommes ont mérité qu'on mît sur leur tombe la simple et sublime épitaphe de Washington qui fut l'un d'eux : *Premier dans la guerre, — premier dans la paix, — premier dans les cœurs de ses concitoyens* [1]. Pour être de cette troupe sans tache, pour marcher à sa tête par la grandeur des bienfaits, pour laisser une gloire universellement bénie, qu'a-t-il manqué à Napoléon? Une seule chose : la vertu.

Et parce qu'elle lui a manqué, sa gloire n'est point bénie et ne mérite pas de l'être. Et puisqu'il faut enfin répondre comme ferait un juré à la redoutable question que je posais plus haut, ma réponse, donnée avec tristesse, est que, *dans l'ordre politique*, il a fait plus de mal que de bien à la France.

Il lui a fait un bien auquel je n'ai pas marchandé les

---

[1]  First in war,
     First in peace,
     First in the hearts of his countrymen.

hommages. Je tiens le Consulat, — en dépit de bien des symptômes déjà menaçants et jusqu'à l'inexpiable forfait des fossés de Vincennes, — pour une des plus belles et des plus fécondes époques de notre histoire. Je comprends et j'aurais partagé l'ivresse que causa à la France, après le plus cruel des hivers, cette merveilleuse germination printanière. Ce sont là des services inoubliables.

Je ne suis point insensible aux gloires qui ont suivi. Austerlitz, Iéna, Wagram, sont des noms consacrés par l'incomparable vaillance des armées françaises et l'incomparable génie de leur chef. Aucun fragment d'épopée n'est plus beau que cette campagne de 1814 où chaque pas jusqu'au dénouement fatal est une victoire héroïque. Mais si nous relisons telle qu'elle fut l'histoire politique et militaire de l'Empire, si nous la suivons depuis le premier jusqu'au dernier chant du poème, si nous nous plaçons, pour la juger, au point de vue du vrai patriotisme, au point de vue de l'intérêt et du bien de la France, comment hésiter à reconnaître qu'il eût mieux valu que l'Empire ne fût pas? La gloire militaire, le fier sentiment de la valeur des armées nationales, la vieille France et la nouvelle France nous les avaient donnés avec une surabondance magnifique ; et dans cette moisson splendide, la part personnelle du général Bonaparte était la plus belle de toutes. Supprimez par la pensée les victoires de l'Empire, la France reste assez riche de gloire. Elle a quelques noms retentissants de moins ; mais en revanche combien de noms funèbres, quels désastres sans exemple, quel effondrement final deux fois répété, quelles invasions, quelle longue occupation de son territoire, quelle rançon ruineuse, quel abaissement en face de l'Europe lui sont épargnés ! Les noms sont trop douloureux à citer ; mais prenez d'un côté la France de 1804 au lendemain de Marengo et à la veille de l'Empire, de l'autre la France de 1815 au lendemain de Waterloo et à la chute de l'Empire ; comparez et jugez.

Puis qui pourra dire quels germes dangereux sont restés dans l'Europe centrale à la suite de ces guerres où elle fut presque constamment humiliée par la conquête française et foulée par les pas de nos armées, quels souvenirs amers y ont couvé génération après génération, quelles rancunes, quelles soifs de revanche, mal apaisées par nos désastres de 1814 et de 1815, quelle tendance chez les nations étrangères à tenir la France en suspicion comme un peuple envahisseur, pour quelle part enfin les blessures que l'Empire a faites ont contribué à celles que nous avons reçues et dont nous saignons encore ?

Telles sont les responsabilités et les fruits de l'Empire dans la politique extérieure. Ils n'effacent pas les bienfaits du Consulat, mais ils font beaucoup plus que les balancer.

Quant à l'état intérieur de la France et aux effets que le gouvernement consulaire et impérial y a produits en bien et en mal, il est impossible de les juger tout à fait à part, parce que la politique extérieure et militaire de Napoléon a eu, là aussi, son retentissement très funeste. C'est grâce à elle que la Restauration s'est opérée dans des conditions douloureuses qui, mal interprétées par l'amour-propre national, lui ont créé des difficultés presque insurmontables, et que ce gouvernement sauveur, à qui l'histoire rend une justice de plus en plus éclatante, a eu contre lui dès le début la coalition de l'esprit révolutionnaire et de l'esprit militaire. C'est grâce à la criminelle folie des Cent Jours que la paix sociale entre les anciens amis de la royauté et les hommes des temps nouveaux a été retardée. C'est sous l'action de ces causes que la vieille royauté a succombé après quinze années de bienfaits, et que la France a repris le chemin des révolutions engendrant les révolutions. Nous en souffrons encore, et Dieu sait quand nous cesserons d'en souffrir.

## VI

Examinons maintenant avec M. Taine l'organisation que Napoléon a donnée à la France. Ses actes politiques ne durent que dans leurs conséquences. Ses institutions, en grande partie, subsistent encore et sont la forme de notre société actuelle.

Je ne parle pas, bien entendu, des institutions représentatives. Au début du Consulat il y en eut une ombre, laborieusement construite par Sieyès. Mais cette ombre elle-même ou s'évanouit officiellement, comme le tribunat qui s'était permis quelques velléités d'opposition, ou cesse de représenter autre chose que la volonté du maître en qui seul est la réalité du pouvoir. Il n'y a point lieu de s'en étonner. Même dans un état de paix habituelle, Napoléon se fût mal accommodé d'un régime de discussion et de contrôle ; il n'aimait la parole que pour lui-même et à ses heures choisies. Mais dans un état de guerre habituel où tout doit être secret et rapide, tout ce qui ressemble à la liberté de la tribune, comme tout ce qui ressemble à la liberté de la presse, est un contresens et un péril. Une nation toujours en guerre est comme une place assiégée ; le seul régime qui lui convienne est le régime de l'état de siège. Ce fut le régime de la France pendant tout le règne.

La pensée du réorganisateur se porte tout d'abord sur les pouvoirs locaux. Ils étaient tous, depuis l'Assemblée constituante, le produit de l'élection. Et le résultat était détestable. « Tous les services publics étaient désorgani-
« sés, anéantis ou pervertis ; ni justice, ni police ; des au-
« torités qui s'abstiennent de poursuivre, des magistrats
« qui n'osent condamner, une gendarmerie qui ne reçoit
« pas d'ordres ou ne marche pas ; le maraudage rural
« érigé en habitude ; dans quarante-cinq départements, des
« bandes nomades de brigands armés ; les diligences et les
« malles-poste arrêtées et pillées jusqu'aux alentours de
« Paris ; les grands chemins défoncés et impraticables ; la
« contrebande libre, les douanes improductives, le Trésor
« vide, ses recettes interceptées et dépensées avant de lui
« parvenir ; çà et là des communes qui, sous prétexte de
« défendre la République contre les communes voisines,
« s'exemptent elles-mêmes de la conscription et de l'im-
« pôt ; des conscrits à qui leur maire délivre des certificats

« faux d'infirmité ou de mariage, qui ne viennent pas à
« l'appel, qui, acheminés vers le dépôt, désertent en route
« par centaines, forment des rassemblement et se défen-
« dent contre la troupe à coups de fusil ; tels étaient les
« fruits du système. Avec des agents fournis par l'égoïsme
« et l'ineptie des majorités rurales, le gouvernement ne
« pouvait contraindre les majorités rurales. Avec des
« agents fournis par la partialité et la corruption des *mino-*
« *rités* urbaines [1], le gouvernement ne pouvait réprimer
« les minorités urbaines [2]. »

Napoléon met ordre à tout cela. Du haut en bas de l'échelle administrative, c'est lui qui nomme les agents du pouvoir, les maires de toutes les communes, les préfets et sous-préfets de tous les départements et arrondissements. Il choisit bien, et il est bien servi parce que chacun se sent sous un contrôle vigilant et sévère, et que chacun peut espérer une récompense à son zèle. Il prend autant qu'il le peut ses préfets parmi les hommes qui ont acquis quelque expérience dans le maniement des affaires ; et plus d'un ancien Jacobin devient ainsi fonctionnaire impérial et porteur d'habit brodé. Mais ce sont des exceptions, et il préfère, quand il en trouve, des gens d'opinions modérées, tel qu'est Chaptal, son excellent ministre. Il choisit les conseillers généraux parmi les plus imposés du département [3], les conseillers municipaux parmi les plus imposés de la commune, les maires parmi les conseillers municipaux. Il prend ainsi pour maires dans chaque commune les personnages les plus importants et les plus considérés ; et il refait de cette manière une sorte de hiérarchie sociale.

Ces bonnes traditions se conserveront sous les régimes

1. Les statistiques prouvent que, pendant toute la Révolution, la minorité seule, et souvent très petite, usait du droit de suffrage dans les villes.

2. T. V, p. 126-127.

3. « Tous les propriétaires notables de la Haute-Garonne, » dit M. de Villèle dans ses Mémoires, « faisaient partie du Conseil général. »

suivants et jusqu'à la chute du second Empire, avec un temps d'arrêt et une baisse de niveau à chaque révolution. Le personnel préfectoral de la Restauration a été de premier ordre tant pour la capacité administrative que pour l'autorité morale et la distinction mondaine. Sous Louis-Philippe, il y eut, au début, des choix malheureux imposés par les appétits des vainqueurs ; et, pendant tout le règne, les plus hauts rangs de la société cessèrent de fournir leur contingent. Néanmoins les hommes distingués qui occupèrent successivement le ministère de l'Intérieur travaillèrent non sans succès à former un personnel d'administrateurs habiles qui fissent bonne figure dans le monde. Sous Napoléon III, il y en eut de toutes les espèces, depuis les meilleures jusqu'aux plus médiocres. A tout prendre cependant la France, à travers toutes les aventures, demeura un pays bien administré par des gens bien élevés.

Trop administré ; car les préfets sont dans leurs départements des vice-rois beaucoup plus absolus que n'étaient les intendants dans leurs généralités. Partout, dans l'ancienne France, même sous Louis XIV, même en dehors des pays d'États, subsistaient des fragments des anciennes autonomies générales, provinciales et surtout locales. Les privilèges de la noblesse et du clergé limitaient le pouvoir royal ; les Universités, les corporations avaient une vie propre. « Dans les communes urbaines une assemblée
« délibérante, élue par toutes les corporations et commu-
« nautés de l'endroit, formait un conseil municipal qui
« votait et prenait des résolutions dans les occasions ma-
« jeures ; à sa tête était un gérant collectif, *le corps de*
« *ville* qui comprenait les divers officiers municipaux, tan-
« tôt élus par l'assemblée, tantôt acquéreurs, héritiers et
« propriétaires légaux de leur office, abrités contre les ca-
« prices administratifs, défenseurs de l'intérêt local contre
« le pouvoir central. Au village, les chefs de famille,
« assemblés sur la place publique, délibéraient en com-
« mun sur leurs affaires communes, se taxaient pour
« entretenir l'école, réparer l'église ou la fontaine, intenter

« ou soutenir un procès [1]. » — La Révolution qui, conformément aux principes du *Contrat social*, ne souffre pas de sociétés particulières dans la société générale, avait détruit d'un trait de plume toutes ces résistances collectives et placé en présence l'un de l'autre l'individu isolé et l'État tout-puissant. Mais pendant toute la période révolutionnaire, sauf l'épisode violent de la Terreur légale, cette souveraineté absolue de l'État n'a été le plus souvent qu'anarchie et impuissance. Pour la première fois, sous une main énergique, l'application du principe devient une réalité vivante.

Napoléon a trouvé les 36,000 communes de France « à l'état d'orphelines, filles délaissées ou pillées par les « tuteurs municipaux de la Convention et du Directoire. » Il devient lui-même leur tuteur vigilant et économe, prenant pour point de départ qu'elles sont et doivent rester des mineures perpétuelles. Il achève donc d'y éteindre et empêche de s'y rallumer toute vie propre et autonome. Par d'ingénieux procédés il confisque à son profit les élections à je ne sais combien de degrés imaginées par Sieyès et inscrites dans la Constitution de l'an VIII. Il limite à quinze jours par année les sessions des conseils généraux et municipaux. « Chacun d'eux reçoit de la préfecture son « budget presque définitif et tout dressé. En fait de recettes, « son autorité se borne à voter certains centimes additionnels « dans les limites établies par la loi ; et encore sa décision « n'est exécutoire qu'après l'examen et l'approbation de « la préfecture. Même procédé pour les dépenses ; en fait, « le conseil n'est que consultatif ; c'est le délégué du gou-« vernement, maire, sous-préfet, préfet, qui commande ; « ayant l'iniative préalable, la direction continue et la con-« firmation terminale, pendant deux semaines il régente « le conseil, puis pendant onze mois et demi il règne seul « dans la société locale. Sans doute il est comptable ; et, « dans la commune par exemple, le conseil municipal peut « débattre ses comptes. Mais le rôle de celui-ci est le rôle

---

1. T. V, p. 371-372.

« du chœur dans la tragédie antique ; il assiste, écoute,
« approuve ou blâme au second plan et en sous-ordre ; et
« les personnages principaux de la pièce restent maîtres
« d'agir à leur guise. Effectivement ce n'est pas au conseil
« municipal que le maire rend ses comptes, mais au sous-
« préfet qui les arrête définitivement et lui donne décharge
« quoi que puisse dire le conseil. Et si quelque conseiller se
« montre trop récalcitrant, le préfet peut le suspendre de ses
« fonctions [1]. » — C'est ainsi que tout ce qui est élection,
délibération, initiative, participation à une vie collective,
action commune en vue des intérêts communs s'efface ou
ne subsiste plus qu'à l'état d'apparence et de décor. C'est
ainsi que la tendance déjà ancienne à se décharger de tout
sur l'État et à attendre tout de lui est non seulement en-
couragée, mais légalement imposée par l'État lui-même.
Aux tâches essentielles qui sont sa raison d'être et en vue
desquelles il a été institué, l'État ajoute toutes les tâches
pour lesquelles il n'est pas fait et que les sociétés particulières, sous sa protection et sa surveillance, accompli-
raient mieux que lui. Désormais le devoir du citoyen est
de ne se mêler de rien, sinon comme fonctionnaire ; le
devoir du gouvernement est non seulement de se mêler de
tout, mais de tout faire à lui seul.

Voilà de quelle façon la centralisation impériale forme
l'esprit public. C'est toujours le principe du *Contrat
social : aliénation totale de chaque associé avec tous ses
droits à la communauté*, mais avec cet article additionnel
que la communauté a délégué, par plébiscite, tous ses
droits à l'Empereur.

M. Taine saisit vivement l'esprit qui a présidé à l'établissement du système, et la confusion fondamentale qu'il
implique entre les attributions de l'État comme État et
celles qui, en soi, restent hors de son domaine. Il montre
à merveille comment ce grand outil qui est la puissance
publique et centrale est d'autant moins propre à remplir
les secondes qu'il est mieux adapté aux premières. Mais

---

1. T. V, p. 383-384.

il conclut trop vite et trop absolument que l'État empiète, usurpe et puise illégitimement dans la bourse des contribuables toutes les fois qu'il étend son action au delà de ses tâches propres et nécessaires. Et nous serions tentés de lui reprocher ici ce qu'il a si justement reproché aux idéologues du xviiie siècle, de s'enfermer dans l'abstrait et d'y perdre de vue le réel.

Supposons, en effet, que des crises meurtrières aient brisé ou paralysé les forces privées qui, auparavant, accomplissaient les tâches placées en dehors de la compétence de l'État. Supposons qu'ainsi tout soit à la fois par terre, et que tout ait besoin d'être à la fois relevé, services privés aussi bien que services publics. Supposons qu'un gouvernement fort, et réparateur parce qu'il est fort, surgisse du milieu de ces ruines. Irez-vous lui dire : « Faites *ceci*, parce que *ceci* est du domaine de l'État ; mais ne touchez pas à *cela*, parce que, selon une théorie dont nous vous démontrons la vérité, *cela* est en dehors de son domaine ? » Que vous répondra ce gouvernement, que nous supposerons exclusivement préoccupé du bien public, entièrement pur de tout esprit césarien, de toute intention usurpatrice et absorbante ? Il vous répondra : « Il est de l'intérêt général, d'un intérêt urgent et manifeste, que *cela* se fasse aussi bien que *ceci*; le relèvement social est à ce prix. Mais dans l'état présent de la société et de l'esprit public, la question n'est pas si *cela* se fera par moi ou par d'autres ; elle est de savoir si *cela* se fera par moi ou ne se fera pas du tout. Car il n'y a que moi qui, actuellement, puisse et veuille le faire. En m'en chargeant je sais que je mets sur mes épaules un fardeau auquel elles ne sont pas adaptées. Aussi ne le fais-je pas pour confisquer l'initiative des forces privées, soit individuelles, soit collectives, mais pour la suppléer pendant qu'elle est inerte et impuissante. Dès maintenant, je lui laisse le champ libre ; je l'encourage, je fais de mon mieux pour hâter son réveil ; sur ce terrain qui n'est pas le mien, je favoriserai son occupation progressive par une évacuation correspondante. Et le jour où l'occupation sera complète, je rentrerai dans mes frontières, non comme un vaincu qu'on chasse d'un territoire usurpé, mais comme un tuteur qui rend fidèlement compte de sa gestion à un pupille devenu majeur. » Il répondra bien et son œuvre aura été légitime autant qu'utile, parce que son esprit aura été pur. Mais il est trop visible que ni l'Empire, ni même le Consulat ne peuvent donner cette réponse. Et l'erreur théorique de M. Taine ne retire rien à l'équité de sa sentence sur l'un et sur l'autre.

## VII

La seconde question dont s'occupe le puissant réorganisateur est la question religieuse.

Il est clair pour lui que les choses ne peuvent pas rester telles qu'il les a trouvées à son avènement au pouvoir. La Constitution de 1791 a fait au clergé dit constitutionnel une situation officielle que les événements révolutionnaires ont voilée, mais qu'aucun acte législatif n'a détruite. Elle a fait au clergé insermenté une situation de réfractaires, suspects dès le premier jour, bientôt persécutés, exilés, massacrés; sous le Directoire, on en fusillait et on en déportait encore. Maintenant ils sont rentrés. Et partout comme en 1791, plus qu'en 1791, leur Église unie à Rome est, aux yeux des populations, la vraie et la seule Église catholique ; c'est à eux, à leur messe, à leurs sacrements, que va l'unanimité des fidèles; les autres, n'étant plus escortés de l'auditoire officiel qui, au début, les entourait en haine des « aristocrates, » accomplissent leurs fonctions schismatiques dans un désert, comme un ministre anglican dans l'Irlande catholique. Visiblement l'établissement ecclésiastique de la Constituante agonise malgré les signes de vie qu'il essaye de donner encore ; et son personnel justement méprisé le déconsidère au lieu de le soutenir. Attacher à ce mourant la France qui commence à revivre serait la plus insigne des folies.

## CHAP. IV — NAPOLÉON ET LE RÉGIME MODERNE

Napoléon y inclina peut-être, regardant de loin avec envie la souveraineté, spirituelle aussi bien que temporelle, du czar et du roi d'Angleterre, et pensant que les constitutionnels l'auraient volontiers accepté comme pape. Mais son clairvoyant esprit arrêta bien vite ces velléités chimériques ; il sentit que la France ne le suivrait pas ; et il se tourna décidément du même côté qu'elle, vers la véritable Église.

De là les négociations qui aboutirent au Concordat.

L'analyse et l'appréciation de ce grand acte ne comptent pas parmi les meilleurs chapitres des *Origines de la France contemporaine*. Il manque à M. Taine de sentir et de faire sentir à ses lecteurs combien il fut bienfaisant et fécond, quelles ruines il répara, quel avenir il prépara, et quelle base solide, à le prendre en lui-même et à l'interpréter loyalement dans son esprit, il offre encore aux relations pacifiques et amicales des deux puissances.

Nul doute que ces considérations supérieures n'aient guidé l'esprit très droit et très généreux de Pie VII, et n'aient justifié à ses yeux les concessions si nombreuses et si importantes que l'Église y faisait au pouvoir civil. Accorder à un chef, qui assurément n'était plus le roi très chrétien, les droits, privilèges et prérogatives que le fils aîné de l'Église avait eus comme évêque extérieur, comme héritier de Charlemagne et de saint Louis, en particulier la désignation des évêques; recevoir dans l'épiscopat français, organisé à nouveau par la démission des anciens titulaires, plusieurs évêques constitutionnels ; passer l'éponge sur la confiscation et la vente des biens ecclésiastiques, c'étaient sans doute d'énormes et durs sacrifices. Le pape, placé entre ces sacrifices et l'imminence d'un schisme qui aurait peut-être les mêmes suites que celui d'Henri VIII, jugea, et jugea bien, qu'il fallait les consentir. Il savait bien que la liberté rendue au culte catholique, les églises restituées et rouvertes, le budget ecclésiastique garanti n'étaient pas des concessions accordées à titre d'échange, mais la simple reconnaissance d'un droit préexistant, le maigre acquittement d'une dette solennellement proclamée par la Constituante elle-même, et qu'en somme, pour prix de faveurs libéralement accordées, l'Église n'obtenait, et encore incomplètement, que la justice. Mais cette justice, tant elle importait au salut des âmes et à la prospérité même de l'Église universelle, valait qu'on lui subordonnât tout, sauf la conscience. L'avenir, pendant plus d'un demi-siècle, devait donner raison à l'excellent pontife. Et si plus tard on a usé du Concordat pour molester et affamer l'Église, nous ne devons pas oublier que les traités sont faits pour être exécutés de bonne foi entre les parties contractantes, et qu'on les juge mal par leurs effets quand l'une des deux, qui a la force, se sert d'eux pour opprimer l'autre, qui n'a que le droit.

M. Taine n'a guère fait qu'entrevoir ces grands et durables côtés du Concordat. Il l'a surtout envisagé comme un des moyens, — le plus grandiose de tous, — que Napoléon employa persévéramment pour faire « la conquête des Églises. »

Ici encore, et même à ne considérer le Concordat qu'au point de vue de Napoléon, l'appréciation semble incomplète. Il est permis de croire que Napoléon, qui était un grand homme d'État en même temps qu'un politique très personnel, a eu, en signant le Concordat, des pensées d'homme d'État en même temps que des pensées personnelles, ou du moins que celles-ci mêmes l'ont porté à mettre sa gloire dans la paix la plus belle qu'il pût conclure, et son ambition principale dans l'immense gratitude qui allait payer un tel bienfait. S'il y a eu dans sa vie un moment où il ait eu sincèrement en vue l'intérêt du pays qui venait de l'acclamer et de se livrer à lui, ç'a été assurément celui-là.

Mais si M. Taine n'a pas tout vu, ce qu'il a vu n'est que trop réel. L'esprit envahisseur de Napoléon, son dessein de faire de l'Église un instrument de règne, un rouage de la grande machine dont il est le constructeur et le propriétaire, se manifeste dès le temps des négociations, où il le prend sans cesse sur le ton d'un *sic jubeo* et d'un ultimatum hautain. Il essaye, au moment de la signature, de gagner par fraude ce qu'on a refusé à ses menaces. Enfin, avec une audace dont les historiens ne s'étonnent point assez, il donne pour appendice au Concordat, il présente à son Corps législatif comme ne faisant qu'un avec cet acte bilatéral, les Articles organiques dont il est l'unique auteur et dont les dispositions apportent les restrictions les plus onéreuses au « libre exercice de la religion catholique » stipulé par le Concordat. Ce fut l'erreur loyale de Pie VII de ne pas prévoir chez Napoléon une violation si énorme et si prompte de la foi jurée, de ne pas deviner qu'en reconnaissant au gouvernement français le droit de rendre « des ordonnances de police » pour que l'exercice du culte « ne troublât pas la tranquillité publique [1], » il allait lui fournir un prétexte pour exiger, par exemple, que les quatre articles de la Déclaration de 1682, objet de la constante réprobation du Saint-Siège, fussent enseignés dans tous les séminaires [2]. M. Taine, précisément parce qu'il voit déjà dans le Concordat « une conquête de l'Église par Napoléon, » n'a point assez mis en lumière cette criante iniquité des Articles organiques et l'atteinte injustifiable qu'ils portent, par leur forme elle-même, au principe de l'inviolabilité des pactes.

Il est d'ailleurs inutile de refaire après lui le tableau trop fidèle de la conduite suivie par Napoléon à l'égard de l'Église et du Saint-Siège. On sait à quels excès elle s'est portée, ce qu'il y a déployé de mauvaise foi insigne et de violences dignes de Philippe le Bel. Et l'on sait à quoi tout cela lui a servi : à ajouter un nom illustre à celui des maîtres du monde qui, tour à tour, se sont brisés contre le droit désarmé de l'Église.

---

1. Art. 1ᵉʳ du Concordat.

2. Cela n'empêche pas M. Thiers de célébrer les Articles organiques comme « une loi sage et profonde, » et de décider « que « cette loi était pour le gouvernement français un acte tout intérieur, « qui le regardait seul, et qui, à ce titre, ne devait pas être soumis « au Saint-Siège. » (*Histoire du Consulat et de l'Empire*, t. III, p. 434.)

## VIII

Le troisième souci de Napoléon est l'enseignement. Et de ce souci naît l'Université impériale avec son monopole.

Ici la pensée absorbante est non seulement manifeste, mais affichée, et le tableau de M. Taine est tout à fait fidèle.

Deux choses d'abord sont certaines : l'une que la Révolution trouva la France couverte d'écoles donnant l'instruction à tous les degrés, — l'autre que la Révolution éteignit l'instruction à tous les degrés.

Des statistiques et des monographies innombrables ont mis le premier fait hors de doute : 20 à 25,000 écoles primaires fonctionnaient en 1789, et la moitié (47 p. 100) de la population mâle savait lire ; — 8 à 900 établissements donnaient l'instruction secondaire à 72,000 élèves, gratuitement à plus de la moitié ; — 12 Universités donnaient l'enseignement supérieur.

Le second fait est officiellement reconnu sous le Directoire et dans les premiers temps du Consulat. « Tout ce
« grand établissement a péri corps et biens comme un navire
« qui sombre : les maîtres ont été destitués, bannis, dépor-
« tés et proscrits ; les propriétés ont été confisquées, ven-
« dues, anéanties, et ce qu'il en reste aux mains de l'État
« n'a pas été restitué pour être appliqué de nouveau à
« l'ancien service. L'enseignement est presque nul en
« France ; en fait, depuis huit ou neuf ans, il a cessé, ou
« il est devenu privé, clandestin. Pendant les intermit-
« tences de la Terreur, quelques écoles particulières
« repoussent ; mais sitôt que le Jacobin revient au pou-
« voir, il les écrase avec insistance ; il veut être seul à
« enseigner. Or, ses écoles centrales ne réunissent pas
« plus de 7,000 à 8,000 élèves au lieu des 72,000 de 1789 ;
« et 6 élèves sur 7, au lieu d'y chercher une culture, s'y

CHAP. IV — NAPOLÉON ET LE RÉGIME MODERNE 453

« préparent à un métier. — C'est bien pis pour l'enseigne-
« ment primaire. Les administrations locales qu'on en a
« chargées s'en dispensent le plus souvent parce qu'elles
« n'ont pas d'argent ; et, si elles ont installé l'école, elles
« ne peuvent pas l'entretenir. Presque partout, l'institu-
« teur est un laïque de rebut, un Jacobin déchu, un ancien
« clubiste famélique et sans place, mal embouché et mal
« famé. Même honorable, les familles se détournent de
« lui. Désormais, les parents veulent que leurs enfants
« apprennent à lire dans le catéchisme, et non dans la
« Déclaration des droits. Selon eux, le vieux manuel for-
« mait des adolescents policés, des fils respectueux ; le
« nouveau ne fait que des polissons insolents, des chena-
« pans précoces et débraillés. Partout, les rares écoles où
« la République a mis ses hommes et son enseignement
« restent aux trois quarts vides[1]. »

Toutefois, sans attendre l'intervention du pouvoir central, l'instruction, sous le Consulat, avait recommencé à
fleurir, surtout l'instruction secondaire, plus impérieusement réclamée par les traditions et les habitudes des classes
élevées. L'offre avait répondu à la demande ; des pensions s'étaient ouvertes en très grand nombre : « Il est
« impossible, » dit Napoléon au Conseil d'État, le
20 mars 1806, « de rester plus longtemps comme on est,
« puisque chacun peut lever une boutique d'instruction
« comme on lève une boutique de drap. »

M. Taine estime que Napoléon a tort, et voit, dans cette
phrase qu'il cite, tout le monopole en germe. Il est permis de penser autrement et de juger, avec Napoléon, qu'il
y a ici quelque chose à faire.

Il y a d'abord à exercer sur ces établissements, qui sont
nés en mille manières et on ne sait comment, une surveillance non pas tracassière, mais efficace. Il est probable
qu'on en trouvera plus d'un à fermer par mesure de
police et de morale publique. Et il faut désormais qu'on

---

1. T. V, p. 217-221. Voir, en note, les très nombreuses autorités
et références.

n'en puisse ouvrir un sans présenter des garanties sévères de moralité.

Il y a ensuite à placer des examens sérieux à l'entrée des fonctions dont le gouvernement dispose. Car l'État a droit de s'enquérir de ce que savent et de ce que valent ceux qui prétendent à l'honneur de le servir. Peu à peu, les établissements qui ne sont soutenus que par le charlatanisme perdront leur clientèle par suite de leur impuissance constatée à préparer leurs élèves à ces épreuves.

Il y aurait une troisième chose à faire, très libérale, très conforme aux traditions françaises, très propre à relever rapidement le niveau de l'instruction. Ce serait d'autoriser, pour l'enseignement secondaire, ce qu'on a autorisé avec grand fruit pour les écoles populaires, la reformation des congrégations vouées à l'enseignement. Comme les Frères des écoles chrétiennes, elles ont fait leurs preuves; leurs membres dispersés et fidèles peuvent déjà se réunir assez nombreux pour ouvrir quelques maisons qui seront des établissements modèles ; et leurs noviciats reconstitués prépareront un personnel de choix à un plus grand nombre de collèges. Mais c'est de quoi Napoléon ne veut à aucun prix ; quelques tentatives discrètes en ce genre sont assez durement réprimées par ses ordres pour que nul ne se risque à les renouveler [1].

Et voici une quatrième mesure qu'on peut prendre ou ne pas prendre : offrir soi-même cet enseignement modèle, comme un Conseil général crée ou subventionne une ferme modèle dans un pays arriéré. La théorie pure pourra murmurer. Mais si l'instruction et l'éducation sont bonnes, il est probable que la confiance des familles ira vers elles; et il y aura là pour les autres établissements une double

---

1. « J'aimerais mieux confier l'éducation publique à un ordre reli-
« gieux que la laisser telle qu'elle est, » c'est-à-dire libre, abandonnée aux particuliers. « *Mais je ne veux ni l'une ni l'autre.* »
(Paroles de Napoléon au Conseil d'État en 1806.) « Je ne veux pas
« que les prêtres se mêlent de l'éducation publique. — L'établisse-
« ment d'un corps enseignant sera une garantie contre le rétablisse-
« ment des moines. » (*Ibid.*)

## CHAP. IV — NAPOLÉON ET LE RÉGIME MODERNE 455

raison d'honneur et d'intérêt qui les incitera à se perfectionner eux-mêmes pour soutenir une concurrence redoutable. Dans ces limites on peut, sans être partisan de l'ingérence de l'État, soutenir qu'une telle fondation sera un utile concours apporté à la diffusion des lumières et à la bonne éducation de la jeunesse.

Mais, par dessus tout, il y a une chose à ne pas faire : c'est de transformer ce concours en monopole, de revenir à la vieille idée païenne, spartiate et jacobine qui fait de l'enfant la chose de l'État; qui confisque, au profit du pouvoir public, les droits et les libertés du pouvoir domestique ; qui contraint le père de famille, au lieu de confier son fils au maître de son choix, à le livrer à des maîtres qui, peut-être, n'ont pas sa confiance; qui dit à l'homme que ses aptitudes et ses goûts appellent à enseigner : « Tu n'enseigneras qu'en mon nom et avec mon estampille ; » qui dit à toute la jeunesse : « Vous n'entrerez ni dans les fonctions publiques, ni dans aucune carrière libérale qu'à condition de passer deux années dans un établissement officiel. » Car cela c'est la pure usurpation.

Et c'est cela que fait Napoléon, c'est en vue de cette usurpation, c'est pour s'imposer et non pour se proposer, qu'il crée l'Université impériale ; que, ne pouvant ou n'osant supprimer par décret les établissements privés qu'il a trouvé existants, il les soumet à la même discipline militaire que ses lycées et à une lourde contribution destinée à faire vivre ceux-ci ; qu'il les décapite tous en leur interdisant de donner l'enseignement des deux classes supérieures ; enfin, qu'il jette leurs études dans le même moule que les siennes, en leur imposant pour programmes d'examens ses propres plans d'études, pour juges ses propres maîtres.

Le tort qu'un système si faux, si oppressif, si contraire à l'esprit d'une nation chrétienne et d'une nation moderne a fait à l'éducation, presque personne aujourd'hui ne l'ignore, même ceux qui le contestent des lèvres ; et l'on peut dire qu'à cet égard il y a chose jugée. Mais le tort qu'il a fait et qu'il fait encore au développement intellectuel de la jeunesse française par la routine, par la tyrannie des programmes et des examens, par l'unité de moule imposée à la diversité des esprits, on commence seulement à le comprendre. Et ce tort n'est pas limité à cette moitié de la jeunesse française que l'Université d'État forme dans ses lycées et collèges ; il s'étend aussi à l'autre moitié, que la loi de 1850 semble avoir soustraite à ses prises. Car de ces prises elle a laissé subsister la plus forte, celle qui s'empare des élèves et des maîtres par les programmes d'examens, lesquels, sous un régime social comme le nôtre, deviennent forcément des programmes d'études.

A quoi il faut ajouter la force d'une tradition déjà presque séculaire qui, faisant entrer dans les mœurs l'habitude du monopole, en a fait entrer l'idée dans les esprits, jusqu'à voir un exercice naturel et presque nécessaire de la puissance publique dans ce qui en est une extension manifestement abusive, jusqu'à s'indigner, aujourd'hui encore, comme contre une insulte personnelle, quand quelqu'un demande paisiblement s'il est bien équitable de faire juger par l'Université officielle les élèves de ses rivaux en même temps que ses propres élèves. C'est pourquoi les auteurs de la loi de 1850 n'osèrent porter qu'un premier coup, et ne touchèrent pas au monopole des programmes et des examens. Avec raison ; car qui eût voulu avoir tout ce que demandait la justice aurait risqué de ne rien obtenir. C'est pourquoi encore le législateur de 1875, en autorisant l'établissement des Universités libres, n'osa stipuler pour elle qu'une part très modeste dans la collation des grades ; et, cinq ans après, cette part leur était retirée. Certes ce ne sont pas les projets et les maximes de Saint-Just qui ont creusé cette ornière profonde d'où l'esprit français a tant de peine à sortir. Mais les mêmes maximes reprises par l'Empire, incarnées dans une administration décorative qui abondait en hommes de talent et en hommes estimables, qui semblait faire corps avec l'ensemble encore vivant des autres administrations impériales, justice, finances, préfectures, Église concordataire, ces maximes ont voilé leur injustice sous la respectabilité, de l'établissement et des personnes ; et n'y a pas de tyrannie dont il soit plus difficile de se déprendre.

Le but que Napoléon a poursuivi est avoué par lui-même ; il a voulu avoir un moyen de diriger les opinions politiques et morales des classes élevées de la société, de préparer à lui-même et à sa dynastie des sujets dociles. « Toutes les écoles de l'Université, » dit le décret d'institution, « prendront pour base de leur enseignement les pré-« ceptes de la religion catholique, la fidélité à l'empereur, « à la monarchie impériale dépositaire du bonheur des « peuples, à la dynastie napoléonienne conservatrice de « l'unité de la France et de toutes les idées libérales pro-« clamées par les Constitutions. » *Libérales* est une politesse et une séduction à gauche, comme la fidélité *aux préceptes de la religion catholique* est une politesse et une séduction à droite ; catholiques et libéraux, l'empereur les veut tous dans ses écoles pour les façonner à son idée et à son profit.

A cet effet le corps enseignant sera une corporation laïque où l'obéissance demi-religieuse et demi-militaire sera de rigueur. Et la jeunesse sera, chose presque nouvelle, internée dans les lycées et dans les collèges sous une discipline qui sera presque celle du régiment. C'est à l'Empire, en effet, que M. Taine fait remonter, comme institution généralisée, l'internat dont les inconvénients ont frappé tant d'excellents éducateurs. Il le condamne absolument, sans tenir assez de compte soit des avantages qui balancent ces inconvénients, soit des ressources admirables de l'éducation chrétienne pour écarter ceux-ci en conservant ceux-là, soit des conditions qui font de lui, dans bien des cas, une nécessité inévitable. Mais ce qu'il dit de lui, tel qu'il est pratiqué dans l'établissement impérial, est trop vrai pour qu'on le puisse sérieusement contester. Napoléon veut que la jeunesse, dont son Université prend la charge totale, ne soit « ni trop bigote, ni trop incrédule [1]. » Et contre le premier excès il est servi à

---

[1]. Conseil d'État, 9 mars 1806.

souhait. Mais qui le défendra, qui défendra la jeunesse contre le second ? qui préviendra « les naufrages de la foi, » si fréquents dans les dernières années de collège ?

Et qui donnera l'éducation ? Personne. Dans cette vie claustrale, « le jeune homme n'a presque jamais conversé « avec ses professeurs, si ce n'est de choses imperson- « nelles et abstaites, langues, littérature et mathématiques. « Avec ses maîtres d'études, il n'a guère parlé, sauf pour « contester une injonction ou gronder tout haut contre « une réprimande. De causeries véritables il n'en a point « eu, sauf avec ses camarades [1] ; » et ce n'est pas dans cet enseignement mutuel que se donne la véritable éducation, l'éducation morale. Ce ne sont point là des préparations suffisantes pour aborder brusquement l'indépendance complète au sortir d'une discipline qui aussujettissait toutes les heures. « Quand le novice de vingt ans trouve autour « de lui les innombrables tentations de la rue, son éduca- « tion antérieure, au lieu de constituer en lui la force « morale, l'a désarmé contre tout cela. Il cède à l'occa- « sion, à l'exemple ; il suit le courant, il cède au hasard, « il se laisse aller [2]. » — Cela est douloureusement vrai, en partie pour les raisons que dit M. Taine, plus encore pour des raisons qu'il ne peut pas dire parce qu'il ne les sait pas.

1. T. VI, p. 263. — 2. *Ibid.*, p. 781.

# CHAPITRE V

## LE PRÉSENT ET L'AVENIR

Dans quelle mesure et dans quelle direction, sous l'influence de quels principes trois quarts de siècle ont-ils modifié les institutions napoléoniennes? C'est la dernière question que se soit adressée M. Taine dans la partie achevée de son livre. Mais elle n'est que l'avant-dernière pour quiconque n'est pas irrémédiablement pessimiste. Tout homme qui pense que l'expérience passée et présente peut n'être pas absolument stérile pour l'avenir, que les nations sont guérissables et qu'un esprit mieux dirigé peut perfectionner les lois imparfaites, réformer les lois mal conçues, faire disparaître les lois moralement injustes ou politiquement déraisonnables est amené à rechercher quelles sont nos chances d'un siècle meilleur et par quelle orientation donnée à nos activités nous pouvons ajouter quelque chose à ces chances.

## I

Les institutions administratives demeurèrent sous la Restauration ce qu'elles avaient été sous l'Empire et ne ressentirent que par contre-coup l'effet des nouvelles institutions politiques. Chaque changement notable de ministère oblige sans doute les préfets à changer leur attitude générale ou le nouveau cabinet à changer ses préfets. Mais « c'est toujours le gouvernement qui nomme et dirige « tous les représentants de la société locale. » Et il faut lui rendre cette justice que, sous sa direction, la machine fonctionne bien, marche presque toute seule et procure à aussi bon marché que possible des commodités infinies [1]. L'avantage est immédiat et tangible ; l'inconvénient, qui est de tuer la société locale, est atténué par le bon esprit du gouvernement qui administre dans l'intérêt des administrés ; il ne deviendra visible que le jour où la société locale aura à se défendre contre un gouvernement administrant dans un intérêt de secte ou de parti. Ce jour-là elle pourra bien regretter de n'être plus vivante. Or ce n'est point là un péril imaginaire.

Le régime de 1830 a rendu aux conseils de la commune, de l'arrondissement, du département, le caractère électif. La révolution de 1848 a établi le suffrage universel. Le régime actuel a fait du maire l'élu du conseil municipal qui ne peut le prendre que dans son sein. Mais ces changements ne vont pas au fond des choses. « Dans les trois « quarts des affaires les trois quarts des conseils munici« paux ne siègent que pour donner des signatures. Leur « délibération prétendue n'est qu'une formalité d'apparat ; « l'impulsion et la direction continuent à venir du dehors « et d'en haut. C'est toujours l'État central qui gouverne « la société locale ; parmi des tiraillements et des frotte« ments, à travers des conflits passagers, il y est et y « demeure l'initiateur, le préparateur, le conducteur, le « contrôleur, le comptable et l'exécuteur de toute entre« prise, le pouvoir prépondérant au département comme à « la commune. — Et aujourd'hui son ingérence est un « bienfait ; car la prépondérance, s'il y renonçait, passerait « à l'autre pouvoir ; et celui-ci, depuis qu'il appartient à la « majorité numérique, n'est plus qu'une force aveugle et « brute ; livrée à elle-même et sans contre poids, son « ascendant serait désastreux. A tout le moins la centrali-

[1]. T. V, p. 389-393.

« sation autoritaire a cela de bon qu'elle nous préserve
« encore de l'autonomie démocratique. Dans l'état présent
« des institutions et des esprits, le premier régime, si
« mauvais qu'il soit, est le dernier abri contre la malfai-
« sance du second [1]. »

Ces dernières phrases montrent assez ce que M. Taine
pense du suffrage universel *tel qu'il est organisé dans la
France contemporaine*. Il en pense ce qu'en pensent tous
ceux qui se sont donné la peine d'y réfléchir et qui se sont
posé sincèrement les deux questions du premier Consul :
Cela est-il juste ? cela est-il utile ?

Il ne s'agit pas, qu'on veuille bien le remarquer, du
principe même du suffrage universel, en faveur duquel on
peut invoquer de très bonnes raisons, celle-ci principalement que l'impôt doit être consenti par celui qui le paie.
Cette raison n'empêche pas la loi de prononcer des inca-
pacités commandées par l'intérêt général et justifiées par
des considérations que le législateur ne doit pas perdre de
vue : incapacité du sexe : les femmes ne votent pas quoiqu'elles payent leur part ; — incapacité de l'âge : les
citoyens majeurs exercent seuls le droit électoral ; — incapacité de l'état nomade : il faut, pour être électeur, des
conditions de domicile ; — incapacité professionnelle :
l'armée active, qui cependant paye le plus lourd des impôts, ne jouit pas du suffrage. Le principe des restrictions
limite donc, dans une mesure qu'on ne saurait fixer
*a priori*, le principe de l'universalité ; et la prépondérance de l'un sur l'autre est une question d'intérêt public
plutôt qu'une question de justice. Toutefois *l'idée du suffrage universel* est, en soi, bonne et belle. Chez les peuples qui jouissent de la liberté politique et des institutions
représentatives, le législateur fait bien de l'avoir devant
ses yeux comme un idéal et d'en rapprocher les institutions par des extensions sagement progressives, à mesure
que celles-ci sont réclamées avec persévérance par le vœu
public.

1. T. V, p. 400-401.

Mais *l'égalité* du suffrage n'est ni utile ni juste.

Elle n'est point utile ; car à moins de soutenir que les lumières, la capacité, l'expérience, ne sont rien, il faut bien reconnaître qu'il y a un inconvénient grave à n'en tenir aucun compte, à ne pas leur attribuer une valeur spéciale dans l'acte le plus important de la vie d'un peuple, dans le seul, à vrai dire, où la nation comme nation exerce la souveraineté qu'on lui attribue. A moins de soutenir qu'un chef de famille comme tel, avec les responsabilités d'un foyer, avec la pratique d'une autorité sociale et d'un gouvernement intérieur, avec l'habitude prise de penser à d'autres qu'à lui-même et de faire des sacrifices comme époux et comme père, n'est pas un meilleur conseiller et un électeur plus compétent que l'homme étranger à tout devoir et à tout cadre social, il faut reconnaître qu'il est fâcheux d'annuler cette force excellente et de donner un poids rigoureusement égal au vote de l'un et au vote de l'autre. A moins de nier ce que la richesse implique de traditions utiles chez celui qui l'a reçue par héritage, de supériorités intellectuelles et même morales chez celui qui l'a conquise par le travail, il faut reconnaître qu'elle est le signe habituel d'une aptitude plus grande à bien choisir les représentants des intérêts publics, à les prendre parmi ceux qui veulent la conservation de la société et non parmi ceux qui veulent sa destruction ; et c'est une déperdition de forces, une perte sèche pour l'intérêt général de ne pas lui faire sa part. Enfin, à moins d'ignorer totalement la nature humaine, il faut bien reconnaître que le suffrage égal, c'est la foule, c'est-à-dire la passion et l'entraînement, ou, chose pire, l'enrôlement aveugle, en tout cas l'incompétence ; que s'en rapporter à lui en dernier ressort, c'est livrer l'avenir d'un pays au hasard ; c'est-à-dire à dix chances contre une d'avoir des choix mal inspirés ; qu'en conséquence il faut, d'une façon quelconque, ou bien, comme à Rome, rendre le torrent moins violent en assurant aux garanties sociales la prépondérance électorale sur le nombre, ou bien, comme à Athènes, endiguer le suffrage universel par des conditions d'éligibilité qui l'empêchent de trop s'égarer dans ses choix.

M. Taine, jugeant sans doute ces vérités trop évidentes, s'y est peu arrêté. En revanche il insiste, en des pages très étudiées, sur la question de justice. Il montre que l'organisation financière actuelle dégrève le petit contribuable et ne lui laisse qu'une charge d'impôt inférieure à sa quote-part dans les bénéfices sociaux qu'il recueille ; que, par suite, le contribuable gros ou moyen, outre sa charge, porte en surcharge tout le fardeau dont le petit contribuable est allégé ; que cette surcharge est une aumône faite par le premier et reçue par le second ; et qu'au fond cela est sage, parce que le principe absolu de proportionnalité doit fléchir quand son application rigide ferait peser sur certaines épaules un poids trop lourd pour elles. Mais cette sagesse n'est juste qu'à condition d'une compensation, à condition que, dans le gouvernement de cette assurance mutuelle qui s'appelle une société civile et politique, « chaque membre voie grandir ou diminuer sa
« part d'influence avec le poids de ses charges, à condition
« que la loi, échelonnant les degrés de l'autorité d'après
« l'échelonnement des cotes, attribue peu de voix à ceux
« qui payent moins que leur quote-part dans les frais et re-
« çoivent une aumône, beaucoup de voix à ceux qui donnent
« une aumône et payent plus que leur quote-part dans les
« frais [1]. »

Ce serait le bon sens, la justice et l'intérêt général. C'est pourquoi la tradition révolutionnaire repousse toute solution de ce genre comme contraire à l'égalité des droits telle que l'enseigne le *Contrat social;* et la loi française, fidèle à cette tradition, a préféré le *Contrat social* au bon sens, à la justice et à l'intérêt général. Cela a eu, pour la composition des assemblées délibérantes, des suites que l'on a pu apprécier. Mais cela en a eu de non moins importantes dans l'ordre administratif.

Il y a d'abord les suites proprement municipales. Les

---

1. T. V, p. 409.

conseils élus par le suffrage universel égal sont généralement pris par lui dans sa moyenne et à son niveau ; et « un conseil municipal aussi borné dans les campagnes, « aussi radical et sectaire dans les villes, que ses électeurs « nomme un maire aussi borné ou aussi sectaire que lui [1]. » De là une administration communale dont les lumières et l'impartialité sont ce qu'on peut croire.

Et puis il y a les conséquences départementales et politiques.

Autrefois la tâche principale d'un administrateur de département était d'administrer ; le meilleur préfet était celui qui administrait le mieux, dans l'intérêt général du département tout entier et dans l'intérêt particulier de chacune de ses communes. Et cela était juste ; le gouvernement, ayant confisqué l'autonomie des sociétés locales, leur devait, en retour, de bien faire leurs affaires.

Nous avons changé tout cela. La tâche principale du préfet n'est plus administrative, elle est politique. « Si, de « Paris, le gouvernement expédie un préfet en province, « c'est à la façon d'une grande maison de commerce, pour « y maintenir et accroître sa clientèle, pour y être l'entre- « teneur résident de son crédit et son commis-voyageur « en permanence, en d'autres termes son agent électoral, « plus précisément encore l'entrepreneur en chef des pro- « chaines élections pour le parti dominant, commissionné et « appointé par les ministres en titre, stimulé incessam- « ment d'en haut et d'en bas pour leur conserver les « suffrages acquis et leur gagner des suffrages nou- « veaux [2]. »

Or cela ne peut pas se faire, comme au temps du suffrage restreint, par influences et séductions personnelles ; il y a trop d'électeurs. Deux procédés, ou nouveaux ou très perfectionnés, sont à la disposition du préfet.

Le premier est de transformer en sous-agents électoraux tous les hommes qui, à un titre quelconque, dépendent du gouvernement et peuvent recevoir les foudres de

1. T. V, p. 416. — 2. *Ibid.*, p. 427.

sa colère ou la manne de ses faveurs : instituteurs, débitants de tabac ou de boissons, employés des postes et télégraphes, cantonniers et le reste. Il faut qu'ils soient des héros pour se refuser à ce rôle ou n'y déployer que peu de zèle quand ils savent que la résistance aurait pour suite un renvoi ou un déplacement onéreux. Et c'est comme cela qu'en chaque commune on travaille à former les caractères et à relever le niveau moral de la France.

Le second procédé est plus efficace encore. Chaque commune a besoin du gouvernement, d'abord parce que celui-ci fait presque tout chez elle, ensuite parce que le peu qu'elle fait elle-même est soumis à son approbation, enfin parce que le préfet peut accorder lui-même ou obtenir de l'État des subventions et d'autres faveurs. Or une commune qui donne la majorité au candidat de l'opposition est une ennemie ; il faut donc la punir. Une commune qui est en voie de se convertir au candidat officiel est un neutre qu'il faut faire passer à l'état d'allié en l'encourageant. Une commune bien votante est un allié qu'il faut récompenser. La conduite du préfet envers chaque commune, le bien ou le mal qu'il lui fera, son empressement à accorder les demandes déraisonnables et sa persévérance à refuser les demandes justes, tout cela est commandé par des considérations politiques. « Prenez garde ; tant que vous voterez comme la dernière fois, vous n'aurez pas votre chemin. » — « Encore un petit effort pour donner la majorité au bon candidat, et l'affaire de votre fontaine sera terminée sans retard. » — « Vous avez donné un bel exemple aux élections d'hier ; et je m'empresse de vous informer que, sur ma proposition appuyée par le nouveau député, M. le ministre vient d'accorder 10,000 francs pour la reconstruction de vos halles. » Cela ne se dit pas tout haut et ne s'écrit pas en toutes lettres ; mais les gens ont l'oreille fine ; ils savent lire entre les lignes ; et cela se fait toujours. Et ainsi l'administration devient une servante de la politique ; être bien administré devient une faveur ; être mal administré devient une sanction pénale. Je ne fais que résumer en une formule ce que nous voyons de nos yeux dans toute la France. M. Taine y a longuement et éloquemment insisté ; aucun témoin clairvoyant et informé ne trouvera son jugement trop sévère.

## II

L'administration, sauf les influences nouvelles qui la pervertissent, est donc restée, en somme, ce que Napoléon l'avait faite. Pendant trente-cinq ans il en fut de même de l'instruction.

Ce fut peut-être la plus grande erreur de la Restauration de croire qu'elle pourrait changer l'esprit du grand corps universitaire créé par Napoléon, et se servir de lui pour inspirer à la jeunesse les convictions chrétiennes et royalistes qu'elle y voulait voir fleurir. Et ce fut une autre erreur de conserver le monopole. L'outil semblait commode; et l'on ne sut pas prévoir qu'il se retournerait contre la main qui se flattait de le manier à son gré. Un seul chemin, qu'on ne sut pas prendre, pouvait conduire au but qu'on se proposait: la liberté rendue à l'Église de remplir vis-à-vis de la France, au moyen de son sacerdoce et de ses ordres religieux, son universel ministère d'enseignement. C'était la pensée très arrêtée de Joseph de Maistre qui ne fut jamais meilleur prophète et meilleur avertisseur que dans ces lignes écrites à M. de Blacas dès les premiers jours de la première Restauration : « *Surtout* il faut rétablir les ordres enseignants et christianiser l'éducation. »

Il y a moins encore à dire, à ce point de vue, du régime de Juillet. Dès sa naissance il avait promis la liberté d'enseignement; la Révolution de 1848 trouva l'Université encore en possession de son monopole. Mais si le gouvernement tardait à tenir sa parole, les catholiques étaient résolus à ne pas permettre qu'il l'oubliât. Il se produisit en ce sens un vif mouvement d'opinion publique dont l'épiscopat prit résolument la tête et qui fut un des plus beaux épisodes de notre histoire religieuse en ce siècle. Ce mouvement, que M. Taine a eu tort de ne pas mentionner, contribua, au moins autant que la peur du socialisme, à faire une première brèche au monopole par la loi de 1850.

M. Taine a consacré à cette loi une page qui, à mon avis, manque tout à fait d'exactitude. Après avoir rappelé que, d'après cette loi, l'Université renonce à son monopole ; que l'État n'est plus le seul entrepreneur d'instruction publique ; que les écoles tenues par des particuliers ou des associations enseigneront à leur guise et non à la sienne ; qu'il n'inspectera plus l'enseignement, mais seulement la moralité, l'hygiène et la salubrité, il continue ainsi :

« L'État s'entend avec son principal concurrent, avec
« l'Église. Mais dans cette coalition des deux pouvoirs c'est
« l'Église qui se fait la meilleure part, prend l'ascendant,
« donne la direction. Car non seulement elle profite de la
« liberté décrétée et en profite presque seule, pour fonder
« en vingt ans près de cent collèges ecclésiastiques ; mais
« encore en vertu de la loi, elle met dans le Conseil supé-
« rieur quatre évêques, dans chaque collège départemen-
« tal l'évêque diocésain avec un ecclésiastique désigné par
« lui ; d'ailleurs, par son crédit auprès du gouvernement,
« elle jouit de toutes les complaisances administratives.
« Comme sous la Restauration, l'Église a mis sa main
« dans celle de l'État pour manœuvrer de concert avec lui
« la machine scolaire ; mais, comme sous la Restauration,
« elle s'est réservé la haute main, et, bien plus que lui,
« c'est elle qui manœuvre. En somme, sous le nom,
« l'affiche et la proclamation théorique de la liberté pour
« tous, le monopole universitaire se reconstitue, sinon en
« droit, du moins de fait, et en faveur de l'Église[1]. »

Un seul trait de ce tableau doit être reconnu fidèle. Oui, il est vrai que l'Église profita presque seule de la liberté décrétée en 1850 pour l'enseignement secondaire,

---

1. T. VI, p. 248.

de même qu'elle a profité seule de la liberté accordée en 1875 à l'enseignement supérieur. Cela lui fait grand honneur, et cela prouve que les familles françaises aspiraient avec ardeur au droit de donner à leurs fils une éducation plus solidement chrétienne que celle de l'Université. Mais qu'ont de commun cette faveur et cette confiance avec le monopole ? Si le nombre des pensionnats privés a baissé de 1,255 (en 1815) à 494 (en 1876), que prouvent ces chiffres remarquables, sinon que ces maisons subsistaient faute de mieux, et qu'elles se sont dépeuplées peu à peu à partir du jour où les pères ont eu la liberté de choisir ? Bien loin de leur imposer des charges ou des chaînes nouvelles, la loi de 1850 les a mises au large en les exemptant de la rétribution universitaire et en les dispensant de l'autorisation préalable. Elles n'ont donc pas péri violemment par l'effet du monopole ; elles sont mortes naturellement par l'effet de la concurrence et de la liberté. — Quant à la présence des évêques dans les Conseils supérieurs et académiques, ils y siègent à titre d'*autorités sociales*, à côté des magistrats et des conseillers généraux, à côté, ce que M. Taine semble ignorer, des pasteurs protestants. Ajoutez que la loi de 1850 conserve à l'Université officielle toutes ses dotations sur le budget national, assurant ainsi son avenir contre les concurrences alimentées par les seules ressources, toujours précaires, des générosités privées. Ajoutez qu'elle lui laisse le monopole des examens et de tout l'enseignement supérieur. Ajoutez enfin, — comme le savent tous ceux qui ont vécu en ce temps, — que, loin de songer à transmettre son monopole à l'Église, l'Université ne négligea aucune industrie pour vaincre la concurrence de l'Église. Par exemple, la célèbre *bifurcation*, imaginée par M. Fortoul, n'a pas été autre chose. Très nuisible en soi aux bonnes études, elle était très ingénieuse et très habile comme moyen d'arrêter la dépopulation menaçante des lycées en offrant à beaucoup de familles un type d'enseignement conforme à leur esprit utilitaire et pour lequel les établissements ecclésiastiques étaient assez mal outillés.

Je ne sais si M. Taine eût jugé plus impartialement la loi de 1875 qui a permis la formation des Universités libres. Il semble l'avoir presque ignorée, lacune surprenante dans un travail où l'enseignement supérieur tient une place si considérable[1]. S'il l'eût connue et s'il eût étudié de près quelqu'une de ces universités, peut-être, malgré la radicale opposition de nos principes et des siens, y eût-il reconnu, non pas encore, hélas! à l'état d'application vivante, mais à l'état de germes qui ne demandent qu'à s'épanouir, quelques-unes de ses propres idées, par exemple celle-ci qu'il serait désirable de voir s'établir entre les étudiants des divers ordres des communications qui permettraient « à l'étudiant en sciences morales de « s'enquérir auprès de l'étudiant en sciences naturelles, à « celui-ci auprès de l'étudiant en sciences chimiques ou phy- « siques, à celui-ci auprès de l'étudiant en sciences mathé- « matiques; plus fructueusement encore entre étudiants « du même ordre, le juriste auprès de l'historien, de l'écono- « miste, du philologue, et réciproquement, de façon à profi- « ter de leurs impressions et de leurs suggestions [2]. » Nous aurions été d'accord avec lui pour signaler, comme le grand obstacle à ce large déploiement de l'activité scientifique, la tyrannie des programmes qui, ne laissant aucun choix à la libre initiative, aux goûts dominants, aux aptitudes maîtresses de chaque esprit, semblent avoir voulu imposer à tous le niveau d'une médiocrité commune. Et si, poussant plus loin, il nous avait exposé ses griefs contre le principe même des examens et des concours, nous ne l'aurions sans doute pas suivi jusque-là, par crainte de perdre de vue les nécessités de la vie sociale et les conditions pratiques d'un travail soutenu pour le plus grand nombre; mais, l'entendant décrire le type de l'étudiant « qui, pendant trois ans, n'a d'autre objet en vue « que la science, point de grade à obtenir, point d'examen

---

1. Je la trouve cependant mentionnée, dans les articles sur l'Église, en une ligne et demie qui contient deux inexactitudes.
2. T. VI, p. 198.

« ou de concours à préparer, aucune pression, aucun inté-
« rêt positif, urgent et personnel qui vienne dévier ou
« étouffer en lui la curiosité pure [1], » nous lui aurions dit :
Nous l'attendons, lui et ses pareils ; et tout est prêt chez
nous pour le recevoir.

Enfin, en quelques pages d'une précision et d'une
vigueur accablantes, M. Taine décrit et caractérise l'œuvre
scolaire de la troisième République, le triple attentat
qu'elle commet contre la liberté des citoyens qui, dit-on,
sont également admissibles à tous les emplois, et qui ne le
sont plus dès qu'ils portent un certain costume, — contre
la liberté des familles qui, dit-on, sont libres d'élever leurs
enfants comme elles le veulent et qui, dans les trois quarts
des communes de France, sont contraintes, par l'amende
et la prison, de les livrer, de livrer leur âme à l'école
laïcisée, à l'école d'où la prière et le nom de Dieu sont
bannis, — contre la liberté des communes qui, dit-on,
sont affranchies des entraves de l'ancien régime et qui ne
peuvent pas, comme elles le pouvaient il y a cent quatre
ans, choisir leur instituteur, mais reçoivent de l'État un
maître que tous les pères de famille doivent subir quand
même ils seraient unanimes à le repousser. Les dernières
lignes sont particulièrement frappantes : « Par cent quinze
« mille agents, représentants et porte-voix, hommes et
« femmes, la Raison laïque, qui siège à Paris, parle
« jusque dans les moindres et les plus lointains villages ;
c'est la Raison « telle que nos gouvernants la définissent,
« avec le tour, les limitations et les préjugés dont ils ont
« besoin, petite-fille myope et demi-domestiquée de l'autre,
« la formidable aveugle, l'aïeule brutale et forcenée qui,
« en 1793 et 1794, trôna sous le même nom et à la
« même place. Avec moins de violence et de maladresse,
« mais en vertu du même instinct et avec le même
« parti-pris, celle-ci exerce la même propagande. Et ainsi
« s'achève l'entreprise française de l'éducation par
« l'État [2]. »

1. T. VI, p. 198. — 2. Ibid. p. 295.

## III

Troisièmement, en quoi les événements politiques, intellectuels, moraux, ont-ils agi, depuis le Concordat, sur la question religieuse et ecclésiastique toujours officiellement réglée par le Concordat ?

N'oublions pas que M. Taine, quand il s'occupe de l'Église et des choses religieuses, n'en parle et n'en peut parler que comme *quelqu'un du dehors*, comme un homme aux yeux duquel le principe intérieur, le foyer central de la vie religieuse n'a qu'une valeur subjective, nulle comme vérité et comme réalité. Il participe aux autres éléments de la vie nationale ; les finances le concernent comme contribuable, l'administration comme administré, l'enseignement comme homme de lettres, comme ancien professeur, tout cela comme citoyen et électeur ; les intérêts religieux ne pourraient le concerner que comme chrétien, ce qu'il n'est pas, n'étant pas même théiste. Il en résulte que ce qu'il y a de plus intime dans la vie religieuse lui échappe, que, s'il s'efforce de l'expliquer, il n'y pourra réussir, et que ses tentatives auront pour point de départ et pour postulat la négation même de la chose à expliquer, la réduction à une origine humaine, à des proportions humaines, à un caractère humain, des croyances et des prescriptions qui ne s'imposent valablement qu'à condition d'avoir, réellement et objectivement, une origine divine, des proportions divines, un caractère divin. En ce sens et pour cette raison, il est juge incompétent, témoin incomplètement informé ; et il est inévitable que beaucoup de secrets lui échappent. Mais s'il n'atteint pas ou ne comprend pas les causes invisibles, rien ne l'empêche de constater les effets visibles, de rendre justice à leur beauté morale et à leur efficacité sociale, à moins que quelque préjugé hostile contre les causes ne le rende aveugle aux effets.

M. Taine, nous avons pu nous en rendre compte, a été dominé par ce préjugé dans les premières années de sa carrière d'écrivain. Dans les dernières, il a eu le double mérite de s'en affranchir et de le dire. De là, dans cette partie de son ouvrage, des pages admirables qui ne sont pas d'un chrétien, mais qui sont d'un honnête homme et que nous avons le droit de recueillir parce qu'elles ont une autorité plus indiscutable sous sa plume que sous une plume chrétienne. A côté d'elles, d'autres pages détonnent singulièrement, comme des phrases prononcées dans une langue par quelqu'un qui n'en a pas l'accent. Nous les lisons cependant sans surprise, sachant d'où elles viennent; et nous ne nous y arrêtons que quand elles contiennent une erreur susceptible d'une rectification positive. Nous savions d'avance, par exemple, que, s'il lui venait à l'esprit de définir la foi et la grâce, il les réduirait à des imaginations mystiques [1]; — que s'il parlait des Retraites et des exercices spirituels qui en remplissent les heures, ce serait sans en pénétrer l'esprit et sans en comprendre la haute portée morale, et que, tenant pour rêves chimériques Dieu, l'âme et l'immortalité, il ne verrait dans ces exercices qu'une méthode savante « pour renverser l'ordre des « certitudes, de telle sorte que les choses réelles paraissent « de vrais fantômes, et que le monde mystique semble être « la réalité [2], » — que les actes de la piété catholique ne lui apparaîtraient que comme des produits de la sensibilité, ou des superstitions, ou des moyens savamment combinés par l'Église pour retenir l'empire des âmes, et bien d'autres choses encore.

Nous n'avons donc point à discuter ces jugements rendus à la légère sur les choses de la foi par un philosophe à qui ces choses sont étrangères. Mais nous ne pouvons nous dispenser de signaler, à côté des belles pages sur les prodiges de vertu, de dévouement, de charité, d'esprit de sacrifice qu'il rencontre dans le clergé et dans les ordres religieux, qu'il y admire sans les comprendre et qu'il rap-

1. T. VI, p. 104 et 115. — 2. *Ib.*, p. 96.

porte loyalement à leur source catholique, celles où, revenant sur le conflit prétendu de la foi et de la science, il déclare, comme chose certaine et prouvée, que ce conflit est irréductible.

Comprenez à quel point il serait décourageant qu'il le fût. Ce serait simplement l'opposition, la contradiction définitive entre le bien et le vrai ; ce serait l'horrible alternative posée à l'humanité d'aller au vrai et d'y trouver en même temps le mal, ou d'aller au bien et d'y trouver en même temps l'erreur.

D'une part, en effet, on nous dit en un très beau langage : « On peut maintenant évaluer l'apport du christia-« nisme dans nos sociétés modernes, ce qu'il y introduit « de pudeur, de douceur et d'humanité, ce qu'il y main-« tient d'honnêteté, de bonne foi et de justice. Ni la raison « philosophique, ni la culture artistique et littéraire, ni « même l'honneur féodal, militaire et chevaleresque, « aucun code, aucune administration, aucun gouverne-« ment ne suffit à le suppléer dans ce service. *Il n'y a que* « *lui pour nous retenir sur notre pente natale,* pour en-« rayer le glissement insensible par lequel, incessamment « et de tout son poids originel, notre race rétrograde vers « ses bas-fonds ; et le vieil Évangile est encore aujourd'hui « le meilleur auxiliaire de l'instinct social[1]. » Et là-dessus tout homme d'État, tout citoyen, quiconque a du cœur, quiconque souhaite que la société humaine ne devienne pas un enfer, conclut qu'à tout prix il faut entretenir ce feu sacré, qu'il est urgent de le ranimer là où il menace de s'éteindre, et que le salut du monde est dans le règne social de l'Évangile.

D'autre part on nous dit que tout l'Évangile repose sur une série d'illusions définitivement dissipées par la science : illusion le rachat du genre humain par le sacrifice de la croix, voilà pour l'ordre surnaturel ; — illusion la Providence, illusion l'existence de Dieu, illusions l'âme, la liberté, le devoir, voilà pour l'ordre

1. T. VI, p. 119.

naturel. Et là-dessus tout homme sincère conclut qu'il faut abandonner les illusions et se rendre à la vérité. Et tout homme clairvoyant comprend que la vérité, tôt ou tard, triomphera quand même, non seulement parce que son droit est imprescriptible, mais parce que sa force est irrésistible ; d'où il suit que tout effort pour retarder son triomphe est vain autant qu'illégitime.

L'alternative est inévitable. Elle est épouvantable, et choisir est impossible. Mais qu'importe qu'on choisisse, puisque l'issue du conflit est certaine si le conflit est réel ? La vérité aura le dernier mot ; et le dernier mot de la vérité sera *le règne définitif du mal*.

Nous devons savoir gré à M. Taine d'avoir exposé avec cette franchise le caractère et les suites de ce qu'il appelle la science. Mais nous devons surtout nous rassurer en considérant que ce conflit est imaginaire ; que ni cette dernière étude, ni les pages déjà signalées de « l'Ancien régime, » n'apportent un commencement de preuve à l'appui de sa prétendue réalité irréductible ; que la vérité religieuse n'est pas en conflit avec la vérité scientifique, mais avec des hypothèses extra-scientifiques ; et que, de fait, dans toutes les directions de la science moderne, il se rencontre, beaucoup plus nombreux qu'il y a un siècle, des chrétiens notoires qui y occupent une place honorable et quelquefois y tiennent la tête. Il n'y a donc point d'alternative parce qu'il n'y a pas de conflit ; et les deux directions de la pensée scientifique vers le vrai, de l'activité morale vers le bien ne sont point divergentes, mais convergentes ; tout progrès dans l'une favorise un progrès dans l'autre ; et, finalement elles se rejoignent à leur centre [1].

---

[1] Pour que notre exposé soit tout à fait fidèle et ses conclusions tout à fait justifiées nous devons ajouter que, selon M. Taine, le conflit de la science est surtout avec *l'Église catholique*, dont les dogmes sont définis, non avec *le protestantisme* qui laisse les siens à l'état flottant. « Chez le protestant l'opposition n'est ni extrême ni définitive. « Sa foi, qui lui donne l'Écriture pour guide, l'invite à lire l'Écriture « dans le texte original, par suite à s'entourer, pour la bien lire, de « tous les secours dont on s'aide pour vérifier et entendre un texte « ancien, linguistique, philologie, critique, psychologie, histoire

Mais quoiqu'il n'y ait pas de conflit réel, ç'a été l'art de la science libre-penseuse de faire naître bruyamment l'apparence d'un conflit, de donner sa parole que le conflit existe, de le faire publier par mille voix comme chose tout à fait certaine et incontestée. Couche par couche cette fausse nouvelle a passé des lecteurs de revues aux lecteurs de journaux, des lecteurs de journaux aux lecteurs d'almanachs, et de ceux-ci plus bas encore. La même presse qui annonçait cela assidûment ne manquait pas une occasion de développer sur d'autres terrains la grande maxime que *le cléricalisme est l'ennemi*, — le cléricalisme, c'est-à-dire le curé et tout ce qu'il enseigne, — et de présenter tout le clergé de France comme une armée de noirs conspirateurs, conjurés pour rétablir l'ancien régime, y compris, et au premier rang, la dîme. Et comme le curé enseignait

« générale et particulière ; ainsi la foi prend la science pour auxi-
« liaire. Selon les diverses âmes, le rôle de l'auxiliaire est plus ou
« moins ample : il peut donc se proportionner aux besoins et aux
« facultés de chaque âme, par suite s'étendre indéfiniment ; et l'on
« entrevoit dans le lointain un moment où les deux collaborateurs,
« la foi éclairée et la science respectueuse, peindront ensemble le
« même tableau, ou séparément deux fois le même tableau dans
« deux cadres différents. » (T. VI. p. 141.)

Deux courtes réflexions suffisent pour montrer que cette mise à part du christianisme protestant est purement chimérique.

D'abord quand M. Taine nous parle du protestant qui lit l'Écriture dans le texte original, en syriaque et en grec, il ne s'agit sans doute pas du simple fidèle, mais du savant. Or la peinture qu'il fait de celui-ci et des secours qu'il emprunte à la science est exactement et trait pour trait celle du savant catholique, du professeur d'exégèse tel qu'on le rencontra dans tous les grands séminaires et dans toutes les facultés de théologie.

En second lieu, si ce protestant est un chrétien, il conserve tout au moins. à titre de vérités fondamentales, les doctrines que, selon M. Taine, la science a définitivement écartées comme illusions fondamentales, l'Incarnation et la Rédemption qui supposent elles-mêmes Dieu et la Providence, l'âme, la liberté et le devoir. Le conflit de la science et de la foi n'est donc ni moins extrême, ni moins définitif chez lui que chez nous. Et il ne cessera chez lui que par une interprétation de l'Écriture qui sera la totale abdication de la foi. Ce protestant là se mettra d'accord avec « la science, » en jetant par dessus bord comme autant d'illusions toutes les croyances religieuses. Et ainsi il n'échappera pas à l'alternative.

mille choses gênantes, le respect du bien d'autrui et de la femme d'autrui, le travail, la résignation, la pureté des mœurs, tous ceux à qui pesaient ces jougs étaient charmés d'avoir de si bonnes raisons, l'une scientifique, l'autre civique, pour les secouer. Puis à ce plateau de la balance, déjà si chargé, s'est ajouté tout le poids officiel du gouvernement, depuis la Chambre des députés jusqu'au garde champêtre, en passant par le ministre, le préfet et le commissaire de police; tous ces grands et petits personnages, tous ces représentants des institutions républicaines, se sont accordés à signaler aux défiances populaires le pape, l'évêque, le curé, tout ce qu'ils font et disent, tout ce qu'on les soupçonne de vouloir, tout leur esprit et tout leur enseignement. Enfin la loi a installé l'instituteur en face du prêtre comme un curé laïque en face du curé ecclésiastique, défaisant par son silence à l'école ce que le prêtre essaye de faire par sa parole au catéchisme, et enseignant implicitement, en vertu même des programmes officiels, que Dieu est inutile, puisqu'on n'en parle pas à l'école où on forme l'homme et le citoyen. On en parlerait sans nul doute s'il était bon à quelque chose.

Ce sont là les vraies causes, visibles, tangibles, agissant sous nos yeux, de cet affaiblissement du sentiment religieux en France qui frappe justement M. Taine comme une situation pleine de péril. Ce qui doit surprendre, ce n'est pas que ces causes produisent leurs effets, c'est-à-dire leurs ravages; c'est plutôt qu'elles ne les produisent pas plus rapides, plus universels et plus désastreux encore. Et c'est là ce qui laisse quelque espoir.

# IV

Je voudrais préciser cet espoir en essayant de dire quelles sont pour la France contemporaine les conditions du salut, puis en signalant les faits d'où l'on peut inférer que ces conditions peuvent être remplies et qu'elles commencent à l'être. Aller plus loin serait s'aventurer dans le domaine des prévisions où je ne songe point à poser le pied.

Mais d'abord de quoi s'agit-il ici, et quelle pensée ce mot de *salut* recouvre-t-il ?

Disons tout de suite qu'il ne s'agit pas du salut extérieur, c'est-à-dire de la sécurité des frontières. L'immense effort que la France a fait depuis vingt-deux ans dans cette direction a abouti, grâce à Dieu. C'est peut-être le seul terrain sur lequel toutes les forces françaises, divisées sur tout le reste, aient marché en concours sans distinction de parti. La grandeur des résultats obtenus montre assez ce qu'on pourra attendre de notre pays quand cet accord existera en toutes choses. Et en attendant qu'il s'établisse, la France, grâce à d'heureux événements qui sont une garantie de la paix du monde, peut désormais reprendre en Europe une attitude digne d'elle et de son passé.

Il s'agit du salut intérieur, qui, d'ailleurs, affermi sur des bases durables, reste le meilleur rempart, meilleur que les forteresses et les lignes de défense, contre les ennemis du dehors.

Le salut, ainsi entendu, c'est, en quatre mots, *la paix sociale* et *la moralité individuelle :* la paix sociale entre les classes, entre le capital et le travail, entre la richesse et la pauvreté, la paix fondée sur la justice et la fraternité ; — La moralité individuelle, inspirée par des sentiments, soutenue par des principes, consolidée par des habitudes qui donnent à la conduite humaine une orientation constante dans la direction du devoir. Ces éléments sont essentiels ; car, quelle que soit la perfection des lois et la force du gouvernement, si la guerre sociale est dans les cœurs, elle passe inévitablement dans les faits, brisant gouvernements et lois ; et si la moralité n'est pas dans les hommes, leur corruption, là où tout dépend du peuple, amène promptement la corruption des lois elles-mêmes ; l'individu qui méprise la loi du devoir devient un mauvais citoyen ; et la nation périt par la maladie mortelle de ses membres. Ces éléments suffisent, car la paix sociale, c'est l'union qui fait la force ; et, grâce à la moralité individuelle, cette union est pour le bien ; la vertu privée se traduit en vertus civiques ; les hommes à conscience droite, moins aisément trompés que d'autres, veulent choisir et choisissent en effet les meilleurs pour les mettre à leur tête ; et de là de bons législateurs et un bon gouvernement.

Et les conditions du salut se réduisent à une seule. Ce n'est pas moi qui la dirai, mais M. Taine : *Il n'y a que le christianisme.*

Ne le regardez que par le dehors, comme a fait M. Taine, et ne voyez en lui que la cause inconnue d'effets visibles ; et demandez-vous d'abord si vous connaissez quelque autre force que lui qui puisse combattre dans les âmes du patron et de l'ouvrier les causes qui y entretiennent en permanence la haine sociale et la guerre sociale, tantôt à l'état de feu qui couve, tantôt à l'état d'incendie qui éclate. Vous connaissez des forces compressives qui retardent l'explosion, mais en même temps accumulent les matériaux explosifs. Vous connaissez des forces répressives qui rétablissent à coups de fusil la tranquillité extérieure, mais qui laissent derrière elles de farouches soifs de revanche. Seules des forces morales peuvent guérir le mal et mettre dans les âmes un principe d'union en y mettant le dévouement réciproque. Ce principe est certainement dans le christianisme ; montrez-le nous ailleurs. Voici pour le moins un demi-siècle que les philosophes et les politiques qui ont entrepris d'éliminer le christianisme comme un ressort inutile sont mis en demeure de le remplacer ; j'ose dire que depuis un demi-siècle pas un remplaçant n'a paru à l'horizon. En vérité il y a chose jugée. On peut renoncer à la paix sociale comme à un rêve ; on peut s'accommoder d'une situation où la richesse égoïste et la pauvreté irritée jouissent et souffrent en face l'une de l'autre, où le capital se défend de son mieux contre le travail et le travail contre le capital par des coalitions et des grèves ; on le peut quand on est du nombre des favorisés, parce qu'on se sent défendu par une digue et qu'on la croit plus solide qu'elle n'est. Mais on ne peut pas, à moins d'être aveugle, vouloir tout de bon la paix sociale et en chercher le secret en dehors de l'Évangile.

Posez-vous ensuite la question de la moralité. Et demandez-vous, — mais avec une sincérité absolue, — si l'âme populaire peut la puiser ailleurs que dans la religion, si sa conscience peut séparer l'une de l'autre l'idée du devoir et l'idée de Dieu, de Dieu qui commande le devoir, de Dieu qui récompense ou punit l'observation ou la violation du devoir. Puis demandez-vous si vous pouvez maintenir cette idée de Dieu dans l'âme populaire, j'entends l'y maintenir comme lumière vivante et force efficace, en l'isolant du christianisme, de l'Évangile et du catéchisme. Examinez historiquement, et en regardant autour de vous, à la ville ou aux champs, ce que deviennent dans une vie de jeune homme le sentiment moral et le frein du devoir lorsque le sentiment chrétien et le frein religieux s'en retirent. Examinez d'autre part ce qu'est la vie morale, ce qu'est la vie domestique, ce qu'est la vertu dans une population vraiment chrétienne, attachée par le fond de ses entrailles à son Dieu et à la loi de son Dieu ; et contestez ensuite, si vous l'osez, la parole de M. Taine : *il n'y a que le christianisme*.

Enfin considérez que nulle société, si démocratique soit-elle, ne peut prospérer si elle ne contient pas un groupe d'hommes qui y tiennent la tête par leur activité, leurs talents, leurs vertus. Et demandez-vous de quels hommes notre pays a besoin pour l'éclairer et le servir, en dehors des cadres officiels. Il lui faut sans doute des hommes qui, dans la vie politique, aient le respect de l'autorité pour concourir loyalement à sa tâche et pour lui obéir tant qu'elle ne commande pas ce que la conscience interdit, mais qui aient aussi le respect d'eux-mêmes pour ne se prêter à aucune besogne suspecte en vue d'une place ou d'une faveur ; — des hommes qui, dans les questions sociales, joignent à l'énergique résolution de ne point pactiser avec les folies socialistes un amour tendre, profond, agissant pour les classes souffrantes ou laborieuses, et une infatigable volonté de tout faire pour réconcilier les frères ennemis qui déchirent le sein maternel ; — des hommes dont le superflu soit le patrimoine des pauvres, dont le temps libre soit à tous et, avant tout à la patrie ; — enfin des hommes sachant travailler par leur exemple, et aussi par leur influence et leur action légitime, à remettre en honneur les mœurs graves et pures, simples et laborieuses. qui font les nations saines, fortes et prospères. Je ne sais comment vous appellerez des hommes de ce type. Pour moi, je les appelle des chrétiens.

Est-ce un rêve d'espérer que cette condition du salut sera enfin comprise, et qu'un effort efficace et persévérant sera fait pour rapprocher la réalité de ce noble idéal ?

On est tenté de le craindre quand on voit les forces ennemies gagner tant de terrain sur des points qui leur étaient restés longtemps inaccessibles, et quand on songe combien les armes sont inégales entre les doctrines qui flattent les passions et celles qui les répriment, entre celles qui convient aux jouissances et celles qui prêchent l'esprit de sacrifice, entre celles qui sont fondées sur la révolte et celles qui enseignent le respect. Mais on se souvient que la situation était la même, et pire encore, à l'apparition du christianisme, et que cependant le christianisme a vaincu. Il a vaincu à armes plus inégales que les nôtres, parce que la force qui était en lui était divine et non humaine. Il est ce qu'il était ; ce qu'il a pu alors pourquoi ne le pourrait-il pas aujourd'hui ?

Il ne le pourra pas malgré nous ; et la question est de savoir si nous accepterons la toute-puissante assistance qu'il nous offre. Cela dépend de nous, et c'est par conséquent dans le concours des volontés humaines que nous devons chercher nos raisons humaines d'espérer. Je crois en voir plusieurs.

La première est qu'il devient de plus en plus visible, même aux yeux prévenus, que le christianisme résout et résout seul la question sociale.

Il la résoud doctrinalement, et de façon à se faire écouter et applaudir par le monde entier. Nous ne sommes plus, grâce à Dieu, au temps où une encyclique passait inaperçue comme une simple lettre de famille adressée par un père à des enfants clairsemés : celle de Léon XIII sur la condition des ouvriers a été un événement dans le monde tout entier du travail.

Il la résoud pratiquement dans les usines chrétiennes. Entre celles-ci et les autres il y a un monde ; et vous les voyez depuis dix ans apparaître de plus en plus nombreuses, comme des sommets d'inégale hauteur qui, l'un après l'autre, émergent après un déluge. En chacune d'elles la sympathie et le respect des ouvriers répondent au dévouement du patron ; en chacune d'elles la fraternité est vivante en même temps que la hiérarchie demeure intacte. C'est à n'y rien comprendre tant qu'on ne sait pas que l'usine est devenue chrétienne. Et dès qu'on le sait, on comprend, parce que la cause est prise sur le fait dans la production de son effet. Or c'est par contagion, par imitation et émulation que cette cause a été mise en action dans telle usine, puis dans telle autre, que dans telle grande ville industrielle ce type, inconnu il y a dix ans, embrasse maintenant presque une moitié du monde du travail. Il y a là, dans les milieux qui semblaient les plus réfractaires, un progrès magnifique et inattendu. Est-ce une chimère d'augurer qu'il ne s'arrêtera pas ?

La seconde raison d'espérer est le mouvement de réaction, très vague et très confus encore, mais déjà très marqué, qui s'opère sous nos yeux, surtout dans la jeunesse, contre les doctrines matérialistes et positivistes dont l'effet inévitable est d'éteindre, au nom de la science, toute flamme dans l'âme humaine, d'y paralyser tout élan, d'y détrôner tout idéal. La jeune génération comprend mieux que ses aînées que l'homme ne vit pas seulement de pain et ne doit pas vivre seulement pour lui-même ; la notion du devoir social, surtout envers les délaissés et les humbles, l'idée du dévouement, le sentiment d'une mission à remplir et, derrière tout cela, l'aspiration au divin, l'inconsciente nostalgie de la charité et de la vie chrétiennes commencent à y germer et à y refleurir. Ce ne sont bien que des commencements et des germes ; mais ils révèlent un état d'âme tout nouveau, tout différent du scepticisme élégant ou grossier que nous avons connu ; ils sont un réveil après une léthargie, une remise en marche après une immobilité. Est-ce un rêve d'espérer que ce mouvement ira plus loin, qu'il précisera son but et qu'après bien des tâtonnements et des fluctuations, il entrera dans la voie féconde à l'entrée de laquelle il hésite encore ?

Une troisième raison est la part de plus en plus grande que prennent les savants catholiques au mouvement de la science contemporaine. Il y a là, pour le public en général, un argument de fait extrêmement frappant contre la prétendue incompatibilité de la science et de la foi. Et il y a là aussi un moyen de contrôle qui ne permettra plus aux savants libres-penseurs de faire passer sous le pavillon de la science des hypothèses qui n'ont rien de commun avec elle.

Une quatrième raison est le nombre plus croissant encore des chrétiens de tout rang qui comprennent le devoir social, qui s'appliquent à le remplir, qui lui font une part de plus en plus large dans leurs préoccupations, dans l'emploi de leur temps, de leur argent, de leur influence, qui, dans des mesures diverses, se *donnent* avec un désintéressement absolu. Sans doute il y a encore un écart énorme entre ce qui est et ce qui devrait être, et le nombre des ouvriers est petit pour l'immensité de la moisson. Mais ce nombre est une élite qui grossit de jour en jour et dont l'effort, dès maintenant, ne reste pas stérile.

Une dernière raison, et non pas la moindre, est le spectacle des dévouements admirables et aimables, des bienfaits sociaux sans mesure et sans nombre que nous offre, tout près de nous, la vie du sacerdoce catholique et des congrégations religieuses. La France continue de produire ces incomparables moissons avec une fécondité qui est restée sans rivale et qui, débordant sur toutes les parties du monde, y entoure le nom français de la plus belle des auréoles. Elle prouve ainsi que sa sève n'est pas épuisée et permet de conjecturer ce qu'on serait en droit d'attendre d'elle le jour où elle parviendrait enfin à se ressaisir.

Ce n'est point assez sans doute pour envisager l'avenir avec une sécurité trompeuse qui ralentirait notre effort en nous donnant l'illusion que cet effort est devenu moins nécessaire. C'en est assez pour nous garantir du découragement et du pessimisme ; c'en est assez pour nous permettre l'espérance en nous imposant le travail.

# TABLE

Préface.................................................... v

## PREMIÈRE PARTIE
### PHILOSOPHIE

Chap. I. Les débuts philosophiques de M. Taine.......... 3
— II. L'Intelligence. — Nominalisme et Sensualisme.... 54
— III. L'Intelligence (Suite). — La Perception extérieure. 76
— IV. L'Intelligence (Suite). — La Mémoire............ 102
— V. L'Intelligence (Suite). — La Conscience. — Les Facultés. — Le Moi...................... 115
— VI. L'Intelligence (Suite). — La Science............ 157
— VII. Vues sur la vie humaine........................ 183

## SECONDE PARTIE
### LITTÉRATURE ET ART

Chap. I. Le Style........................................ 213
— II. La Théorie littéraire............................ 223
— III. Tite-Live........................................ 233

| | | |
|---|---|---|
| Chap. IV. | La Fontaine........................................... | 243 |
| — V. | Histoire de la littérature anglaise................ | 254 |
| — VI. | Varia................................................... | 276 |
| — VII. | Théorie esthétique.................................. | 291 |
| — VIII. | Application de la théorie.......................... | 308 |

# TROISIÈME PARTIE

### HISTOIRE

| | | |
|---|---|---|
| Chap. I. | M. Taine historien................................... | 327 |
| — II. | L'Ancien Régime..................................... | 331 |
| — III. | La Révolution........................................ | 368 |
| — IV. | Napoléon et le Régime moderne................. | 416 |
| — V. | Le Présent et l'Avenir............................. | 467 |

Paris. — Imp. DEVALOIS, avenue du Maine, 144.

# LIBRAIRIE CH. POUSSIELGUE
### Rue Cassette, 15, PARIS

## PRINCIPALES PUBLICATIONS

## OUVRAGES DE Mgr D'HULST
#### RECTEUR DE L'INSTITUT CATHOLIQUE DE PARIS

### CONFÉRENCES DE NOTRE-DAME
#### ET RETRAITE DE LA SEMAINE SAINTE

CARÊME de 1891. Les Fondements de la Moralité. In-8° écu avec notes. 5 fr.
CARÊME de 1892. Les Devoirs envers Dieu. In-8° écu avec notes...... 5 fr.
*Les Conférences des années suivantes paraîtront de même*

| MÉLANGES ORATOIRES | MÉLANGES PHILOSOPHIQUES |
|---|---|
| 2 vol. in-8° écu. 8 fr. | Un vol. in-8° écu. 5 fr. |

### VIE DE JUST DE BRETENIÈRES
#### MISSIONNAIRE APOSTOLIQUE, MARTYRISÉ EN CORÉE (1866)
2° édition. In-18 jésus avec portrait et carte de Corée............. 3 fr.

### VIE DE LA MÈRE MARIE-TÉRÈSE
#### FONDATRICE DES SŒURS DE L'ADORATION RÉPARATRICE
4° édition. In-18 jésus avec 2 portraits........................ 2 fr. 50

M. Renan. 3° édition. Brochure in-8° raisin............................ 1 fr.
Le Droit chrétien et le Droit moderne. Étude sur l'Encyclique *Immortale Dei*, suivie du texte de l'Encyclique (latin-français). In-18 jésus................ 1 fr. 25

## ŒUVRES DE Mgr BOUGAUD
#### ÉVÊQUE DE LAVAL

**Histoire de saint Vincent de Paul**, fondateur de la congrégation des Prêtres de la Mission et des Filles de la Charité. 2 volumes in-8° avec 2 portraits............ 15 fr. »
— LA MÊME. 2° édition. 2 volumes in-18 jésus avec 2 portraits................. 6 fr. »
**Discours**, publiés par son frère et précédés d'une notice historique par Mgr LAGRANGE. 2° édition. In-8° avec portrait......................................... 7 fr. 50
— LES MÊMES. 3° édition. In-18 jésus avec portrait........................ 4 fr. »
**Le Christianisme et les temps présents**. 5 volumes in-8°............... 37 fr. 50
— LE MÊME OUVRAGE. 5 volumes in-18 jésus................................ 20 fr. »
 Extraits de l'ouvrage « LE CHRISTIANISME ET LES TEMPS PRÉSENTS. »
*Jésus-Christ*. In-16, format carré........................................ 3 fr. 75
*De la Douleur*. 3° édition. In-16, format carré.......................... 3 fr. 75
**Histoire de sainte Monique**. 6° édition, ornée d'une gravure de sainte Monique et saint Augustin, d'après ARY SCHEFFER. Beau volume in-8°.................. 7 fr. 50
— LA MÊME. 10° édition. In-18 jésus...................................... 4 fr. »
**Histoire de sainte Chantal** et des origines de la Visitation. 10° édition. 2 volumes in-8° avec 2 portraits.................................................. 15 fr. »
— LA MÊME. 11° édition. 2 volumes in-18 jésus avec 2 portraits............. 8 fr. »
**Histoire de la bienheureuse Marguerite-Marie** et des origines de la dévotion au Cœur de Jésus. Beau volume in-8°........................................ 7 fr. »
— LA MÊME. 8° édition. In-18 jésus....................................... 3 fr. 75
**Le grand Péril de l'Église de France au XIX° siècle**, avec une carte teintée indiquant la Géographie et la Statistique de la diminution des vocations sacerdotales. 4° édition. Une brochure in-8°............................................ 1 fr. 50

## OUVRAGES DE Mgr F. LAGRANGE
### ÉVÊQUE DE CHARTRES

**Vie de Mgr Dupanloup**, évêque d'Orléans, membre de l'Académie française. 4e édition. 3 volumes in-8°, avec 2 portraits................................................ 22 fr. 50
— LA MÊME. 6e *édition*. 3 volumes in-18 jésus........................... 10 fr. 50
**Histoire de saint Paulin de Nole**. 2e édition. 2 volumes in-18 jésus, avec gravure, plan et vue.............................................................. 6 fr. »
**Histoire de sainte Paule**. 5e édition. Beau vol. in-8° avec gravure......... 7 fr. 50
— LA MÊME. 6e *édition*. In-18 jésus..................................... 4 fr. »
**Lettres choisies de saint Jérôme.** Nouvelle traduction française avec le texte en notes. 4e édition. In-18 jésus........................................... 4 fr. »

## OUVRAGES DE Mgr BAUNARD
### RECTEUR DES FACULTÉS CATHOLIQUES DE LILLE

**Le Général de Sonis**, d'après ses papiers et sa correspondance. 36e édition revue et augmentée d'un appendice sur les opérations militaires du 17e Corps de l'armée de la Loire durant le commandement du général de Sonis et répondant à diverses attaques. In-8° écu avec portrait................................................. 4 fr. »
*Franco*................................................................. 4 fr. 80
**Le Cardinal Lavigerie.** Oraison funèbre prononcée à Lille en l'église Notre-Dame de la Treille, le 7 décembre 1892. In-8° écu................................ 1 fr. »
**Dieu dans l'Ecole.**
  Tome I. *Le Collège Saint-Joseph de Lille* (1881-1888). Discours, notices et souvenirs. In-8° écu..................................................... 5 fr. »
  Tome II. *Le Collège chrétien.* Instructions dominicales : Les Autorités de l'Ecole. La Journée de l'Ecole. L'Ecole et la Famille. In-8° écu................... 5 fr. »
  Tome III. *Le Collège chrétien.* Instructions dominicales : L'Ame de l'Ecole. L'Œuvre de l'Ecole. La sortie de l'Ecole. In-8° écu............................... 5 fr. »
**Espérance.** Un réveil de l'idée religieuse en France. 2e édition revue et augmentée. In-18 jésus............................................................. 2 fr. 50
**Le Livre de la Première Communion et de la Persévérance.** Edition de luxe, plié en portefeuille ou broché. Grand in-16 carré........................ 8 fr. »
— LE MÊME OUVRAGE, édition ordinaire. 5e édition. Grand in-32 carré... 3 fr. »
**Le Doute et ses victimes dans le siècle présent.** 8e édition. In-18 jésus... 3 fr. 75
**La Foi et ses victoires.** Conférences sur les plus illustres convertis de ce siècle.
  Tome I. In-8°. 4e édition........ 6 fr. — In-18 jésus. 5e édition........... 3 fr. 75
  Tome II. In-8°................. 6 fr. — In-18 jésus. 3e édition........... 3 fr. 75
**L'Apôtre saint Jean.** 6e édition. In-18 jésus avec gravure................. 4 fr. »
**Histoire de saint Ambroise.** 2e édition. Beau volume in-8° avec portrait et plan de Milan au IVe siècle..................................................... 7 fr. 50
**Histoire de la vénérable mère M.-S. Barat**, fondatrice de la Société du Sacré-Cœur. 3e édition. 2 forts volumes in-8° avec portrait. *Prix net*............... 10 fr. 50
*Franco*................................................................. 12 fr. 50
— LE MÊME OUVRAGE. 6e *édition*. 2 volumes in-18 jésus.............. 5 fr. »
**Histoire de Madame Duchesne**, fondatrice de la Société des Religieuses du Sacré-Cœur en Amérique. In-8° avec autographe et carte....................... 6 fr. 25
— LE MÊME OUVRAGE. 2e édition. In-18 jésus......................... 3 fr. »
**Le Vicomte Armand de Melun.** In-8° avec portrait........................ 8 fr. »
**Histoire du cardinal Pie.** 5e édition. 2 volumes in-8° avec 2 portraits. (Sous presse.)
**Panégyrique de sainte Thérèse**, prononcé le 15 octobre 1886. In-8°...... 75 c.

# ŒUVRES COMPLÈTES DU R. P. LACORDAIRE
### Précédées d'une notice sur sa vie
9 vol. in-8°. 50 fr. — Les mêmes, 9 vol. in-18 jésus. 30 fr.

*On vend séparément :*

| | |
|---|---|
| Vie de saint Dominique. In-18 jésus avec portrait....................... | 3 fr. » |
| Conférences prêchées à Paris (1825-1851) et à Toulouse. 5 volumes in-18 jésus. (Tomes II à VI des Œuvres)................................................. | 20 fr. » |
| Œuvres philosophiques et politiques. In-18 jésus..................... | 3 fr. » |
| Notices et panégyriques. In-18 jésus...................................... | 3 fr. » |
| Mélanges. In-18 jésus............................................................ | 3 fr. » |
| Notice sur le P. Lacordaire. In-18 jésus................................. | 50 c. |
| Vie de saint Dominique, illustrée d'après le P. Besson. In-8° raisin........ | 12 fr. 50 |
| Lettres à un jeune homme. 8° édition. Joli volume in-32 encadré......... | 1 fr. 25 |
| Sainte Marie-Madeleine. 9° édition. Joli volume in-32 encadré............ | 1 fr. 25 |

## ŒUVRES POSTHUMES DU R. P. LACORDAIRE

| | |
|---|---|
| Lettres à Madame la Baronne de Prailly. In-8°....................... | 7 fr. » |
| — LE MÊME OUVRAGE. In-18 jésus............................................ | 3 fr. 75 |
| Lettres à M. Th. Foisset. 2 volumes in-8°................................ | 12 fr. 50 |
| Lettres inédites. In-8°.......................................................... | 7 fr. » |
| Sermons, Instructions et Allocutions. Notices, Textes, Fragments, Analyses. | |
| — Tome I. *Sermons* (1825-1849). In-8°................................... | 7 fr. » |
| — Tome II. *Sermons* (1850-1856). *Instructions* données à l'Ecole de Sorèze (1854-1861). In-8°............................................................. | 7 fr. » |
| — Tome III. *Allocutions.* In-8°............................................... | 6 fr. » |
| — LE MÊME OUVRAGE. Tome I. 3° édition. In-18 jésus................. | 3 fr. 75 |
| — Tome II. 3° édition. In-18 jésus........................................... | 3 fr. 75 |
| — Tome III. In-18 jésus......................................................... | 3 fr. 50 |

## CONFÉRENCES DU R. P. DE RAVIGNAN
4° édition. 4 volumes in-18 jésus. 12 fr. 50

## ŒUVRES DE M. AUGUSTE NICOLAS

| | |
|---|---|
| 13 volumes in-8°................................................................... | 77 fr. |
| 11 volumes in-18 jésus........................................................... | 40 fr. |

# LE CARDINAL LAVIGERIE
### ET SES ŒUVRES D'AFRIQUE
#### PAR M. L'ABBÉ FÉLIX KLEIN
2° édition. In-18 jésus................................... 3 fr. 50

## HISTOIRE DE LA VIE ET DES OEUVRES
## DE Mgr DARBOY, ARCHEVÊQUE DE PARIS
### Par S. Em. le Cardinal FOULON
ARCHEVÊQUE DE LYON

Un volume in-8° avec portrait et autographe. 7 fr. 50
Exemplaires sur papier de Hollande, portrait avant la lettre et autographe... 20 fr.

---

## Mgr DE MAZENOD
### ÉVÊQUE DE MARSEILLE
#### FONDATEUR
DE LA CONGRÉGATION DES MISSIONNAIRES OBLATS DE MARIE-IMMACULÉE (1782-1861)

PAR MONSEIGNEUR RICARD, PRÉLAT DE LA MAISON DE SA SAINTETÉ

2° édition. In-8° écu avec 2 portraits. 5 fr.

---

## DISCOURS DU COMTE ALBERT DE MUN
### DÉPUTÉ DU MORBIHAN

ACCOMPAGNÉS DE NOTICES PAR CH. GEOFFROY DE GRANDMAISON

Questions sociales. In-8°......... 7 fr. 50 — In-18 jésus............... 4 fr. »
Discours politiques. 2 vol. in-8°.... 15 fr. » — 2 vol. in-18 jésus.......... 8 fr. »

---

## VIE DE Mgr A. JAQUEMET
### ÉVÊQUE DE NANTES
### PAR M. L'ABBÉ VICTOR MARTIN
PROFESSEUR AUX FACULTÉS CATHOLIQUES D'ANGERS

PRÉCÉDÉE DE LETTRES DE S. EM. LE CARDINAL RICHARD, ARCHEVÊQUE DE PARIS
ET DE LL. GG. MGR LECOQ, ÉVÊQUE DE NANTES ET MGR LABORDE, ÉVÊQUE DE BLOIS

In-8° avec portrait...... 7 fr. 50

---

## COURS D'INSTRUCTION RELIGIEUSE
### A L'USAGE DES CATÉCHISMES DE PERSÉVÉRANCE
### DES MAISONS D'ÉDUCATION ET DES PERSONNES DU MONDE
### Par Monseigneur E. CAULY
VICAIRE GÉNÉRAL DE REIMS

*Ouvrage honoré d'un bref de Sa Sainteté Léon XIII*
*Et approuvé par Son Em. le Cardinal Langénieux, Archevêque de Reims*

I. Le Catéchisme expliqué. 10° édition. In-18 jésus..................... 3 fr. 75
II. Histoire de la Religion et de l'Église. 2° édit. In-18 jésus......... 4 fr. »
III. Recherche de la vraie religion. 4° édition. In-18 jésus............. 3 fr. »
IV. Apologétique chrétienne. 3° édition. In-18 jésus................... 3 fr. »

---

## LES APOTRES
### OU HISTOIRE DE L'ÉGLISE PRIMITIVE
### PAR MONSEIGNEUR DRIOUX
VICAIRE GÉNÉRAL, CHANOINE HONORAIRE DE LANGRES, DOCTEUR EN THÉOLOGIE, ETC.

*Ouvrage honoré de plusieurs approbations épiscopales*

Fort volume in-8°....... 7 fr. 50

# LA SAINTE VIERGE
## ÉTUDES ARCHÉOLOGIQUES ET ICONOGRAPHIQUES
### PAR M. CH. ROHAULT DE FLEURY
#### AUTEUR DU MÉMOIRE SUR LES INSTRUMENTS DE LA PASSION

Deux splendides volumes in-4°, imprimés avec luxe sur très beau papier de Hollande, ornés de 157 magnifiques planches gravées et de 600 sujets dans le texte.................................................................................. 100 fr.

# LES CARACTÉRISTIQUES DES SAINTS
## DANS L'ART POPULAIRE
### ÉNUMÉRÉES ET EXPLIQUÉES PAR LE P. CH. CAHIER, DE LA C<sup>ie</sup> DE JÉSUS

2 vol. gr. in-4°, ornés de nombreuses gravures sur bois. *Net.* 64 fr.

# COURS D'ARCHÉOLOGIE RELIGIEUSE
### PAR M. L'ABBÉ J. MALLET

Architecture. In-8°, 5° édition avec 255 figures dans le texte................... 4 fr.
Le Mobilier. In-8°, 2° édition avec 130 figures dans le texte................... 4 fr.

# MARTYROLOGE ROMAIN
### TRADUCTION DE L'ÉDITION LA PLUS RÉCENTE
### APPROUVÉE PAR LA SACRÉE CONGRÉGATION DES RITES EN 1873
### PUBLIÉE AVEC L'APPROBATION DE L'ORDINAIRE

Un beau volume in-8°.... 6 fr.

# LES HYMNES DU BRÉVIAIRE ROMAIN
## ÉTUDES CRITIQUES LITTÉRAIRES ET MYSTIQUES
### PAR M. L'ABBÉ S.-G. PIMONT

Hymnes dominicales et fériales du Psautier. In-8° raisin............... 7 fr. 50
Hymnes du temps. (Carême, Passion, Temps de Pâques, Ascension, Pentecôte, Trinité, Saint-Sacrement). In-8° raisin.................................................... 5 fr. »

# CHANTS DE LA SAINTE-CHAPELLE
## ET CHOIX DES PRINCIPALES SÉQUENCES DU MOYEN-AGE
### PAR M. FÉLIX CLÉMENT

4° édition. In-8° jésus............... 5 fr.

# LA MAISON DES CARMES
## (1610-1875)
### PAR M. L'ABBÉ PISANI
#### PROFESSEUR A L'INSTITUT CATHOLIQUE DE PARIS

Joli volume in-18 avec plan........................ 1 fr. 25

**Centenaire** célébré à l'église des Carmes en l'honneur des victimes de Septembre 1792. Compte rendu des cérémonies du Triduum.
Discours prononcés par Mgr DE CABRIÈRES, évêque de Montpellier, M. l'abbé SICARD, du clergé de Paris et Mgr D'HULST, recteur de l'Institut catholique de Paris. In-8°. 1 fr. 50

# VIE
## DE LA VÉNÉRABLE MÈRE MARGUERITE-MARIE
### PAR Mgr JEAN-JOSEPH LANGUET
#### NOUVELLE ÉDITION
Par M. l'abbé L. GAUTHEY, Vicaire général d'Autun

PRÉCÉDÉE D'UNE ÉPITRE DÉDICATOIRE A SA SAINTETÉ LÉON XIII
PAR MGR PERRAUD, ÉVÊQUE D'AUTUN

In-8° raisin, avec portrait et autographes......................... 10 fr.
Edition ordinaire, in-18 jésus............................................. 4 fr.

---

## HISTOIRE DU P. CLAUDE DE LA COLOMBIÈRE
### PAR LE P. E. SEGUIN
2° édition. In-18 jésus avec portrait...... 3 fr. 50

---

## VIES DE QUATRE DES PREMIÈRES MÈRES DE LA VISITATION
### PAR LA R. MÈRE DE CHAUGY

REPRODUCTION INTÉGRALE DE L'ÉDITION DE 1659, ENRICHIE D'EXTRAITS INÉDITS DES MANUSCRITS ORIGINAUX

PUBLIÉE PAR LES SOINS DES RELIGIEUSES DE LA VISITATION D'ANNECY

In-8° écu.................................. 5 fr.

---

## VIE DU R. P. BARRÉ
FONDATEUR DE L'INSTITUT DES ÉCOLES CHARITABLES DU SAINT-ENFANT-JÉSUS
### DIT DE SAINT-MAUR
Origine et progrès de cet Institut (1602-1700)

Par le R. P. HENRI DE GRÈZES, capucin

In-8° avec 2 portraits.................. 4 fr.

---

## SAINT ANTOINE LE GRAND
PATRIARCHE DES CÉNOBITES
Par M. l'abbé VERGER
In-8° écu................ 4 fr.

## SAINT GRÉGOIRE DE NAZIANZE
SA VIE, SES ŒUVRES ET SON ÉPOQUE
Par M. l'abbé BENOIT
2° édition. 2 vol. in-18 jésus. 7 fr.

---

## VIE DE SAINT PAUL
Par M. l'abbé VIX, docteur en théologie, du diocèse de Strasbourg
Un beau volume in-8° raisin............ 7 fr. 50

---

## SAINTE MARCELLE
LA VIE RELIGIEUSE
CHEZ LES PATRICIENNES DE ROME AU IV° SIÈCLE
Par M. l'abbé L. PAUTHE
2° édition. In-18 jésus...... 4 fr.

## SAINT HILAIRE
ÉVÊQUE DE POITIERS
DOCTEUR ET PÈRE DE L'ÉGLISE
Par M. l'abbé P. BARBIER
du diocèse d'Orléans
In-18 jésus............ 3 fr. 75

## ÉLIZABETH SETON
### ET LES COMMENCEMENTS DE L'ÉGLISE CATHOLIQUE AUX ÉTATS-UNIS
#### Par Madame de BARBEREY
5ᵉ édition. 2 volumes in-18 jésus, avec portrait. 5 fr.

---

### CHRISTOPHE COLOMB
D'APRÈS LES TRAVAUX HISTORIQUES
DU COMTE ROSELLY DE LORGUES
PAR M. L'ABBÉ LYONS
AUMÔNIER DES RELIGIEUSES DU S.-SACREMENT
A NICE

In-8° écu............ 4 fr.

### GLORIFICATION RELIGIEUSE
DE
### CHRISTOPHE COLOMB
PAR M. L'ABBÉ CASABIANCA
SECOND VICAIRE DE S.-FERDINAND-DES-TERNES
A PARIS

In-12.......... 2 fr. 50

---

### Sᵗᵉ JEANNE DE FRANCE
(1464-1505)
DUCHESSE D'ORLÉANS ET DE BERRY
PAR Mgr HÉBRARD
In-8° écu............ 5 fr.

### Sᵗᵉ JEANNE DE VALOIS
ET
L'ORDRE DE L'ANNONCIADE
PAR Mgr HÉBRARD
In-12................ 4 fr.

---

## HISTOIRE DE Mˡˡᵉ LE GRAS
### LOUISE DE MARILLAC
#### FONDATRICE DES FILLES DE LA CHARITÉ
PRÉCÉDÉE DE LETTRES DE MGR MERMILLOD ET DU SUPÉRIEUR DES PRÊTRES DE LA MISSION
In-8°........................... 7 fr. 50

---

## HISTOIRE DE SAINTE ANGÈLE MÉRICI
### ET DE TOUT L'ORDRE DES URSULINES, DEPUIS SA FONDATION JUSQU'A NOS JOURS
#### Par M. l'Abbé V. POSTEL
2 beaux volumes in-8°, avec portrait......... 15 fr.

---

## HISTOIRE DE LA VÉNÉRABLE MÈRE MARIE DE L'INCARNATION
### PREMIÈRE SUPÉRIEURE DU MONASTÈRE DES URSULINES DE QUÉBEC
#### D'APRÈS DOM CLAUDE MARTIN, SON FILS
Ouvrage entièrement remanié, complété à l'aide de plusieurs autres historiens
et de nouveaux documents
PRÉCÉDÉ D'UNE INTRODUCTION GÉNÉRALE PAR M. L'ABBÉ Léon CHAPOT
AUMÔNIER DU MONASTÈRE DE SAINTE-URSULE DE NICE
2 vol. in-8° écu, avec 2 portraits.......... 8 fr.

---

## VIE DE M. LE PREVOST
### FONDATEUR DE LA CONGRÉGATION DES FRÈRES DE SAINT-VINCENT DE PAUL
PRÉCÉDÉE D'UNE LETTRE DE MGR GAY, ÉVÊQUE D'ANTHÉDON
In-8° orné de 3 portraits..... 6 fr.

---

## VIE DE FRÉDÉRIC OZANAM
### PAR SON FRÈRE C.-A. OZANAM
3ᵉ édition. In-18 jésus............................ 4 fr.

---

### OUVRAGES DE M. LE VICOMTE DE MELUN
Vie de la Sœur Rosalie, fille de la charité. 8ᵉ édition. In-8° avec portrait... 6 fr. »
10ᵉ édition. In-18 jésus avec portrait............................. 1 fr. 50
Vie de Mademoiselle de Melun. In-8° avec portrait................... 6 fr. »
La Marquise de Barol, sa vie et ses œuvres, suivi d'une notice sur Silvio Pellico. In-8°
avec portrait.... 6 fr. — In-18 jésus avec portrait.................. 2 fr. 50

## LE R. P. H.-D. LACORDAIRE
### SA VIE INTIME ET RELIGIEUSE
#### Par le R. P. CHOCARNE, des Frères Prêcheurs
5ᵉ édit. 2 vol. in-8ᵒ, portrait. 10 fr. — 7ᵉ édit. 2 vol. in-18 jésus.... 5 fr.

## VIE DU RÉVᵐᵉ PÈRE A.-V. JANDEL
### SOIXANTE-TREIZIÈME MAITRE GÉNÉRAL DE L'ORDRE DES FRÈRES PRÊCHEURS
#### Par le R. P. CORMIER
Beau volume in-8ᵒ avec portrait......... 5 fr.

## HISTOIRE DE SAINT ALPHONSE DE LIGUORI
#### Précédée d'une lettre de S. G. Mgr l'Evêque d'Orléans
2ᵉ édition. In-8ᵒ avec portrait............................. 7 fr. 50

## SAINT FRANÇOIS D'ASSISE
#### Par le R. P. Léopold de CHÉRANCÉ
6ᵉ édition. In-18 jésus avec portrait................. 2 fr. 50

#### Marquis Anatole de SEGUR

| HISTOIRE POPULAIRE **DE S. FRANÇOIS D'ASSISE** 5ᵉ édition. In-18 raisin. 1 fr. 25 | **LE POÈME DE S. FRANÇOIS** 5ᵉ édition. In-18 raisin. 1 fr. 30 Edition de luxe, photographie. 2 fr. 50 |
|---|---|

## VIE DE LA VÉNÉRABLE MÈRE AGNÈS DE JÉSUS
#### Par M. de LANTAGES
#### Edition revue et augmentée par M. l'abbé LUCOT
2 volumes in-8ᵒ avec portrait, gravures et autographe............. 12 fr. 50

## VIE DU VÉNÉRABLE PÈRE LIBERMANN
#### PREMIER SUPÉRIEUR GÉNÉRAL DE LA CONGRÉGATION DU SAINT-ESPRIT ET DU SAINT-CŒUR DE MARIE
#### Par S. Em. le Cardinal PITRA
3ᵉ édition. In-8ᵒ... 8 fr. — 4ᵉ édition. In-18 jésus. 4 fr.

| **LETTRES SPIRITUELLES DU V. P. LIBERMANN** 2ᵉ édit. 3 vol. in-12. 10 fr. | **ÉCRITS SPIRITUELS DU V. P. LIBERMANN** In-18 jésus.... 3 fr. 50 |
|---|---|

## VIE DE SAINT PHILIPPE NÉRI
#### Par S. E. le Cardinal CAPECELATRO
#### Traduite sur la seconde édition par le P. Pierre Henri BEZIN prêtre de l'oratoire
2 volumes in-18 jésus........... 8 fr.

**La conversion d'un maréchal de France** (Pages intimes). Précédée d'une préface de Mgr Fava, évêque de Grenoble, et suivie d'un discours de M. l'abbé J. Lémann. In-12 illustré................................................. 2 fr.

## OUVRAGES DU R. P. TH. RATISBONNE

# HISTOIRE DE SAINT BERNARD ET DE SON SIÈCLE
6ᵉ édition. 2 vol. in-8ᵉ raisin............ 12 fr.
LA MÊME, 10ᵉ édition. 2 vol. in-18 jésus. 6 fr.

## NOUVEAU MANUEL DES MÈRES CHRÉTIENNES
16ᵉ édition. In-18 raisin... 2 fr. 50

- **Allégories** ornées de 70 gravures. In-8ᵉ jésus........................... 6 fr.
- **Miettes évangéliques.** Sujets de méditations. In-18 jésus............... 3 fr.
- **Rayons de vérité.** In-18 jésus............................................ 3 fr.
- **Réponses aux questions d'un Israélite de notre temps.** In-18 jésus....... 1 fr.
- **Retraites** (Trois) à l'usage des religieuses. In-18 jésus................. 3 fr. 50

| MONSIEUR FRÈRE ET FÉLIX DUPANLOUP<br>Par M. l'abbé DAIX<br>In-18 jésus............. 3 fr. | L'ABBÉ HETSCH<br>PAR L'AUTEUR DES<br>*Derniers jours de Mgr Dupanloup*<br>In-8ᵉ.............. 7 fr. |
|---|---|

## HISTOIRE DU P. DE CLORIVIÈRE
DE LA COMPAGNIE DE JÉSUS
Par le P. JACQUES TERRIEN, de la même Compagnie
In-8ᵉ écu, avec gravure......... 5 fr.

## ALBÉRIC DE FORESTA
FONDATEUR DES ÉCOLES APOSTOLIQUES
SA VIE, SES VERTUS ET SON ŒUVRE
PAR LE R. P. DE CHAZOURNES
3ᵉ édit. In-18 jésus. 3 fr. — LE MÊME OUVRAGE, avec portrait. 3 fr. 50

| VIE DE<br>SAINT JEAN DE LA CROIX<br>PREMIER CARME DÉCHAUSSÉ<br>PAR LE R. P. DOSITHÉE DE St-ALEXIS<br>REVUE PAR<br>LA R. M. MARIE-ÉLISABETH DE LA CROIX<br>3 volumes in-12..... 10 fr. | VIE DU VÉNÉRABLE FRÈRE<br>JEAN DE SAINT-SAMSON<br>RELIGIEUX CARME<br>PAR<br>LE P. SERNIN MARIE DE SAINT-ANDRÉ<br>CARME DÉCHAUSSÉ<br>In-8ᵉ raisin, avec portrait...... 7 fr. 50 |
|---|---|

**Vie de saint Vincent de Paul**, par L. ABELLY, évêque de Rodez. Nouvelle édition. 2 volumes in-12 avec gravures........................................... 7 fr. 50

**Castelli** (Le vénérable serviteur de Dieu, François-Marie), Clerc profès barnabite, par le R. P. L. M. FERRARI. In-18 jésus avec portrait........................... 2 fr.

**Légende des trois Compagnons** : La vie de saint François d'Assise racontée par les frères Léon, Auge et Rufin, ses disciples. Traduite pour la première fois du latin avec une introduction de M. l'abbé HUVELIN. In-18.......................... 1 fr.

**Vie du P. Chérubin de Maurienne**, de l'Ordre des Frères Mineurs Capucins, par M. l'abbé TRUCHET. In-8ᵉ raisin, avec portrait........................... 6 fr.

**Vie intérieure du Frère Marie-Raphaël Meysson**, diacre, de l'Ordre des FF. Prêcheurs, par le R. P. PIE BERNARD. 2ᵉ édition. In-12...................... 3 fr.

## VIE DE M. OLIER
### FONDATEUR DE LA COMPAGNIE ET DU SÉMINAIRE SAINT-SULPICE
#### Par M. FAILLON, prêtre de la même Compagnie

3 volumes in-8° raisin. 4° édition, avec 30 gravures.............. 22 fr. 50

## ŒUVRES SPIRITUELLES DE M. OLIER

Catéchisme chrétien pour la vie intérieure. Edition conforme aux éditions primitives. In-32 raisin.............. 75 c.
Esprit d'un directeur des âmes (L'). In-32 raisin.............. 70 c.
Explication des cérémonies de la grand'messe de paroisse, selon l'usage romain. In-32 raisin...... 1 fr. 25

Introduction à la vie et aux vertus chrétiennes. Nouvelle édition. In-32 raisin.............. 1 fr. »
Journée chrétienne (La). Nouvelle édition corrigée et augmentée. In-32 raisin.............. 1 fr. »
Lettres spirituelles. Nouvelle édition. 2 volumes in-32 raisin.......... 2 fr. 50

## VIE INTÉRIEURE DE LA TRÈS SAINTE VIERGE
### OUVRAGE RECUEILLI DES ÉCRITS DE M. OLIER

*Avec approbation de Son Em. le Cardinal Guibert, Archevêque de Paris*

2° édition. In-12......... 3 fr.

## MÉDITATIONS SUR LES PRINCIPALES OBLIGATIONS
## DE LA VIE CHRÉTIENNE ET ECCLÉSIASTIQUE
### PAR M. L'ABBÉ CHENART
#### NOUVELLE ÉDITION REVUE PAR UN MEMBRE DE LA COMPAGNIE DE ST-SULPICE

2 volumes in-18.............. 3 fr.

## VIE DE M. DE COURSON
### 12° SUPÉRIEUR DU SÉMINAIRE
### ET DE LA COMPAGNIE DE SAINT-SULPICE

In-18 jésus avec portrait. 4 fr.

## M. TEYSSEYRRE
### FONDATEUR DE LA COMMUNAUTÉ DES CLERCS DE SAINT-SULPICE
### PAR M. L'ABBÉ PAGUELLE DE FOLLENAY

In-18 jésus avec portrait. 4 fr.

De la Crèche au Calvaire. Méditations d'après saint Bonaventure et saint Ignace, avec une introduction par Mgr d'Hulst. In-18 raisin.............. 3 fr. »
Résurrection (De la) à l'Ascension et du Cénacle à Rome. Méditations avec une introduction par Mgr d'Hulst. In-18 raisin.............. 4 fr. »
Le Chemin de Croix des Enfants, précédé d'une lettre de Mgr d'Hulst. 2° édition. In-18 avec gravures, relié toile de couleur, ornements en noir.............. 25 c.
Le cent.............................................................Net..... 20 fr. »

## OUVRAGES DE M. L'ABBÉ VERNIOLLES

### LES RÉCITS BIBLIQUES
#### ET LEURS
### BEAUTÉS LITTÉRAIRES

2° édition. In-12,.............. 3 fr.

### LES RÉCITS ÉVANGÉLIQUES
#### ET LEURS
### BEAUTÉS LITTÉRAIRES

In-12.............. 3 fr.

## LES FRÈRES DES ÉCOLES CHRÉTIENNES
### Et l'Enseignement primaire après la Révolution (1797-1830)
### PAR M. ALEXIS CHEVALIER
In-8°.................................................... 6 fr.

| VIE | VIE |
|---|---|
| DU B. J.-B. DE LA SALLE | DU B. J.-B. DE LA SALLE |
| PAR M. ABEL GAVEAU, *prêtre* | PAR M. LE CHANOINE BLAIN |
| 3ᵉ édition. In-8° illustré. 1 fr. 50 | Fort volume in-8°..... 7 fr. 50 |

## ENCYCLOPÉDIE POPULAIRE
### Publiée sous la direction de M. Pierre CONIL
Fort volume in-8° jésus de 2,300 pages à 2 colonnes

| | | | |
|---|---|---|---|
| Broché en 2 volumes............ | 35 fr. | Relié 1/2 chagrin, tranche jaspée.... | 45 fr. |
| Relié toile chagrinée, tr. jaspée.... | 40 fr. | Relié en 2 volumes 1/2 chagrin | |
| Relié en 2 v. toile chag., tr. jasp.... | 42 fr. | tranche jaspée................ | 50 fr. |

## MANUEL DES ŒUVRES
### INSTITUTIONS RELIGIEUSES ET CHARITABLES DE PARIS
### ET PRINCIPAUX ÉTABLISSEMENTS DES DÉPARTEMENTS
### POUVANT RECEVOIR DES ORPHELINS, DES INDIGENTS ET DES MALADES DE PARIS
Nouvelle édition (janvier 1891). In-18 jésus.... 4 fr.

### Mgr PERRAUD
ÉVÊQUE D'AUTUN, MEMBRE DE L'ACADÉMIE FRANÇAISE

| LA | QUELQUES RÉFLEXIONS |
|---|---|
| DISCUSSION CONCORDATAIRE | Au sujet de l'Encyclique du 16 Février 1892 |
| AU SÉNAT ET A LA CHAMBRE DES DÉPUTÉS | ADRESSÉE A LA FRANCE |
| Les 9, 11 et 12 Décembre 1891 | PRÉCÉDÉES DU TEXTE DE L'ENCYCLIQUE |
| 2ᵉ édition. In-12..... 1 fr. | In-12................ 1 fr. |

## LE GOUVERNEMENT DE L'ÉGLISE
### Ou PRINCIPES DU DROIT ECCLÉSIASTIQUE
### EXPOSÉS AUX GENS DU MONDE
### PAR M. L'ABBÉ P.-A. LAFARGE
Droit Public. In-8°............................................ 7 fr. 50

**Pensées choisies du R. P. Lacordaire**, extraites de ses œuvres et publiées sous la direction du R. P. Chocarne. 7ᵉ édition. 2 vol. in-32 encadré............ 3 fr. »

**Lectures pour chaque jour**, extraites des écrits des saints et des bienheureux sous la direction du R. P. Chocarne, des FF. Prêcheurs. 2 vol. in-32 jésus............ 5 fr. »

**Essai sur les missions dans les pays catholiques.** Leur histoire, leur utilité, les diverses méthodes à employer et les devoirs des Missionnaires, par le R. P. Delpuech. In-18 jésus............................................................ 1 fr. 50

**Saint Luc**, patron des anciennes Facultés de médecine, par le Docteur Daugez. In-8° illustré........................................................................ 1 fr. 50

**Le Médecin devant la conscience**, par le Docteur Georges Surbled. In-3?.. 1 fr. 25

**Encyclique du 8 décembre 1864 et les principes de 1789 (L')** ou l'Église, l'État et la Liberté, par M. Émile Keller, député. 2ᵉ édition. In-18 jésus.......... 3 fr. »

**Église (L') et le Droit romain.** Études historiques par M. C. de Monléon. In-12. 3 fr. »

**Esprit et vertus du B. Jean-Baptiste de La Salle.** In-12......... 3 fr. 50

## OUVRAGES DE M. L'ABBÉ RIBET

### L'ASCÉTIQUE CHRÉTIENNE
Un volume in-8°..... 7 fr.

### LA MYSTIQUE DIVINE
DISTINGUÉE DES CONTREFAÇONS DIABOLIQUES ET DES ANALOGIES HUMAINES
Trois beaux volumes in-8°.... 22 fr.

---

### LA MYSTIQUE
#### DIVINE, NATURELLE ET DIABOLIQUE
Par GOERRES
Ouvrage traduit de l'allemand par M. Ch. SAINTE-FOI
2ᵉ édition. 5 volumes in-18 jésus. 16 fr.

---

### L'OUVERTURE DE CONSCIENCE
LES CONFESSIONS ET LES COMMUNIONS DANS LES COMMUNAUTÉS
Texte et commentaire du décret de la Sacrée Congrégation
des Évêques et Réguliers, du 17 décembre 1890
Par le P. PIE DE LANGOGNE, des Frères Mineurs Capucins
3ᵉ édition revue et augmentée. In-18 raisin. 90 c.

---

### LES TRÉSORS DE CORNÉLIUS A LAPIDE
EXTRAITS DE SES COMMENTAIRES SUR L'ÉCRITURE SAINTE
Par M. l'abbé BARBIER
5ᵉ édition. 4 forts volumes in-8° raisin. 32 fr.

---

### SOIRÉES D'AUTOMNE
OU LA RELIGION PROUVÉE AUX GENS DU MONDE
Par M. l'abbé MAUNOURY
3ᵉ édition. In-12..................... 1 fr. 80

---

### DICTIONNAIRE UNIVERSEL
### DES SCIENCES ECCLÉSIASTIQUES
Par M. l'abbé GLAIRE
2 forts volumes in-8° raisin à 2 colonnes. 32 fr.

---

### LA SAINTE BIBLE
TRADUCTION DE L'ANCIEN TESTAMENT D'APRÈS LES SEPTANTE
Par P. GIGUET. Revue et annotée
4 volumes in-12....................... 15 fr.

---

**Marie Jenna**, sa vie, ses œuvres, par Jules LACOINTA. Étude suivie de lettres de Marie Jenna. In-18 jésus................................................. 3 fr. 50
**Élévations poétiques et religieuses**, par Marie JENNA. 4ᵉ édition augmentée de pièces inédites. In-18 jésus........................................... 3 fr. »
**Pensées d'une croyante**, par Marie JENNA. 2ᵉ édition encadrée. In-32 raisin.. 1 fr. »
**Livre de Messe** (Le premier), offert aux enfants, par Marie JENNA. In-32...... 1 fr. »
**Clefs du Purgatoire** (Les). Recueil de prières, par A. R., autour de *l'Église à travers les siècles*. In-32 jésus avec gravure................................. 3 fr. »

## IMITATION DE JÉSUS-CHRIST
### TRADUCTION INÉDITE DU XVIIᵉ SIÈCLE
### PUBLIÉE PAR AD. HATZFELD

Un volume in-8° raisin, papier glacé avec gravures.................. 20 fr.
Le même ouvrage, in-8° jésus, édition de luxe. 30 fr.
La même traduction, sans le texte latin, avec des réflexions tirées des œuvres de Bourdaloue. Gros in-32 raisin avec gravure. 1 fr. 50

## DE LA BÉNÉDICTION A TRAVERS LES TEMPS
### ÉLÉVATIONS SUR LES BIENFAITS DE DIEU
### PAR MICHEL LOUENEAU

*Ouvrage approuvé par S. Em. le Cardinal-Archevêque de Paris et NN. SS. les Évêques de Nantes et d'Anthédon*
In-18 raisin............. 3 fr. 50

## VIE CHRÉTIENNE D'UNE DAME DANS LE MONDE
### Par le R. P. de RAVIGNAN

4ᵉ édition. In-12.......................... 3 fr.

## EXERCICES SPIRITUELS DE SAINT IGNACE
### Traduits par le R. P. Pierre JENNESSEAUX, S. J.

13ᵉ édition. In-12............................ 3 fr.

| MÉDITATIONS | RETRAITE SPIRITUELLE |
|---|---|
| SELON LA MÉTHODE DE SAINT IGNACE SUR LES PRINCIPAUX MYSTÈRES DE LA TRÈS SAINTE VIERGE ET POUR LES FÊTES DES SAINTS 9ᵉ édition. In-12. 2 fr. | SELON LE MÉTHODE DE SAINT IGNACE PAR LES PP. R. Debrosse et H. Augry 5ᵉ édition. In-12 en feuillets détachés et sous bande. 3 fr. |

## COURTES MÉDITATIONS
### POUR TOUS LES JOURS DE L'ANNÉE
### PAR LE P. PAUL GABRIEL ANTOINE, S. J.

*Publiées par le P. Aubert, de la même Compagnie*
4ᵉ édition. In-18 raisin. 2 fr.

## TRAITÉ DE L'AMOUR DE DIEU
### DE SAINT FRANÇOIS DE SALES
### Édition revue et publiée par le P. Marcel BOUIX

Très beau volume in-8° jésus, avec gravure.................... 12 fr.

## PAROLES DE N.-S. JÉSUS-CHRIST
### D'APRÈS LA LETTRE DES SAINTS ÉVANGILES
### MIS EN CONCORDANCE SUIVANT L'ORDRE DES FAITS AVEC DES NOTES DIVERSES
### PAR E. PERROT DE CHEZELLES

In-18 jésus...................... 4 fr.

## MÉDITATIONS SUR TOUS LES ÉVANGILES
### DU CARÊME ET DE LA SEMAINE DE PAQUES
Par le R. P. PÉTETOT, supérieur général de l'Oratoire

Précédées d'une notice biographique sur l'auteur, par le P. LESCOEUR

Fort volume in-18 jésus.................... 4 fr.

## ANNÉE FRANCISCAINE
### OU COURTES MÉDITATIONS SUR L'ÉVANGILE
A L'USAGE DES TERTIAIRES DE SAINT FRANÇOIS

2 forts volumes in-12. 8 fr.

## COURTES MÉDITATIONS ASCÉTIQUES
### POUR TOUS LES JOURS DE L'ANNÉE
Par le R. P. JOSEPH DE DREUX, des Frères Mineurs Capucins

OUVRAGE INÉDIT DU XVIIᵉ SIÈCLE, REVU ET PUBLIÉ

PAR LE R. P. SALVATOR DE BOIS-HUBERT, CAPUCIN

In-18 jésus. 2 fr. 50

## ŒUVRES COMPLÈTES
## DU P. AMBROISE DE LOMBEZ
Recueillies et publiées par le P. FRANÇOIS DE BÉNÉJAC

Traité de la Paix intérieure. In-12 avec portrait...................... 1 fr. 50
Lettres spirituelles. In-12 avec gravure............................. 1 fr. 50
Traité de la joie de l'âme chrétienne. In-12 avec gravure............. 1 fr. 50

## LES MÉDITATIONS DE LA VIE DU CHRIST
### Par Saint BONAVENTURE
Traduites par M. H. de RIANCEY

7ᵉ édition. In-18 raisin......................... 3 fr.

## MÉDITATIONS POUR TOUS LES JOURS DE L'ANNÉE
### Par M. l'abbé D. BOUIX, docteur en théologie

4 volumes in-12.... 10 fr.

**Offices de l'Eglise, complets, expliqués et annotés**, suivis de prières tirées des œuvres de saint Augustin, sainte Thérèse, saint François de Sales, Bossuet, Fénelon, etc., par Madame de BARBERRY. 6ᵉ édition. Gros in-32 jésus.................. 4 fr. »

**Petits Offices en français**, précédés d'une courte méthode pour entendre la sainte Messe les jours de communion : dédiés aux jeunes personnes pieuses. 35ᵉ édition encadrée sur papier teinté. In-32........................................... 50 c.

**Pensées et affections** sur les mystères et sur les fêtes, par le R. P. Gaëtan-Marie de Bergame. 2 vol. in-18 raisin................................................ 4 fr. »

**Pensées et affections** sur la Passion de Notre-Seigneur Jésus-Christ, par le R. P. Gaëtan-Marie de Bergame. 3 vol. in-18 raisin.................................... 7 fr. 50

## OUVRAGES DE M. L'ABBÉ CHEVOJON
#### CURÉ DE NOTRE-DAME DES VICTOIRES

**Le Manuel de la jeune fille chrétienne**, approuvé par Mgr l'archevêque de Paris. 9ᵉ édition. In-32 raisin encadré.................................................. 1 fr. 50
**La Perfection des jeunes filles**, approuvé par Mgr l'Archevêque de Paris. 11ᵉ édition. In-32 raisin encadré.................................................. 1 fr. 50
**Le Souvenir des morts** ou moyen de soulager les âmes du Purgatoire. Nouvelle édition entièrement remaniée par l'auteur. In-32 raisin................... 1 fr. 25

## CHOIX DE LECTURES CHRÉTIENNES
2ᵉ édition augmentée. In-18 raisin.................... 3 fr.

## LECTURES PIEUSES
Extraites des Pères et des principaux écrivains catholiques
#### PAR MADAME LA COMTESSE MAX DE BEAURECUEIL
#### PRÉCÉDÉES D'UNE LETTRE DE S. G. MGR LAGRANGE, ÉVÊQUE DE CHARTRES
In-18 raisin...... 2 fr. 50

## PLANS D'INSTRUCTIONS
### POUR UN CATÉCHISME DE PERSÉVÉRANCE
(PAROISSES ET INSTITUTIONS)
#### Par M. l'abbé LE REBOURS
DOGME — MORALE — CULTE — HISTOIRE DE L'ÉGLISE
Chaque brochure in-8°................ 50 c.
Les quatre années réunies, 2ᵉ édition revue et complétée. 2 fr.

## OUVRAGES DE M. L'ABBÉ GAYRARD

### CONSIDÉRATIONS POUR LA MÉDITATION QUOTIDIENNE
4 beaux volumes in-12................... 12 fr.

### EXPLICATION DU PATER
#### OUVRAGE SUIVI DE MÉDITATIONS
#### SUR LE SACRÉ-CŒUR DE JÉSUS ET LE SAINT CŒUR DE MARIE
In-18 jésus...... 2 fr. 50

### GUIDE POUR L'EXPLICATION LITTÉRALE ET SOMMAIRE DU CATÉCHISME DE PARIS
7ᵉ édition. In-18. 1 fr. — Cartonné. 1 fr. 25

### COMMENTAIRE LITTÉRAL DU CATÉCHISME DE PARIS
4ᵉ édition. In-18. 1 fr. 50 — Cartonné. 1 fr. 75

---

**Manuel des Enfants de Marie Immaculée**, à l'usage des réunions externes, dirigées par les Filles de la Charité. Gros in-32 jésus avec gravure.................. 1 fr. 75
**Zèle de la perfection religieuse (Du)**, par le P. Joseph BAYMA, S. J. Traduit par le R. P. OLIVAINT. 6ᵉ édition. In-32 raisin........................................ 75 c.
**Rusbrock l'admirable.** Œuvres choisies par Ernest HELLO. In-18............ 1 fr. 80
**Philosophie et Athéisme**, par E. HELLO (Œuvres posthumes). In-12.......... 3 fr. 50
**Guide du Pèlerin** au Sanctuaire séculaire de l'Immaculée-Conception, actuellement sous le vocable de Notre-Dame de Sainte-Espérance, dans l'église Saint-Séverin, à Paris, par M. l'abbé DE MADAUNE, premier vicaire de Saint-Séverin. In-12......... 1 fr.

## R. P. LESCŒUR
PRÊTRE DE L'ORATOIRE

# LE DOGME DE LA VIE FUTURE
### ET LA LIBRE PENSÉE CONTEMPORAINE
In-18 jésus...... 3 fr. 75

## OUVRAGES DE M. CH. SAINTE-FOI

Heures sérieuses d'un jeune homme. 12ᵉ édition. In-32 encadré............ 1 fr. 25
Heures sérieuses d'une jeune personne. 8ᵉ édition. In-32 raisin........... 1 fr. 50
Heures sérieuses d'une jeune femme. 8ᵉ édition. In-18 raisin.............. 2 fr. »

## DÉVOTION AU SACRÉ-CŒUR

Mois du Sacré-Cœur. Extrait des écrits de la Bienheureuse Marguerite-Marie. 6ᵉ édit. In-32 jésus........... 1 fr. 25
Mois du Sacré-Cœur de Jésus. A. M. D. G. 34ᵉ édit. In-32 raisin............ 75 c.
Pratique de l'amour envers le Cœur de Jésus. In-32 raisin........... 1 fr. 50

Mois (Petit) du Sacré-Cœur de Jésus, A. M. D. G., 4ᵉ édition. In-32 raisin................................ 50 c.
Mois du Sacré-Cœur de Jésus (Nouveau), par le R. P. GAUTRELET, de la Compagnie de Jésus. 22ᵉ édition. In-32 jésus........................ 1 fr. 25

## MOIS DE MARIE

Mois de Marie de Notre-Dame de Séez, par M. l'abbé COURVAL. 3ᵉ édition. In-18.................... 1 fr. 50
Mois de Marie de Notre-Dame du Très Saint Sacrement. Extraits des écrits du R. P. EYMARD. 5ᵉ édition. In-32 jésus.................. 1 fr. 25
Mois de Marie du Clergé, par le P. CONSTANT, des Frères Prêcheurs. In-32 raisin........................ 1 fr. 50

## MOIS DE SAINT JOSEPH

Le Mois de saint Joseph, d'après les docteurs et les saints, etc.; par Mlle NETTY DU BOYS. 4ᵉ édition. In-32 jésus. 1 fr. »
Mois de saint Joseph, le premier et le plus parfait des adorateurs, extrait des écrits du P. EYMARD. 4ᵉ édition. In-32 jésus. 90 c.

Ouvrages du R. P. Blot.
Ouvrages de M. E. Cartier.
Ouvrages de M. l'abbé Riche.
Bibliothèque dominicaine.
Bibliothèque du saint Rosaire.
Bibliothèque franciscaine.

Bibliothèque oratorienne.
Bibliothèque du Saint-Sacrement.
Musique religieuse.
Ouvrages classiques primaires.
Ouvrages classiques secondaires.
Publications liturgiques.

L'Enseignement chrétien, bulletin bi-mensuel d'enseignement secondaire, organe de l'Alliance des Maisons d'Éducation chrétienne. 12ᵉ année............ 10 fr. par an.
Bulletin de l'Institut Catholique de Paris, paraissant le 25 de chaque mois. 4ᵉ année.................................................................. 5 fr. par an.
Bulletin mensuel des œuvres de la jeunesse, publié sous la direction du Conseil général de l'œuvre des patronages. 10ᵉ année...................... 3 fr. par an.
Annales franciscaines. Les abonnements sont d'un an et commencent en septembre. Paraît une fois par mois. 32ᵉ année..................... 3 fr. par an.
La Couronne de Marie, annales du Saint-Rosaire. Les abonnements sont d'un an et commencent en janvier. 34ᵉ année .................... 2 fr. 50 par an.

PARIS. — IMP. DEVALOIS, AVENUE DU MAINE, 144. — 1898.

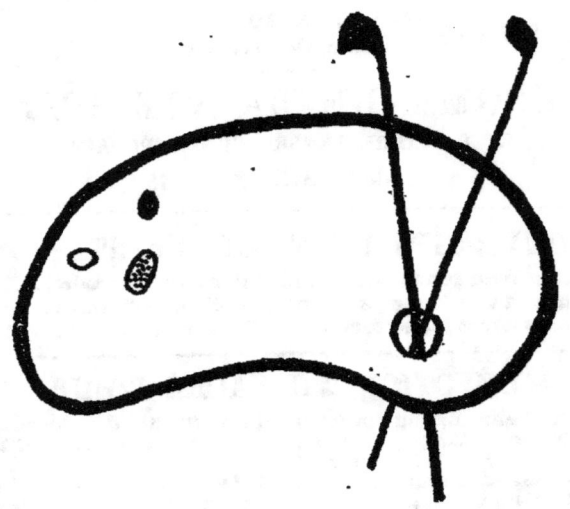

ORIGINAL EN COULEUR
NF Z 43-120-8

www.ingramcontent.com/pod-product-compliance
Lightning Source LLC
Chambersburg PA
CBHW051139230426
43670CB00007B/871